"十四五"职业教育国家规划教材

高职高专财经类专业规划教材

税费计算与申报

(第4版)

SHUIFEI JISUAN YU SHENBAO

主编　李志　于涵

中国财经出版传媒集团
中国财政经济出版社

图书在版编目（CIP）数据

税费计算与申报 / 李志，于涵主编. --4版. --北京：中国财政经济出版社，2022.12（2024.7重印）
“十四五”职业教育国家规划教材 高职高专财经类专业规划教材
ISBN 978-7-5223-1106-7

Ⅰ.①税… Ⅱ.①李… ②于… Ⅲ.①税费-计算-高等职业教育-教材②纳税-税收管理-中国-高等职业教育-教材 Ⅳ.①F810.423②F812.42

中国版本图书馆CIP数据核字（2022）第014141号

责任编辑：田明晖　　责任校对：张　凡
封面设计：陈宇琰　　责任印制：史大鹏

税费计算与申报
SHUIFEI JISUAN YU SHENBAO

中国财政经济出版社 出版
URL：http：//www.cfeph.cn
E-mail：tianmh@cfemg.cn

社址：北京市海淀区阜成路甲28号　邮政编码：100142
营销中心电话：010-88191522　编辑部门电话：010-88190670
天猫网店：中国财政经济出版社旗舰店
网址：https：//zgczjjcbs.tmall.com
北京密兴印刷有限公司印刷　各地新华书店经销
成品尺寸：185mm×260mm　16开　22印张　516 000字
2023年1月第4版　2024年7月北京第4次印刷
定价：49.00元
ISBN 978-7-5223-1106-7
（图书出现印装问题，本社负责调换，电话：010-88190548）
本社质量投诉电话：010-88190744
打击盗版举报热线：010-88191661　QQ：2242791300

（第4版）前言

本书是国家“双高计划”高水平专业群建设项目成果，项目团队根据“十四五”职业教育国家规划教材建设的要求组织编写。党的二十大报告指出，“统筹职业教育、高等教育、继续教育协同创新，推进职普融通、产教融合、科教融汇，优化职业教育类型定位。”报告对职业教育发展提出新的部署要求，为了更好地服务于国家发展战略，教材在编写时贯彻党的二十大精神，坚持为党育人、为国育才，以培养造就更多大国工匠、高技能人才为目标。依据最新修订的《中华人民共和国职业教育法》及《关于深化现代职业教育体系建设改革的意见》，遵循新版职业教育专业目录要求，基于“纳税申报工作过程”构建课程体系，创新“任务驱动教学模式”，将税收法规融于业务操作，实现课程内容的“理实一体”；引用最新案例、数据，体现财税改革的最新精神；对接岗位需求，实现不断提升学生职业能力、就业能力、创新能力、创业能力的培养目标。由于自 2016 年 5 月 1 日起，我国全面推行营改增试点，将建筑业、房地产业、金融业、生活服务业全面纳入营改增试点，至此营业税退出历史舞台；又由于近年来增值税、企业所得税、个人所得税等相关政策和法规发生变化，为了使教材内容及时反映产业升级和行业发展需求，充分体现新知识、新技术、新方法，我们在第 3 版的基础上对教材进行了全面修订。

新版教材按照“教、学、做”一体化的要求，基于税务会计岗位典型工作任务构建了七个项目。每个项目按照“学习目标——工作任务——任务引例——知识准备和业务操作——知识归纳”体例编写，由浅入深，由易及难，循序渐进。教材内容的选取紧紧围绕任务完成的需要来进行，重视对学生职业能力的培养，具有很强的实践性。

本书主要体现以下几个特点：

1. 反映行业新技术。贯彻高等职业教育专业教学标准新要求，将“营改增”等最新税收法规融入各项目中，使得本书反映了行业新知识、新发展。

2. 对接岗位要求。教材在内容选取上力求新颖、凝练，突出体现高等职业教育人才培养的特点，对接企业岗位需求，力求服务区域经济发展。精心采集公司办税最新案例，学习任务来源真实工作，实现学习和工作一体化。

3. 实现课证融合。教材吸收职业资格证书考试的内容，将会计从业资格证书考试、初级会计职称考试、注册会计师考试、注册税务师考试的内容融入教材。

4. 创新课程教学模式。教材采用任务驱动的编排方式，实现了体例结构一定程度的创新。本教材每个项目都是以典型任务导入，使学生明确本部分内容的培养目标。通过完成任务，让学生学会认识问题、分析问题、解决问题，学会思考研究，使“教、学、做”融为一体。

本教材由校企合作共同编写，李志、于涵担任主编，洪燕、邢珊珊、段瑜担任副主编，李萌、邹海刚、牟平、张卫红、谭霞、赵丰、王繁一、孙楠楠参编。全书最后由李志修改和总纂，山东山审会计师事务所郭法远主审，于涵负责电子课件编制。

本书在编写过程中参考了有关中外书籍，合作企业的李燕、郑淑明等给予鼎力帮助，得到了有关专家学者、院校领导以及中国财政经济出版社的大力支持，在此一并表示感谢！

由于编著者水平所限，不当之处在所难免，恳请读者批评指正，以使本书不断充实、完善。

编　者

2022 年 12 月

目 录

1 项目一 纳税事项的办理

学习目标

掌握税收征收管理法的基本法律知识；能根据单位性质和情况不同，办理开业税务登记、变更税务登记、停业、复业税务登记、注销税务登记；针对不同的经济业务，会领购、使用、保管、鉴别发票；熟悉纳税申报的不同方式；能选择适合本企业的税款缴纳方式；具备依法诚信纳税的职业素养。

工作任务

开业税务登记、变更税务登记、停业、复业税务登记、注销税务登记的办理；普通发票的领购、使用、保管和鉴别；纳税申报的办理；税款的缴纳。

任务一 税务登记

导入引例

如意酒家在 2021 年 6 月 3 日，因包厢装修，向税务机关提出自 6 月 4 日至 6 月 31 日申请停业的报告，经税务部门审核后，批准了其停业申请，下达了《核准停业通知书》，并在办税服务厅予以公示。6 月 15 日，税务部门在日常检查中发现该店一直在营业，就于 6 月 16 日送达《复业通知书》，并告知其需按原定纳税额申报纳税。

该酒店停业期间发生纳税义务是否申报纳税？

知识准备和业务操作

一、税收的概念

税收是政府为了满足社会公共需要，凭借政治权力，强制地、无偿地取得财政收入的一种形式。税收的概念可以从以下四个方面来理解：

（一）税收是国家取得财政收入的一种形式

税收首先体现为国家为提供公共商品而取得的一种财政收入形式。从古到今，国家取得财政收入的形式多种多样，但使用时间最长、运用范围最广、积累财政资金最为有效的，就是税收这种形式。当今世界上绝大多数国家财政收入的 90% 以上都来自于各种税收。我国自 1994 年税制改革以来，税收收入占财政收入的比重大多数年份都维持在 90% 以上，近几年随着非税收入的增加，税收收入占财政收入的比重有时也低于 90% 。因此，税收是财政收入的最主要的形式。

（二）国家征税的目的是为了向社会提供公共商品

国家是一个以履行公共职能为基础的公共权力机构。国家在履行社会公共职能、满足社会公共需要的过程中，必然要有相应的财力、物力消耗。而国家征税的目的是满足国家提供公共商品的财政需要。

（三）税收借助于法律形式进行征收

由于政府征税涉及社会各阶级、阶层、集团的经济利益，税收负担轻重关系着社会经济发展乃至社会安定，因而决定了税收征收与调节必须借助于法律形式进行。所谓有税必有法，无法不成税，正是税收区别于其他财政收入形式的一个重要特点。

（四）税收是对国民收入的再分配

税收课征的对象是社会产品，但不是全部社会产品，而只是社会产品扣除补偿生产过程中消耗掉的价值部分的余额，即社会新创造的国民收入。这是因为税收参与国民收入分配，是各种生产要素凭借其所有权在经济领域对国民收入进行初次分配基础上进行的，因此，税收具有国民收入再分配的性质。

2021 年中国经济年报

二、税法的分类

税收的本质特征具体体现为税收制度，而税法则是税收制度的法律表现形式。税法是国家立法机关制定的用以调整国家与纳税人之间在纳税方面的权利与义务的法律规范的总称。

（一）按照法律效力分类

按照法律效力不同，税法分为税收法律、税收行政法规和税收部门规章。

图解我国税收法律

税收法律是由国家最高权力机关依据法定程序制定公布的税收法律规范。我国的税收立法权属于全国人民代表大会及其常务委员会，具有正式的、最高的法律效力。我国已颁布的税收法律主要有《中华人民共和国企业所得税法》《中华人民共和国个人所得税法》和《中华人民共和国税收征收管理法》等。

税收行政法规是国家最高行政机关依法或根据国家最高权力机关授权、制定颁布的税收法律规范。这类法规通常采用税收条例、决定、办法、通知、规定等形式。国务院先后发布了《中华人民共和国增值税暂行条例》等数十个税收行政法规。

税收部门规章是国家财政、税务、海关等职能部门根据授权制定的关于解释税收法律、法规的法律文件。这类规章的形式较多，通常以征税规定、通知、办法、复函等形式出现。

除此之外，税法体系还包括地方税收法规，以及地方政府制定的征税规章等。

（二）按照职能和作用分类

按照职能和作用不同，税法分为税收实体法和税收程序法。

税收实体法主要是指确定税种立法，具体规定各税种的征收对象、征收范围、税目、税率、纳税地点等。例如，《中华人民共和国企业所得税法》《中华人民共和国个人所得税法》就属于税收实体法。税收程序法是指税务管理方面的法律，主要包括税收管理法、纳税程序法、发票管理法、税务机关组织法、税务争议处理法等。《中华人民共和国税收征收管理法》就属于税收程序法。

（三）按照征税对象分类

按照征税对象不同，税法分为流转税、所得税、资源税、财产税和行为税等税法。

完善现代税收制度的谋篇布局

流转税法是针对商品流转额和劳务营业额的征收而制定的税法。流转税是我国现行最大的一类税，增值税、消费税、关税属于这一类，主要在生产、流通或者服务业中发挥调节作用。

所得税法是在国民收入形成后，对生产经营者的利润和个人的纯收入发挥调节作用。我国现行的企业所得税、个人所得税、土地增值税属于这一类税制。

资源税法和环境保护税法是为以自然资源及其级差收入为征税对象而制定的一种税制。我国现行的资源税、环境保护税、城镇土地使用税属于这一类税制。

财产税法是为对属于纳税人所有的财产或支配的财产的数量或价值额征收而制定的一种税制。我国现行房产税、契税、车船税属于这一类。

行为目的税是以某些特定行为及为实现国家特定政策目的而征收的税种，为此而制定的税法即行为目的税法。我国现行的印花税、城市维护建设税、车辆购置税属于这一类。

（四）按照计税依据分类

按照计税依据不同，税法分为从价税、从量税和复合税。

从价税是指以征税对象的价值量为标准，按一定比例税率征收的一种税，如增值税、关税等都属于这一类；从量税是指以征税对象的自然实物量（重量、容积、面积等）为标准，采用固定税额计征的一种税，如资源税、车船税等都属于这一类；复合税是同时以征税对象的价值量和自然实物量为标准征收的一种税，如卷烟的消费税。

（五）按照管理和使用权限分类

按照管理和使用权限不同，税法分为中央税、地方税和中央地方共享税。

“十三五”时期，新办涉税市场主体有什么特点？

中央税指管理权限归中央，税收收入归中央支配和使用的税收，如消费税（含进口环节海关代征的部分）、车辆购置税、关税等；地方税管理权限归地方，税收收入归地方支配和使用的税收，如房产税、车船税、城镇土地使用税、耕地占用税、契税、环境保护税等；中央地方共享税管理权限归中央，税收收入归中央政府与地方政府共同享有，如增值税、企业所得税、个人所得税、印花税等。

上述税收征收管理范围和税收收入的划分将进行调整。2018 年 7 月，中共中央办公厅、国务院办公厅印发了《国税地税征管体制改革方案》（以下简称《改革方案》），强调全面贯彻党的十九大和十九届二中、三中全会精神，以习近平新时代中国特色社会主义思想为指导，以加强党的全面领导为统领，改革国税地税征管体制，合并省级和省级以下国税地税机构，划转社会保险费和非税收入征管职责，构建优化高效统一的税收征管体系，为高质量推进新时代税收现代化提供有力制度保证，更好发挥税收在国家治理的基础性、支柱性、保障性作用，更好服务决胜全面建成小康社会、开启全面建设社会主义现代化国家新征程、实现中华民族伟大复兴的中国梦。

《改革方案》提出国税地税征管体制改革的 4 条原则，即：坚持党的全面领导；坚持为民便民利民；坚持优化高效统一；坚持依法协同稳妥。强调通过改革，逐步构建起优化高效统一的税收征管体系，为纳税人和缴费人提供更加优质高效便利服务，提高税法遵从度和社会满意度，提高征管效率，降低征纳成本，增强税费治理能力，确保税收职能作用充分发挥，夯实国家治理的重要基础。

三、税法要素

（一）纳税人

纳税人是“纳税义务人”的简称，亦称纳税主体，是税法规定的直接负有纳税义务的单位和个人，是税款的直接承担者。

国家税法规定直接负有纳税义务的人可以是自然人，也可以是法人。在法律上，自然人是指基于出生而依法在民事上享有权利、承担义务的公民；法人是指依法成立并能独立地行使法定权利和承担法律义务的社会组织。

与纳税人紧密联系的两个概念是代扣代缴义务人和代收代缴义务人。前者是指虽不承担纳税义务，但依照有关规定，在向纳税人支付收入、结算货款、收取费用时有义务代扣代缴其应纳税款的单位和个人，如出版社从作者稿酬中代扣个人所得税等。如果代扣代缴义务人按规定履行了代扣代缴义务，税务机关将支付一定的手续费。反之，未按规定代扣代缴税款，造成应纳税款流失或将已扣缴的税款私自截留挪用、不按时缴入国库，一经税务机关发现，将要承担相应的法律责任。代收代缴义务人是指虽不承担纳税义务，但依照有关规定，在向纳税人收取商品或劳务收入时，有义务代收代缴其应纳税款的单位和个人。如消费税条例规定，委托加工的应税消费品，由受托方在向委托方交货时代收代缴委托方应该缴纳的消费税。

（二）征税对象

征税对象又称课税对象或征税客体，是指对什么东西征税，即国家征税的标的物。每一种税一般都有其特定的征税对象。因此，征税对象是一种税区别于另一种税的主要标志，每一种税名称的由来以及各种税在性质上的差别，也主要取决于不同的征税对象。

征税对象可以从质和量两方面进行具体化。其质的具体化是征税范围和税目；量的具体化是计税依据和计税单位。

征税范围是指税法规定的征税对象的具体内容范围，是国家征税的界限，凡列入征税范围的都要征税。税目是指税法规定应征税的具体项目，是征税对象的具体化。税目体现了征税的广度，反映了各税种具体的征税范围。计税依据是指计算应纳税额所依据的标准。

（三）税率

税率是指应征税额占课税对象数量的比例，是计算应纳税额的尺度，是衡量税负轻重的重要标志，体现征税的深度，是税制的中心环节。

1. 比例税率

比例税率是指同一课税对象，无论其数额大小，都按照相同比例征税的税率。采用这种税率，税额随着课税对象数量的增加成比例增加。在具体运用中，比例税率有如下几种形式：

（1）统一比例税率，又称单一比例税率。它是指在一个税种中仅仅规定一个征税比例的税率。

（2）差别比例税率，是指根据纳税人或课税对象的不同性质，分别规定不同征税比例的税率。主要有以下三种形式：

①产品比例税率是指根据不同产品分别规定不同征税比例的税率。一般体现为同种或同类产品同一税率，不同产品不同税率，如原关税、消费税的税率。

②行业比例税率是指对不同生产经营行业分别规定不同征税比例的税率。一般体现为同一行业同一税率，不同行业不同税率，如原营业税的税率。

③地区差别比例税率是指对不同地区的同一课税对象分别规定高低不等的征税比例的税率，如城市维护建设税的税率。

（3）幅度比例税率，是指对同一课税对象由税法统一规定一个税率幅度，由各地区在此幅度内具体规定本地区征税比例的税率。

【思考题1-1】（单选题）比例税率是指（　　）。

A. 对不同征税对象或不同税目，不论数额大小只规定一个比例的税率，税额与课税对象成正比关系

B. 对同一征税对象或同一税目，不论数量大小只规定一个比例的税率，税额与课税对象成反比关系

C. 对同一征税对象或同一税目，不论数额大小只规定一个比例的税率，税额与课税对象成正比关系

D. 对同一征税对象或同一税目，不论数额大小只规定一个比例的税率，税额与课税对象成反比关系

2. 累进税率

累进税率是指对同一征税对象，随着数额增大，征收比例也随之增高的税率。分级是累进税率的一个最为显著的特点。因为这种税率形式预先将课税对象按绝对数的大小划分成若干级次，并相应规定每一级次的税率。累进税率又可分为以下三种形式：

（1）全额累进税率，是指将课税对象的全部数额都按照其所适用的最高一级征税比例计税的一种累进税率。这种方式计算方法简单，对纳税人的所得具有较强的调节作用，但在各级征税对象数额的分界处税收负担相差悬殊，不利于鼓励纳税人增加收入。

（2）超额累进税率，是指将课税对象按数额大小划分为若干个等级部分，并分别规定每一等级的税率，当课税对象的数额增加到需要提高一级税率时，仅就超过上一等级的部分，按高一级税率征税。这种方式累进程度比较缓和，纳税人的税负较全额累进税率要轻一些，目前已被多数国家采用。如个人所得税税率等。

（3）超率累进税率，是指以征税对象数额的相对率划分若干级距，分别规定相应的差别税率，相对率每超过一个级距的，对超过的部分就按高一级的税率计算征税。如土地增值税税率等。

3. 定额税率

定额税率是指按课税对象的计量单位直接规定固定征税数额的税率，故又称为固定税额。主要有以下几种形式：

（1）地区差别定额税率，是指对同一课税对象按不同地区分别规定不同的单位税额。如现行资源税等。

（2）幅度定额税率，是指对同一课税对象，由税法统一规定税额幅度，各地区在规定的幅度内自行确定本地区适用税额的定额税率，如现行城镇土地使用税等。

（3）分类分级定额税率，是指按照课税对象的不同种类和不同等级，分别规定不同征税数额的定额税率，如现行车船税等。

除了以上三类税率之外，在税制中有时还采用加成征税和加倍征税的税率延伸形式。所谓加成征税，是指对按法定税率计算的税额加征若干成数税款的计税方法。其中，加征一成也就是加征10%。所谓加倍征税，是指对按法定税率计算的税额加征若干倍数税款的计税方法。其中，加征一倍也就是加征100%。一般来说，加成、加倍征收是对那些正常税率调节不到的高收入加以调节的措施。

【思考题1-2】（单选题）若某税种适用20%的比例税率，按规定应税收入超过5万元的部分，按应纳税额加征五成，当某纳税人应税收入为8万元时，其应纳税额为（　　）

万元。

A. 2.4　　　　B. 5.5

C. 1.9　　　　D. 1.6

(四) 纳税环节

纳税环节，是指对处于运动之中的征税对象选定的应该缴纳税款的环节，一般是指在商品流转过程中应该缴纳税款的环节。纳税环节主要包括：

1. 一次课征

在商品流转过程中只选择一个环节课税的制度。如现行消费税。

2. 多次课征

在商品流转过程中选择两个以上环节课税的制度。如现行增值税。

(五) 纳税时间

办理纳税事项时涉及到的纳税时间主要包括：

(1) 纳税义务发生时间是指纳税人具有纳税义务的起始时间。

(2) 纳税期限，是指纳税人按照税法规定缴纳税款的期限。如消费税的纳税期限分别为 1 日、3 日、5 日、10 日、15 日、1 个月或者 1 个季度，纳税人的具体纳税期限，由主管税务机关根据纳税人应纳税额的大小分别核定，不能按照固定期限纳税的，可以按次纳税。

(3) 纳税申报时间，是指纳税人在纳税期满后向税务机关进行申报并缴纳税款的时间。如消费税纳税人以 1 个月或者 1 个季度为一期纳税的，自期满之日起 15 日内申报纳税。

(六) 减免税

减免税是对某些纳税人或征税对象给予鼓励和照顾的一种特殊规定。减税是指对应纳税额少征一部分税款；免税是指对应纳税额全部免征。

2021 年全年新增减税降费 1.1 万亿元

1. 减免税的形式

减免税就其形式而言，分为法定减免、特定减免和临时减免。

(1) 法定减免，是指各税种的基本立法中列举的减税、免税。每一税种在其基本立法中，一般都列有减免税条款，这类减免税，既有已明确列举减免税项目的，也有只规定减免税的原则和范围的。

(2) 特定减免，是指根据政治经济情况发展变化和贯彻税收政策的需要，专案规定的减免税。通常由国务院或国家主管业务部门，如财政部、国家税务总局、海关总署做出决定。特定减免又分为无期限的和有期限的两种。

(3) 临时减免，是指在法定减免和特定减免以外的其他减免，主要是照顾纳税人的某些特殊的、暂时的困难而临时批准的一些减免税。

2. 减免税的内容

减免税的内容多样，分为税基式减免、税率式减免、税额减免。

(1) 税基式减免，是指对具体项目列举减免或对课税对象规定起征点、免征额，以解决普遍性照顾问题。税基式减免税是指通过直接缩小计税依据的方式实现的减税、免税。起征点是指税法规定的征税对象开始征税的数额起点，即征税对象数额未达到起征点的不征税，达到或超过起征点的则就其全部数额征税。免征额是指税法规定的在征税对象全部数额中免予征税的数额，即不论纳税人收入多少，只对减去一定数额后的余额征税。项目扣除是指征税对象总额先扣除某些项目的金额后，以其余额为计税依据计算应纳税额。跨期结转是指将某些费用及损失向后或向前结转，抵消其一部分收益，以缩小税基，实现减免税。

（2）税率式减免，是指将原定税率降低一定幅度，征税时按降低后的税率计征所实现的减免税，主要用于解决普遍性照顾问题。

（3）税额式减免，是指对课税对象先按统一规定计算应纳税额，然后减征一定数量的税额而实现的减免税，主要用于解决个别性照顾问题。主要包括全部免征、减半征收、核定减免率以及核定减征税额等。

媒体视点

2016年至2021年新增减税降费逾8.6万亿元

“2018年，公司在山东莒县海右工业园投资35亿元，建设特种浆纸化工生产基地。即使去年受疫情冲击，公司也逆势发展，完成了厂区搬迁和新项目投产，是减税降费政策为我们转型升级、创新发展提供了强劲动能。”日照华泰纸业有限公司财务负责人王旭东说。

翻开华泰纸业的减税账本，上面清晰记录着：2018年至2020年，3年间公司研发费用加计扣除2955万元，减免企业所得税443万元，享受高新技术企业减免税额2194万元，申请增值税增量留抵税额退税3975.5万元，2021年各项税收优惠税额将超过1228万元。

近年来，减税降费成为受益面最大的惠企政策。2016年，我国全面推开营改增试点，当年直接减税超5000亿元；2018年推出深化增值税改革三项措施，2019年实施更大规模减税降费，2020年巩固和拓展减税降费成效，2021年制度性、结构性、阶段性减税降费政策组合发力。数据显示，2016年至2021年新增减税降费累计超8.6万亿元，宏观税负由2012年的18.7%预计降至2021年的15.2%左右；2021年新办涉税市场主体预计约1300万户，同比增长13.6%，为2012年的2.4倍。**减税降费政策实现了“放水养鱼”“水多鱼多”的良性循环。**

【资料来源：节选自《人民日报》，《减税降费成色十足“放水养鱼”效果显著》，2022年01月20日】

（七）纳税地点

纳税地点是税法规定纳税人缴纳税款的地点。由于不同税种的纳税环节不同，各个纳税人的生产经营方式也不一致，因此，税法本着方便征纳，有利于对税款源泉控管的原则，通常要在各税种中明确规定纳税人的具体纳税地点。主要有就地纳税、营业行为所在地纳税、汇总缴库、口岸纳税等纳税方式。

（八）违章处理

违章处理是指税务机关对纳税人违反税法的行为采取的处罚性措施。这种处罚是税制中不可缺少的要素，是税收强制性的形式特征在税收制度上的体现。

【思考题1－3】（单选题）通过直接缩小计税依据的方式实现的减税免税是（　　）。

A. 法定式减免　　B. 税率式减免

C. 税额式减免　　D. 税基式减免

四、税务登记

税务登记是税务机关根据税法规定对纳税人的生产、经营活动进行登记管理的一项基本制度，也是纳税人已经纳入税务机关监督管理的一项证明。税务登记从发展过程和状态上看，主要有设立税务登记、变更税务登记、注销税务登记和停业、复业登记四种。

（一）设立税务登记

1. 适用范围

（1）领取营业执照从事生产、经营的纳税人，包括：

①企业，即从事生产、经营的单位或组织，包括国有、集体、私营企业，股份制企业、中外合资企业、中外合作企业、外国独资企业等；

②企业在外地设立的分支机构和从事生产、经营的场所；

③个体工商户；

④从事生产、经营的事业单位。

（2）其他有纳税义务的单位和个人。根据法律规定，不从事生产、经营，但依照法律、法规的规定负有纳税义务的单位和个人，除临时取得应税收入或发生应税行为以及只缴纳个人所得税、车船税的外，都应按规定向税务机关办理税务登记。

2. 时间要求

从事生产、经营的纳税人应当自领取营业执照，或者自有关部门批准设立之日起30日内，或者自纳税义务发生之日起30日内，到生产、经营地或者纳税义务发生地主管税务机关申报办理税务登记。

3. 办理程序

开业税务登记的办理流程如图1－1所示。

（1）填写《税务登记表》。单位纳税人、个体工商户、临时税务登记纳税人分别填写不同格式的税务登记表。单位纳税人填写的税务登记表，见表1－1。

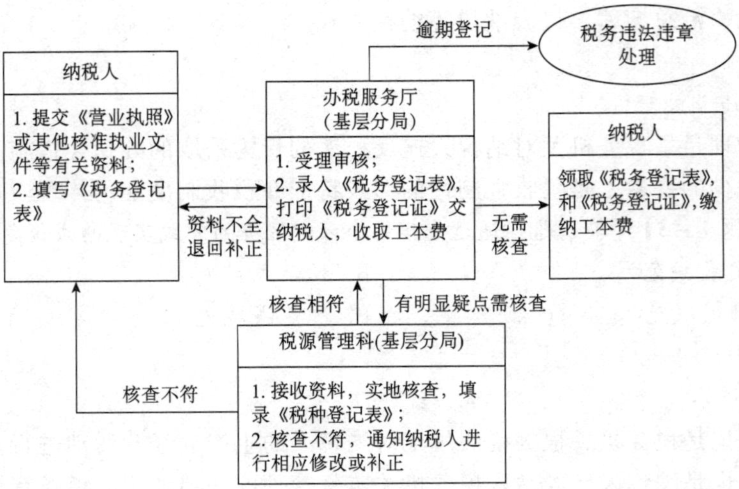

图 1－1　开业税务登记办理流程

表 1－1

税 务 登 记 表

（适用单位纳税人）

填表日期：

纳税人名称				纳税人识别号			
登记注册类型				批准设立机关			
组织机构代码				批准设立证明或文件号			
开业（设立）日期		生产经营期限		证照名称		证照号码	
注册地址				邮政编码		联系电话	
生产经营地址				邮政编码		联系电话	
核算方式	请选择对应项目打“√”□独立核算　□ 非独立核算				从业人数	____其中外籍人数____	
单位性质	请选择对应项目打“√”□ 企业　□ 事业单位　□社会团体　□民办非企业单位　□其他						
网站网址				国标行业	□□　□□　□□　□□		
适用会计制度	请选择对应项目打“√” □企业会计制度　□小企业会计制度　□金融企业会计制度　□行政事业单位会计制度						
经营范围	请将法定代表人（负责人）身份证件复印件粘贴在此处。						

项目 / 内容 / 联系人	姓　名	身份证件		固定电话	移动电话	电子邮箱
		种类	号码			
法定代表人（负责人）						
财务负责人						
办税人						

续表

税务代理人名称	纳税人识别号	联系电话	电子邮箱

注册资本或投资总额	币种	金额	币种	金额	币种	金额

投资方名称	投资方经济性质	投资比例	证件种类	证件号码	国籍或地址

自然人投资比例		外资投资比例		国有投资比例	

分支机构名称	注册地址	纳税人识别号

总机构名称		纳税人识别号	
注册地址		经营范围	

法定代表人姓名		联系电话		注册地址邮政编码	

代扣代缴代收代缴税款业务情况	代扣代缴、代收代缴税款业务内容	代扣代缴、代收代缴税种

附报资料：

经办人签章： 年　月　日	法定代表人（负责人）签章： 年　月　日	纳税人公章： 年　月　日

以下由税务机关填写：

纳税人所处街乡				隶属关系	
国税主管税务局		国税主管税务所（科）		是否属于国税、地税共管户	
地税主管税务局		地税主管税务所（科）			

续表

<table>
<tr><td>经办人（签章）：
国税经办人：________
地税经办人：________

受理日期：
______年______月______日</td><td>国家税务登记机关
（税务登记专用章）：

核准日期：
______年______月______日
国税主管税务机关：</td><td>地方税务登记机关
（税务登记专用章）：

核准日期：
______年______月______日
地税主管税务机关：</td></tr>
<tr><td colspan="3">国税核发《税务登记证副本》数量：　　本　发证日期：________年______月______日</td></tr>
<tr><td colspan="3">地税核发《税务登记证副本》数量：　　本　发证日期：________年______月______日</td></tr>
</table>

国家税务总局监制

（2）提供的证件、资料主要是《税务登记表》《房屋、土地、车船情况登记表》和以下资料：

①工商营业执照或其他核准执业证件原件及复印件；

②注册地址及生产、经营地址证明（产权证、租赁协议）原件及其复印件；如为自有房产，请提供产权证或买卖契约等合法的产权证明原件及其复印件；如为租赁的场所，请提供租赁协议原件及其复印件，出租人为自然人的还须提供产权证明的复印件；如生产、经营地址与注册地址不一致，分别提供相应证明；

③验资报告或评估报告原件及其复印件；

④组织机构统一代码证书副本原件及复印件；

⑤有关合同、章程、协议书复印件；

⑥法定代表人（负责人）居民身份证、护照或其他证明身份的合法证件原件及其复印件；

⑦纳税人跨县（市）设立的分支机构办理税务登记时，还须提供总机构的税务登记证（国、地税）副本复印件；

⑧改组改制企业还须提供有关改组改制的批文原件及其复印件；

⑨房屋产权证、土地使用证、机动车行驶证等证件的复印件。

（3）领取税务登记证件。税务登记机关对纳税人填报的税务登记表及附送资料、证件审核无误的，纳税人应在30日内领取税务登记证及副本。

纳税人办理下列事项时必须持税务登记证件：申请减税、免、退税；领购发票；外出经营活动；办理停业、歇业；申请办理延期申报、延期缴纳税款；开立银行账户；其他有关税务事项。

纳税人应在生产、经营场所内明显易见的地方张挂税务登记证件，以备税务机关查验。固定业户外出经营时也应携带税务登记证或其他由税务机关核发的有关证件，向营业地税务机关报验登记，亮证经营。税务登记机关对已发的税务登记证件，应当1年验证一次，3年更换一次。税务登记证件不得转借、涂改、损毁、买卖或者伪造。

根据2014年国家税务总局关于推进工商营业执照、组织机构代码证和税务登记证“三证合一”改革的若干意见，税务登记证和工商营业执照、组织机构代码证实行“三证合一”，由“三证联办”和“一证三码”逐渐发展为“一证一码”。“三证联办”是指工商、质监、税务部门实现工商营业执照、组织机构代码证和税务登记证“三证”联办同发。“一证三码”是工商、质监、税务部门的工商营业执照、组织机构代码证和税务登记证共同赋码，向市场主体发放包含“三证”功能三个代码的证照，简称“一证三码”。

根据2015年国家税务总局《关于落实“三证合一”登记制度改革的通知》，自2015年10月1日起，新设立企业、农民专业合作社领取由工商行政管理部门核发加载法人和其他组织社会统一信用代码的营业执照后，无需再次进行税务登记，不再领取税务登记证。企业办理涉税事宜时，在完成补充信息采集后，凭加载统一代码的营业执照可代替税务登记证使用。工商登记“一个窗口”统一受理申请后，申请材料和登记信息在部门间共享，各部门数据互换、档案互认。涉税信息补充采集表，见表1-2。

表1-2　　纳税人首次办税补充信息表

统一社会信用代码			纳税人名称		
核算方式	请选择对应项目打“√” □独立核算 □非独立核算		从业人数	____其中外籍人数____	
适用会计制度	请选择对应项目打“√” □企业会计制度 □企业会计准则 □小企业会计准则 □行政事业单位会计制度				
生产经营地	________省（市/自治区）________市（地区/盟/自治州）________县（自治县/旗/自治旗//区）________乡（民族乡/镇/街道）________村（路/社区）____号				
办税人员	身份证件种类	身份证件号码	固定电话	移动电话	电子邮箱
财务负责人	身份证件种类	身份证件号码	固定电话	移动电话	电子邮箱
税务代理人信息					
纳税人识别号	名称		联系电话	电子信箱	
代扣代缴代收代缴税款业务情况					
代扣代缴、代收代缴税种			代扣代缴、代收代缴税款业务内容		
经办人签章： 年　月　日			纳税人公章： 年　月　日		

续表

国标行业（主）		主行业明细行业			
国标行业（附）		国标行业（附）明细行业			
纳税人所处街乡		隶属关系		国地管户类型	
国税主管税务局		国税主管税务所（科、分局）			
地税主管税务局		地税主管税务所（科、分局）			
经办人		信息采集日期			

根据2016年国务院办公厅发布的《关于加快推进“五证合一、一照一码”登记制度改革的通知》，从2016年10月1日起正式实施“五证合一、一照一码”，在更大范围、更深层次实现信息共享和业务协同，巩固和扩大“三证合一”登记制度改革成果，进一步为企业开办和成长提供便利化服务，降低创业准入的制度性成本，优化营商环境，激发企业活动，推进大众创业、万众创新，促进就业增加和经济社会持续健康发展。

2017年《政府工作报告》中提出，要继续深化商事制度改革，实行多证合一，扩大“证照分离”改革试点。“多证合一”各地的情况不一样，有六证合一、九证合一。例如，广东江门市推出了“九证合一”的升级版——“15证合一”，首批新版营业执照整合了《营业执照》《组织机构代码证》《税务登记证》《社保登记证》《刻章许可证》《海关报关单位注册登记证》《出入境检验检疫报检企业备案表》《对外贸易经营者备案登记表》《外商投资企业设立备案》《开户许可证》《机构信用代码证》《原产地证表》《贸易外汇收支企业名录登记》及统计、电子口岸企业入网资格审查等信息。

（二）变更税务登记

1. 适用范围

变更税务登记是指纳税人办理税务登记后，需要对原登记内容进行更改而向税务机关申报办理的税务登记。其适用范围主要有以下几种：①改变名称；②改变法人代表；③改变经济性质；④增设或撤销分支机构；⑤改变住所或经营地点（涉及主管税务机关变动的办理注销登记）；⑥改变生产、经营范围或经营方式；⑦增减注册资本；⑧改变隶属关系；⑨改变生产经营期限；⑩改变开户银行和账号；⑪改变生产经营权属以及改变其他税务登记内容。

2. 办理程序

纳税人在市场监督管理机关办理变更登记的，应当自市场监督管理部门办理变更登记之日起30日内，向原税务机关如实提供下列证件、资料，申报办理变更税务登记：

（1）工商变更登记表及工商营业执照复印件；

（2）纳税人变更登记内容的决议及有关证明文件；

（3）税务机关发放的原税务登记证件（登记证正、副本和登记表等）；

（4）其他有关资料。

纳税人按照规定不需要在市场监督管理机关办理变更登记，或者其变更登记的内容与工商登记内容无关的，应当自税务登记内容实际发生变化之日起 30 日内，或者自有关机关批准或者宣布变更之日起 30 日内，持下列证件到原税务登记机关申报办理变更税务登记：

（1）纳税人变更登记内容的有关证明文件；

（2）税务机关发放的原税务登记证件（登记证正、副本和税务登记表等）；

（3）其他有关资料。

纳税人原登记内容发生更改的，应根据企业的实际情况，详细填写《税务登记变更表》，税务机关审核通过后重新核发的税务登记证件及有关资料。变更税务登记的流程如图 1－2 所示。

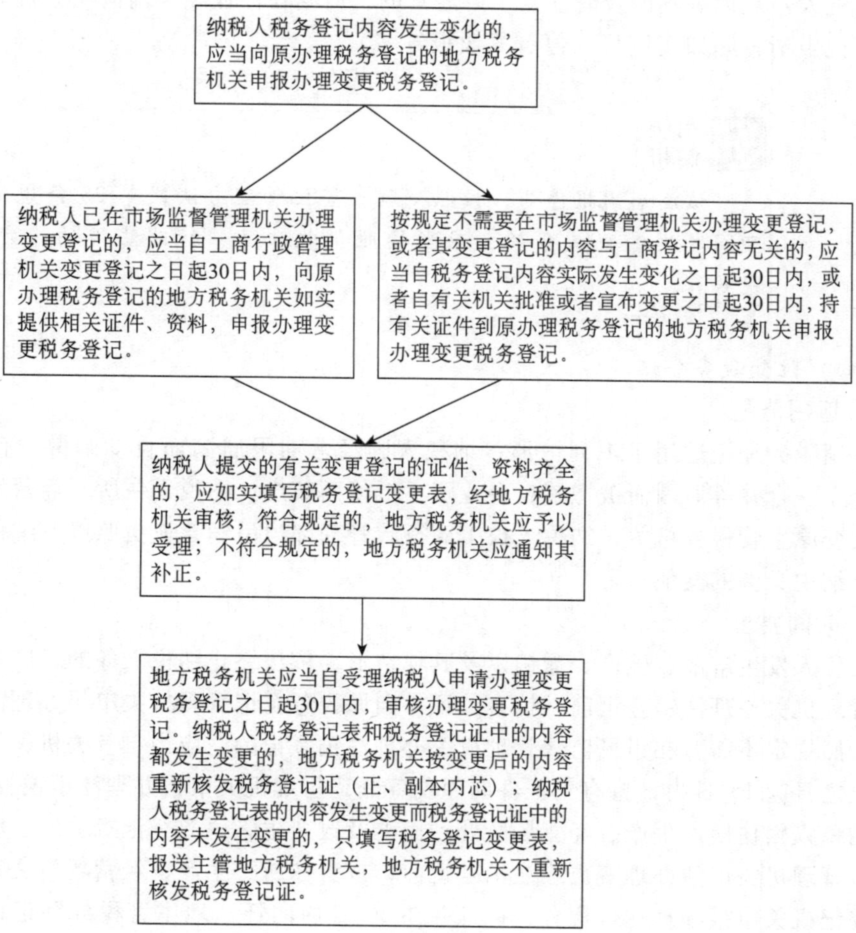

图 1－2　变更税务登记流程

（三）停业、复业登记

1. 适用范围

实行定期定额征收方式的个体工商户需要停业的，应当在停业前向税务机关申报办理停业登记。纳税人的停业期不得超过1年。

2. 办理程序

纳税人在申报办理停业登记时，应如实填写停业申请登记表，说明停业理由、停业期限、停业前的纳税情况和发票的领、用、存情况，并结清应纳税款、滞纳金、罚款。税务机关应收存其税务登记证件及副本、发票领购簿、未使用完的发票和其他税务证件。

纳税人在停业期间发生纳税义务的，应当按照税收法律、行政法规的规定申报缴纳税款。纳税人应当于恢复生产经营之前，向税务机关申报办理复业登记，如实填写《停、复业报告书》，领回并启用税务登记证件、发票领购簿及其停业前领购的发票。

纳税人停业期满不能及时恢复生产经营的，应当在停业期满前向税务机关提出延长停业登记申请，并如实填写《停、复业报告书》。

引例解析

该酒店虚报停业，按照《税务登记管理办法》第25条规定，在停业期间发生纳税义务的，应当按照税收法律、行政法规的规定申报缴纳税款。

（四）注销税务登记

1. 适用范围

注销税务登记适用于下列情形：纳税人因经营期限届满而自动解散；企业由于改组、分立、合并等原因而被撤销；企业资不抵债而破产；纳税人住所、经营地址迁移而涉及改变原主管税务机关；纳税人被工商行政管理部门吊销营业执照以及纳税人依法终止履行纳税义务的其他情形。

2. 时间要求

纳税人发生解散、破产、撤销以及其他情形，依法终止纳税义务的，应当在向工商行政管理机关办理注销登记前，持有关证件向原税务登记管理机关申报办理注销税务登记；按照规定不需要在市场监督管理机关办理注销登记的，应当自有关机关批准或者宣告终止之日起15日内，持有关证件向原税务登记管理机关申报办理注销税务登记。

纳税人因住所、生产、经营场所变动而涉及改变主管税务登记机关的，应当在向市场监督管理机关申请办理变更或注销登记前，或者住所、生产、经营场所变动前，向原税务登记机关申报办理注销税务登记，并在30日内向迁达地主管税务登记机关申报办理税务登记。纳税人被市场监督管理机关吊销营业执照的，应当自营业执照被吊销之日起15日内，向原税务登记机关申报办理注销税务登记。

3. 办理程序

纳税人办理注销税务登记前，应当向税务机关提交相关证明文件和资料，结清应纳税款、多退（免）税款、滞纳金和罚款，缴销发票、税务登记证件和其他税务证件，经税务机关核准后，办理注销税务登记手续。

根据企业的实际情况填写《注销税务登记申请审批表》，经企业盖章后报送税务机关办理审批手续。将已领购的或已购未用的发票、发票领购簿、税务登记证等税收票证交回税务机关审验核销。

在结清全部纳税事项后，应及时到税务机关领回《注销税务登记通知书》等有关注销税务登记的批件、资料。

4. 进一步优化办理企业税务注销程序

（1）实行清税证明免办服务。对向市场监管部门申请简易注销的纳税人，符合下列情形之一的，可免予到税务机关办理清税证明，直接向市场监管部门申请办理注销登记：

①未办理过涉税事宜的；

②办理过涉税事宜但未领用发票、无欠税（滞纳金）及罚款的。

（2）优化税务注销即办服务。对向市场监管部门申请一般注销的纳税人，税务机关在为其办理税务注销时，进一步落实限时办结规定。对未处于税务检查状态、无欠税（滞纳金）及罚款、已缴销增值税专用发票及税控专用设备，且符合下列情形之一的纳税人，优化即时办结服务，采取“承诺制”容缺办理，即：纳税人在办理税务注销时，若资料不齐，可在其作出承诺后，税务机关即时出具清税文书。

①纳税信用级别为 A 级和 B 级的纳税人；

②控股母公司纳税信用级别为 A 级的 M 级纳税人；

③省级人民政府引进人才或经省级以上行业协会等机构认定的行业领军人才等创办的企业；

④未纳入纳税信用级别评价的定期定额个体工商户；

⑤未达到增值税纳税起征点的纳税人。

纳税人应按承诺的时限补齐资料并办结相关事项。若未履行承诺的，税务机关将对其法定代表人、财务负责人纳入纳税信用 D 级管理。

任务二
账证管理

导入引例

2021 年 6 月，湖北十堰警税联合行动，成功打掉十堰市某化工企业虚开团伙，抓获犯罪嫌疑人 14 名。经查，该团伙涉嫌控制 18 户空壳企业，采取变换品名的方式虚开增值税专用发票 5147 份，虚开金额 7.1 亿元。

请思考虚开增值税专用发票有哪些行为？

知识准备和业务操作

一、账簿、凭证管理的要求

（一）财务会计制度及其处理办法备案

从事生产、经营的纳税人应当自领取税务登记证件之日起15日内，将其财务、会计制度或者财务、会计处理办法报送主管税务机关备案。从事生产、经营的纳税人财会制度、办法与税法规定相抵触的，应按税法规定计缴税款。

（二）纳税人存款账户报告

从事生产、经营的纳税人应当自开立基本存款账户或者其他存款账户之日起15日内，填写纳税人存款账户报告表并向主管税务机关书面报告其全部账号；发生变化的，应当自变化之日起15日内向主管税务机关书面报告。纳税人未按照规定将其银行账号向税务机关报告的，按照有关规定予以处罚。

（三）账簿、凭证管理

账簿、凭证是记录和反映纳税人经营活动的基本材料之一，也是税务机关对纳税人、扣缴义务人计征税款以及确认是否正确履行纳税义务的重要依据。账簿、凭证管理的要求如下：

（1）从事生产、经营的纳税人应当自领取营业执照或者发生纳税义务之日起15日内，按照国家有关规定设置账簿。企业应设置的账簿，是指总账、明细账、日记账以及其他辅助性账簿。总账、日记账应当采用订本式。

（2）扣缴义务人应当自税收法律、行政法规规定的扣缴义务发生之日起10日内，按照所代扣、代收的税种，分别设置代扣代缴、代收代缴税款账簿。

（3）生产、经营规模小又确无建账能力的纳税人，可以聘请注册会计师或者经税务机关认可的财务人员代为建账和办理账务；聘请注册会计师或者经税务机关认可的财务人员有实际困难的，报经县以上税务机关批准，可以按照税务机关的规定，建立收支凭证粘贴簿、进货销货登记簿或者使用税控装置。

（4）除法律、行政法规另有规定的外，账簿、会计凭证、报表、完税凭证及其他有关资料应当保存10年。纳税人不得伪造、变造或擅自销毁账簿、记账凭证、完税凭证及其他有关资料。

二、发票的分类

（一）发票的概念

发票是指一切单位和个人在购销商品、提供或者接受劳务服务以及从事其他经营活动时提供给对方的收付款的书面证明。它是财务收支的法定凭证，是会计核算的原始凭据。税务机关是发票的主管机关，负责发票的印制、领购、开具、使用、取得、保管、缴销等方面的管理和监督。

（二）发票的分类

按行业特点和纳税人的生产经营项目不同，发票主要有以下类型：

1. 增值税专用发票

增值税专用发票只限于增值税一般纳税人领购使用，增值税小规模纳税人和非增值税纳税人不得领购使用。从行业划分来讲，它是工业、商业企业用于结算销售货物和加工修理修配劳务使用的发票。增值税专用发票将在项目二中详细介绍。

2. 普通发票

普通发票作为在购销商品、提供或者接受服务以及从事其他经营活动中开具、取得的收付款凭证，只是一种商事凭证，只开具交易数量、商品名称、价格等内容，不开具税金，使用范围比较广泛。其基本联次有三联：第一联为存根联，开具方留存备查；第二联为发票联，取得方作为付款的原始凭证，填开后的发票联要加盖财务印章或发票专用章；第三联为记账联，开票方作为记账原始凭证。

普通发票主要由增值税小规模纳税人使用，增值税一般纳税人在不能开具专用发票的情况下也可使用普通发票，所不同的是具体种类要按适用范围选择。如普通发票中的商业批发零售发票、加工修理修配发票是由增值税纳税人使用的。

增值税纳税人使用的普通发票主要包括工业企业产品销售统一发票、工业企业加工产品统一发票、工业加工修理统一发票、商业零售统一发票、机动车专项修理专用发票、自来水公司水销售专用发票等。

3. 专业发票

专业发票是指国有金融、保险企业的存贷、汇兑、转账凭证，保险凭证；国有邮政、电信企业的邮票、邮单、话务、电报收据；国有铁路、民用航空企业和交通部门、国有公路、水上运输企业的客票、货票等。

三、增值税电子普通发票的推广与应用

（一）增值税电子普通发票的开具和使用

2015 年 11 月 26 日，国家税务总局发布了《关于推行通过增值税电子发票系统开具的增值税电子普通发票有关问题的公告》，对增值税电子发票的开具和使用提出具体规定：

（1）规定了通过增值税电子发票系统开具的增值税电子普通发票票样。

（2）增值税电子普通发票的开票方和受票方需要纸质发票的，可以自行打印增值税电子普通发票的版式文件，其法律效力、基本用途、基本使用规定等与税务机关监制的增值税普通发票相同。

（3）增值税电子普通发票的发票代码为 12 位，编码规则：第 1 位为 0，第 2－5 位代表省、自治区、直辖市和计划单列市，第 6－7 位代表年度，第 8－10 位代表批次，第 11－12 位代表票种（11 代表增值税电子普通发票）。发票号码为 8 位，按年度、分批次编制。

（4）除北京市、上海市、浙江省、深圳市外，其他地区已使用电子发票的增值税

纳税人，应于2015年12月31日前完成相关系统对接技术改造，2016年1月1日起使用增值税电子发票系统开具增值税电子普通发票，其他开具电子发票的系统同时停止使用。

（二）增值税电子普通发票的格式

纸质的增值税普通发票区分折叠票和卷票两种，纳税人可以根据自身企业经营需求申请领用何种类型的发票，纸质的增值税普通发票折叠票票样和卷票票样如图1－3、图1－4所示。

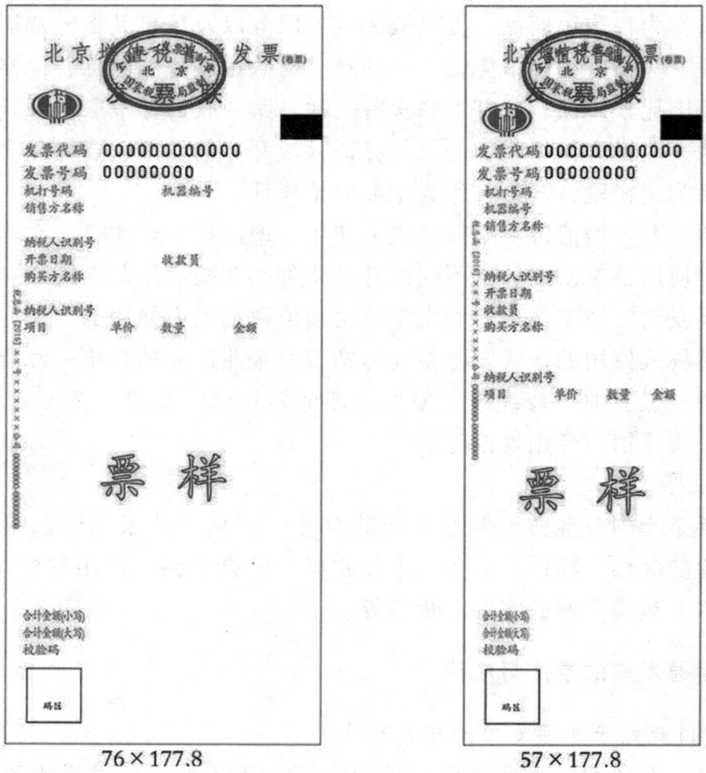

图1－3 纸质增值税普通发票（卷式）票样

增值税电子普通发票也区分为两种，纳税人可自愿选择自建电子发票服务平台、第三方运营机构建设的电子发票服务平台依法依规开具电子发票，也可以使用税务部门提供的增值税电子发票公共服务服务平台开具电子发票。通过其他电子发票平台开具增值税电子普通发票和纸质的增值税普通发票（折叠票）票面信息基本一致，如图1－5所示。通过增值税电子发票公共服务平台开具的增值税电子平台发票则进一步简化了发票票面样式，如图1－6所示，主要变化：

（1）增值税电子专用发票将货物或应税劳务、服务名称 栏次名称简化为项目名称，取消了原“销售方：（章）”栏次。

（2）取消了发票专用章，采用电子签名代替原发票专用章。

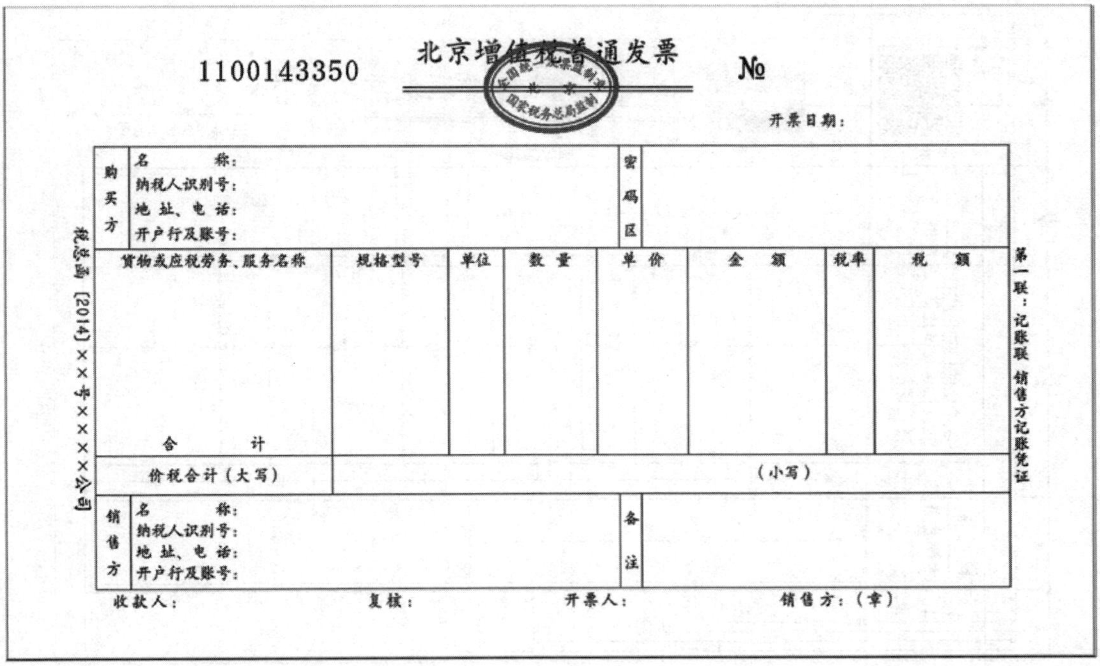
北京增值税普通发票
1100143350　№
全国统一发票监制章 北京 国家税务总局监制
开票日期：
购买方　名称：　纳税人识别号：　地址、电话：　开户行及账号：　密码区

货物或应税劳务、服务名称	规格型号	单位	数量	单价	金额	税率	税额
合计							
价税合计（大写）					（小写）		

销售方　名称：　纳税人识别号：　地址、电话：　开户行及账号：　备注
收款人：　复核：　开票人：　销售方：（章）
税总函〔2014〕××号××××公司
第一联：记账联　销售方记账凭证

图 1－4　纸质增值税普通发票（折叠票）票样

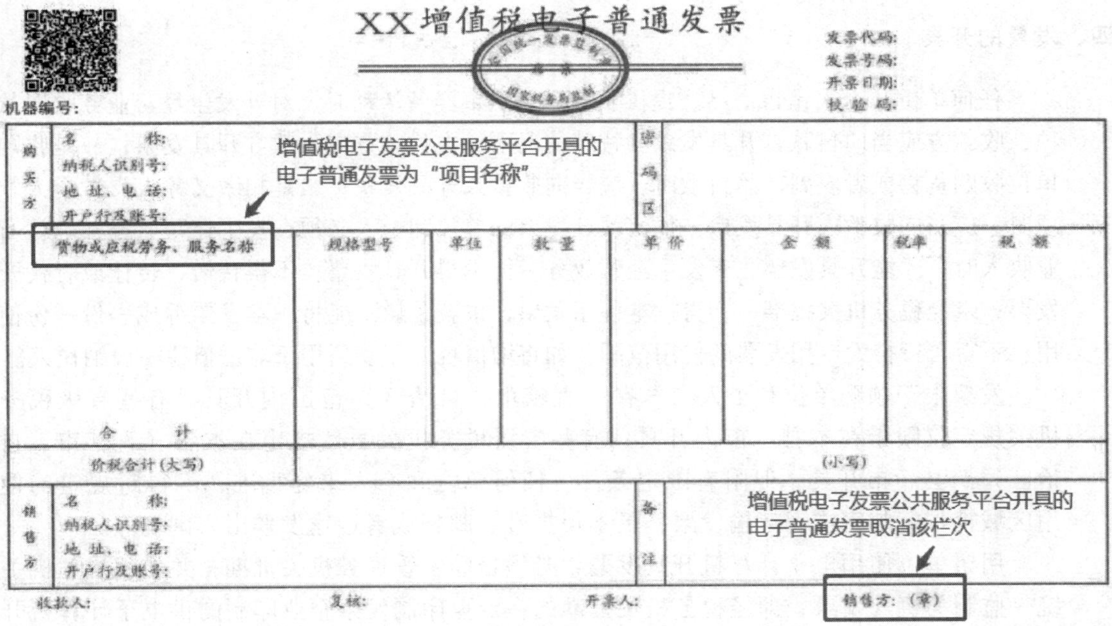
XX增值税电子普通发票
全国统一发票监制章 北京 国家税务总局监制
机器编号：
发票代码：
发票号码：
开票日期：
校验码：
购买方　名称：　纳税人识别号：　地址、电话：　开户行及账号：　密码区

货物或应税劳务、服务名称	规格型号	单位	数量	单价	金额	税率	税额
合计							
价税合计（大写）					（小写）		

销售方　名称：　纳税人识别号：　地址、电话：　开户行及账号：　备注
收款人：　复核：　开票人：　销售方：（章）

图 1－5　通过其他电子发票平台开具增值税电子普通发票票样

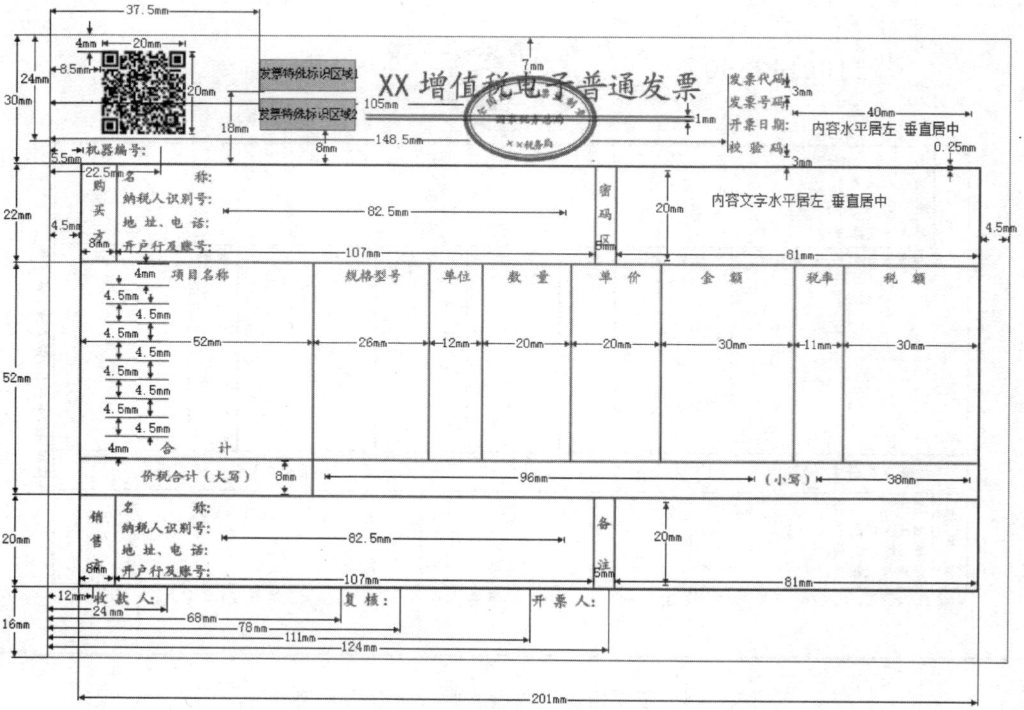

图 1－6　通过增值税电子发票公共服务平台开具的增值税电子普通发票票样

四、发票的开具

任何单位和个人销售商品、提供服务以及从事经营活动时，对外发生经营业务收取款项，收款方应当向付款方开具发票。特殊情况下，由付款方向收款方开具发票：一是收购单位收购货物或者农副产品付款时，应当向收款人开具发票；二是扣缴义务人支付个人款项时。应当向收款人开具发票。任何填开发票的单位和个人必须在发生经营业务并确认营业收入时，才能开具发票，未发生经营业务一律不得开具发票；不得转借、转让或者代开发票；未经税务机关批准，不得拆本使用发票，也就是说不能将一本发票拆成一份一份使用；不得自行扩大专用发票的使用范围，如将增值税专用发票用于非增值税一般纳税人。

发票限于领购单位和个人在本省（直辖市、自治区）范围内开具。有些省级税务机关规定仅限于在本县、市内开具；有些省级税务机关虽然规定在本省（直辖市、自治区）跨县、市开具，但附有限定条件。任何单位和个人未经批准，不得跨规定的使用区域携带、邮寄或者运输发票，更不得携带、邮寄或者运输发票出入国境。

用票单位使用电子计算机开具发票，必须报经主管税务机关批准，并使用税务机关统一监制的机外发票，即经税务机关批准的在定点印制发票企业印制的供电子计算机开具的发票。同时，开具后的存根联应当按照顺序号装订成册，以备税务机关检查。

开具发票应当按照规定的时限、顺序，逐栏、全部联次一次性如实填开，即必须做到按号码顺序填开，填写项目齐全，内容真实，字迹清楚，全部联次一次性复写或打印，内容完全一致，并在发票联或者抵扣联加盖单位财务印章或发票专用章。填写专用发票还要求：字迹不得涂改；票面品名与货物相符，票面金额与实际收取的金额相符；

各项目内容正确无误，发票联和抵扣联盖财务专用章或发票专用章。

用票单位和个人开具发票发生错填、误填等需要重新开具发票的，可在原发票上注明“作废”字样后，重新开具发票；如果发生销货退回需开红字发票，必须收回原发票并注明“作废”字样或者取得对方的有效凭证；发生销售折让的，在收回原发票并注明“作废”字样后，重新开具销售发票。

开具发票的单位和个人，都应建立健全发票保管制度，设专人负责，专柜存放，防止丢失损毁，定期进行盘点，保证账实相符。对已填用的发票存根要和空白发票一样妥善保管，不得擅自销毁。已经开具的发票存根联和发票登记簿，应保存5年，保存期满，须报经税务机关查验后方可销毁。

引例解析

具有下列行为之一的，属于“虚开增值税专用发票”：①没有货物购销或者没有提供或接受应税劳务而为他人、为自己、让他人为自己、介绍他人开具增值税专用发票；②有货物购销或者提供或接受了应税劳务但为他人、为自己、让他人为自己、介绍他人开具数量或者金额不实的增值税专用发票；③进行了实际经营活动，但让他人为自己代开增值税专用发票。

五、网络发票管理

网络发票是指符合国家税务总局统一标准并通过国家税务总局及省、自治区、直辖市税务局、地方税务局公布的网络发票管理系统开具的发票。国家积极推广使用网络发票管理系统开具发票，并提供便捷的网络发票信息查询渠道。

自2013年4月1日起：

（1）税务机关应根据开具发票的单位和个人的经营情况，核定其在线开具网络发票的种类、行业类别、开票限额等内容。

（2）开具发票的单位和个人需要变更网络发票核定内容的，可向税务机关提出书面申请，经税务机关确认，予以变更。

（3）开具发票的单位和个人开具网络发票应登录网络发票管理系统，如实完整填写发票的相关内容及数据，确认保存后打印发票。

（4）开具发票的单位和个人在线开具的网络发票，经系统自动保存数据后即完成开票信息的确认、查验。

（5）单位和个人取得网络发票时，应及时查询验证网络发票信息的真实性、完整性，对不符合规定的发票，不得作为财务报销凭证，任何单位和个人有权拒收。

（6）开具发票的单位和个人需要开具红字发票的，必须收回原网络发票全部联次或取得受票方出具的有效证明，通过网络发票管理系统开具金额为负数的红字网络发票。

（7）开具发票的单位和个人作废开具的网络发票，应收回原网络发票全部联次，注明“作废”，并在网络发票管理系统中进行发票作废处理。

（8）开具发票的单位和个人应当在办理变更或者注销税务登记的同时，办理网络发票管理系统的用户变更、注销手续并缴销空白发票。

（9）税务机关根据发票管理的需要，可以按照国家税务总局的规定委托其他单位通过网络发票管理系统代开网络发票。

（10）税务机关应当与受托代开发票的单位签订协议，明确代开网络发票的种类、对象、内容和相关责任等内容。

（11）开具发票的单位和个人必须如实在线开具网络发票，不得利用网络发票进行转借、转让、虚开发票及其他违法活动。当网络出现故障，无法在线开具发票时，可离线开具发票。开具发票后，不得改动开票信息，并于48小时内上传开票信息。

（12）省以上税务机关在确保网络发票电子信息正确生成、可靠存储、查询验证、安全唯一等条件的情况下，可以试行电子发票。

任务三 纳税申报

导入引例

某公司2021年3月应缴纳增值税100万元，直到4月29日缴纳。2021年3月增值税申报缴纳的最后期限为4月15日。

计算3月逾期缴纳增值税应加收的滞纳金是多少？

知识准备和业务操作

一、纳税申报的方式

（一）纳税申报的概念

纳税申报是指纳税人就计算缴税款的有关事项向税务机关提出的书面报告，是税务管理的一项重要制度。它既是纳税人履行纳税义务的法定程序，又是税务机关核定应征税款和开具纳税凭证的主要依据。

负有纳税义务、代扣代收税款义务的单位和个人，无论本期有无应缴、应纳税款，都应按规定的期限如实向主管税务机关办理纳税申报。享受减免税的纳税人，在减免税期间也应按照规定办理纳税申报。

纳税申报的内容，主要在各税种的纳税申报表和代扣代缴、代收代缴税款报告表中体现。有关内容在以后各个税种中介绍。

（二）纳税申报的期限

纳税人和扣缴义务人都必须按照法定的期限办理纳税申报。申报期限有两种：一种是法律、行政法规明确规定的；另一种是税务机关按照法律、行政法规的原则规定，并结合纳税人生产经营的实际情况及其所应缴纳的税种等相关问题予以确定的。两种期限具有同等的法律效力。报缴期限的最后一天，如遇公休日可以顺延一天。

（三）纳税申报的方式

纳税人和扣缴义务人可以根据实际经营情况选择以下纳税申报方式：

（1）直接申报（上门申报）。纳税人、扣缴义务人按照规定的期限直接到主管税务机关办理纳税申报手续。

（2）邮寄申报。纳税人、扣缴义务人经主管税务机关批准，可将纳税申报表及其有关纳税资料通过邮局寄送主管税务机关。纳税申报日期以寄出地的邮戳日期为准。

（3）电子申报。对财务核算健全、会计实行电算化管理、纳税申报正常的纳税人和扣缴义务人，经主管税务机关审查批准后，可以通过计算机网络、电话线路、磁介质等形式办理纳税申报。

（4）代理申报。纳税人、扣缴义务人自行申报有困难的，可委托税务代理机构代理申报。

（四）延期申报

我国税法规定，纳税人、扣缴义务人按照法律、行政法规规定或者税务机关依照法律、行政法规的规定确定的期限，缴纳或者解缴税款。纳税人因有特殊困难，不能按期缴纳税款的，经省、自治区、直辖市国家税务局、地方税务局批准，可以延期缴纳税款，但是最长不得超过 3 个月。

特殊困难包括：因不可抗力导致纳税人发生较大损失，正常生产经营活动受到较大影响的；当期货币资金在扣除应付职工工资、社会保险费后不足以缴纳税款的。

媒体视点

制造业中小微企业缓税（费）2000 亿元

“前段时间，上游原材料价格上涨，让公司生产压力加大，资金流也很紧张。国家出台税收缓缴政策，让公司能缓缴近 40 万元税款，真是解了我们的燃眉之急。”河南省开封市晟源合金材料有限公司负责人刘自生说。

2021 年末，我国推出对四季度制造业中小微企业实施阶段性税收缓缴等措施，进一步加大助企纾困力度，预计将为制造业中小微企业办理缓税（费）2000 亿元，为煤电和供热企业办理“减、退、缓”税 270 亿元。

“针对中小微企业年末面临的原材料价格上涨、订单不足、应收账款回款慢等情况，适时出台缓税等措施，可以让企业更灵活地调配资金，渡过难关。”国家税务总局税收科学研究所副所长李平说，不仅如此，**研发费用加计扣除是我国近年来推出的鼓励企业研发创新的重要税收优惠政策，去年该政策也经历几次“升级”，比例增加、范围扩大、提前享受，有利于缓解企业尤其是那些前期研发投入较大企业的资金压力，助力创新和产业升级。**

【资料来源：节选自《人民日报》，《减税降费成色十足“放水养鱼”效果显著》，2022 年 01 月 20 日】

（五）税收滞纳金的计算

纳税人未按照法律、行政法规规定或者税务机关依照法律、行政法规的规定确定的期限缴纳税款，扣缴义务人未按照上述规定解缴税款的，都属于税款的滞纳。

我国税法规定，纳税人未按照规定期限缴纳税款或扣缴义务人未按照规定期限解缴税款的，税务机关除责令限期缴纳外，从滞纳税款之日起，按日加收滞纳税款万分之五的滞纳金。

引例解析

加收滞纳金的起止时间，为法律、行政法规或者税务机关依照法律、行政法规的规定确定的税款缴纳期限届满次日起至纳税人、扣缴义务人实际缴纳或者解缴税款之日止。

该单位共逾期 14 天缴纳税款，应加收的滞纳金为：

1 000 000 ×14 ×0.5‰ =7 000（元）

二、纳税申报方式的核定

纳税人和扣缴义务人采取直接申报方式以外的其他纳税申报方式的核定流程：

（一）填制《纳税申报方式申请审批表》

纳税人向主管税务机关提出申请，视情况填制《申报方式申请审批表》《邮寄申报申请审批表》或《数据电文申报申请审批表》。《纳税申报方式申请审批表》见表 1－3。

表 1－3　　纳税申报方式申请审批表

纳税人识别号：　　　　纳税人名称：

微机编码		经济类型	
邮政编码		联系电话	
生产经营地址			
申请纳税申报方式	□邮寄申报　□网上电子申报　□简易申报　□其他申报方式		
申请理由： （签章） 法定代表人（负责人）：　　办税人员：　　年　月　日			

续表

主管税务机关意见： （公章） 主管局长：　　　部门负责人：　　　经办人：　　年　月　日
备注：

（二）税务机关审批

办税服务厅审阅纳税人填报的表格是否符合要求，报送需查验的资料是否齐全。报送资料齐全的，税务机关 3 日内对纳税人的实际经营情况进行调查核实。符合条件的，纳税人与银行、邮政部门、主管税务机关签定有关协议，由税源管理部门完成审批。

三、网上申报的办理

网上申报程序如图 1－7 所示。

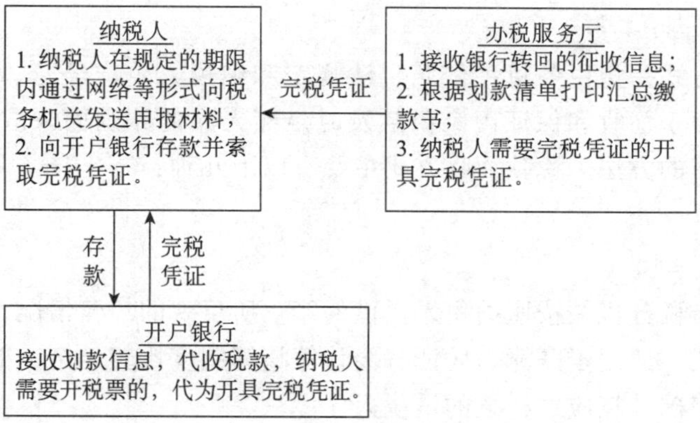

图 1－7　网上申报程序

纳税人选择互联网申报时，通过互联网向税务机关发出申报申请，税务机关通过资格认定后，纳税人在网上进行申报表及相关资料的报送（增值税一般纳税人进行互联网申报时应首先取得 CA 安全认证书）。申报成功后，系统向纳税人反馈申报成功信息，如当月有应纳税款，系统提示进行联网扣款或其他方式缴纳税款。如申报不成功，纳税人可根据提示信息修正后重新进行申报。

科技手段简化税收征管

纳税人选择数据电文申报方式如果超过法定的申报期限，则电话、银行网点、互联网不再受理申报，纳税人需要到办税服务厅办理逾期申报事宜。发现有纳税人未按规定申报缴税的，转入税务违法违章处理程序。

纳税人选择数据电文申报方式申报成功后，可在缴纳税款后的连续 12 个月内按照约定向银行索取完税凭证。银行作为税务机关的代扣代缴部门，应按规定将《税收转账专用完税证》等向税务机关进行结报，税务机关整理后归档。

任务四 税款缴纳

导入引例

接任务一案例。6 月 12 日，税务部门发现该酒店仍未申报纳税，即下达了《限期改正通知书》，责令限期申报并缴纳税款，到 7 月 15 日该酒店还是未改正。

该酒店的行为正确吗？税务部门将会采取哪些征收措施？

知识准备和业务操作

一、税款征收方式

新型税企关系

税款征收方式是指税务机关依照税法规定和纳税人生产经营、财务管理情况以及便于征收和保证国家税款及时足额入库的原则而采取的具体组织税款入库的方法。税款征收方式主要有以下几种：

（一）查账征收

查账征收指税务机关按照纳税人提供的账表所反映的经营情况，依照适用税率计算缴纳税款的方式。适用于账簿、凭证、会计等核算制度比较健全，能够据以如实核算生产经营情况，正确计算应纳税款的纳税人。

（二）核定征收

核定征收是税务机关采用特定方法对不能完整、准确提供纳税资料的纳税人确定其应纳税收入或应纳税额，纳税人据以缴纳税款的一种征收方式。具体包括：

1. 查定征收

查定征收是由税务机关根据纳税人的从业人员、生产设备、原材料消耗等因素在正常生产经营条件下生产的应税产品查实核定产量、销售额，并据以征收税款的一种方式。适用于生产规模较小、账册不健全、产品零星、税源分散的小型厂矿和作坊。

2. 查验征收

查验征收指税务机关通过查验纳税人的应税商品数量，按市场一般销售单价计算其销售收入并据以征税的方式。适用于对城乡集贸市场中的临时经营者和机场、码头等场所的经销商的课税。

3. 定期定额征收

定期定额征收是对一些营业额、所得额不能准确计算的小型工商户，经过自报评议，由税务机关核定一定时期的营业额和所得税附征率，实行多税种合并征收方式。

核定征收适用于以下几种情况：

（1）依照《中华人民共和国税收征收管理法》可以不设置账簿的；

（2）依照《中华人民共和国税收征收管理法》应当设置账簿但未设置的；

（3）擅自销毁账簿或者拒不提供纳税资料的；

（4）虽设置账簿，但账目混乱或者成本资料、收入凭证、费用凭证残缺不全，难以查账征收的；

（5）发生纳税义务，未按照规定的期限办理纳税申报，经税务机关责令限期申报，逾期仍不申报的；

（6）关联企业不按照独立企业之间的业务往来收取或支付价款、费用，而减少其应纳税的收入或者所得额的。

（三）代扣代缴、代收代缴征收

代扣代缴征收是指支付纳税人收入的单位和个人从所支付的纳税人收入中扣缴其应纳税款并向税务机关解缴的行为；代收代缴征收是指与纳税人有经济往来关系的单位和个人借助经济往来关系向纳税人收取其应纳税款并向税务机关解缴的行为。这两种征收方式适用于税源零星分散、不易控管的纳税人。

（四）委托代征

委托代征是指根据国家法律、法规的授权，并根据加强税款征收，保障国家税收收入的实际需要，依法委托给其他部门和单位代为执行税款征收任务的一种税款征收方式。

二、税款缴纳的方式

纳税人、扣缴义务人缴纳税款的方式主要有：

1. 自核自缴

自核自缴，是指在法定的纳税申报期内，由纳税人自行计算应纳税款、自行填开缴款书并自行到银行缴纳税款，然后持纳税申报表、缴款书报查联和有关资料，向税务机关办理申报。

2. 转账缴税

转账缴税，是指纳税人在法定的纳税申报期内，由纳税人持纳税申报表和有关资料，向税务机关办理纳税申报，并根据税务机关填制的缴款书通过开户银行转账缴纳税款的方式。

3. 预储账户缴税

预储账户缴税，是指纳税人在银行开设税款预储账户、按期提前储入当期应纳税款，并在法定的申报期内向税务机关报送纳税申报表和有关资料，由税务机关开具税收缴款书通知银行划款入库。

4. 支票缴税

支票缴税，是指在法定的申报期内，纳税人持纳税申报表和有关资料以及应付税款等额支票，报送税务机关；税务机关审查支票的有效性后，向纳税人开具完税凭证，然后集中报缴数字、支票清单，统一交由国库办理清算。该方式需在税务机关、银行、国库三家计算机实现联网后方能实施。

5. 现金缴税

现金缴税，是指对未在银行开立银行账户的纳税人，在法定的纳税申报期内自行计算应纳税款后持纳税申报表和有关资料、现金向税务机关办理纳税申报手续。

6. 信用卡缴税

信用卡缴税，是指在法定的纳税申报期内，由纳税人自行计算应纳税款后，持纳税申报表和有关资料、信用卡向税务机关办理纳税申报手续。税务机关在查询信用卡的余额足以交纳应缴税款后，开具完税凭证，征收税款。

媒体视点

办税缴费“非接触式”办理100%实现

“以前，办理变更申报等业务得往办税服务厅跑；现在，扫描二维码、通过远程帮办平台提交相关资料就能办理，真是省时又省心。”河北创绿工程技术服务有限公司办税人员陈徐吟说。

近年来，税务部门持续深化“放管服”改革，除法律规定和需线下实物交付的外，办税缴费事项目前已全部实现“非接触式”办理。2021年，税务部门还主动推出并顺利实现财产行为税合并申报，全面推行增值税、消费税分别与附加税费整合申报改革，表单数量减少2/3，申报数据项减少1/3。

近日召开的全国税务工作会议明确，**今年要进一步深化税收征管改革，推动智慧税务建设取得实质性进展。全面推广电子发票服务平台，上线运行全国统一规范的电子税务局，提升税收征管效能，增强纳税人缴费人税务人的满意度和认同感。**

【资料来源：节选自《人民日报》，《减税降费成色十足“放水养鱼”效果显著》，2022年01月20日】

三、税款征收的措施

（一）核定应纳税款制度

1. 核定应纳税款的情形

纳税人有下列情形之一的，税务机关有权核定其应纳税额：

（1）依照本法规定可以不设置账簿的；

（2）依照本法规定应当设置但未设置账簿的；

（3）虽设置账簿，但账目混乱，或者成本资料、收入凭证、费用凭证残缺不全，难以查账的；

（4）发生纳税义务，未按照规定的期限办理纳税申报，经税务机关责令限期申报，逾期仍不申报的。

2. 核定应纳税款的方法

对于上述情况，税务机关有权采用下列任何一种方式核定其应纳税额：

（1）参照当地同类行业或者类似行业中经营规模和收入水平相近的纳税人的收入额和利润率核定；

（2）按照成本加合理的费用和利润核定；

（3）按照耗用的原材料、燃料、动力等推算或者测算核定；

（4）按照其他合理的方法核定。

当采用上述所列的一种方法不足以正确核定应纳税额时，可以同时采用两种以上的方法核定。

（二）税款追征和退还

1. 税款的追征

因税务机关的责任，致使纳税人、扣缴义务人未缴或者少缴税款的，税务机关在3年内可以要求纳税人、扣缴义务人补缴税款，但是不得加收滞纳金。

因纳税人、扣缴义务人计算错误等失误，未缴或者少缴税款的，税务机关在3年内可以追征；数额在10万元以上的，有特殊情况的，追征期可以延长到10年。在追征税款的同时，加收滞纳金。补缴和追征税款的期限，自纳税人、扣缴义务人应缴未缴或者少缴税款之日起计算。

纳税人、扣缴义务人和其他当事人因偷税未缴或者少缴的税款或者骗取的退税款，税务机关可以无限期追征。

【思考题1-4】（单选题）某企业财务人员因对所得税税前扣除规定理解不深，导致2021年应纳税所得额计算失误，造成少缴所得税税款2万元，按规定当地税务机关一般情况下可在（　　）年内追征税款、滞纳金。

A. 3　　　　B. 5

C. 7　　　　D. 8

2. 税款的退还

纳税人超过应纳税额缴纳的税款，税务机关发现后应当立即退还；纳税人自结算缴纳税款之日起3年内发现的，可以向税务机关要求退还，税务机关查实后应当立即退还。

媒体视点

实干担当推动税收现代化

“国家利益无小事，该上缴国家的，一分钱也不能少。” 国家税务总局北京市东城区税务局干部许艺的日常工作是通过重点数据比对、土地税源情况分析等，挖掘房产税、城镇土地使用税少缴疑点数据，督促企业补缴税款。在深耕本职工作外，许艺还心系公益。2015年，许艺牵头联系了中国红十字基金会，与众多家长和学生成立“为爱启航”公益组织，并发挥孩子们有艺术特长的优势，成立义演小分队。2017年，“为爱启航”公益演出筹集善款解决了云南省保山市瓦马彝族白族乡上拉堡小学学生一年的用餐补助费。

【资料来源：节选自《人民日报》，《牢记使命，为民为企办实事——走近二〇二一“最美税务人”》，2022年02月08日】

（三）税收保全措施

税务机关有根据认为从事生产、经营的纳税人有逃避纳税义务行为的，可以在规定的纳税期之前，责令限期缴纳应纳税款；在限期内发现纳税人有明显的转移、隐匿其应纳税的商品、货物以及其他财产或者应纳税收入迹象的，税务机关可以责成纳税人提供纳税担保。如果纳税人不能提供纳税担保，经县以上税务局（分局）局长批准，税务机关可以采取下列税收保全措施：

（1）书面通知纳税人开户银行或者其他金融机构冻结纳税人的金额相当于应纳税款的存款；

（2）扣押、查封纳税人的价值相当于应纳税款的商品、货物或者其他财产。

纳税人在限期内缴纳税款的，税务机关必须立即解除税收保全措施；限期期满仍未缴纳税款的，经县以上税务局（分局）局长批准，税务机关可以书面通知纳税人开户银行或者其他金融机构从其冻结的存款中扣缴税款，或者依法拍卖或者变卖所扣押、查封的商品、货物或者其他财产，以拍卖或者变卖所得抵缴税款。

个人及其所抚养家属维持生活必需的住房和用品，不在税收保全措施的范围之内。

纳税人在限期内已缴纳税款，税务机关未立即解除税收保全措施，使纳税人的合法利益遭受损失的，税务机关应当承担赔偿责任。

（四）税收强制执行措施

从事生产、经营的纳税人、扣缴义务人未按照规定的期限缴纳或者解缴税款，纳税担保人未按照规定的期限缴纳所担保的税款，由税务机关责令限期缴纳；逾期仍未缴纳的，经县以上税务局（分局）局长批准，税务机关可以采取下列强制执行措施：

（1）书面通知其开户银行或者其他金融机构从其存款中扣缴税款；

（2）扣押、查封、依法拍卖或者变卖其价值相当于应纳税款的商品、货物或者其他财产，以拍卖或者变卖所得抵缴税款。

税务机关采取强制执行措施时，纳税人、扣缴义务人、纳税担保人未缴纳的滞纳金同时强制执行。个人及其所抚养家属维持生活必需的住房和用品，不在强制执行措施的范围之内。

（五）离境清税

欠缴税款的纳税人及其法定代表人需要出境的，应当在出境前向税收机关结清应纳税款、滞纳金。未结清应纳税款又不提供担保的，税务机关可以通知出境管理机关阻止其出境。

引例解析

在纳税申报期后，该酒店仍未申报纳税，经责令限期改正仍未改正，对该酒店可采取下列强制执行措施：书面通知其开户银行或者其他金融机构从其存款中扣缴税款及滞纳金；扣押、查封、依法拍卖或者变卖其价值相当于应纳税款的商品、货物或者其他财产，以拍卖或者变卖所得抵缴税款及滞纳金。

四、法律责任

诚信纳税

税收征管法规定的法律责任主要有：

（1）纳税人有下列行为之一的，由税务机关责令限期改正，可以处 2 000 元以下的罚款；情节严重的，处 2 000 元以上 10 000 元以下的罚款：未按照规定的期限申报办理税务登记、变更或者注销登记的；未按照规定设置、保管账簿或者保管记账凭证和有关资料的；未按照规定将财务、会计制度或者财务、会计处理办法和会计核算软件报送税务机关备查的；未按照规定将其全部银行账号向税务机关报告的；未按照规定安装、使用税控装置，或者损毁或者擅自改动税控装置的。

（2）纳税人不办理税务登记的，由税务机关责令限期改正；逾期不改正的，经税务机关提请，由工商行政管理机关吊销其营业执照。

（3）纳税人未按照规定使用税务登记证件，或者转借、涂改、损毁、买卖、伪造税务登记证件的，处 2 000 元以上 10 000 元以下的罚款；情节严重的，处 10 000 元以上 50 000 元以下的罚款。

（4）扣缴义务人未按照规定设置、保管代扣代缴、代收代缴税款账簿或者保管代扣代缴、代收代缴税款记账凭证及有关资料的，由税务机关责令限期改正，可以处 2 000 元以下的罚款；情节严重的，处 2 000 元以上 5 000 元以下的罚款。

（5）纳税人未按照规定的期限办理纳税申报和报送纳税资料的，或者扣缴义务人未按照规定的期限向税务机关报送代扣代缴、代收代缴税款报告表和有关资料的，由税务机关责令限期改正，可以处 2 000 元以下的罚款；情节严重的，可以处 2 000 元以上 10 000 元以下的罚款。

（6）纳税人伪造、变造、隐匿、擅自销毁账簿、记账凭证，或者在账簿上多列支出或者不列、少列收入，或者经税务机关通知申报而拒不申报，或者进行虚假的纳税申报，不缴或者少缴应纳税款的，是偷税。对纳税人偷税的，由税务机关追缴其不缴或者少缴的税款、滞纳金，并处不缴或者少缴的税款 50% 以上 5 倍以下的罚款；构成犯罪的，依法追究刑事责任。

（7）扣缴义务人不缴或者少缴已扣、已收税款，由税务机关追缴其不缴或者少缴的税款、滞纳金，并处不缴或者少缴的税款 50% 以上 5 倍以下的罚款；构成犯罪的，依法追究刑事责任。

（8）纳税人、扣缴义务人编造虚假计税依据的，由税务机关责令限期改正，并处

50 000元以下的罚款。

（9）纳税人不进行纳税申报，不缴或者少缴应纳税款的，由税务机关追缴其不缴或者少缴的税款、滞纳金，并处不缴或者少缴税款50%以上5倍以下的罚款。

（10）纳税人欠缴应纳税款，采取转移或者隐匿财产的手段妨碍税务机关追缴欠缴的税款的，由税务机关追缴欠缴的税款、滞纳金，并处欠缴税款50%以上5倍以下的罚款；构成犯罪的，依法追究刑事责任。

（11）以假报出口或者其他欺骗手段骗取国家出口退税款，由税务机关追缴其骗取的退税款，并处骗取税款1倍以上5倍以下的罚款；构成犯罪的，依法追究刑事责任。

（12）对骗取国家出口退税款的，税务机关可以在规定期间内停止为其办理出口退税。

（13）以暴力、威胁方法拒不缴纳税款的，是抗税，除由税务机关追缴其拒缴的税款、滞纳金外，依法追究刑事责任。情节轻微，未构成犯罪的，由税务机关追缴其拒缴的税款、滞纳金，并处拒缴税款1倍以上5倍以下的罚款。

（14）纳税人、扣缴义务人在规定期限内不缴或者少缴应纳或者应解缴的税款，经税务机关责令限期缴纳，逾期仍未缴纳的，税务机关除依照本法第四十条的规定采取强制执行措施追缴其不缴或者少缴的税款外，可以处不缴或者少缴的税款50%以上5倍以下的罚款。

（15）扣缴义务人应扣未扣、应收而不收税款的，由税务机关向纳税人追缴税款，对扣缴义务人处应扣未扣、应收未收税款50%以上3倍以下的罚款。

（16）纳税人、扣缴义务人逃避、拒绝或者以其他方式阻挠税务机关检查的，由税务机关责令改正，可以处10 000元以下的罚款；情节严重的，处10 000元以上50 000元以下的罚款。

（17）非法印制发票的，由税务机关销毁非法印制的发票，没收违法所得和作案工具，并处10 000元以上50 000元以下的罚款；构成犯罪的，依法追究刑事责任。

（18）从事生产、经营的纳税人、扣缴义务人有本法规定的税收违法行为，拒不接受税务机关处理的，税务机关可以收缴其发票或者停止向其发售发票。

（19）纳税人、扣缴义务人的开户银行或者其他金融机构拒绝接受税务机关依法检查纳税人、扣缴义务人存款账户，或者拒绝执行税务机关做出的冻结存款或者扣缴税款的决定，或者在接到税务机关的书面通知后帮助纳税人、扣缴义务人转移存款，造成税款流失的，由税务机关处100 000元以上500 000元以下的罚款，对直接负责的主管人员和其他直接责任人员处1 000元以上10 000元以下的罚款。

知识归纳

纳税事项办理归纳总结如图1-8所示。

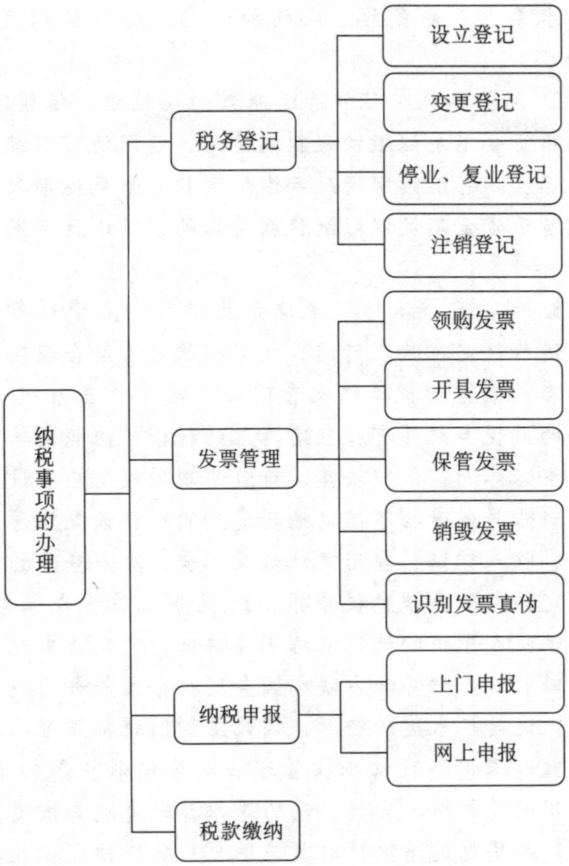

图 1-8　纳税事项办理总结

思考题

1. 新设立的企业如何办理开业税务登记？
2. 企业在哪些情况下需要办理变更税务登记？
3. 在办理注销税务登记前，企业需要履行哪些纳税义务？
4. 凭证、账簿管理的要求有哪些？
5. 如何领购普通发票？
6. 企业可选择哪些纳税申报方式？
7. 企业如何办理延期申报？
8. 税款征收方式有哪些？

办税指南

1. 问：收到加油站、超市开具的卷筒发票未加盖发票专用章，能否在企业所得税前据实扣除？

答：《中华人民共和国发票管理办法》第二十二条规定，开具发票应该加盖发票专用章。另外，所谓加油站、超市开具的卷筒发票很可能只是销售水单，不是发票，应到加油站、超市换取发票后，按规定在税前扣除。

2. 问：纳税人有申请延期缴纳税款权，但获准3个月后，又发生当期货币资金不足以缴纳税款的情形，请问还可以继续申请延期缴纳吗？

答：不可继续申请延期缴纳税款。如果延期缴纳税款到期后，又发生当期货币资金不足以缴纳税款情形的，可以就新发生的应纳税款申请延期缴纳。

3. 问：某个体砖厂未建企业账簿，主管税务机关根据其耗电情况，对其进行核定征收。请问，核定征收是否符合税法规定？

答：根据《税收征收管理法》第三十五条规定，纳税人有下列情形之一的，税务机关有权核定其应纳税额：依照法律、行政法规的规定可以不设置账簿的；依照法律、行政法规的规定应当设置但未设置账簿的；擅自销毁账簿或者拒不提供纳税资料的；虽设置账簿，但账目混乱或者成本资料、收入凭证、费用凭证残缺不全，难以查账的；发生纳税义务，未按照规定的期限办理纳税申报，经税务机关责令限期申报，逾期仍不申报的；纳税人申报的计税依据明显偏低，又无正当理由的。税务机关核定应纳税额的具体程序和方法由国务院税务主管部门规定。

上述砖厂未建账经营，因此主管国税机关可以按规定对其进行核定征收税款。根据《税收征收管理法实施细则》第四十七条第一项规定，按照耗用的原材料、燃料、动力等推算或者测算核定，主管国税机关可以根据该厂耗用电能情况，对其应纳税额实行核定征收。

4. 能否举例说明个体工商户如何延缓缴纳部分税费？

答：纳税人S是年销售额30万元的制造业个体工商户，且实行简易申报，按季缴纳，纳税人无需确认，2022年1月暂不划扣其2021年第四季度应缴纳的个人所得税（代扣代缴除外）、增值税、消费税及附征的城市维护建设税、教育费附加、地方教育附加。

相关税费延缓缴纳3个月，缓缴的税费在2022年4月划扣2022年第一季度应缴税费时一并划扣。

5. 问：跨地区经营建筑企业项目部若不能提供《外出经营活动税收管理证明》，应如何缴纳企业所得税？

答：根据《国家税务总局关于跨地区经营建筑企业所得税征收管理问题的通知》（国税函〔2010〕156号）规定，自2010年1月1日起，跨地区经营的项目部（包括二级以下分支机构管理的项目部）应向项目所在地主管税务机关出具总机构所在地主管税务机关开具的《外出经营活动税收管理证明》，未提供上述证明的，项目部所在地主管税务机关应督促其限期补办。不能提供上述证明的，应作为独立纳税人就地缴纳企业所得税。同时，项目部应向所在地主管税务机关提供总机构出具的证明该项目部属于总机构或二级分支机构管理的证明文件。

6. 问：银行销售黄金如何开具发票？

答：根据《国家税务总局关于金融机构开展个人实物黄金交易业务增值税有关问题的通知》（国税发〔2005〕178 号）规定，金融机构所属分行、支行、分理处、储蓄所等销售实物黄金时，应当向购买方开具国家税务总局统一监制的普通发票。

7. 问：临时经营者需用普通发票时，应办理哪些手续？

答：临时经营者需用普通发票时，可以直接向税务机关提交申请，提供发生购销业务，接受劳务或者其他经营活动的书面证明，由税务机关为其代开普通发票，对税法规定应当纳税的，税务机关应在开具发票的同时征收税款。

2 项目二 增值税计算与申报

学习目标

掌握增值税的基本法律知识；会判定增值税应税行为；会判定企业属于一般纳税人还是小规模纳税人；能准确计算增值税应纳税税额；能准确计算出口货物应退增值税额；能依法选择纳税地点、办理纳税申报和缴纳税款；会领购、开具、保管增值税专用发票；能根据工作任务的需要查阅有关资料，解决工作岗位遇到的办税问题；培养学生具有敬业精神、团队合作能力和沟通能力。

工作任务

增值税征税范围的确定；增值税纳税人身份的判定；增值税一般纳税人销项税额、进项税额和当期应纳税额的计算；增值税小规模纳税人应纳税额的计算；增值税的纳税申报办理；增值税出口退税额的计算。

任务一 增值税征税范围的确定

导入引例

某服装有限责任公司为增值税一般纳税人。2021 年 10 月从国外进口一批服装面料，海关审定的完税价格为 50 万元，该批服装布料分别按 5% 和 13% 的税率向海关缴纳了关税和进口环节增值税，并取得了相关完税凭证。该批服装布料当月加工成服装后一部分在国内销售，取得销售收入 100 万元（不含增值税），另一部分发放给公司的员工，用于职工福利的服装成本 10 万元。

判断公司的行为属于何种应税行为？

■ 知识准备和业务操作

一、增值税的概念和类型

（一）概念

增值税是对在我国境内销售货物或者加工、修理修配劳务，销售服务、无形资产、不动产以及进口货物的单位和个人，以其增值额为课税对象而征收的一种税。它是我国现行商品劳务税中最主要的一个税种。把握增值税及其计税原理，首先必须理解什么是增值额。增值额可以从不同角度加以理解。

概括地说，增值额可以看作是价差，即因提供应税项目而取得的收入价格与该项目的外购成本价格之间的差额。

从经济学理论上看，任何一种商品或劳务的价值均由 C、V、M 三部分构成。而商品或劳务价值扣除 C 以后的部分，即为该商品或劳务的新增价值 $V+M$。其中 V 为劳动力的补偿价值，M 为剩余产品价值。

现实经济生活中，对增值额可以从以下两个方面理解：第一，从一个生产经营单位来看，增值额是指该单位销售货物或提供劳务的收入额扣除为生产经营这种货物（包括劳务）而外购的那部分货物价款后的余额；第二，从一项货物来看，增值额是该货物经历的生产和流通的各个环节所创造的增值额之和，也就是该项货物的最终销售价值。

（二）类型

根据对外购固定资产所含税金扣除方式的不同，增值税可以分为：

1. 生产型增值税

生产型增值税是指在征收增值税时，只能扣除属于非固定资产项目的那部分生产资料的税款，不允许扣除固定资产价值中所含有的税款。该类型增值税的征税对象大体上相当于国内生产总值，因此称为生产型增值税。

2. 收入型增值税

收入型增值税是指在征收增值税时，只允许扣除固定资产折旧部分所含的税款，未提折旧部分不得计入扣除项目金额。该类型增值税的征税对象大体上相当于国民收入，因此称为收入型增值税。

3. 消费型增值税

消费型增值税是指在征收增值税时，允许将固定资产价值中所含的税款全部一次性扣除。这样，就整个社会而言，生产资料都排除在征税范围之外。该类型增值税的征税对象仅相当于社会消费资料的价值，因此称为消费型增值税。我国从 2009 年 1 月 1 日起，在全国所有地区实施消费型增值税。

二、增值税的特点

（一）税不重征

增值税只对增值额征税，也就是按照销售收入额中新创造而未征过税的那部分销售额征税，能有效地排除传统流转税重复征税和税赋不平等的弊端，解决了由于生产流通环节多少不同而造成的税赋不同的矛盾。

（二）道道征税

增值税就各个生产流通环节道道征税，是一种多环节连续性课征的税种。它的征收范围可以延伸到生产、流通的各个领域，体现普遍征收的原则。同时，一种商品从生产到最后进入消费，每经过一道环节就征一道税，因此从生产经营的全过程看，具有道道征税的特点。

（三）同一产品同税赋

增值税税赋不受商品生产经营环节和结构变化的影响，即一种商品只要最后销售价格相同，不论它经过生产、经营环节的多与少，其所纳的增值税额总是相同的，即售价相同，税赋相同，有利于公平竞争。

（四）实行价外计征

增值税实行价外税，即税金不包含在销售价格内，把税款同价格分开。使企业的成本核算不受税收的影响。货物或应税劳务的增值税税款，由纳税人向购买方收取，可以更鲜明地体现增值税的转嫁性质。同时，实行价外计征，为使用专用发票注明税款抵扣制奠定了基础。

三、我国增值税的发展历程

增值税的前世今生

我国自1979年起在部分城市试行增值税。1982年财政部制定了《增值税暂行办法》，并自1983年1月1日开始在全国试行。1984年9月，在总结经验的基础上，国务院又制定了《中华人民共和国增值税条例（草案）》，并自当年10月起施行。1993年12月13日，国务院又发布了《中华人民共和国增值税暂行条例》，并自1994年1月1日起施行。

为进一步完善税制，国务院决定全面实施增值税转型改革，修订《中华人民共和国增值税暂行条例》（以下简称《增值税暂行条例》），在2008年11月5日经国务院第34次常务会议审议通过，11月10日以国务院令第538号公布，自2009年1月1日起施行。

2011年年底，国家决定在上海试点营业税改征增值税的工作。为了贯彻落实国务院关于先在上海市交通运输业和部分现代服务业开展改革试点的决定，根据经国务院同意的《营业税改征增值税试点方案》，财政部、国家税务总局印发了《交通运输业和部分现代服务业营业税改征增值税试点实施办法》《交通运输业和部分现代服务业营业税改征增值税试点有关事项的规定》和《交通运输业和部分现代服务业营业税改征增值税试点过渡政策的规定》等文件，自2012年1月1日起施行。2012年8月24日，国家税务总局又发布了《关于北京等8省市营业税改征增值税试点有关税收征收管理问题的公告》（国家税务总局公告2012年第42号），扩大了营业税改征增值税的试点地区。

2013年5月24日，财政部、国家税务总局印发了《关于在全国开展交通运输业和部分现代服务业营业税改征增值税试点税收政策的通知》（财税〔2013〕37号），经国务院批准，自2013年8月1日起，在全国范围内开展交通运输业和部分现代服务业营改增试点。

随后，在2013年12月12日，财政部、国家税务总局又印发了《关于将铁路运输和邮政业纳入营业税改征增值税试点的通知》（财税〔2013〕106号），经国务院批准，自2014年1月1日起，在全国范围内开展铁路运输和邮政业营改增试点。

2014年4月29日，财政部、国家税务总局又发布了《关于将电信业纳入营业税改征增值税试点的通知》（财税〔2014〕43号），经国务院批准，自2014年6月1日起，将电信业纳入营业税改征增值税试点。

2016年3月18日召开的国务院常务会议决定，自2016年5月1日起，中国将全面推开营改增试点，将建筑业、房地产业、金融业、生活服务业全部纳入营改增试点。2016年3月24日，财政部、国家税务总局向社会公布了《营业税改征增值税试点实施办法》《营业税改征增值税试点有关事项的规定》《营业税改征增值税试点过渡政策的规定》和《跨境应税行为适用增值税零税率和免税政策的规定》，至此，营改增全面推开，所有的实施细则及配套文件全部“亮相”。营业税正式退出历史舞台，增值税制度将更加规范。这是自1994年分税制改革以来，财税体制的又一次深刻变革。

2017年7月1日，取消13%的税率，四档税率简并至三档，原按13%征税的与居民生活、农业生产、文化宣传相关的23类货物改按11%征税，构建更加公平、简洁的增值税制度；2017年11月19日，修改增值税暂行条例，废止营业税暂行条例，以法规形式确定营改增试点成果。

2018年5月1日，将制造业等行业的适用税率由17%降至16%，将交通运输、建筑等行业适用税率由11%降至10%。统一小规模纳税人标准，对符合条件的先进制造业和现代服务业企业退还期末留抵税额。

2019年4月1日开始实施的深化增值税改革，将制造业等行业的适用税率由16%降至13%，将交通运输、建筑等行业适用税率由10%降至9%。进一步扩大进项税抵扣范围，完善抵扣链条；试行期末留抵退税制度，减少因留抵导致的企业资金占压问题，增强税收中性。

四、增值税的征税范围

增值税征税范围包括，在中华人民共和国境内销售货物或者劳务，销售服务、无形资产、不动产以及进口货物。我们将增值税的征税范围分为一般规定和特殊规定。

（一）征税范围的一般规定

现行增值税征税范围的一般规定包括应税销售行为和进口的货物。具体规定如下：

1. 销售或者进口的货物

货物是指有形动产，包括电力、热力、气体。销售货物，是指有偿转让货物的所有权。有偿，是指从购买方取得货币、货物或者其他经济利益。进口货物，是指申报进入我国海关境内的货物。

2. 提供劳务

劳务是指纳税人提供的加工、修理修配劳务。加工是指受托加工货物，即委托方提供原料及主要材料，受托方按照委托方的要求制造货物并收取加工费的业务；修理修配是指受托对损伤和丧失功能的货物进行修复，使其恢复原状和功能的业务。提供加工、修理修配劳务，是指有偿提供加工、修理修配劳务。单位或者个体工商户聘用的员工为本单位或者雇主提供加工、修理修配劳务，不包括在内。

3. 销售服务、无形资产或者不动产

销售服务、无形资产或者不动产，是指有偿提供服务、有偿转让无形资产或者不动产。

销售服务、无形资产、不动产的具体范围，按照所附的《销售服务、无形资产、不动产注释》执行。

附：　销售服务、无形资产、不动产注释

一、销售服务

销售服务，是指提供交通运输服务、邮政服务、电信服务、建筑服务、金融服务、现代服务、生活服务。

（一）交通运输服务

交通运输服务，是指利用运输工具将货物或者旅客送达目的地，使其空间位置得到转移的业务活动。包括陆路运输服务、水路运输服务、航空运输服务和管道运输服务。

1. 陆路运输服务

陆路运输服务，是指通过陆路（地上或者地下）运送货物或者旅客的运输业务活动，包括铁路运输服务和其他陆路运输服务。

（1）铁路运输服务，是指通过铁路运送货物或者旅客的运输业务活动。

（2）其他陆路运输服务，是指铁路运输以外的陆路运输业务活动。包括公路运输、缆车运输、索道运输、地铁运输、城市轻轨运输等。

出租车公司向使用本公司自有出租车的出租车司机收取的管理费用，按照陆路运输服务缴纳增值税。

2. 水路运输服务

水路运输服务，是指通过江、河、湖、川等天然、人工水道或者海洋航道运送货物或者旅客的运输业务活动。

水路运输的程租、期租业务，属于水路运输服务。

程租业务，是指运输企业为租船人完成某一特定航次的运输任务并收取租赁费的业务。

期租业务，是指运输企业将配备有操作人员的船舶承租给他人使用一定期限，承租期内听候承租方调遣，不论是否经营，均按天向承租方收取租赁费，发生的固定费用均由船东负担的业务。

3. 航空运输服务

航空运输服务，是指通过空中航线运送货物或者旅客的运输业务活动。

航空运输的湿租业务，属于航空运输服务。

湿租业务，是指航空运输企业将配备有机组人员的飞机承租给他人使用一定期限，承租期内听候承租方调遣，不论是否经营，均按一定标准向承租方收取租赁费，发生的固定费用均由承租方承担的业务。

航天运输服务，按照航空运输服务缴纳增值税。

航天运输服务，是指利用火箭等载体将卫星、空间探测器等空间飞行器发射到空间轨道的业务活动。

4. 管道运输服务

管道运输服务，是指通过管道设施输送气体、液体、固体物质的运输业务活动。

无运输工具承运业务，按照交通运输服务缴纳增值税。

无运输工具承运业务，是指经营者以承运人身份与托运人签订运输服务合同，收取运费并承担承运人责任，然后委托实际承运人完成运输服务的经营活动。

5. 自 2018 年 1 月 1 日起，纳税人已售票但客户逾期未消费取得运输逾期票证收入，按照“交通运输服务”缴纳增值税。

（二）邮政服务

邮政服务，是指中国邮政集团公司及其所属邮政企业提供邮件寄递、邮政汇兑和机要通信等邮政基本服务的业务活动。包括邮政普遍服务、邮政特殊服务和其他邮政服务。

1. 邮政普遍服务

邮政普遍服务，是指函件、包裹等邮件寄递，以及邮票发行、报刊发行和邮政汇兑等业务活动。

函件，是指信函、印刷品、邮资封片卡、无名址函件和邮政小包等。

包裹，是指按照封装上的名址递送给特定个人或者单位的独立封装的物品，其重量不超过 50 千克，任何一边的尺寸不超过 150 厘米，长、宽、高合计不超过 300 厘米。

2. 邮政特殊服务

邮政特殊服务，是指义务兵平常信函、机要通信、盲人读物和革命烈士遗物的寄递等业务活动。

3. 其他邮政服务

其他邮政服务，是指邮册等邮品销售、邮政代理等业务活动。

（三）电信服务

电信服务，是指利用有线、无线的电磁系统或者光电系统等各种通信网络资源，提供语音通话服务，传送、发射、接收或者应用图像、短信等电子数据和信息的业务活动。包括基础电信服务和增值电信服务。

1. 基础电信服务

基础电信服务，是指利用固网、移动网、卫星、互联网，提供语音通话服务的业务活动，以及出租或者出售带宽、波长等网络元素的业务活动。

2. 增值电信服务

增值电信服务，是指利用固网、移动网、卫星、互联网、有线电视网络，提供短信和彩信服务、电子数据和信息的传输及应用服务、互联网接入服务等业务活动。

卫星电视信号落地转接服务，按照增值电信服务缴纳增值税。

（四）建筑服务

建筑服务，是指各类建筑物、构筑物及其附属设施的建造、修缮、装饰，线路、管道、设备、设施等的安装以及其他工程作业的业务活动。包括工程服务、安装服务、修缮服务、装饰服务和其他建筑服务。

1. 工程服务

工程服务，是指新建、改建各种建筑物、构筑物的工程作业，包括与建筑物相连的各种设备或者支柱、操作平台的安装或者装设工程作业，以及各种窑炉和金属结构工程作业。

2. 安装服务

安装服务，是指生产设备、动力设备、起重设备、运输设备、传动设备、医疗实验设备以及其他各种设备、设施的装配、安置工程作业，包括与被安装设备相连的工作台、梯子、栏杆的装设工程作业，以及被安装设备的绝缘、防腐、保温、油漆等工程作业。

固定电话、有线电视、宽带、水、电、燃气、暖气等经营者向用户收取的安装费、初装费、开户费、扩容费以及类似收费，按照安装服务缴纳增值税。

3. 修缮服务

修缮服务，是指对建筑物、构筑物进行修补、加固、养护、改善，使之恢复原来的使用价值或者延长其使用期限的工程作业。

4. 装饰服务

装饰服务，是指对建筑物、构筑物进行修饰装修，使之美观或者具有特定用途的工程作业。

5. 其他建筑服务

其他建筑服务，是指上列工程作业之外的各种工程作业服务，如钻井（打井）、拆除建筑物或者构筑物、平整土地、园林绿化、疏浚（不包括航道疏浚）、建筑物平移、搭脚手架、爆破、矿山穿孔、表面附着物（包括岩层、土层、沙层等）剥离和清理等工程作业。

（五）金融服务

金融服务，是指经营金融保险的业务活动。包括贷款服务、直接收费金融服务、保险服务和金融商品转让。

1. 贷款服务

贷款，是指将资金贷与他人使用而取得利息收入的业务活动。

各种占用、拆借资金取得的收入，包括金融商品持有期间（含到期）利息（保本收益、报酬、资金占用费、补偿金等）收入、信用卡透支利息收入、买入返售金融商品利息收入、融资融券收取的利息收入，以及融资性售后回租、押汇、罚息、票据贴现、转贷等业务取得的利息及利息性质的收入，按照贷款服务缴纳增值税。

融资性售后回租，是指承租方以融资为目的，将资产出售给从事融资性售后回租业务的企业后，从事融资性售后回租业务的企业将该资产出租给承租方的业务活动。

以货币资金投资收取的固定利润或者保底利润，按照贷款服务缴纳增值税。

2. 直接收费金融服务

直接收费金融服务，是指为货币资金融通及其他金融业务提供相关服务并且收取费用的业务活动。包括提供货币兑换、账户管理、电子银行、信用卡、信用证、财务担保、资产管理、信托管理、基金管理、金融交易场所（平台）管理、资金结算、资金清算、金融支付等服务。

3. 保险服务

保险服务，是指投保人根据合同约定，向保险人支付保险费，保险人对于合同约定的可能发生的事故因其发生所造成的财产损失承担赔偿保险金责任，或者当被保险人死亡、伤残、疾病或者达到合同约定的年龄、期限等条件时承担给付保险金责任的商业保险行为。包括人身保险服务和财产保险服务。

人身保险服务，是指以人的寿命和身体为保险标的的保险业务活动。

财产保险服务，是指以财产及其有关利益为保险标的的保险业务活动。

4. 金融商品转让

金融商品转让，是指转让外汇、有价证券、非货物期货和其他金融商品所有权的业务活动。

其他金融商品转让包括基金、信托、理财产品等各类资产管理产品和各种金融衍生品的转让。

（六）现代服务

现代服务，是指围绕制造业、文化产业、现代物流产业等提供技术性、知识性服务的业务活动。包括研发和技术服务、信息技术服务、文化创意服务、物流辅助服务、租赁服务、鉴证咨询服务、广播影视服务、商务辅助服务和其他现代服务。

1. 研发和技术服务

研发和技术服务，包括研发服务、合同能源管理服务、工程勘察勘探服务、专业技术服务。

（1）研发服务，也称技术开发服务，是指就新技术、新产品、新工艺或者新材料及其系统进行研究与试验开发的业务活动。

（2）合同能源管理服务，是指节能服务公司与用能单位以契约形式约定节能目标，节能服务公司提供必要的服务，用能单位以节能效果支付节能服务公司投入及其合理报酬的业务活动。

（3）工程勘察勘探服务，是指在采矿、工程施工前后，对地形、地质构造、地下资源蕴藏情况进行实地调查的业务活动。

（4）专业技术服务，是指气象服务、地震服务、海洋服务、测绘服务、城市规划、环境与生态监测服务等专项技术服务。

2. 信息技术服务

信息技术服务，是指利用计算机、通信网络等技术对信息进行生产、收集、处理、加工、存储、运输、检索和利用，并提供信息服务的业务活动。包括软件服务、电路设计及测试服务、信息系统服务、业务流程管理服务和信息系统增值服务。

（1）软件服务，是指提供软件开发服务、软件维护服务、软件测试服务的业务活动。

（2）电路设计及测试服务，是指提供集成电路和电子电路产品设计、测试及相关技术支持服务的业务活动。

（3）信息系统服务，是指提供信息系统集成、网络管理、网站内容维护、桌面管理与维护、信息系统应用、基础信息技术管理平台整合、信息技术基础设施管理、数据中心、托管中心、信息安全服务、在线杀毒、虚拟主机等业务活动。包括网站对非自有的网络游戏提供的网络运营服务。

（4）业务流程管理服务，是指依托信息技术提供的人力资源管理、财务经济管理、审计管理、税务管理、物流信息管理、经营信息管理和呼叫中心等服务的活动。

（5）信息系统增值服务，是指利用信息系统资源为用户附加提供的信息技术服务。包括数据处理、分析和整合、数据库管理、数据备份、数据存储、容灾服务、电子商务平台等。

3. 文化创意服务

文化创意服务，包括设计服务、知识产权服务、广告服务和会议展览服务。

（1）设计服务，是指把计划、规划、设想通过文字、语言、图画、声音、视觉等形式传递出来的业务活动。包括工业设计、内部管理设计、业务运作设计、供应链设计、造型设计、服装设计、环境设计、平面设计、包装设计、动漫设计、网游设计、展示设计、网站设计、机械设计、工程设计、广告设计、创意策划、文印晒图等。

（2）知识产权服务，是指处理知识产权事务的业务活动。包括对专利、商标、著作权、软件、集成电路布图设计的登记、鉴定、评估、认证、检索服务。

（3）广告服务，是指利用图书、报纸、杂志、广播、电视、电影、幻灯、路牌、招贴、橱窗、霓虹灯、灯箱、互联网等各种形式为客户的商品、经营服务项目、文体节目或者通告、声明等委托事项进行宣传和提供相关服务的业务活动。包括广告代理和广告的发布、播映、宣传、展示等。

（4）会议展览服务，是指为商品流通、促销、展示、经贸洽谈、民间交流、企业沟通、国际往来等举办或者组织安排的各类展览和会议的业务活动。

4. 物流辅助服务

物流辅助服务，包括航空服务、港口码头服务、货运客运场站服务、打捞救助服务、装卸搬运服务、仓储服务和收派服务。

（1）航空服务，包括航空地面服务和通用航空服务。

航空地面服务，是指航空公司、飞机场、民航管理局、航站等向在境内航行或者在境内机场停留的境内外飞机或者其他飞行器提供的导航等劳务性地面服务的业务活动。包括旅客安全检查服务、停机坪管理服务、机场候机厅管理服务、飞机清洗消毒服务、空中飞行管理服务、飞机起降服务、飞行通讯服务、地面信号服务、飞机安全服务、飞机跑道管理服务、空中交通管理服务等。

通用航空服务，是指为专业工作提供飞行服务的业务活动，包括航空摄影、航空培训、航空测量、航空勘探、航空护林、航空吊挂播洒、航空降雨、航空气象探测、航空海洋监测、航空科学实验等。

（2）港口码头服务，是指港务船舶调度服务、船舶通讯服务、航道管理服务、航道疏浚服务、灯塔管理服务、航标管理服务、船舶引航服务、理货服务、系解缆服务、停泊和移泊服务、海上船舶溢油清除服务、水上交通管理服务、船只专业清洗消毒检测服务和防止船只漏油服务等为船只提供服务的业务活动。

港口设施经营人收取的港口设施保安费按照港口码头服务缴纳增值税。

（3）货运客运场站服务，是指货运客运场站提供货物配载服务、运输组织服务、中转换乘服务、车辆调度服务、票务服务、货物打包整理、铁路线路使用服务、加挂铁路客车服务、铁路行包专列发送服务、铁路到达和中转服务、铁路车辆编解服务、车辆挂运服务、铁路接触网服务、铁路机车牵引服务等业务活动。

（4）打捞救助服务，是指提供船舶人员救助、船舶财产救助、水上救助和沉船沉物打捞服务的业务活动。

（5）装卸搬运服务，是指使用装卸搬运工具或者人力、畜力将货物在运输工具之间、装卸现场之间或者运输工具与装卸现场之间进行装卸和搬运的业务活动。

（6）仓储服务，是指利用仓库、货场或者其他场所代客贮放、保管货物的业务活动。

（7）收派服务，是指接受寄件人委托，在承诺的时限内完成函件和包裹的收件、分拣、派送服务的业务活动。

收件服务，是指从寄件人收取函件和包裹，并运送到服务提供方同城的集散中心的业务活动。

分拣服务，是指服务提供方在其集散中心对函件和包裹进行归类、分发的业务活动。

派送服务，是指服务提供方从其集散中心将函件和包裹送达同城的收件人的业务活动。

5. 租赁服务

租赁服务，包括融资租赁服务和经营租赁服务。

（1）融资租赁服务，是指具有融资性质和所有权转移特点的租赁活动。即出租人根据承租人所要求的规格、型号、性能等条件购入有形动产或者不动产租赁给承租人，合同期内租赁物所有权属于出租人，承租人只拥有使用权，合同期满付清租金后，承租人有权按照残值购入租赁物，以拥有其所有权。不论出租人是否将租赁物销售给承租人，均属于融资租赁。

按照标的物的不同，融资租赁服务可分为有形动产融资租赁服务和不动产融资租赁服务。

融资性售后回租不按照本税目缴纳增值税。

（2）经营租赁服务，是指在约定时间内将有形动产或者不动产转让他人使用且租赁物所有权不变更的业务活动。

按照标的物的不同，经营租赁服务可分为有形动产经营租赁服务和不动产经营租赁服务。

将建筑物、构筑物等不动产或者飞机、车辆等有形动产的广告位出租给其他单位或者个人用于发布广告，按照经营租赁服务缴纳增值税。

车辆停放服务、道路通行服务（包括过路费、过桥费、过闸费等）等按照不动产经营租赁服务缴纳增值税。

水路运输的光租业务、航空运输的干租业务，属于经营租赁。

光租业务，是指运输企业将船舶在约定的时间内出租给他人使用，不配备操作人员，不承担运输过程中发生的各项费用，只收取固定租赁费的业务活动。

干租业务，是指航空运输企业将飞机在约定的时间内出租给他人使用，不配备机组人员，不承担运输过程中发生的各项费用，只收取固定租赁费的业务活动。

6. 鉴证咨询服务

鉴证咨询服务，包括认证服务、鉴证服务和咨询服务。

（1）认证服务，是指具有专业资质的单位利用检测、检验、计量等技术，证明产品、服务、管理体系符合相关技术规范、相关技术规范的强制性要求或者标准的业务活动。

（2）鉴证服务，是指具有专业资质的单位受托对相关事项进行鉴证，发表具有证明力的意见的业务活动。包括会计鉴证、税务鉴证、法律鉴证、职业技能鉴定、工程造价鉴证、工程监理、资产评估、环境评估、房地产土地评估、建筑图纸审核、医疗事故鉴定等。

（3）咨询服务，是指提供信息、建议、策划、顾问等服务的活动。包括金融、软件、技术、财务、税收、法律、内部管理、业务运作、流程管理、健康等方面的咨询。

翻译服务和市场调查服务按照咨询服务缴纳增值税。

7. 广播影视服务

广播影视服务，包括广播影视节目（作品）的制作服务、发行服务和播映（含放映，下同）服务。

（1）广播影视节目（作品）制作服务，是指进行专题（特别节目）、专栏、综艺、体育、动画片、广播剧、电视剧、电影等广播影视节目和作品制作的服务。具体包括与广播影视节目和作品相关的策划、采编、拍摄、录音、音视频文字图片素材制作、场景布置、后期的剪辑、翻译（编译）、字幕制作、片头、片尾、片花制作、特效制作、影片修复、编目和确权等业务活动。

（2）广播影视节目（作品）发行服务，是指以分账、买断、委托等方式，向影院、电台、电视台、网站等单位和个人发行广播影视节目（作品）以及转让体育赛事等活动的报道及播映权的业务活动。

（3）广播影视节目（作品）播映服务，是指在影院、剧院、录像厅及其他场所播映广播影视节目（作品），以及通过电台、电视台、卫星通信、互联网、有线电视等无线或者有线装置播映广播影视节目（作品）的业务活动。

8. 商务辅助服务

商务辅助服务，包括企业管理服务、经纪代理服务、人力资源服务、安全保护服务。

（1）企业管理服务，是指提供总部管理、投资与资产管理、市场管理、物业管理、日常综合管理等服务的业务活动。

（2）经纪代理服务，是指各类经纪、中介、代理服务。包括金融代理、知识产权代理、货物运输代理、代理报关、法律代理、房地产中介、职业中介、婚姻中介、代理记账、拍卖等。

货物运输代理服务，是指接受货物收货人、发货人、船舶所有人、船舶承租人或者船舶经营人的委托，以委托人的名义，为委托人办理货物运输、装卸、仓储和船舶进出港口、引航、靠泊等相关手续的业务活动。

代理报关服务，是指接受进出口货物的收、发货人委托，代为办理报关手续的业务活动。

（3）人力资源服务，是指提供公共就业、劳务派遣、人才委托招聘、劳动力外包等服务的业务活动。

（4）安全保护服务，是指提供保护人身安全和财产安全，维护社会治安等的业务活动。包括场所住宅保安、特种保安、安全系统监控以及其他安保服务。

9. 其他现代服务

其他现代服务，是指除研发和技术服务、信息技术服务、文化创意服务、物流辅助服务、租赁服务、鉴证咨询服务、广播影视服务和商务辅助服务以外的现代服务。

（七）生活服务

生活服务，是指为满足城乡居民日常生活需求提供的各类服务活动。包括文化体育服务、教育医疗服务、旅游娱乐服务、餐饮住宿服务、居民日常服务和其他生活服务。

1. 文化体育服务

文化体育服务，包括文化服务和体育服务。

（1）文化服务，是指为满足社会公众文化生活需求提供的各种服务。包括：文艺创作、文艺表演、文化比赛，图书馆的图书和资料借阅，档案馆的档案管理，文物及非物质遗产保护，组织举办宗教活动、科技活动、文化活动，提供游览场所。

（2）体育服务，是指组织举办体育比赛、体育表演、体育活动，以及提供体育训练、体育指导、体育管理的业务活动。

2. 教育医疗服务

教育医疗服务，包括教育服务和医疗服务。

（1）教育服务，是指提供学历教育服务、非学历教育服务、教育辅助服务的业务活动。

学历教育服务，是指根据教育行政管理部门确定或者认可的招生和教学计划组织教学，并颁发相应学历证书的业务活动。包括初等教育、初级中等教育、高级中等教育、高等教育等。

非学历教育服务，包括学前教育、各类培训、演讲、讲座、报告会等。

教育辅助服务，包括教育测评、考试、招生等服务。

（2）医疗服务，是指提供医学检查、诊断、治疗、康复、预防、保健、接生、计划生育、防疫服务等方面的服务，以及与这些服务有关的提供药品、医用材料器具、救护车、病房住宿和伙食的业务。

3. 旅游娱乐服务

旅游娱乐服务，包括旅游服务和娱乐服务。

（1）旅游服务，是指根据旅游者的要求，组织安排交通、游览、住宿、餐饮、购物、文娱、商务等服务的业务活动。

（2）娱乐服务，是指为娱乐活动同时提供场所和服务的业务。

具体包括：歌厅、舞厅、夜总会、酒吧、台球、高尔夫球、保龄球、游艺（包括射击、狩猎、跑马、游戏机、蹦极、卡丁车、热气球、动力伞、射箭、飞镖）。

4. 餐饮住宿服务

餐饮住宿服务，包括餐饮服务和住宿服务。

（1）餐饮服务，是指通过同时提供饮食和饮食场所的方式为消费者提供饮食消费服务的业务活动。

（2）住宿服务，是指提供住宿场所及配套服务等的活动。包括宾馆、旅馆、旅社、度假村和其他经营性住宿场所提供的住宿服务。

5. 居民日常服务

居民日常服务，是指主要为满足居民个人及其家庭日常生活需求提供的服务，包括市容市政管理、家政、婚庆、养老、殡葬、照料和护理、救助救济、美容美发、按摩、桑拿、氧吧、足疗、沐浴、洗染、摄影扩印等服务。

6. 其他生活服务

其他生活服务，是指除文化体育服务、教育医疗服务、旅游娱乐服务、餐饮住宿服务和居民日常服务之外的生活服务。

二、销售无形资产

销售无形资产，是指转让无形资产所有权或者使用权的业务活动。无形资产，是指不具实物形态，但能带来经济利益的资产，包括技术、商标、著作权、商誉、自然资源使用权和其他权益性无形资产。

技术，包括专利技术和非专利技术。

自然资源使用权，包括土地使用权、海域使用权、探矿权、采矿权、取水权和其他自然资源使用权。

其他权益性无形资产，包括基础设施资产经营权、公共事业特许权、配额、经营权（包括特许经营权、连锁经营权、其他经营权）、经销权、分销权、代理权、会员权、席位权、网络游戏虚拟道具、域名、名称权、肖像权、冠名权、转会费等。

三、销售不动产

销售不动产，是指转让不动产所有权的业务活动。不动产，是指不能移动或者移动后会引起性质、形状改变的财产，包括建筑物、构筑物等。

建筑物，包括住宅、商业营业用房、办公楼等可供居住、工作或者进行其他活动的建造物。

构筑物，包括道路、桥梁、隧道、水坝等建造物。

转让建筑物有限产权或者永久使用权的，转让在建的建筑物或者构筑物所有权的，以及在转让建筑物或者构筑物时一并转让其所占土地的使用权的，按照销售不动产缴纳增值税。

确定一项经济行为是否需要缴纳增值税，根据《营业税改征增值税试点实施办法》，除另有规定外，一般应同时具备以下四个条件：①应税行为是发生在中华人民共和国境内；②应税行为是属于《销售服务、无形资产、不动产注释》范围内的业务活动；③应税服务是为他人提供的；④应税行为是有偿的。

上述所说的有偿，有两类情形属于例外：

第一种情形是满足上述四个增值税征税条件但不需要缴纳增值税的情形，主要包括：①行政单位收取的同时满足条件的政府性基金或者行政事业性收费；②存款利息；③被保险人获得的保险赔付；④房地产主管部门或者其指定机构、公积金管理中心、开发企业以及物业管理单位代收的住宅专项维修资金；⑤在资产重组过程中，通过合并、分立、出售、置换等方式，将全部或者部分实物资产以及与其相关联的债权、负债和劳动力一并转让给其他单位和个人，其中涉及的不动产、土地使用权转让行为。

第二种情形是不同时满足上述四个增值税征税条件但需要缴纳增值税，主要包括某些无偿的应税行为需要缴纳增值税。即“营改增通知”规定的三种视同销售服务、无形资产或者不动产情形：①单位或者个体工商户向其他单位或者个人无偿提供服务，但用于公益事业或者以社会公众为对象的除外。②单位或者个人向其他单位或者个人无偿转让无形资产或者不动产，但用于公益事业或者以社会公众为对象的除外。③财政部和国家税务总局规定的其他情形。按照此条规定，向其他单位或者个人无偿提供服务、无偿转让无形资产或者不动产，除用于公益事业或者以社会公众为对象外，应视同发生应税行为，照章缴纳增值税。

4. 非经营活动的界定

销售服务、无形资产或者不动产，是指有偿提供服务、有偿转让无形资产或者不动产，但属于下列非经营活动的情形除外：

（1）行政单位收取的同时满足以下条件的政府性基金或者行政事业性收费。

①由国务院或者财政部批准设立的政府性基金，由国务院或者省级人民政府及其财政、价格主管部门批准设立的行政事业性收费；②收取时开具省级以上（含省级）财政部门监（印）制的财政票据；③所收款项全额上缴财政。

（2）单位或者个体工商户聘用的员工为本单位或者雇主提供取得工资的服务。

（3）单位或者个体工商户为聘用的员工提供服务。

（4）财政部和国家税务总局规定的其他情形。

有偿，是指取得货币、货物或者其他经济利益。

【思考题 2－1】（多选题）根据我国现行增值税的规定，纳税人提供下列劳务应当缴纳增值税的有（　　）。

A. 汽车的租赁　　B. 汽车的修理
C. 房屋的修理　　D. 受托加工白酒

【思考题2-2】（多选题）下列纳税人中，属于营改增试点范围的有（　　）。
A. 某广告公司　　B. 某商业银行
C. 某会计师事务所　　D. 某航空运输公司

【思考题2-3】（多选题）下列项目中，属于营改增征收范围的有（　　）。
A. 广告设计　　B. 会议展览
C. 技术咨询　　D. 有形动产租赁

5. 境内的含义

在境内销售货物或者提供加工、修理修配劳务，是指销售货物的起运地或者所在地在境内以及提供的应税劳务发生在境内。

在境内销售务、无形资产或者不动产，是指：

（1）服务（租赁不动产除外）或者无形资产（自然资源使用权除外）的销售方或者购买方在境内；

（2）所销售或者租赁的不动产在境内；

（3）所销售自然资源使用权的自然资源在境内；

（4）财政部和国家税务总局规定的其他情形。

下列情形不属于在境内销售服务或者无形资产：

（1）境外单位或者个人向境内单位或者个人销售完全在境外发生的服务。

（2）境外单位或者个人向境内单位或者个人销售完全在境外使用的无形资产。

（3）境外单位或者个人向境内单位或者个人出租完全在境外使用的有形动产。

（4）财政部和国家税务总局规定的其他情形：①为出境的函件、包裹在境外提供的邮政服务、收派服务；②向境内单位或者个人提供的工程施工地点在境外的建筑服务、工程监理服务；③向境内单位或者个人提供的工程、矿产资源在境外的工程勘察勘探服务；④向境内单位或者个人提供的会议展览地点在境外的会议展览服务。

境外单位或者个人销售的服务（不含租赁不动产）在以下两种情况下属于在我国境内销售服务，应照章缴纳增值税：

（1）境外单位或者个人向境内单位或者个人销售的完全在境内发生的服务，属于在境内销售服务。例如：境外某一工程公司到境内给境内某单位提供工程勘察勘探服务。

（2）境外单位或者个人向境内单位或者个人销售的未完全在境外发生的服务，属于在境内销售服务。例如：境外某一咨询公司与境内某一公司签订咨询合同，就这家境内公司开拓境内、境外市场进行实地调研并提出合理化管理建议，境外咨询公司提供的咨询服务同时在境内和境外发生，属于在境内销售服务。

境外单位或者个人销售的无形资产在以下两种情况下属于在我国境内销售无形资产，应该照章缴纳增值税：

（1）境外单位或者个人向境内单位或者个人销售的完全在境内使用的无形资产，属于在境内销售无形资产。例如：境外A公司向境内B公司转让A公司在境内的连锁经营权。

（2）境外单位或者个人向境内单位或者个人销售的未完全在境外使用的无形资产，属于在境内销售无形资产。例如：境外 C 公司向境内 D 公司转让一项专利技术，该技术同时用于 D 公司在境内和境外的生产线。

上述一般规定中所说的有偿，是指从购买方取得货币、货物或者其他经济利益。其他经济利益是指非货币、货物形式的收益，具体包括固定资产（不含货物）、生物资产（不含货物）、无形资产（包括特许权）、股权投资、存货、不准备持有至到期的债券投资、服务以及有关权益等。

（二）属于征税范围的特殊规定

增值税的征税范围除了上述的一般规定以外，还对经济实务中某些特殊项目或行为是否属于增值税的征税范围，作出了具体界定。

1. 属于征税范围的特殊项目

（1）罚没物品征与不征增值税的处理。

①执罚部门和单位查处的属于一般商业部门经营的商品，具备拍卖条件的，由执罚部门或单位商同级财政部门同意后，公开拍卖。其拍卖收入作为罚没收入由执罚部门和单位如数上缴财政，不予征税。对经营单位购入拍卖物品再销售的应照章征收增值税。

②执罚部门和单位查处的属于一般商业部门经营的商品，不具备拍卖条件的，由执罚部门、财政部门、国家指定销售单位会同有关部门按质论价，交由国家指定销售单位纳入正常销售渠道变价处理。执罚部门按商定价格所取得的变价收入作为罚没收入如数上缴财政，不予征税。国家指定销售单位将罚没物品纳入正常销售渠道销售的，应照章征收增值税。

③执罚部门和单位查处的属于专管机关管理或专管企业经营的财物，如金银（不包括金银首饰）、外币、有价证券、非禁止出口文物，应交由专管机关或专营企业收兑或收购。执罚部门和单位按收兑或收购价所取得的收入作为罚没收入如数上缴财政，不予征税。专管机关或专营企业经营上述物品中属于应征增值税的货物，应照章征收增值税。

（2）航空运输企业已售票但未提供航空运输服务取得的逾期票证收入，按照航空运输服务征收增值税。

（3）纳税人取得的中央财政补贴，不属于增值税应税收入，不征收增值税。

（4）融资性售后回租业务中，承租方出售资产的行为不属于增值税的征税范围，不征收增值税。

（5）药品生产企业销售自产创新药的销售额，为向购买方收取的全部价款和价外费用，其提供给患者后续免费使用的相同创新药，不属于增值税视同销售范围。创新药是指经国家食品药品监督管理部门批准注册、获批前未曾在中国境内外上市销售，通过合成或者半合成方法制得的原料药及其制剂。

（6）根据国家指令无偿提供的铁路运输服务、航空运输服务，属于《营业税改征增值税试点实施办法》第十四条规定的用于公益事业的服务。

（7）存款利息不征收增值税。

（8）被保险人获得的保险赔付不征收增值税。

（9）房地产主管部门或者其指定机构、公积金管理中心、开发企业以及物业管理单位代收的住宅专项维修资金，不征收增值税。

（10）纳税人在资产重组过程中，通过合并、分立、出售、置换等方式，将全部或者部分实物资产以及与其相关联的债权、负债和劳动力一并转让给其他单位和个人，不属于增值税的征税范围。

（11）单用途商业预付卡（以下简称单用途卡）业务按照以下规定执行：

①单用途卡发卡企业或者售卡企业（以下统称售卡方）销售单用途卡，或者接受单用途卡持卡人充值取得的预收资金，不缴纳增值税。售卡方可按照《关于营改增试点若干征管问题的公告》国家税务总局公告2016年第53号第九条的规定，向购卡人、充值人开具增值税普通发票，不得开具增值税专用发票。

单用途卡，是指发卡企业按照国家有关规定发行的，仅限于在本企业、本企业所属集团或者同一品牌特许经营体系内兑付货物或者服务的预付凭证。

发卡企业，是指按照国家有关规定发行单用途卡的企业。售卡企业，是指集团发卡企业或者品牌发卡企业指定的，承担单用途卡销售、充值、挂失、换卡、退卡等相关业务的本集团或同一品牌特许经营体系内的企业。

②售卡方因发行或者销售单用途卡并办理相关资金收付结算业务取得的手续费、结算费、服务费、管理费等收入，应按照现行规定缴纳增值税。

③持卡人使用单用途卡购买货物或服务时，货物或者服务的销售方应按照现行规定缴纳增值税，且不得向持卡人开具增值税发票。

④销售方与售卡方不是同一个纳税人的，销售方在收到售卡方结算的销售款时，应向售卡方开具增值税普通发票，并在备注栏注明“收到预付卡结算款”，不得开具增值税专用发票。售卡方从销售方取得的增值税普通发票，作为其销售单用途卡或接受单用途卡充值取得预收资金不缴纳增值税的凭证，留存备查。

（12）支付机构预付卡（以下称多用途卡）业务按照以下规定执行：

①支付机构销售多用途卡取得的等值人民币资金，或者接受多用途卡持卡人充值取得的充值资金，不缴纳增值税。支付机构可按照第九条的规定，向购卡人、充值人开具增值税普通发票，不得开具增值税专用发票。

支付机构，是指取得中国人民银行核发的《支付业务许可证》，获准办理“预付卡发行与受理”业务的发卡机构和获准办理“预付卡受理”业务的受理机构。多用途卡是指发卡机构以特定载体和形式发行的，可在发卡机构之外购买货物或服务的预付价值。

②支付机构因发行或者受理多用途卡并办理相关资金收付结算业务取得的手续费、结算费、服务费、管理费等收入，应按照现行规定缴纳增值税。

③持卡人使用多用途卡，向与支付机构签署合作协议的特约商户购买货物或服务，特约商户应按照现行规定缴纳增值税，且不得向持卡人开具增值税发票。

④特约商户收到支付机构结算的销售款时，应向支付机构开具增值税普通发票，并在备注栏注明“收到预付卡结算款”，不得开具增值税专用发票。支付机构从特约商户取得的增值税普通发票，作为其销售多用途卡或接受多用途卡充值取得预收资金不缴纳增值税的凭证，留存备查。

2. 属于征税范围的特殊行为

(1) 视同销售货物行为。单位或者个体工商户的下列行为，视同发生应税销售行为：

①将货物交付其他单位或者个人代销；

②销售代销货物；

③设有两个以上机构并实行统一核算的纳税人，将货物从一个机构移送至其他机构用于销售，但相关机构设在同一县（市）的除外；

【思考题 2-4】 某摩托车厂生产出最新型号的摩托车，不含税销售单价每辆为 5 000 元，2020 年 12 月 21 日发货给外省的分支机构 200 辆摩托车用于销售（分支机构），则该业务是否征收增值税？为什么？

④将自产或者委托加工的货物用于非应税项目；

⑤将自产、委托加工的货物用于集体福利或者个人消费；

⑥将自产、委托加工或者购进的货物作为投资，提供给其他单位或者个体工商户；

⑦将自产、委托加工或者购进的货物分配给股东或者投资者；

⑧将自产、委托加工或者购进的货物无偿赠送其他单位或者个人。

下列情形视同销售服务、无形资产或者不动产：

⑨单位或者个体工商户向其他单位或者个人无偿销售应税服务、无偿转让无形资产或者不动产，但用于公益事业或者以社会公众为对象的除外。

⑩财政部和国家税务总局规定的其他情形。

上述 10 种行为应该确定为视同销售行为，均要征收增值税。

【思考题 2-5】（多选题）单位或个体经营者的下列业务，应视同销售征收增值税的有（　　）。

A. 商场将购买的商品发给职工

B. 饭店将购进啤酒用于餐饮服务

C. 个体商店代销鲜奶

D. 食品厂将购买的食品原料赠送他人

【思考题 2-6】（多选题）根据增值税规定，下列行为应视同销售货物征收增值税的有（　　）。

A. 将外购的服装作为春节福利发给企业员工

B. 将委托加工收回的卷烟用于赠送客户

C. 将新研发的玩具交付某商场代为销售

D. 将外购的水泥用于本企业仓库的修建

【思考题 2-7】 某生产厂商为了奖励某奥运冠军队，决定给每位队员赠送一台高端相机，共赠送了 20 台，当月该厂家同类相机不含税销售价为每台 10 000 元，则该业务是否征收增值税？为什么？

引例解析

从国外进口服装属于进口货物的行为，服装在国内市场销售属于销售货物行为，均应缴纳增值税，将服装发放给公司的员工属于增值税视同销售行为。

（2）混合销售行为。一项销售行为如果既涉及服务又涉及货物，为混合销售。从事货物的生产、批发或者零售的单位和个体工商户的混合销售行为，按照销售货物缴纳增值税；其他单位和个体工商户的混合销售行为，按照销售服务缴纳增值税。

上述从事货物的生产、批发或者零售的单位和个体工商户，包括以从事货物的生产、批发或者零售为主，并兼营销售服务的单位和个体工商户在内。

混合销售行为成立的行为标准有两点，一是其销售行为必须是一项；二是该项行为必须既涉及货物销售又涉及应税行为。

我们在确定混合销售是否成立时，其行为标准中的上述两点必须是同时存在，如果一项销售行为只涉及销售服务，不涉及货物，这种行为就不是混合销售行为；反之，如果涉及销售服务和涉及货物的行为，不是存在一项销售行为之中，这种行为也不是混合销售行为。

【思考题2-8】某装修装饰公司既销售各种装修材料，又从事家庭装修劳务提供，且二者没有从属关系。2021年2月该公司销售货物取得不含税销售额2.5万元，提供装修劳务取得营业收入2万元。那么该公司发生的行为是属于混合销售行为还是兼营销售行为？该如何进行税务处理？

【思考题2-9】（单选题）下列各项中，属于混合销售行为的是（　　）。

A. 建材商店在销售建材的同时又为其他客户提供装饰服务

B. 汽车制造公司在生产销售汽车的同时又为客户提供修理服务

C. 塑钢门窗销售商店在销售产品的同时又为客户提供安装服务

D. 电信局为客户提供电话安装服务的同时又销售所安装的电话机

（3）兼营行为。纳税人经营中包括销售货物、加工修理修配劳务、服务、无形资产或者不动产的行为，为兼营行为。

纳税人发生应税行为应当分别核算适用不同税率或者征收率的销售额，未分别核算销售额的，按照以下方法适用税率或者征收率：

①兼有不同税率的销售货物、加工修理修配劳务、服务、无形资产或者不动产，从高适用税率。

②兼有不同征收率的销售货物、加工修理修配劳务、服务、无形资产或者不动产，从高适用征收率。

③兼有不同税率和征收率的销售货物、加工修理修配劳务、服务、无形资产或者不动产，从高适用税率。

（三）不征收增值税项目

1. 根据国家指令无偿提供的铁路运输服务、航空运输服务，属于《试点实施办法》第十四条规定的用于公益事业的服务。

2. 存款利息。

3. 被保险人获得的保险赔付。

4. 房地产主管部门或者其指定机构、公积金管理中心、开发企业以及物业管理单位代收的住宅专项维修资金。

5. 在资产重组过程中，通过合并、分立、出售、置换等方式，将全部或者部分实物资产以及与其相关联的债权、负债和劳动力一并转让给其他单位和个人，其中涉及的不动产、土地使用权转让行为。

任务二 增值税纳税人的管理

导入引例

某家具制造有限责任公司新开业第一个月应税销售达到820万元，有固定的生产经营场所，能够按照国家统一的会计制度规定设置账簿，根据合法、有效凭证核算，能够提供准确税务资料。

公司是否符合一般纳税人认定的条件？办理一般纳税人认定需提供哪些资料？

知识准备和业务操作

一、增值税纳税人的概念

（一）纳税义务人

在中华人民共和国境内销售货物、劳务、服务、无形资产和不动产，以及从事进口货物的单位和个人，为增值税的纳税人。

单位，是指企业、行政单位、事业单位、军事单位、社会团体及其他单位。个人，是指个体工商户和其他个人。

单位以承包、承租、挂靠方式经营的，承包人、承租人、挂靠人（以下统称承包人）以发包人、出租人、被挂靠人（以下统称发包人）名义对外经营并由发包人承担相关法律责任的，以该发包人为纳税人。否则，以承包人为纳税人。

采用承包、承租、挂靠经营方式下，区分以下两种情况界定纳税人：

1. 同时满足以下两个条件的，以发包人为纳税人：

（1）以发包人名义对外经营。

（2）由发包人承担相关法律责任。

2. 不同时满足上述两个条件的，以承包人为纳税人。

纳税人应当按照国家统一的会计制度进行增值税会计核算。

资管产品运营过程中发生的增值税应税销售行为，以资管产品管理人为增值税纳税人。

（二）扣缴义务人

中华人民共和国境外的单位或者个人在境内销售劳务，在境内未设有经营机构的，以其境内代理人为扣缴义务人；在境内没有代理人的，以购买方为扣缴义务人。

二、小规模纳税人的标准

小规模纳税人是指年销售额在规定标准以下，并且会计核算不健全，不能按规定报送有关税务资料的增值税纳税人。会计核算不健全是指不能正确核算增值税的销项税额、进项税额和应纳税额。

自2018年5月1日起，小规模纳税人的认定标准为年应征增值税销售额在500万元及以下。

年应税销售额，是指纳税人在连续不超过12个月或四个季度的经营期内累计应征增值税销售额，包括纳税申报销售额、稽查查补销售额、纳税评估调整销售额。

销售服务、无形资产或者不动产（以下简称“应税行为”）有扣除项目的纳税人，其应税行为年应税销售额按未扣除之前的销售额计算。纳税人偶然发生的销售无形资产、转让不动产的销售额，不计入应税行为年应税销售额。

已登记为增值税一般纳税人的单位和个人，在2020年12月31日前，可转登记为小规模纳税人，其未抵扣的进项税额作转出处理。

年应税销售额超过小规模纳税人标准的其他个人按小规模纳税人纳税；非企业性单位、不经常发生应税行为的企业可选择按小规模纳税人纳税。选择按小规模纳税人纳税填写表2－1。

表2－1　　选择按小规模纳税人纳税的情况说明

<table>
<tr><td colspan="2">纳税人名称</td><td></td><td>社会信用代码
（纳税人识别号）</td><td></td></tr>
<tr><td colspan="3">连续不超过12个月或四个季度的经营期内
累计应税销售额</td><td colspan="2">货物劳务：　　年　月至　年　月共　　　元。
应税行为：　　年　月至　年　月共　　　元。</td></tr>
<tr><td>情况
说明</td><td colspan="4"></td></tr>
</table>

续表

<table>
<tr><td colspan="2">纳税人（代理人）承诺：
上述各项内容真实、可靠、完整。如有虚假，愿意承担相关法律责任。

经办人： 法定代表人： 代理人： （签章）

年 月 日</td></tr>
<tr><td colspan="2">以下由税务机关填写</td></tr>
<tr><td>税务机关受理情况</td><td>受理人： 受理税务机关（章）
年 月 日</td></tr>
</table>

填表说明： 1. “情况说明”栏由纳税人填写符合财政部、国家税务总局规定可选择按小规模纳税人纳税的具体情形及理由。

2. 本表一式二份，主管税务机关和纳税人各留存一份。

三、增值税一般纳税人的登记

（一）一般纳税人的标准

增值税纳税人，年应税销售额超过财政部、国家税务总局规定的小规模纳税人标准的，除以下规定外，应当向主管税务机关办理一般纳税人登记。下列纳税人不办理一般纳税人登记：

（1）按照政策规定，选择按照小规模纳税人纳税的；

（2）年应税销售额超过规定标准的其他个人。

年应税销售额未超过规定标准的纳税人，会计核算健全，能够提供准确税务资料的，可以向主管税务机关办理一般纳税人登记。

会计核算健全，是指能够按照国家统一的会计制度规定设置账簿，根据合法、有效凭证进行核算。

（二）一般纳税人登记的程序

纳税人应当向其机构所在地主管税务机关办理一般纳税人登记手续。

纳税人办理一般纳税人登记的程序如下：

（1）纳税人填写《增值税一般纳税人登记表》（见表 2－2），如实填写固定生产经营场所等信息，并提供税务登记证件；

表2-2 增值税一般纳税人登记表

<table>
<tr><td>纳税人名称</td><td colspan="2"></td><td>社会信用代码（纳税人识别号）</td><td colspan="2"></td></tr>
<tr><td>法定代表人（负责人、业主）</td><td></td><td>证件名称及号码</td><td></td><td>联系电话</td><td></td></tr>
<tr><td>财务负责人</td><td></td><td>证件名称及号码</td><td></td><td>联系电话</td><td></td></tr>
<tr><td>办税人员</td><td></td><td>证件名称及号码</td><td></td><td>联系电话</td><td></td></tr>
<tr><td>税务登记日期</td><td colspan="5"></td></tr>
<tr><td>生产经营地址</td><td colspan="5"></td></tr>
<tr><td>注册地址</td><td colspan="5"></td></tr>
<tr><td colspan="6">纳税人类别：企业□ 非企业性单位□ 个体工商户□ 其他□</td></tr>
<tr><td colspan="6">主营业务类别：工业 □ 商业 □ 服务业 □ 其他□</td></tr>
<tr><td colspan="6">会计核算健全：是□</td></tr>
<tr><td colspan="6">一般纳税人生效之日：当月1日 □ 次月1日 □</td></tr>
<tr><td colspan="6">纳税人（代理人）承诺：
会计核算健全，能够提供准确税务资料，上述各项内容真实、可靠、完整。如有虚假，愿意承担相关法律责任。

经办人： 法定代表人： 代理人： （签章）

年 月 日</td></tr>
<tr><td colspan="6">以下由税务机关填写</td></tr>
<tr><td>税务机关受理情况</td><td colspan="5">受理人： 受理税务机关（章）
年 月 日</td></tr>
</table>

填表说明： 1. 本表由纳税人如实填写。

2. “证件名称及号码”相关栏次，根据纳税人的法定代表人、财务负责人、办税人员的居民身份证、护照等有效身份证件及号码填写。

3. 表中“一般纳税人生效之日”由纳税人自行勾选。

4. 本表一式二份，主管税务机关和纳税人各留存一份。

（2）纳税人填报内容与税务登记信息一致的，主管税务机关当场登记；

（3）纳税人填报内容与税务登记信息不一致，或者不符合填列要求的，税务机关应当场告知纳税人需要补正的内容。

（三）一般纳税人登记的时限

纳税人在年应税销售额超过规定标准的月份（或季度）的所属申报期结束后 15 日内按照规定办理相关手续；未按规定时限办理的，主管税务机关应当在规定时限结束后 5 日内制作《税务事项通知书》，告知纳税人应当在 5 日内向主管税务机关办理相关手续；逾期仍不办理的，次月起按销售额依照增值税税率计算应纳税额，不得抵扣进项税额，直至纳税人办理相关手续为止。

（四）一般纳税人的管理

纳税人自一般纳税人生效之日起，按照增值税一般计税方法计算应纳税额，并可以按照规定领用增值税专用发票，财政部、国家税务总局另有规定的除外。

生效之日，是指纳税人办理登记的当月 1 日或者次月 1 日，由纳税人在办理登记手续时自行选择。

纳税人登记为一般纳税人后，不得转为小规模纳税人，国家税务总局另有规定的除外。

主管税务机关应当加强对税收风险的管理。对税收遵从度低的一般纳税人，主管税务机关可以实行纳税辅导期管理。

引例解析

公司符合增值税一般纳税人认定的条件。纳税人向主管税务机关填报《增值税一般纳税人资格登记表》，并提供税务登记证件（包括纳税人领取的由工商行政管理部门核发的加载法人和其他组织统一社会信用代码的营业执照），即可办理一般纳税人登记事项。

任务三 增值税应纳税额的计算

导入引例

某生产企业为增值税一般纳税人，其生产的货物适用 13% 增值税税率，2020 年 8 月该企业的有关生产经营业务如下：

（1）销售甲产品给某大商场，开具了增值税专用发票，取得不含税销售额 80 万元；同时取得销售甲产品的送货运输费收入 5.65 万元（含增值税价格，与销售货物不能分别核算）。

（2）销售乙产品，开具了增值税普通发票，取得含税销售额 29.38 万元。

（3）将自产的一批应税新产品用于本企业集体福利项目，成本价为 20 万元，该新产品无同类产品市场销售价格，国家税务总局确定该产品的成本利润率为10%。

（4）销售2016年10月购进作为固定资产使用过的进口摩托车20辆，开具增值税专用发票，上面注明每辆取得销售额1万元。

（5）购进货物取得增值税专用发票，上面注明的货款金额60万元、税额7.8万元；另外支付购货的运输费用6万元，取得运输公司开具的增值税专用发票，上面注明的税额0.54万元。

（6）从农产品经营者（小规模纳税人）购进农产品一批（不适用进项税额核定扣除办法）作为生产货物的原材料，取得的增值税专用发票上注明的金额为30万元，税额为0.9万元，同时支付给运输单位的运费5万元（不含增值税），取得运输部门开具的增值税专用发票，上面注明的税额为0.5万元。本月下旬将购进的农产品的20%用于本企业职工福利。

（7）当月租入商用楼房一层，取得对方开具的增值税专用发票上注明的税额为5.8万元。该楼房的1/3用于工会的集体福利项目，其余为企业管理部门使用。

以上相关票据均符合税法的规定。请按下列顺序计算该企业2020年8月应缴纳的增值税税额。

（1）计算销售甲产品的销项税额；

（2）计算销售乙产品的销项税额；

（3）计算自产自用新产品的销项税额；

（4）计算销售使用过的摩托车应纳税额；

（5）计算当月允许抵扣进项税额的合计数；

（6）计算该企业2020年8月合计应缴纳的增值税税额。

知识准备和业务操作

一、增值税的税率和征收率

（一）增值税税率

我国增值税是采用比例税率，按照一定的比例征收。为了发挥增值税的中性作用，原则上增值税的税率应该对不同行业不同企业实行单一税率，称为标准税率。实践中为照顾一些特殊行业或产品也增设了低税率，对出口产品实行零税率。增值税纳税人分成了两类，对不同的纳税人采用了不同的税率。

1. 标准税率

增值税一般纳税人销售货物、劳务、有形动产租赁服务或者进口货物，税率为13%。

2. 9%低税率

增值税一般纳税人提供交通运输、邮政、基础电信、建筑、不动产租赁服务，销售不动产，转让土地使用权，销售或者进口下列货物，税率为9%：

（1）粮食等农产品、食用植物油、食用盐；

（2）自来水、暖气、冷气、热水、煤气、石油液化气、天然气、沼气、居民用煤炭制品；

（3）图书、报纸、杂志、音像制品、电子出版物；

（4）饲料、化肥、农药、农机、农膜；

（5）国务院及其有关部门规定的其他货物。

【思考题2－10】（多选题）根据现行政策，下列项目适用9%税率的有（　　）。

A. 报纸杂志　　B. 天然气

C. 电脑　　D. 果品公司批发水果

3. 6%低税率

纳税人销售服务、无形资产，税率为6%。

纳税人通过省级土地行政主管部门设立的交易平台转让补充耕地指标，按照销售无形资产缴纳增值税，税率为6%。补充耕地指标，是指根据《中华人民共和国土地管理法》及国务院土地行政主管部门《耕地占补平衡考核办法》的有关要求，经省级土地行政主管部门确认，用于耕地占补平衡的指标。

4. 出口零税率

纳税人出口货物，税率为零；但是，国务院另有规定的除外。

5. 服务、无形资产等零税率

境内单位和个人跨境销售国务院规定范围内的服务、无形资产，税率为零。

服务、无形资产的零税率政策如下：

（1）中华人民共和国境内（以下称境内）的单位和个人销售的下列服务和无形资产，适用增值税零税率。

①国际运输服务。国际运输服务，是指：在境内载运旅客或者货物出境。在境外载运旅客或者货物入境。在境外载运旅客或者货物。

②航天运输服务。

③向境外单位提供的完全在境外消费的下列服务：研发服务；合同能源管理服务；设计服务；广播影视节目（作品）的制作和发行服务；软件服务；电路设计及测试服务；信息系统服务；业务流程管理服务；离岸服务外包业务［包括信息技术外包服务（ITO）、技术性业务流程外包服务（BPO）、技术性知识流程外包服务（KPO），其所涉及的具体业务活动，按照《销售服务、无形资产、不动产注释》相对应的业务活动执行］；转让技术。

④财政部和国家税务总局规定的其他服务。

（2）其他零税率政策。

①按照国家有关规定应取得相关资质的国际运输服务项目，纳税人取得相关资质的，适用增值税零税率政策，未取得的，适用增值税免税政策。

②境内的单位或个人提供程租服务，如果租赁的交通工具用于国际运输服务和港澳台运输服务，由出租方按规定申请适用增值税零税率。

③境内的单位和个人向境内单位或个人提供期租、湿租服务，如果承租方利用租赁的交通工具向其他单位或个人提供国际运输服务和港澳台运输服务，由承租方适用增值税零税率。境内的单位或个人向境外单位或个人提供期租、湿租服务，由出租方适用增

值税零税率。

④境内单位和个人以无运输工具承运方式提供的国际运输服务，由境内实际承运人适用增值税零税率；无运输工具承运业务的经营者适用增值税免税政策。

（3）境内单位和个人发生的与香港、澳门、台湾有关的应税行为，除另有规定外，参照上述规定执行。

（二）增值税征收率

增值税征收率是指对特定的货物或特定的纳税人发生应税销售行为在某一生产流通环节应纳税额与销售额的比率。增值税征收率适用于两种情况：一是小规模纳税人；二是一般纳税人发生应税销售行为按规定可以选择简易计税方法计税的。

1. 征收率的一般规定

（1）下列情况适用5%征收率：

①小规模纳税人销售自建或者取得的不动产。

②一般纳税人选择简易计税方法计税的不动产销售。

③房地产开发企业中的小规模纳税人，销售自行开发的房地产项目。

④其他个人销售其取得（不含自建）的不动产（不含其购买的住房）。

⑤一般纳税人选择简易计税方法计税的不动产经营租赁。

⑥小规模纳税人出租（经营租赁）其取得的不动产（不含个人出租住房）。

⑦其他个人出租（经营租赁）其取得的不动产（不含住房）。

⑧个人出租住房，应按照5%的征收率减按1.5%计算应纳税额。

⑨一般纳税人和小规模纳税人提供劳务派遣服务选择差额纳税的。

⑩一般纳税人2016年4月30日前签订的不动产融资租赁合同，或以2016年4月30日前取得的不动产提供的融资租赁服务，选择适用简易计税方法的。

⑪一般纳税人收取试点前开工的一级公路、二级公路、桥、闸通行费，选择适用简易计税方法的。

⑫一般纳税人提供人力资源外包服务，选择适用简易计税方法的。

⑬纳税人转让2016年4月30日前取得的土地使用权，选择适用简易计税方法的。

（2）除上述适用5%征收率以外的纳税人选择简易计税方法发生的应税销售行为均为3%。

2. 征收率的特殊政策

（1）适用3%征收率的一般纳税人和小规模纳税人发生以下业务可以减按2%计征增值税。

①一般纳税人销售自己使用过的属于《增值税暂行条例》第十条规定不得抵扣且未抵扣进项税额的固定资产，按照简易办法依照3%征收率减按2%征收增值税。

纳税人销售自己使用过的固定资产，适用简易办法依照3%征收率减按2%征收增值税政策的，可以放弃减税，按照简易办法依照3%征收率缴纳增值税，并可以开具增值税专用发票。

“已使用过的固定资产”是指纳税人根据财务会计制度已经计提折旧的固定资产。

②小规模纳税人（除其他个人外，下同）销售自己使用过的固定资产，减按2%征

收率征收增值税。

③纳税人销售旧货，按照简易办法依照3%征收率减按2%征收增值税。

所称旧货，是指进入二次流通的具有部分使用价值的货物（含旧汽车、旧摩托车和旧游艇），但不包括自己使用过的物品。

上述纳税人销售自己使用过的固定资产、物品和旧货适用按照简易办法依照3%征收率减按2%征收增值税的，按下列公式确定销售额和应纳税额：

销售额 = 含税销售额 ÷ (1 + 3%)

应纳税额 = 销售额 × 2%

（2）提供物业管理服务的纳税人，向服务接受方收取的自来水水费，以扣除其对外支付的自来水水费后的余额为销售额，按照简易计税方法依3%的征收率计算缴纳增值税。

（3）小规模纳税人提供劳务派遣服务，可以按照"营改增通知"的有关规定，以取得的全部价款和价外费用为销售额，按照简易计税方法依3%的征收率计算缴纳增值税；也可以选择差额纳税，以取得的全部价款和价外费用，扣除代用工单位支付给劳务派遣员工的工资、福利和为其办理社会保险及住房公积金后的余额为销售额，按照简易计税方法依5%的征收率计算缴纳增值税。

选择差额纳税的纳税人，向用工单位收取用于支付给劳务派遣员工工资、福利和为其办理社会保险及住房公积金的费用，不得开具增值税专用发票，可以开具普通发票。

（4）非企业性单位中的一般纳税人提供的研发和技术服务、信息技术服务、鉴证咨询服务，以及销售技术、著作权等无形资产，可以选择简易计税方法按照3%征收率计算缴纳增值税。

非企业性单位中的一般纳税人提供《营业税改征增值税试点过渡政策的规定》（财税〔2016〕36号）第一条第二十六项中的"技术转让、技术开发和与之相关的技术咨询、技术服务"，可以参照上述规定，选择简易计税方法按照3%征收率计算缴纳增值税。

（5）一般纳税人提供教育辅助服务，可以选择简易计税方法按照3%征收率计算缴纳增值税。

（6）自2018年5月1日起，增值税一般纳税人生产销售和批发、零售抗癌药品，可选择按照简易办法依照3%征收率计算缴纳增值税。抗癌药品，是指经国家药品监督管理部门批准注册的抗癌制剂及原料药。

抗癌药品范围实行动态调整，纳税人选择简易办法计算缴纳增值税后，36个月内不得变更。

（7）自2019年3月1日起，增值税一般纳税人生产销售和批发、零售罕见病药品，可选择按照简易办法依照3%征收率计算缴纳增值税。上述纳税人选择简易办法计算缴纳增值税后，36个月内不得变更。

所称罕见病药品，是指经国家药品监督管理部门批准注册的罕见病药品制剂及原料药。罕见病药品范围实行动态调整，由财政部、海关总署、税务总局、药监局根据变化情况适时明确。

纳税人应单独核算罕见病药品的销售额。未单独核算的，不得适用上述规定的简易征收政策。

二、增值税优惠政策

（一）免税项目

1. 农业生产者销售的自产农产品。

农业，是指种植业、养殖业、林业、牧业、水产业。农业生产者，包括从事农业生产的单位和个人。农产品，是指直接从事植物的种植、收割和动物的饲养、捕捞的单位和个人销售的自产农产品。

2. 避孕药品和用具。

3. 古旧图书。是指向社会收购的古书和旧书。

4. 直接用于科学研究、科学试验和教学的进口仪器、设备。

5. 外国政府、国际组织无偿援助的进口物资和设备。

6. 由残疾人组织直接进口供残疾人专用的物品。

7. 销售自己使用过的物品。是指其他个人自己使用过的物品。

【思考题2-11】（多选题）下列各项中，应当计算缴纳增值税的有（ ）。

A. 邮政部门发行报刊

B. 农业生产者销售自产农产品

C. 化妆品公司生产销售化妆品

D. 残疾人组织直接进口供残疾人专用的物品

（二）起征点

《增值税暂行条例》规定，纳税人销售额未达到国务院财政、税务主管部门规定的增值税起征点的，免征增值税；达到起征点的，依照本条例规定全额计算缴纳增值税。

《增值税暂行条例实施细则》和“营改增通知”规定，增值税起征点仅适用于个人，包括：个体工商户和其他个人，但不适用于登记认定为一般纳税人的个体工商户。即：增值税起征点仅适用于按照小规模纳税人纳税的个体工商户和其他个人。

“营改增通知”规定，个人发生应税行为的销售额未达到增值税起征点的，免征增值税；达到起征点的，全额计算缴纳增值税。但是根据《财政部税务总局关于实施小微企业普惠性税收减免政策的通知》（财税〔2019〕13号），小规模纳税人发生增值税应税销售行为，合计月销售额未超过10万元（以1个季度为1个纳税期的，季度销售额未超过30万元，下同）的，免征增值税。小规模纳税人发生增值税应税销售行为，合计月销售额超过10万元，但扣除本期发生的销售不动产的销售额后未超过10万元的，其销售货物、劳务、服务、无形资产取得的销售额免征增值税。

增值税起征点幅度如下：

（1）按期纳税的，为月销售额5 000至20 000元（含本数）。

（2）按次纳税的，为每次（日）销售额300至500元（含本数）。

起征点的调整由财政部和国家税务总局规定。省、自治区、直辖市财政厅（局）

和国家税务局应在规定的幅度内，根据实际情况确定本地区适用的起征点，并报财政部、国家税务总局备案。

【例题2-1】假设纳税人提供应税服务的起征点为20 000元，某个体工商户（小规模纳税人）201×年10月取得交通运输服务收入20 000元（含税）。

要求：计算该个体工商户本月应缴纳多少增值税？

因为提供应税服务的起征点为20 000元，该个体工商户本月交通运输服务不含税收入为20 000÷(1+3%)=19 417.48（元）。交通运输服务取得的收入未达到起征点，因此对该部分收入无需缴纳增值税。

（三）"营改增通知"及有关部门规定的税收优惠政策

2016年5月1日全面营改增之后，原来营业税部分的有关税收优惠也相应过渡到增值税部分，详情参见所附《营业税改征增值税试点过渡政策的规定》。

附：营业税改征增值税试点过渡政策的规定

一、下列项目免征增值税

（一）托儿所、幼儿园提供的保育和教育服务

托儿所、幼儿园，是指经县级以上教育部门审批成立、取得办园许可证的实施0~6岁学前教育的机构，包括公办和民办的托儿所、幼儿园、学前班、幼儿班、保育院、幼儿院。

公办托儿所、幼儿园免征增值税的收入是指，在省级财政部门和价格主管部门审核报省级人民政府批准的收费标准以内收取的教育费、保育费。

民办托儿所、幼儿园免征增值税的收入是指，在报经当地有关部门备案并公示的收费标准范围内收取的教育费、保育费。

超过规定收费标准的收费，以开办实验班、特色班和兴趣班等为由另外收取的费用以及与幼儿入园挂钩的赞助费、支教费等超过规定范围的收入，不属于免征增值税的收入。

（二）养老机构提供的养老服务

养老机构，是指依照民政部《养老机构设立许可办法》（民政部令第48号）设立并依法办理登记的为老年人提供集中居住和照料服务的各类养老机构；养老服务，是指上述养老机构按照民政部《养老机构管理办法》（民政部令第49号）的规定，为收住的老年人提供的生活照料、康复护理、精神慰藉、文化娱乐等服务。

（三）残疾人福利机构提供的育养服务

（四）婚姻介绍服务

（五）殡葬服务

殡葬服务，是指收费标准由各地价格主管部门会同有关部门核定，或者实行政府指导价管理的遗体接运（含抬尸、消毒）、遗体整容、遗体防腐、存放（含冷藏）、火化、骨灰寄存、吊唁设施设备租赁、墓穴租赁及管理等服务。

（六）残疾人员本人为社会提供的服务

（七）医疗机构提供的医疗服务

医疗机构，是指依据国务院《医疗机构管理条例》（国务院令第149号）及卫生部《医疗机构管理条例实施细则》（卫生部令第35号）的规定，经登记取得《医疗机构执业许可证》的机构，以及军队、武警部队各级各类医疗机构。具体包括：各级各类医院、门诊部（所）、社区卫生服务中心（站）、急救中心（站）、城乡卫生院、护理院（所）、疗养院、临床检验中心，各级政府及有关部门举办的卫生防疫站（疾病控制中心）、各种专科疾病防治站（所），各级政府举办的妇幼保健所（站）、母婴保健机构、儿童保健机构，各级政府举办的血站（血液中心）等医疗机构。

本项所称的医疗服务，是指医疗机构按照不高于地（市）级以上价格主管部门会同同级卫生主管部门及其他相关部门制定的医疗服务指导价格（包括政府指导价和按照规定由供需双方协商确定的价格等）为就医者提供《全国医疗服务价格项目规范》所列的各项服务，以及医疗机构向社会提供卫生防疫、卫生检疫的服务。

（八）从事学历教育的学校提供的教育服务

1. 学历教育，是指受教育者经过国家教育考试或者国家规定的其他入学方式，进入国家有关部门批准的学校或者其他教育机构学习，获得国家承认的学历证书的教育形式。具体包括：

（1）初等教育：普通小学、成人小学。

（2）初级中等教育：普通初中、职业初中、成人初中。

（3）高级中等教育：普通高中、成人高中和中等职业学校（包括普通中专、成人中专、职业高中、技工学校）。

（4）高等教育：普通本专科、成人本专科、网络本专科、研究生（博士、硕士）、高等教育自学考试、高等教育学历文凭考试。

2. 从事学历教育的学校，是指：

（1）普通学校。

（2）经地（市）级以上人民政府或者同级政府的教育行政部门批准成立、国家承认其学员学历的各类学校。

（3）经省级及以上人力资源社会保障行政部门批准成立的技工学校、高级技工学校。

（4）经省级人民政府批准成立的技师学院。

上述学校均包括符合规定的从事学历教育的民办学校，但不包括职业培训机构等国家不承认学历的教育机构。

3. 提供教育服务免征增值税的收入，是指对列入规定招生计划的在籍学生提供学历教育服务取得的收入，具体包括：经有关部门审核批准并按规定标准收取的学费、住宿费、课本费、作业本费、考试报名费收入，以及学校食堂提供餐饮服务取得的伙食费收入。除此之外的收入，包括学校以各种名义收取的赞助费、择校费等，不属于免征增值税的范围。

学校食堂是指依照《学校食堂与学生集体用餐卫生管理规定》（教育部令第 14 号）管理的学校食堂。

（九）学生勤工俭学提供的服务

（十）农业机耕、排灌、病虫害防治、植物保护、农牧保险以及相关技术培训业务，家禽、牲畜、水生动物的配种和疾病防治

农业机耕，是指在农业、林业、牧业中使用农业机械进行耕作（包括耕耘、种植、收割、脱粒、植物保护等）的业务；排灌，是指对农田进行灌溉或者排涝的业务；病虫害防治，是指从事农业、林业、牧业、渔业的病虫害测报和防治的业务；农牧保险，是指为种植业、养殖业、牧业种植和饲养的动植物提供保险的业务；相关技术培训，是指与农业机耕、排灌、病虫害防治、植物保护业务相关以及为使农民获得农牧保险知识的技术培训业务；家禽、牲畜、水生动物的配种和疾病防治业务的免税范围，包括与该项服务有关的提供药品和医疗用具的业务。

（十一）纪念馆、博物馆、文化馆、文物保护单位管理机构、美术馆、展览馆、书画院、图书馆在自己的场所提供文化体育服务取得的第一道门票收入

（十二）寺院、宫观、清真寺和教堂举办文化、宗教活动的门票收入

（十三）行政单位之外的其他单位收取的符合《试点实施办法》第十条规定条件的政府性基金和行政事业性收费

（十四）个人转让著作权

（十五）个人销售自建自用住房

（十六）台湾航运公司、航空公司从事海峡两岸海上直航、空中直航业务在大陆取得的运输收入

台湾航运公司，是指取得交通运输部颁发的“台湾海峡两岸间水路运输许可证”且该许可证上注明的公司登记地址在台湾的航运公司。

台湾航空公司，是指取得中国民用航空局颁发的“经营许可”或者依据《海峡两岸空运协议》和《海峡两岸空运补充协议》规定，批准经营两岸旅客、货物和邮件不定期（包机）运输业务，且公司登记地址在台湾的航空公司。

（十七）纳税人提供的直接或者间接国际货物运输代理服务

1. 纳税人提供直接或者间接国际货物运输代理服务，向委托方收取的全部国际货物运输代理服务收入，以及向国际运输承运人支付的国际运输费用，必须通过金融机构进行结算。

2. 纳税人为大陆与香港、澳门、台湾地区之间的货物运输提供的货物运输代理服务参照国际货物运输代理服务有关规定执行。

3. 委托方索取发票的，纳税人应当就国际货物运输代理服务收入向委托方全额开具增值税普通发票。

（十八）以下利息收入

1. 2016 年 12 月 31 日前，金融机构农户小额贷款。

小额贷款，是指单笔且该农户贷款余额总额在 10 万元（含本数）以下的贷款。

所称农户，是指长期（一年以上）居住在乡镇（不包括城关镇）行政管理区域内的

住户，还包括长期居住在城关镇所辖行政村范围内的住户和户口不在本地而在本地居住一年以上的住户，国有农场的职工和农村个体工商户。位于乡镇（不包括城关镇）行政管理区域内和在城关镇所辖行政村范围内的国有经济的机关、团体、学校、企事业单位的集体户；有本地户口，但举家外出谋生一年以上的住户，无论是否保留承包耕地均不属于农户。农户以户为统计单位，既可以从事农业生产经营，也可以从事非农业生产经营。农户贷款的判定应以贷款发放时的承贷主体是否属于农户为准。

2. 国家助学贷款。

3. 国债、地方政府债。

4. 人民银行对金融机构的贷款。

5. 住房公积金管理中心用住房公积金在指定的委托银行发放的个人住房贷款。

6. 外汇管理部门在从事国家外汇储备经营过程中，委托金融机构发放的外汇贷款。

7. 统借统还业务中，企业集团或企业集团中的核心企业以及集团所属财务公司按不高于支付给金融机构的借款利率水平或者支付的债券票面利率水平，向企业集团或者集团内下属单位收取的利息。

统借方向资金使用单位收取的利息，高于支付给金融机构借款利率水平或者支付的债券票面利率水平的，应全额缴纳增值税。

统借统还业务，是指：

(1) 企业集团或者企业集团中的核心企业向金融机构借款或对外发行债券取得资金后，将所借资金分拨给下属单位（包括独立核算单位和非独立核算单位，下同），并向下属单位收取用于归还金融机构或债券购买方本息的业务。

(2) 企业集团向金融机构借款或对外发行债券取得资金后，由集团所属财务公司与企业集团或者集团内下属单位签订统借统还贷款合同并分拨资金，并向企业集团或者集团内下属单位收取本息，再转付企业集团，由企业集团统一归还金融机构或债券购买方的业务。

（十九）被撤销金融机构以货物、不动产、无形资产、有价证券、票据等财产清偿债务

被撤销金融机构，是指经人民银行、银保监会依法决定撤销的金融机构及其分设于各地的分支机构，包括被依法撤销的商业银行、信托投资公司、财务公司、金融租赁公司、城市信用社和农村信用社。除另有规定外，被撤销金融机构所属、附属企业，不享受被撤销金融机构增值税免税政策。

（二十）保险公司开办的一年期以上人身保险产品取得的保费收入

一年期以上人身保险，是指保险期间为一年期及以上返还本利的人寿保险、养老年金保险，以及保险期间为一年期及以上的健康保险。

人寿保险，是指以人的寿命为保险标的的人身保险。

养老年金保险，是指以养老保障为目的，以被保险人生存为给付保险金条件，并按约定的时间间隔分期给付生存保险金的人身保险。养老年金保险应当同时符合下列条件：

1. 保险合同约定给付被保险人生存保险金的年龄不得小于国家规定的退休年龄。

2. 相邻两次给付的时间间隔不得超过一年。

健康保险，是指以因健康原因导致损失为给付保险金条件的人身保险。

上述免税政策实行备案管理，具体备案管理办法按照《国家税务总局关于一年期以上返还性人身保险产品免征营业税审批事项取消后有关管理问题的公告》（国家税务总局公告2015年第65号）规定执行。

（二十一）再保险服务

1. 境内保险公司向境外保险公司提供的完全在境外消费的再保险服务，免征增值税。

2. 试点纳税人提供再保险服务（境内保险公司向境外保险公司提供的再保险服务除外），实行与原保险服务一致的增值税政策。再保险合同对应多个原保险合同的，所有原保险合同均适用免征增值税政策时，该再保险合同适用免征增值税政策。否则，该再保险合同应按规定缴纳增值税。

原保险服务，是指保险分出方与投保人之间直接签订保险合同而建立保险关系的业务活动。

（二十二）下列金融商品转让收入

1. 合格境外投资者（QFII）委托境内公司在我国从事证券买卖业务。

2. 香港市场投资者（包括单位和个人）通过沪港通买卖上海证券交易所上市A股。

3. 对香港市场投资者（包括单位和个人）通过基金互认买卖内地基金份额。

4. 证券投资基金（封闭式证券投资基金，开放式证券投资基金）管理人运用基金买卖股票、债券。

5. 个人从事金融商品转让业务。

（二十三）金融同业往来利息收入

1. 金融机构与人民银行所发生的资金往来业务。包括人民银行对一般金融机构贷款，以及人民银行对商业银行的再贴现等。

2. 银行联行往来业务。同一银行系统内部不同行、处之间所发生的资金账务往来业务。

3. 金融机构间的资金往来业务。是指经人民银行批准，进入全国银行间同业拆借市场的金融机构之间通过全国统一的同业拆借网络进行的短期（一年以下含一年）无担保资金融通行为。

4. 金融机构之间开展的转贴现业务。

金融机构是指：

（1）银行：包括人民银行、商业银行、政策性银行。

（2）信用合作社。

（3）证券公司。

（4）金融租赁公司、证券基金管理公司、财务公司、信托投资公司、证券投资基金。

（5）保险公司。

（6）其他经人民银行、银保监会、证监会、保监会批准成立且经营金融保险业务的机构等。

（二十四）同时符合下列条件的担保机构从事中小企业信用担保或者再担保业务取得的收入（不含信用评级、咨询、培训等收入）3年内免征增值税

1. 已取得监管部门颁发的融资性担保机构经营许可证，依法登记注册为企（事）业法人，实收资本超过2 000万元。

2. 平均年担保费率不超过银行同期贷款基准利率的50%。平均年担保费率=本期担保费收入/(期初担保余额+本期增加担保金额)×100%。

3. 连续合规经营2年以上，资金主要用于担保业务，具备健全的内部管理制度和为中小企业提供担保的能力，经营业绩突出，对受保项目具有完善的事前评估、事中监控、事后追偿与处置机制。

4. 为中小企业提供的累计担保贷款额占其两年累计担保业务总额的80%以上，单笔800万元以下的累计担保贷款额占其累计担保业务总额的50%以上。

5. 对单个受保企业提供的担保余额不超过担保机构实收资本总额的10%，且平均单笔担保责任金额最多不超过3 000万元人民币。

6. 担保责任余额不低于其净资产的3倍，且代偿率不超过2%。

担保机构免征增值税政策采取备案管理方式。符合条件的担保机构应到所在地县（市）主管税务机关和同级中小企业管理部门履行规定的备案手续，自完成备案手续之日起，享受3年免征增值税政策。3年免税期满后，符合条件的担保机构可按规定程序办理备案手续后继续享受该项政策。

具体备案管理办法按照《国家税务总局关于中小企业信用担保机构免征营业税审批事项取消后有关管理问题的公告》（国家税务总局公告2015年第69号）规定执行，其中税务机关的备案管理部门统一调整为县（市）级国家税务局。

（二十五）国家商品储备管理单位及其直属企业承担商品储备任务，从中央或者地方财政取得的利息补贴收入和价差补贴收入

国家商品储备管理单位及其直属企业，是指接受中央、省、市、县四级政府有关部门（或者政府指定管理单位）委托，承担粮（含大豆）、食用油、棉、糖、肉、盐（限于中央储备）等6种商品储备任务，并按有关政策收储、销售上述6种储备商品，取得财政储备经费或者补贴的商品储备企业。利息补贴收入，是指国家商品储备管理单位及其直属企业因承担上述商品储备任务从金融机构贷款，并从中央或者地方财政取得的用于偿还贷款利息的贴息收入。价差补贴收入包括销售价差补贴收入和轮换价差补贴收入。销售价差补贴收入，是指按照中央或者地方政府指令销售上述储备商品时，由于销售收入小于库存成本而从中央或者地方财政获得的全额价差补贴收入。轮换价差补贴收入，是指根据要求定期组织政策性储备商品轮换而从中央或者地方财政取得的商品新陈品质价差补贴收入。

（二十六）纳税人提供技术转让、技术开发和与之相关的技术咨询、技术服务

1. 技术转让、技术开发，是指《销售服务、无形资产、不动产注释》中“转让技术”“研发服务”范围内的业务活动。技术咨询，是指就特定技术项目提供可行性论证、技术预测、专题技术调查、分析评价报告等业务活动。

与技术转让、技术开发相关的技术咨询、技术服务，是指转让方（或者受托方）根

据技术转让或者开发合同的规定，为帮助受让方（或者委托方）掌握所转让（或者委托开发）的技术，而提供的技术咨询、技术服务业务，且这部分技术咨询、技术服务的价款与技术转让或者技术开发的价款应当在同一张发票上开具。

2. 备案程序。试点纳税人申请免征增值税时，须持技术转让、开发的书面合同，到纳税人所在地省级科技主管部门进行认定，并持有关的书面合同和科技主管部门审核意见证明文件报主管税务机关备查。

（二十七）同时符合下列条件的合同能源管理服务

1. 节能服务公司实施合同能源管理项目相关技术，应当符合国家质量监督检验检疫总局和国家标准化管理委员会发布的《合同能源管理技术通则》（GB/T 24915—2010）规定的技术要求。

2. 节能服务公司与用能企业签订节能效益分享型合同，其合同格式和内容，符合《中华人民共和国合同法》和《合同能源管理技术通则》（GB/T 24915—2010）等规定。

（二十八）政府举办的从事学历教育的高等、中等和初等学校（不含下属单位），举办进修班、培训班取得的全部归该学校所有的收入

全部归该学校所有，是指举办进修班、培训班取得的全部收入进入该学校统一账户，并纳入预算全额上缴财政专户管理，同时由该学校对有关票据进行统一管理和开具。

举办进修班、培训班取得的收入进入该学校下属部门自行开设账户的，不予免征增值税。

（二十九）政府举办的职业学校设立的主要为在校学生提供实习场所、并由学校出资自办、由学校负责经营管理、经营收入归学校所有的企业，从事《销售服务、无形资产或者不动产注释》中“现代服务”（不含融资租赁服务、广告服务和其他现代服务）、“生活服务”（不含文化体育服务、其他生活服务和桑拿、氧吧）业务活动取得的收入

（三十）家政服务企业由员工制家政服务员提供家政服务取得的收入

家政服务企业，是指在企业营业执照的规定经营范围中包括家政服务内容的企业。

员工制家政服务员，是指同时符合下列 3 个条件的家政服务员：

1. 依法与家政服务企业签订半年及半年以上的劳动合同或者服务协议，且在该企业实际上岗工作。

2. 家政服务企业为其按月足额缴纳了企业所在地人民政府根据国家政策规定的基本养老保险、基本医疗保险、工伤保险、失业保险等社会保险。对已享受新型农村养老保险和新型农村合作医疗等社会保险或者下岗职工原单位继续为其缴纳社会保险的家政服务员，如果本人书面提出不再缴纳企业所在地人民政府根据国家政策规定的相应的社会保险，并出具其所在乡镇或者原单位开具的已缴纳相关保险的证明，可视同家政服务企业已为其按月足额缴纳了相应的社会保险。

3. 家政服务企业通过金融机构向其实际支付不低于企业所在地适用的经省级人民政府批准的最低工资标准的工资。

（三十一）福利彩票、体育彩票的发行收入

（三十二）军队空余房产租赁收入

（三十三）为了配合国家住房制度改革，企业、行政事业单位按房改成本价、标准价出售住房取得的收入

（三十四）将土地使用权转让给农业生产者用于农业生产

（三十五）涉及家庭财产分割的个人无偿转让不动产、土地使用权

家庭财产分割，包括下列情形：离婚财产分割；无偿赠与配偶、父母、子女、祖父母、外祖父母、孙子女、外孙子女、兄弟姐妹；无偿赠与对其承担直接抚养或者赡养义务的抚养人或者赡养人；房屋产权所有人死亡，法定继承人、遗嘱继承人或者受遗赠人依法取得房屋产权。

（三十六）土地所有者出让土地使用权和土地使用者将土地使用权归还给土地所有者

（三十七）县级以上地方人民政府或自然资源行政主管部门出让、转让或收回自然资源使用权（不含土地使用权）

（三十八）随军家属就业

1. 为安置随军家属就业而新开办的企业，自领取税务登记证之日起，其提供的应税服务3年内免征增值税。

享受税收优惠政策的企业，随军家属必须占企业总人数的60%（含）以上，并有军（含）以上政治和后勤机关出具的证明。

2. 从事个体经营的随军家属，自办理税务登记事项之日起，其提供的应税服务3年内免征增值税。

随军家属必须有师以上政治机关出具的可以表明其身份的证明。

按照上述规定，每一名随军家属可以享受一次免税政策。

（三十九）军队转业干部就业

1. 从事个体经营的军队转业干部，自领取税务登记证之日起，其提供的应税服务3年内免征增值税。

2. 为安置自主择业的军队转业干部就业而新开办的企业，凡安置自主择业的军队转业干部占企业总人数60%（含）以上的，自领取税务登记证之日起，其提供的应税服务3年内免征增值税。

享受上述优惠政策的自主择业的军队转业干部必须持有师以上部队颁发的转业证件。

（四十）各党派、共青团、工会、妇联、中科协、青联、台联、侨联收取党费、团费、会费，以及政府间国际组织收取会费，属于非经营活动，不征收增值税

（四十一）青藏铁路公司提供的铁路运输服务免征增值税

（四十二）中国邮政集团公司及其所属邮政企业提供的邮政普遍服务和邮政特殊服务，免征增值税

（四十三）自2016年1月1日起，中国邮政集团公司及其所属邮政企业为金融机构代办金融保险业务取得的代理收入，在“营改增”试点期间免征增值税

（四十四）中国信达资产管理股份有限公司、中国华融资产管理股份有限公司、中国长城资产管理公司和中国东方资产管理公司及各自经批准分设于各地的分支机构（以

下称资产公司)，在收购、承接和处置剩余政策性剥离不良资产和改制银行剥离不良资产过程中开展的以下业务，免征增值税

1. 接受相关国有银行的不良债权，借款方以货物、不动产、无形资产、有价证券和票据等抵充贷款本息的，资产公司销售、转让该货物、不动产、无形资产、有价证券、票据以及利用该货物、不动产从事的融资租赁业务。

2. 接受相关国有银行的不良债权取得的利息。

3. 资产公司所属的投资咨询类公司，为本公司收购、承接、处置不良资产而提供的资产、项目评估和审计服务。

中国长城资产管理公司和中国东方资产管理公司如经国务院批准改制后，继承其权利、义务的主体及其分支机构处置剩余政策性剥离不良资产和改制银行剥离不良资产，比照上述政策执行。

上述政策性剥离不良资产，是指资产公司按照国务院规定的范围和额度，以账面价值进行收购的相关国有银行的不良资产。

上述改制银行剥离不良资产，是指资产公司按照《中国银行和中国建设银行改制过程中可疑类贷款处置管理办法》(财金〔2004〕53号)、《中国工商银行改制过程中可疑类贷款处置管理办法》(银发〔2005〕148号)规定及中国交通银行股份制改造时国务院确定的不良资产的范围和额度收购的不良资产。

上述处置不良资产，是指资产公司按照有关法律、行政法规，为使不良资产的价值得到实现而采取的债权转移的措施，具体包括运用出售、置换、资产重组、债转股、证券化等方法对贷款及其抵押品进行处置。

资产公司(含中国长城资产管理公司和中国东方资产管理公司如经国务院批准改制后继承其权利、义务的主体)除收购、承接、处置本通知规定的政策性剥离不良资产和改制银行剥离不良资产业务外，从事其他经营业务应一律依法纳税。

除另有规定者外，资产公司所属、附属企业，不得享受资产公司免征增值税的政策。

(四十五)全国社会保障基金理事会、全国社会保障基金投资管理人运用全国社会保障基金买卖证券投资基金、股票、债券取得的金融商品转让收入，免征增值税

(四十六)对下列国际航运保险业务免征增值税

1. 注册在上海、天津的保险企业从事国际航运保险业务。

2. 注册在深圳市的保险企业向注册在前海深港现代服务业合作区的企业提供国际航运保险业务。

3. 注册在平潭的保险企业向注册在平潭的企业提供国际航运保险业务。

(四十七)自2017年1月1日至2019年12月31日，对新疆国际大巴扎物业服务有限公司和新疆国际大巴扎文化旅游产业有限公司从事与新疆国际大巴扎项目有关的营改增应税行为取得的收入，免征增值税

(四十八)自2017年1月1日至2019年12月31日，对广播电视运营服务企业收取的有线数字电视基本收视维护费和农村有线电视基本收视费，免征增值税

(四十九)对社保基金会、社保基金投资管理人在运用社保基金投资过程中，提供

贷款服务取得的全部利息及利息性质的收入和金融商品转让收入，免征增值税

（五十）自2018年9月1日至2020年12月31日，对金融机构向小型企业、微型企业和个体工商户发放小额贷款取得的利息收入，免征增值税。金融机构可以选择以下两种方法之一适用免税

1. 对金融机构向小型企业、微型企业和个体工商户发放的，利率水平不高于人民银行同期贷款基准利率150%（含本数）的单笔小额贷款取得的利息收入，免征增值税；高于人民银行同期贷款基准利率150%的单笔小额贷款取得的利息收入，按照现行政策规定缴纳增值税。

2. 对金融机构向小型企业、微型企业和个体工商户发放单笔小额贷款取得的利息收入中，不高于该笔贷款按照人民银行同期贷款基准利率150%（含本数）计算的利息收入部分，免征增值税；超过部分按照现行政策规定缴纳增值税。

金融机构可按会计年度在以上两种方法之间选定其一作为该年的免税适用方法，一经选定，该会计年度内不得变更。

小额贷款，是指单户授信小于1 000万元（含本数）的小型企业、微型企业或个体工商户贷款；没有授信额度的，是指单户贷款合同金额且贷款余额在1 000万元（含本数）以下的贷款。

金融机构向小型企业、微型企业及个体工商户发放单户授信小于100万元（含本数），或者没有授信额度，单户贷款合同金额且贷款余额在100万元（含本数）以下的贷款取得的利息收入，可继续按照《财政部税务总局关于支持小微企业融资有关税收政策的通知》（财税〔2017〕77号）的规定免征增值税。

（五十一）境外教育机构与境内从事学历教育的学校开展中外合作办学，提供学历教育服务取得的收入免征增值税。中外合作办学，是指中外教育机构按照《中华人民共和国中外合作办学条例》（国务院令第372号）的有关规定，合作举办的以中国公民为主要招生对象的教育教学活动。上述“学历教育”“从事学历教育的学校”“提供学历教育服务取得的收入”的范围，按照《营业税改征增值税试点过渡政策的规定》（财税〔2016〕36号文件附件3）第一条第（八）项的有关规定执行

（五十二）自2018年1月1日起至2020年12月31日，免征图书批发、零售环节增值税

（五十三）自2018年1月1日起至2020年12月31日，对科普单位的门票收入，以及县级及以上党政部门和科协开展科普活动的门票收入免征增值税

（五十四）自2019年1月1日至2021年12月31日，对国家级、省级科技企业孵化器、大学科技园和国家备案众创空间向在孵对象提供孵化服务取得的收入，免征增值税

孵化服务是指为在孵对象提供的经纪代理、经营租赁、研发和技术、信息技术、鉴证咨询服务。国家级、省级科技企业孵化器、大学科技园和国家备案众创空间应当单独核算孵化服务收入。

在孵对象是指符合前款认定和管理办法规定的孵化企业、创业团队和个人。

二、增值税即征即退

（一）增值税一般纳税人销售其自行开发生产的软件产品，按16%税率征收增值税

后，对其增值税实际税负超过3%的部分实行即征即退政策

增值税一般纳税人将进口软件产品进行本地化改造后对外销售，其销售的软件产品可享受上款规定的增值税即征即退政策。本地化改造是指对进口软件产品进行重新设计、改进、转换等，单纯对进口软件产品进行汉字化处理不包括在内。

（二）一般纳税人提供管道运输服务，对其增值税实际税负超过3%的部分实行增值税即征即退政策

（三）经人民银行、银保监会或者商务部批准从事融资租赁业务的试点纳税人中的一般纳税人，提供有形动产融资租赁服务和有形动产融资性售后回租服务，对其增值税实际税负超过3%的部分实行增值税即征即退政策。商务部授权的省级商务主管部门和国家经济技术开发区批准的从事融资租赁业务和融资性售后回租业务的试点纳税人中的一般纳税人，2016年5月1日后实收资本达到1.7亿元的，从达到标准的当月起按照上述规定执行；2016年5月1日后实收资本未达到1.7亿元但注册资本达到1.7亿元的，在2016年7月31日前仍可按照上述规定执行，2016年8月1日后开展的有形动产融资租赁业务和有形动产融资性售后回租业务不得按照上述规定执行

（四）自2018年5月1日至2020年12月31日，对动漫企业增值税一般纳税人销售其自主开发生产的动漫软件，按照16%的税率征收增值税后，对其增值税实际税负超过3%的部分，实行即征即退政策

本规定所称增值税实际税负，是指纳税人当期提供应税服务实际缴纳的增值税额占纳税人当期提供应税服务取得的全部价款和价外费用的比例。

（五）纳税人安置残疾人应享受增值税即征即退优惠政策

1. 纳税人，是指安置残疾人的单位和个体工商户。

2. 纳税人本期应退增值税额按以下公式计算：

本期应退增值税额＝本期所含月份每月应退增值税额之和

月应退增值税额＝纳税人本月安置残疾人员人数×本月月最低工资标准的4倍

月最低工资标准，是指纳税人所在区县（含县级市、旗）适用的经省（含自治区、直辖市、计划单列市）人民政府批准的月最低工资标准。

纳税人新安置的残疾人从签订劳动合同并缴纳社会保险的次月起计算，其他职工从录用的次月起计算；安置的残疾人和其他职工减少的，从减少当月计算。

（六）增值税的退还

纳税人本期已缴增值税额小于本期应退税额不足退还的，可在本年度内以前纳税期已缴增值税额扣除已退增值税额的余额中退还，仍不足退还的可结转本年度内以后纳税期退还。

年度已缴增值税额小于或等于年度应退税额的，退税额为年度已缴增值税额；年度已缴增值税额大于年度应退税额的，退税额为年度应退税额。年度已缴增值税额不足退还的，不得结转以后年度退还。

三、扣减增值税规定

（一）退役士兵创业就业

1. 对自主就业退役士兵从事个体经营的，在3年（36个月，下同）内按每户每年

12 000 元为限额依次扣减其当年实际应缴纳的增值税、城市维护建设税、教育费附加、地方教育附加和个人所得税。限额标准最高可上浮20%，各省、自治区、直辖市人民政府可根据本地区实际情况在此幅度内确定具体限额标准，并报财政部和国家税务总局备案。

纳税人年度应缴纳税款小于上述扣减限额的，以其实际缴纳的税款为限；大于上述扣减限额的，应以上述扣减限额为限。纳税人的实际经营期不足1年的，应当按月换算其减免税限额。换算公式为：减免税限额 = 年度减免税限额 ÷ 12 × 实际经营月数。城市维护建设税、教育费附加、地方教育附加的计税依据是享受本项税收优惠政策前的增值税应纳税额。

自主就业退役士兵从事个体经营的，在享受税收优惠政策进行纳税申报时，注明其退役军人身份，并将《中国人民解放军义务兵退出现役证》《中国人民解放军士官退出现役证》或《中国人民武装警察部队义务兵退出现役证》《中国人民武装警察部队士官退出现役证》留存备查。

2. 企业招用自主就业退役士兵，与其签订1年以上期限劳动合同并依法缴纳社会保险费的，自签订劳动合同并缴纳社会保险当月起，在3年内按实际招用人数予以定额依次扣减增值税、城市维护建设税、教育费附加、地方教育附加和企业所得税优惠。定额标准为每人每年6 000元，最高可上浮50%，各省、自治区、直辖市人民政府可根据本地区实际情况在此幅度内确定具体定额标准。

企业按招用人数和签订的劳动合同时间核算企业减免税总额，在核算减免税总额内每月依次扣减增值税、城市维护建设税、教育费附加和地方教育附加。企业实际应缴纳的增值税、城市维护建设税、教育费附加和地方教育附加小于核算减免税总额的，以实际应缴纳的增值税、城市维护建设税、教育费附加和地方教育附加为限；实际应缴纳的增值税、城市维护建设税、教育费附加和地方教育附加大于核算减免税总额的，以核算减免税总额为限。

纳税年度终了，如果企业实际减免的增值税、城市维护建设税、教育费附加和地方教育附加小于核定的减免税总额，企业在企业所得税汇算清缴时扣减企业所得税。当年扣减不足的，不再结转以后年度扣减。

自主就业退役士兵在企业工作不满1年的，应当按月换算减免税限额。计算公式为：企业核算减免税总额 = 每名自主就业退役士兵本年度在本企业工作月份 ÷ 12 × 具体定额标准。城市维护建设税、教育费附加、地方教育附加的计税依据是享受本项税收优惠政策前的增值税应纳税额。

企业招用自主就业退役士兵享受税收优惠政策的，将以下资料留存备查：招用自主就业退役士兵的《中国人民解放军义务兵退出现役证》《中国人民解放军士官退出现役证》或《中国人民武装警察部队义务兵退出现役证》《中国人民武装警察部队士官退出现役证》；企业与招用自主就业退役士兵签订的劳动合同（副本），为职工缴纳的社会保险费记录；自主就业退役士兵本年度在企业工作时间表。

3. 上述所称自主就业退役士兵是指依照《退役士兵安置条例》（国务院、中央军委令第608号）的规定退出现役并按自主就业方式安置的退役士兵。所称企业是指属于增值税纳税人或企业所得税纳税人的企业等单位。

4. 上述税收优惠政策的执行期限为 2019 年 1 月 1 日至 2021 年 12 月 31 日，纳税人在 2021 年 12 月 31 日未享受满 3 年的，可继续享受至 3 年期满为止。

退役士兵以前年度已享受退役士兵创业就业税收优惠政策满 3 年的，不得再享受本通知规定的税收优惠政策；以前年度享受退役士兵创业就业税收优惠政策未满 3 年符合本通知规定条件的，可按本通知规定享受优惠至 3 年期满。

（二）重点群体创业就业

1. 建档立卡贫困人口、持《就业创业证》（注明自主创业税收政策”或“毕业年度内自主创业税收政策”）或《就业失业登记证》（注明“自主创业税收政策”）的人员，从事个体经营的，自办理个体工商户登记当月起，在 3 年（36 个月，下同）内按每户每年 12 000 元为限额依次扣减其当年实际应缴纳的增值税、城市维护建设税、教育费附加、地方教育附加和个人所得税。限额标准最高可上浮 20%，各省、自治区、直辖市人民政府可根据本地区实际情况在此幅度内确定具体限额标准。

纳税人年度应缴纳税款小于上述扣减限额的，以其实际缴纳的税款为限；大于上述扣减限额的，应以上述扣减限额为限。

上述人员具体包括：

（1）纳入全国扶贫开发信息系统的建档立卡贫困人口。

（2）在人力资源社会保障部门公共就业服务机构登记失业半年以上的人员。

（3）零就业家庭、享受城市居民最低生活保障家庭劳动年龄内的登记失业人员。

（4）毕业年度内高校毕业生。高校毕业生是指实施高等学历教育的普通高等学校、成人高等学校毕业的学生；毕业年度是指毕业所在自然年，即 1 月 1 日至 12 月 31 日。

2. 企业招用建档立卡贫困人口，以及在人力资源社会保障部门公共就业服务机构登记失业半年以上且持《就业创业证》或《就业失业登记证》（注明“企业吸纳税收政策”）的人员，与其签订 1 年以上期限劳动合同并依法缴纳社会保险费的，自签订劳动合同并缴纳社会保险当月起，在 3 年内按实际招用人数予以定额依次扣减增值税、城市维护建设税、教育费附加、地方教育附加和企业所得税优惠。定额标准为每人每年 6 000 元，最高可上浮 30%，各省、自治区、直辖市人民政府可根据本地区实际情况在此幅度内确定具体定额标准。城市维护建设税、教育费附加、地方教育附加的计税依据是享受本项税收优惠政策前的增值税应纳税额。

按上述标准计算的税收扣减额应在企业当年实际应缴纳的增值税、城市维护建设税、教育费附加、地方教育附加和企业所得税税额中扣减，当年扣减不足的，不得结转下年使用。

上述所称企业是指属于增值税纳税人或企业所得税纳税人的企业等单位。

3. 企业招用就业人员既可以适用本通知规定的税收优惠政策，又可以适用其他扶持就业专项税收优惠政策的，企业可以选择适用最优惠的政策，但不得重复享受。

4. 上述税收优惠政策的执行期限为 2019 年 1 月 1 日至 2021 年 12 月 31 日，纳税人在 2016 年 12 月 31 日未享受满 3 年的，可继续享受至 3 年期满为止。前述第（1）项所述人员，以前年度已享受重点群体创业就业税收优惠政策满 3 年的，不得再享受本通知规定的税收优惠政策；以前年度享受重点群体创业就业税收优惠政策未满3年且符合本通知规定条件的，可按本通知规定享受优惠至3年期满。

四、增值税先征后退政策

自2018年1月1日起至2020年12月31日，对宣传文化执行下列增值税先征后退政策：

1. 对下列出版物在出版环节执行增值税100%先征后退的政策：

（1）中国共产党和各民主党派的各级组织的机关报纸和机关期刊，各级人大、政协、政府、工会、共青团、妇联、残联、科协的机关报纸和机关期刊，新华社的机关报纸和机关期刊，军事部门的机关报纸和机关期刊。

上述各级组织不含其所属部门。机关报纸和机关期刊增值税先征后退范围掌握在一个单位一份报纸和一份期刊以内。

（2）专为少年儿童出版发行的报纸和期刊，中小学的学生课本。

（3）专为老年人出版发行的报纸和期刊。

（4）少数民族文字出版物。

（5）盲文图书和盲文期刊。

（6）经批准在内蒙古、广西、西藏、宁夏、新疆五个自治区内注册的出版单位出版的出版物。

（7）列入通知规定的图书、报纸和期刊。

2. 对下列出版物在出版环节执行增值税先征后退50%的政策：

（1）各类图书、期刊、音像制品、电子出版物，但本通知第1条第（1）项规定执行增值税100%先征后退的出版物除外。

（2）列入通知规定的报纸。

3. 对下列印刷、制作业务执行增值税100%先征后退的政策：

（1）对少数民族文字出版物的印刷或制作业务。

（2）列入通知规定的新疆维吾尔自治区印刷企业的印刷业务。

五、金融企业发放贷款后，自结息日起90天内发生的应收未收利息按现行规定缴纳增值税，自结息日起90天后发生的应收未收利息暂不缴纳增值税，待实际收到利息时按规定缴纳增值税

上述所称金融企业，是指银行（包括国有、集体、股份制、合资、外资银行以及其他所有制形式的银行）、城市信用社、农村信用社、信托投资公司、财务公司。

六、个人将购买不足2年的住房对外销售的，按照5%的征收率全额缴纳增值税；个人将购买2年以上（含2年）的住房对外销售的，免征增值税。上述政策适用于北京市、上海市、广州市和深圳市之外的地区

个人将购买2年以上（含2年）的非普通住房对外销售的，以销售收入减去购买住房价款后的差额按照5%的征收率缴纳增值税；个人将购买2年以上（含2年）的普通住房对外销售的，免征增值税。上述政策仅适用于北京市、上海市、广州市和深圳市。

办理免税的具体程序、购买房屋的时间、开具发票、非购买形式取得住房行为及其他相关税收管理规定，按照《国务院办公厅转发建设部等部门关于做好稳定住房价格工

作意见的通知》（国办发〔2005〕26号）、《国家税务总局 财政部 建设部关于加强房地产税收管理的通知》（国税发〔2005〕89号）和《国家税务总局关于房地产税收政策执行中几个具体问题的通知》（国税发〔2005〕172号）的有关规定执行。

七、上述增值税优惠政策除已规定期限的项目和第五条政策外，其他均在营改增试点期间执行。如果试点纳税人在纳入营改增试点之日前已经按照有关政策规定享受了营业税税收优惠，在剩余税收优惠政策期限内，按照本规定享受有关增值税优惠

（四）其他有关减免税的规定

1. 纳税人兼营免税、减税项目的，应当分别核算免税、减税项目的销售额；未分别核算的，不得免税、减税。

2. 纳税人销售货物或者发生应税行为适用免税、减税规定的，可以放弃免税、减税，依照规定缴纳增值税。放弃免税、减税后，36个月内不得再申请免税、减税。

纳税人发生应税行为同时适用免税和零税率规定的，优先适用零税率。

（1）生产和销售免征增值税的应税销售行为的纳税人要求放弃免税权，应当以书面形式提交放弃免税权声明，报主管税务机关备案。纳税人自提交备案资料的次月起，按照现行有关规定计算缴纳增值税。

（2）放弃免税权的纳税人符合一般纳税人认定条件尚未认定为增值税一般纳税人的，应当按现行规定认定为增值税一般纳税人，其发生的应税销售行为可开具增值税专用发票。

（3）纳税人一经放弃免税权，其生产销售的全部应税销售行为均应按照适用税率征税，不得选择某一免税项目放弃免税权，也不得根据不同的销售对象选择部分应税销售行为放弃免税权。

（4）纳税人在免税期内购进用于免税项目的货物、劳务、服务、无形资产、不动产所取得的增值税扣税凭证，一律不得抵扣。

3. 安置残疾人单位既符合促进残疾人就业增值税优惠政策条件，又符合其他增值税优惠政策条件的，可同时享受多项增值税优惠政策，但年度申请退还增值税总额不得超过本年度内应纳增值税总额。

4. 纳税人既享受增值税即征即退、先征后退政策，又享受免抵退税政策有关问题的处理。

（1）纳税人既有增值税即征即退、先征后退项目，也有出口等其他增值税应税项目的，增值税即征即退和先征后退项目不参与出口项目免抵退税计算。纳税人应分别核算增值税即征即退、先征后退项目和出口等其他增值税应税项目，分别申请享受增值税即征即退、先征后退和免抵退税政策。

（2）用于增值税即征即退或者先征后退项目的进项税额无法划分的，按照下列公式计算：

$$\text{无法划分进项税额中用于增值税即征即退或者先征后退项目的部分}=\text{当月无法划分的全部进项税额}\times\text{当月增值税即征即退或者先征后退项目销售额}\div\text{当月全部销售额、营业额合计}$$

三、增值税的计税方法

增值税的计税方法，包括一般计税方法、简易计税方法和扣缴计税方法。

（一）一般计税方法

一般纳税人发生应税销售行为适用一般计税方法计税。其计算公式是：

当期应纳增值税税额＝当期销项税额－当期进项税额

一般纳税人销售、提供或发生财政部和国家税务总局规定的特定货物、应税劳务、应税行为，可以选择适用简易计税方法计税，但一经选择，36个月内不得变更。

（二）简易计税方法

小规模纳税人发生应税销售行为适用简易计税方法计税。上述一般纳税人销售、提供或发生财政部和国家税务总局规定的特定货物、应税劳务、应税行为，也可以选择适用简易计税方法计税。简易计税方法的公式是：

当期应纳增值税税额＝当期销售额（不含增值税）×征收率

一般纳税人发生财政部和国家税务总局规定的特定应税销售行为，也可以选择适用简易计税方法计税，但是不得抵扣进项税额。其主要包括以下情况：

（1）县级及县级以下小型水力发电单位生产的自产电力。小型水力发电单位，是指各类投资主体建设的装机容量为5万千瓦以下（含5万千瓦）的小型水力发电单位。

（2）自产建筑用和生产建筑材料所用的砂、土、石料。

（3）以自己采掘的砂、土、石料或其他矿物连续生产的砖、瓦、石灰（不含黏土实心砖、瓦）。

（4）自己用微生物、微生物代谢产物、动物毒素、人或动物的血液或组织制成的生物制品。

（5）自产的自来水。

（6）自来水公司销售自来水。

（7）自产的商品混凝土（仅限于以水泥为原料生产的水泥混凝土）。

（8）单采血浆站销售非临床用人体血液。

（9）寄售商店代销寄售物品（包括居民个人寄售的物品在内）。

（10）典当业销售死当物品。

（11）药品经营企业销售生物制品。

（12）公共交通运输服务。公共交通运输服务，包括轮客渡、公交客运、地铁、城市轻轨、出租车、长途客运、班车（班车，是指按固定路线、固定时间运营并在固定站点停靠的运送旅客的陆路运输服务）。

（13）经认定的动漫企业为开发动漫产品提供的动漫脚本编撰、形象设计、背景设计、动画设计、分镜、动画制作、摄制、描线、上色、画面合成、配音、配乐、音效合成、剪辑、字幕制作、压缩转码（面向网络动漫、手机动漫格式适配）服务，以及在境内转让动漫版权（包括动漫品牌、形象或者内容的授权及再授权）。

（14）电影放映服务、仓储服务、装卸搬运服务、收派服务和文化体育服务。

（15）以纳入营改增试点之日前取得的有形动产为标的物提供的经营租赁服务。

（16）在纳入营改增试点之日前签订的尚未执行完毕的有形动产租赁合同。

（17）以清包工方式提供的建筑服务。以清包工方式提供建筑服务，是指施工方不采购建筑工程所需的材料或只采购辅助材料，并收取人工费、管理费或者其他费用的建筑服务。

（18）为甲供工程提供的建筑服务。甲供工程，是指全部或部分设备、材料、动力由工程发包方自行采购的建筑工程。

（19）销售2016年4月30日前取得的不动产。

（20）房地产开发企业销售自行开发的房地产老项目。房地产老项目，是指：《建筑工程施工许可证》注明的合同开工日期在2016年4月30日前的建筑工程项目；未取得《建筑工程施工许可证》的，建筑工程承包合同注明的开工日期在2016年4月30日前的建筑工程项目。

（21）出租2016年4月30日前取得的不动产。

（22）提供非学历教育服务。

（23）一般纳税人收取试点前开工的一级公路、二级公路、桥、闸通行费。

（24）一般纳税人提供人力资源外包服务。

（25）一般纳税人2016年4月30日前签订的不动产融资租赁合同，或以2016年4月30日前取得的不动产提供的融资租赁服务。

（26）纳税人转让2016年4月30日前取得的土地使用权。

（27）一般纳税人提供劳务派遣服务，可以选择差额纳税，以取得的全部价款和价外费用，扣除代用工单位支付劳务派遣员工的工资、福利和为其办理社会保险及住房公积金后的余额为销售额，按照简易计税方法依5%的征收率计算缴纳增值税。

（28）一般纳税人销售电梯的同时提供安装服务，其安装服务可以按照甲供工程选择适用简易计税方法计税。

一般纳税人发生财政部和国家税务总局规定的特定应税销售行为，一经选择适用简易计税方法计税，36个月内不得变更。

（三）扣缴计税方法

境外的单位或者个人在境内销售劳务，在境内未设有经营机构的，以其境内代理人为扣缴义务人；在境内没有代理人的，以购买方为扣缴义务人。扣缴义务人按照下列公式计算应扣缴税额：

应扣缴税额＝购买方支付的价款÷（1＋税率）×税率

境内的购买方为境外单位和个人扣缴增值税的，按照适用税率扣缴增值税。

四、一般计税方法应纳税额的计算

增值税一般纳税人销售货物或者提供应税劳务的应纳税额，应该等于当期销项税额抵扣当期进项税额后的余额。其计算公式如下：

当期应纳税额＝当期销项税额－当期进项税额

＝当期销售额×适用税率－当期进项税额

（一）销项税额的计算

销项税额是指纳税人销售货物、提供应税劳务、销售服务、无形资产或者不动产，按照销售额和规定的税率计算并向购买方收取的增值税税额。销项税额的计算公式为：

销项税额 = 销售额 × 适用税率

1. 一般销售方式下销售额的确定

销售额是指纳税人销售货物、提供应税劳务或者发生应税行为向购买方收取的全部价款和价外费用。由于增值税为价外税，因此销售额中不包括向购买方收取的销项税额。

价外费用，包括价外向购买方收取的手续费、补贴、基金、集资费、返还利润、奖励费、违约金、滞纳金、延期付款利息、赔偿金、代收款项、代垫款项、包装费、包装物租金、储备费、优质费、运输装卸费以及其他各种性质的价外收费。但下列项目不包括在内：

（1）受托加工应征消费税的消费品所代收代缴的消费税；

（2）同时符合以下条件的代垫运输费用：①承运部门的运输费用发票开具给购买方的；②纳税人将该项发票转交给购买方的。

（3）同时符合以下条件代为收取的政府性基金或者行政事业性收费：①由国务院或者财政部批准设立的政府性基金，由国务院或者省级人民政府及其财政、价格主管部门批准设立的行政事业性收费；②收取时开具省级以上财政部门印制的财政票据；③所收款项全额上缴财政。

（4）销售货物的同时代办保险等而向购买方收取的保险费，以及向购买方收取的代购买方缴纳的车辆购置税、车辆牌照费。

凡随同销售货物、提供应税劳务或发生应税行为向购买方收取的价外费用，无论其会计制度如何核算，均应并入销售额计算应纳税额。税法规定各种性质的价外收费都要并入销售额计算征税，目的是防止以各种名目的收费减少销售额逃避纳税的现象。上述4项允许不计入价外费用是因为在满足了上述相关条件后可以确认销售方在其中仅仅是代为收取了有关费用，这些价外费用确实没有形成销售方的收入。

销售额以人民币计算。纳税人以人民币以外的货币结算销售额的，应当折合成人民币计算。

2. 含税销售额的换算

一般纳税人销售货物、提供应税劳务或者发生应税行为取得的含税销售额在计算销项税额时，必须将其换算为不含税的销售额。对于一般纳税人取得的含税销售额，按下列公式计算销售额：

不含税销售额 = 含税销售额 ÷ (1 + 税率)

公式中的税率为销售的货物、提供的应税劳务或者发生的应税行为所适用的税率。

应当注意，对增值税一般纳税人（包括纳税人自己或代其他部门）向购买方收取的价外费用和逾期包装物押金，应视为含税收入，在征税时换算成不含税收入再并入销售额。

3. 特殊销售方式下销售额的确定

（1）折扣、折让方式销售。

第一，折扣销售。是指销售方在销售货物、提供应税劳务或发生应税行为时，由于购货方需求量较大等原因而给与价格方面的优惠。纳税人采取折扣方式销售货物，如果销售额和折扣额在同一张发票上的“金额”栏分别注明的，可按折扣后的销售额征收增值税；未在同一张发票“金额”栏注明折扣额，而仅在发票的“备注”栏注明折扣额的，折扣额均不得从销售额中减除。折扣销售仅限于货物价格的折扣，如果销货者将自产、委托加工和购买的货物用于实物折扣的，则该实物款额不能从货物销售额中减除，且该实物应按增值税条例“视同销售货物”中的“赠送他人”计算征收增值税。另外，根据营改增规定，纳税人发生应税行为，将价款和折扣额在同一张发票上分别注明的，以折扣后的价款为销售额；未在同一张发票上分别注明的，以价款为销售额，不得扣减折扣额。

【思考题 2 - 12】 某单位销售货物取得不含税价款 300 万元，购货方及时付款，给予 5% 的折扣，实收 285 万元。其计税销售额是多少？

第二，销售折扣。销售折扣是指销货方在销售货物、提供应税劳务或发生应税行为后，为了鼓励购买方及早偿还欠款而协议许诺给予购买方的一种折扣优待。如（10/2%，20/1%，30/n）表示，10 天内付款，货款折扣 2%；20 天内付款，折扣 1%；30 天内全价付款。销售折扣发生在销货之后，是一种融资性质的理财费用，因此，销售折扣不得从销售额中减除。

第三，销售折让。销售折让是指货物销售后，由于其品种、质量等原因购货方未予退货，但销货方需给予购货方的一种价格折让。销售折让是由于货物的品种和质量引起销售额的减少，因此，对销售折让可以折让后的货款为销售额。

需要说明的是：根据税法规定，纳税人销售货物并向购买方开具增值税专用发票后，由于购货方在一定时期内累计购买货物达到一定数量，或者由于市场价格下降等原因，销货方给予购货方相应的价格优惠或补偿等折扣折让行为，销货方可按现行《增值税专用发票使用规定》开具红字增值税专用发票；根据营改增规定，纳税人发生应税行为，开具增值税专用发票后，发生开票有误或者销售折让、中止、退回等情形的，应当按照国家税务总局的规定开具红字增值税专用发票；未按照规定开具红字增值税专用发票的，不得扣减销项税额或者销售额。

（2）以旧换新方式销售。以旧换新是指纳税人在销售自己的货物时，有偿收回旧货物的行为。根据税法规定，采取以旧换新方式销售货物的，应按新货物的同期销售价格确定销售额，不得扣减旧货物的收购价格。对金银首饰以旧换新业务，可以按销售方实际收取的不含增值税的全部价款征收增值税。

（3）还本销售方式销售。还本销售是指纳税人在销售货物后，到一定期限由销售方一次或分次退还给购货方全部或部分价款，退还的货款即为还本支出。采取还本销售方式销售货物，其销售额就是货物的销售价格，不得从销售额中减除还本支出。

（4）采取以物易物方式销售。以物易物是一种较为特殊的购销活动，是指购销双方不是以货币结算，而是以同等价款的货物相互结算，实现货物购销的一种方式。以物易物双方都应作购销处理，以各自发出的货物核算销售额并计算销项税额，以各自收到的货物按规定核算购货额并计算进项税额。应注意，在以物易物活动中，应分别开具合法的票据，如收到的货物不能取得相应的增值税专用发票或其他合法票据的，不能抵扣进项税额。

(5) 包装物押金的计价。包装物是指纳税人包装本单位货物的各种物品。纳税人销售货物时另收取包装物押金，目的是促使购货方及早退回包装物以便周转使用。

根据税法规定，纳税人为销售货物而出租出借包装物收取的押金，单独记账核算的，时间在1年以内，又未过期的，不并入销售额征税，但对因逾期未收回包装物不再退还的押金，应按所包装货物的适用税率计算销项税额。

上述规定中，“逾期”是指按合同约定实际逾期或以1年为期限，对收取1年以上的押金，无论是否退还均并入销售额征税。当然，在将包装物押金并入销售额征税时，需要先将该押金换算为不含税价，再并入销售额征税。对于个别包装物周转使用期限较长的，报经税务机关确定后，可适当放宽逾期期限。

另外，包装物押金不应混同于包装物租金，包装物租金在销货时作为价外费用并入销售额计算销项税额。自1995年6月1日起，对销售除啤酒、黄酒外的其他酒类产品而收取的包装物押金，无论是否返还以及会计上如何核算，均应并入当期销售额征税。对销售啤酒、黄酒所收的押金，按上述一般押金的规定处理。

【思考题2-13】（单选题）对纳税人为销售货物而出租出借包装物收取的押金，其增值税计税方法正确的是（　　）。

A. 单独记账核算的，一律不并入销售额征税，对逾期收取的包装物押金，均并入销售额征税

B. 酒类包装物押金，一律并入销售额计税，其他货物押金，单独记账核算的，不并入销售额征税

C. 无论会计如何核算，均应并入销售额计算缴纳增值税

D. 对销售除啤酒、黄酒外的其他酒类产品收取的包装物押金，均应并入当期销售额征税，其他货物押金，单独记账且未逾期者，不计算缴纳增值税

【思考题2-14】某酒厂为一般纳税人。本月向一小规模纳税人销售白酒，并开具普通发票上注明金额93 600元；同时收取单独核算的包装物押金2 000元（尚未逾期），计算此业务酒厂应确认的销项税额。

4. 按差额确定销售额

虽然原营业税的征税范围全行业均纳入了增值税的征收范围，但是目前仍然有无法通过抵扣机制避免重复征税的情况存在，因此引入了差额征税的办法，解决纳税人税收负担增加问题。以下项目属于按差额确定销售额：

(1) 金融商品转让的销售额。金融商品转让，按照卖出价扣除买入价后的余额为销售额。

转让金融商品出现的正负差，按盈亏相抵后的余额为销售额。若相抵后出现负差，可结转下一纳税期与下期转让金融商品销售额相抵，但年末时仍出现负差的，不得转入下一个会计年度。

证券公司、保险公司、金融租赁公司、证券基金管理公司、证券投资基金以及其他

经人民银行、银保监会、证监会、保监会批准成立且经营金融保险业务的机构发放贷款后，自结息日起90天内发生的应收未收利息按现行规定缴纳增值税，自结息日起90天后发生的应收未收利息暂不缴纳增值税，待实际收到利息时按规定缴纳增值税。

上市公司因实施重大资产重组形成的限售股，以及股票复牌首日至解禁日期间由上述股份孳生的送、转股，因重大资产重组停牌的，按照《国家税务总局关于营改增试点若干征管问题的公告》（国家税务总局公告2016年第53号）第五条第（三）项的规定确定买入价；在重大资产重组前已经暂停上市的，以上市公司完成资产重组后股票恢复上市首日的开盘价为买入价。

金融商品的买入价，可以选择按照加权平均法或者移动加权平均法进行核算，选择后36个月内不得变更。

金融商品转让，不得开具增值税专用发票。

单位将其持有的限售股在解禁流通后对外转让的，按照以下规定确定买入价：

①上市公司实施股权分置改革时，在股票复牌之前形成的原非流通股股份，以及股票复牌首日至解禁日期间由上述股份孳生的送、转股，以该上市公司完成股权分置改革后股票复牌首日的开盘价为买入价。

②公司首次公开发行股票并上市形成的限售股，以及上市首日至解禁日期间由上述股份孳生的送、转股，以该上市公司股票首次公开发行（IPO）的发行价为买入价。

③因上市公司实施重大资产重组形成的限售股，以及股票复牌首日至解禁日期间由上述股份孳生的送、转股，以该上市公司因重大资产重组股票停牌前一交易日的收盘价为买入价。

【例题2-2】假设某经营金融业务的公司（一般纳税人）2017年第四季度转让债券卖出价为100 000元（含增值税价格，下同），该债券是2016年9月购入的，买入价为60 000元。该公司2017年第四季度之前转让金融商品亏损15 000元。则转让债券的销售额和销项税额分别是：

销售额 = 100 000 - 60 000 - 15 000 = 25 000（元）

销项税额 = 25 000 ÷ (1 + 6%) × 6% = 1 415.09（元）

自2018年1月1日起，资管产品管理人运营资管产品发生的部分金融商品转让业务，转让2017年12月31日前取得的股票（不包括限售股）、债券、基金、非货物期货，可以选择按照实际买入价计算销售额，或者以2017年最后一个交易日的股票收盘价（2017年最后一个交易日处于停牌期间的股票，为停牌前最后一个交易日收盘价）、债券估值（中债金融估值中心有限公司或中证指数有限公司提供的债券估值）、基金份额净值、非货物期货结算价格作为买入价计算销售额。

（2）经纪代理服务的销售额。经纪代理服务，以取得的全部价款和价外费用，扣除向委托方收取并代为支付的政府性基金或者行政事业性收费后的余额为销售额。向委托方收取的政府性基金或者行政事业性收费，不得开具增值税专用发票。

（3）融资租赁和融资性售后回租业务的销售额。

①经人民银行、银保监会或者商务部批准从事融资租赁业务的试点纳税人（包括经上述部门备案从事融资租赁业务的试点纳税人），提供融资租赁服务，以取得的全部

价款和价外费用，扣除支付的借款利息（包括外汇借款和人民币借款利息）、发行债券利息和车辆购置税后的余额为销售额。

②经人民银行、银保监会或者商务部批准从事融资租赁业务的试点纳税人，提供融资性售后回租服务，以取得的全部价款和价外费用（不含本金），扣除对外支付的借款利息（包括外汇借款和人民币借款利息）、发行债券利息后的余额作为销售额。

③试点纳税人根据2016年4月30日前签订的有形动产融资性售后回租合同，在合同到期前提供的有形动产融资性售后回租服务，可继续按照有形动产融资租赁服务缴纳增值税。

继续按照有形动产融资租赁服务缴纳增值税的试点纳税人，经人民银行、银保监会或者商务部批准从事融资租赁业务的，根据2016年4月30日前签订的有形动产融资性售后回租合同，在合同到期前提供的有形动产融资性售后回租服务，可以选择以下方法之一计算销售额：

a. 以向承租方收取的全部价款和价外费用，扣除向承租方收取的价款本金，以及对外支付的借款利息（包括外汇借款和人民币借款利息）、发行债券利息后的余额为销售额。

纳税人提供有形动产融资性售后回租服务，计算当期销售额时可以扣除的价款本金，为书面合同约定的当期应当收取的本金。无书面合同或者书面合同没有约定的，为当期实际收取的本金。

试点纳税人提供有形动产融资性售后回租服务，向承租方收取的有形动产价款本金，不得开具增值税专用发票，可以开具普通发票。

b. 以向承租方收取的全部价款和价外费用，扣除支付的借款利息（包括外汇借款和人民币借款利息）、发行债券利息后的余额为销售额。

④经商务部授权的省级商务主管部门和国家经济技术开发区批准的从事融资租赁业务的试点纳税人，2016年5月1日后实收资本达到1.7亿元的，从达到标准的当月起按照上述第①、②、③点规定执行；2016年5月1日后实收资本未达到1.7亿元但注册资本达到1.7亿元的，在2016年7月31日前仍可按照上述第①、②、③点规定执行，2016年8月1日后开展的融资租赁业务和融资性售后回租业务不得按照上述第①、②、③点规定执行。

（4）航空运输企业的销售额，不包括代收的机场建设费和代售其他航空运输企业客票而代收转付的价款。

自2018年1月1日起，航空运输销售代理企业提供境外航段机票代理服务，以取得的全部价款和价外费用，扣除向客户收取并支付给其他单位或者个人的境外航段机票结算款和相关费用后的余额为销售额。其中，支付给境内单位或者个人的款项，以发票或行程单为合法有效凭证；支付给境外单位或者个人的款项，以签收单据为合法有效凭证，税务机关对签收单据有疑义的，可以要求其提供境外公证机构的确认证明。

航空运输销售代理企业提供境内机票代理服务，以取得的全部价款和价外费用，扣除向客户收取并支付给航空运输企业或其他航空运销售代理企业的境内机票净结算款和相关费用后的余额为销售额。其中，支付给航空运输企业的款项，以国际航空运输协会

(IATA) 开账与结算计划 (BSP) 对账单或航空运输企业的签收单据为合法有效凭证；支付给其他航空运输销售代理企业的款项，以代理企业间的签收单据为合法有效凭证。航空运输销售代理企业就取得的全部价款和价外费用，向购买方开具行程单，或开具增值税普通发票。

航空运输销售代理企业，是指根据《航空运输销售代理资质认可办法》取得中国航空运输协会颁发的“航空运输销售代理业务资质认可证书”，接受中国航空运输企业或通航中国的外国航空运输企业委托，依照双方签订的委托销售代理合同提供代理服务的企业。

(5) 试点纳税人中的一般纳税人提供客运场站服务，以其取得的全部价款和价外费用，扣除支付给承运方运费后的余额为销售额。

(6) 试点纳税人提供旅游服务，可以选择以取得的全部价款和价外费用，扣除向旅游服务购买方收取并支付给其他单位或者个人的住宿费、餐饮费、交通费、签证费、门票费和支付给其他接团旅游企业的旅游费用后的余额为销售额。

选择上述办法计算销售额的试点纳税人，向旅游服务购买方收取并支付的上述费用，不得开具增值税专用发票，可以开具普通发票。

(7) 试点纳税人提供建筑服务适用简易计税方法的，以取得的全部价款和价外费用扣除支付的分包款后的余额为销售额。

(8) 房地产开发企业中的一般纳税人销售其开发的房地产项目（选择简易计税方法的房地产老项目除外），以取得的全部价款和价外费用，扣除受让土地时向政府部门支付的土地价款后的余额为销售额。“向政府部门支付的土地价款”，包括土地受让人向政府部门支付的征地和拆迁补偿费用、土地前期开发费用和土地出让收益等。

房地产开发企业（包括多个房地产开发企业组成的联合体）受让土地向政府部门支付土地价款后，设立项目公司对该受让土地进行开发，同时符合下列条件的，可由项目公司按规定扣除房地产开发企业向政府部门支付的土地价款：

①房地产开发企业、项目公司、政府部门三方签订变更协议或补充合同，将土地受让人变更为项目公司；

②政府部门出让土地的用途、规划等条件不变的情况下，签署变更协议或补充合同时，土地价款总额不变；

③项目公司的全部股权由受让土地的房地产开发企业持有。

房地产开发企业中的一般纳税人销售其开发的房地产项目（选择简易计税方法的房地产老项目除外），在取得土地时向其他单位或个人支付的拆迁补偿费用也允许在计算销售额时扣除。纳税人按上述规定扣除拆迁补偿费用时，应提供拆迁协议、拆迁双方支付和取得拆迁补偿费用凭证等能够证明拆迁补偿费用真实性的材料。

(9) 纳税人转让不动产缴纳增值税差额扣除的有关规定：

①纳税人转让不动产，按照有关规定差额缴纳增值税的，如因丢失等原因无法提供取得不动产时的发票，可向税务机关提供其他能证明契税计税金额的完税凭证等资料，进行差额扣除。

②纳税人以契税计税金额进行差额扣除的，按照下列公式计算增值税应纳税额：

a. 2016 年 4 月 30 日及以前缴纳契税的：

增值税应纳税额 =［全部交易价格（含增值税）－契税计税金额（含营业税）］÷（1 + 5%）×5%

b. 2016年5月1日及以后缴纳契税的：

增值税应纳税额 =［全部交易价格（含增值税）÷（1 + 5%）－契税计税金额（不含增值税）］×5%

③纳税人同时保留取得不动产时的发票和其他能证明契税计税金额的完税凭证等资料的，应当凭发票进行差额扣除。

（10）试点纳税人按照上述（2）至（9）款的规定从全部价款和价外费用中扣除的价款，应当取得符合法律、行政法规和国家税务总局规定的有效凭证。否则，不得扣除。

上述凭证是指：

①支付给境内单位或者个人的款项，以发票为合法有效凭证。

②支付给境外单位或者个人的款项，以该单位或者个人的签收单据为合法有效凭证，税务机关对签收单据有疑义的，可以要求其提供境外公证机构的确认证明。

③缴纳的税款，以完税凭证为合法有效凭证。

④扣除的政府性基金、行政事业性收费或者向政府支付的土地价款以省级以上（含省级）财政部门监（印）制的财政票据为合法有效凭证。

⑤国家税务总局规定的其他凭证。

纳税人取得的上述凭证属于增值税扣税凭证的，其进项税额不得从销项税额中抵扣。

5. 视同销售行为销售额的确定

纳税人发生应税销售行为的情形，价格明显偏低并无正当理由的，或者发生应税销售行为而无销售额的，由主管税务机关按照下列顺序核定销售额：

①按照纳税人最近时期发生同类应税销售行为的平均价格确定。

②按照其他纳税人最近时期发生同类应税销售行为的平均价格确定。

③按照组成计税价格确定。组成计税价格的公式为：

组成计税价格 = 成本 ×（1 + 成本利润率）

属于征收消费税的货物，其组成计税价格中应加上消费税税额。其组成计税价格计算公式为：

组成计税价格 = 成本 ×（1 + 成本利润率）+ 消费税税额

或者：

组成计税价格 = 成本 ×（1 + 成本利润率）÷（1 − 消费税税率）

公式中的成本是指：销售自产货物的为实际生产成本，销售外购货物的为实际采购成本。公式中的成本利润率由国家税务总局确定，一般为10%。但属于应从价定率征收消费税的货物，其成本利润率应按消费税中规定的成本利润率计算。

成本利润率由国家税务总局确定。

【思考题2－15】 某企业为增值税一般纳税人，5月生产加工一批新产品450件，每件成本价380元（无同类产品市场价格），全部售给本企业职工，取得不含税销售额171 000元。该企业的当期销项税额如何计算？

【思考题2－16】 某市一家电生产企业为增值税一般纳税人，12月将自产家电移送职工活动中心（福利部门）一批，成本价20万元，市场销售价格23万元（不含税）。企业核算时按成本价格直接冲减了库存商品。该企业的当期销项税额如何计算？

（二）进项税额的计算

进项税额，是指纳税人购进货物、劳务、服务、无形资产、不动产所支付或者负担的增值税额。进项税额是与销项税额相对应的另一个概念。在开具增值税专用发票的情况下，它们之间的对应关系是，销售方收取的销项税额，就是购买方支付的进项税额。对于任何一个一般纳税人而言，由于其在经营活动中，既会发生应税销售行为，又会发生购进货物、劳务、服务、无形资产、不动产行为，因此，每一个一般纳税人都会有收取的销项税额和支付的进项税额。增值税的核心就是用纳税人收取的销项税额抵扣其支付的进项税额，其余额为纳税人实际应缴纳的增值税税额。这样，进项税额作为可抵扣的部分，对于纳税人实际纳税多少就产生了举足轻重的作用。

然而，需要注意的是，并不是纳税人支付的所有进项税额都可以从销项税额中抵扣。为体现增值税的配比原则，即购进项目金额与发生应税销售行为的销售额之应有配比性，当纳税人购进的货物、劳务、服务、无形资产、不动产行为不是用于增值税应税项目，而是用于简易计税方法计税项目、免税项目或用于集体福利、个人消费等情况时，其支付的进项税额就不能从销项税额中抵扣。增值税法律法规对不能抵扣进项税额的项目作了严格的规定，如果违反规定，随意抵扣进项税额就将以逃避缴纳税款论处。因此，严格把握哪些进项税额可以抵扣，哪些进项税额不能抵扣是十分重要的，这些方面也是纳税人在缴纳增值税实务中差错出现最多的地方。

一般纳税人应在“应交税费”科目下设置“应交增值税”明细科目。在“应交增值税”明细账中，应设置“进项税额”等专栏。“进项税额”专栏，记录一般纳税人购进货物、劳务、服务、无形资产、不动产而支付的、准予从销项税额中抵扣的增值税额。一般纳税人购进货物、劳务、服务、无形资产、不动产支付的进项税额，用蓝字登记；退回、中止或者折让应冲销的进项税额，用红字登记。

1. 准予从销项税中抵扣的进项税额

根据《增值税暂行条例》和“营改增通知”，准予从销项税额中抵扣的进项税额，限于下列增值税扣税凭证上注明的增值税税额和按规定的扣除率计算的进项税额。

（1）从销售方取得的增值税专用发票（含税控机动车销售统一发票）上注明的增值税额。增值税专用发票具体包括以下两种：

①《增值税专用发票》。《增值税专用发票》是增值税一般纳税人发生应税销售行为开具的发票。

②《机动车销售统一发票》。《机动车销售统一发票》是增值税一般纳税人从事机动车零售业务开具的发票。

（2）从海关取得的海关进口增值税专用缴款书上注明的增值税额。增值税一般纳税人进口货物时应准确填报企业名称，确保海关缴款书上的企业名称与税务登记的企业名称一致。税务机关将进口货物取得的属于增值税抵扣范围的海关缴款书信息与海关采集的缴款信息进行稽核比对。经稽核比对相符后，海关缴款书上注明的增值税额作为进项税额在销项税额中抵扣。稽核比对不相符，所列税额暂不得抵扣，待核查确认海关缴款书票面信息与纳税人实际进口业务一致后，海关缴款书上注明的增值税额可作为进项税额在销项税额中抵扣。

（3）自境外单位或者个人购进劳务、服务、无形资产或者境内的不动产，从税务机关或者扣缴义务人取得的代扣代缴税款的完税凭证上注明的增值税额。

2. 纳税人购进农产品，按下列规定抵扣进项税额

（1）根据《增值税暂行条例》的规定，购进农产品，除取得增值税专用发票或者海关进口增值税专用缴款书外，按照农产品收购发票或者销售发票上注明的农产品买价和 9% 的扣除率计算的进项税额，国务院另有规定的除外。

（2）根据《关于简并增值税税率有关政策的通知》（财税〔2017〕37 号）和《关于调整增值税税率的通知》（财税〔2018〕32 号）的规定，纳税人购进农产品，取得一般纳税人开具的增值税专用发票或海关进口增值税专用缴款书的，以增值税专用发票或海关进口增值税专用缴款书上注明的增值税额为进项税额；从按照简易计税方法依照 3% 征收率计算缴纳增值税的小规模纳税人取得增值专用发票的，以增值税专用发票上注明的金额和 9% 的扣除率计算进项税额；取得（开具）农产品销售发票或收购发票的，以农产品销售发票或收购发票上注明的农产品买价和 9% 的扣除率计算进项税额。

纳税人购进用于生产销售或委托加工 13% 税率货物的农产品，按照 10% 的扣除率计算进项税额。

（3）购进农产品进项税额的计算公式：

进项税额 = 买价 × 扣除率

（4）纳税人从批发、零售环节购进适用免征增值税政策的蔬菜、部分鲜活肉蛋而取得的普通发票，不得作为计算抵扣进项税额的凭证。

（5）纳税人购进农产品既用于生产销售或委托受托加工 13% 税率货物又用于生产销售其他货物服务的，应当分别核算用于生产销售或委托受托加工 13% 税率货物和其他货物服务的农产品进项税额。未分别核算的，统一以增值税专用发票或海关进口增值税专用缴款书上注明的增值税额为进项税额，或以农产品收购发票或销售发票上注明的农产品买价和 9% 的扣除率计算进项税额。

媒体视点

税费减负担　企业“放心大胆发展”

提起总书记在企业考察时的情景，广西善元食品有限公司董事长陈生印象深刻，特别是总书记提到让“民营企业放心大胆发展”，让他感动又温暖。

在柳州螺蛳粉生产集聚区考察时，习近平总书记指出，党和国家在民营企业遇到困难的时候给予支持、遇到困惑的时候给予指导，就是希望民营企业放心大胆发展。

“总书记对柳州螺蛳粉产业、对民营企业的期望，让我们非常振奋。有了税务部门的支持，我们也有更多的信心和底气让螺蛳粉企业做大做强。”陈生表示。

螺蛳粉企业“放心大胆发展”，也得益于税收难题的及时解决。

螺蛳粉要达到辣、鲜、酸、爽的独特风味，采用品质好的原料最为关键。生产袋装

螺蛳粉的主要原料是淀粉、辣椒、花生、萝卜干、酸笋、酸豆角、木耳、蒜米和螺蛳等农产品。

“令我们企业头痛的是，从农户手中购进的原材料难以获得发票，这导致增值税进项税额抵扣和成本列支困难，如得不到解决，则会增加企业的税收负担。”广西螺状元食品科技股份有限公司财务负责人吴海介绍。

正如吴海所言，由于袋装螺蛳粉产品类型多、耗用农产品原料多、原料构成差异大等特殊性，导致传统的进项税额核定扣除“投入产出法”难以适用，形成了困扰螺蛳粉企业发展的难点问题。

柳州市税务部门了解这一情况后，成立专门的税收服务团队，深入企业开展调研，全面测算原材料成本，掌握了充足的第一手数据，最终形成了农产品增值税进项税额“成本法”核定扣除的“柳州方案”。

“按照新办法，我们公司农产品耗用率由原来的17.88%提高到现在的24.13%，农产品增值税进项税额得到充分抵扣。”柳州市桂之味食品科技有限公司法定代表人庄铭达高兴地说。

政策好，还要落实快。

在落实税收政策过程中，柳州市税务局全面推行核定扣除“成本法”，通过精准识别、精准辅导、精准施策，确保螺蛳粉企业懂政策、会申报、见成效，将普惠性减税降费政策和疫情防控期间税收减免等政策“秒送”企业，实现了螺蛳粉企业购进农产品进项税额“应抵尽抵”。

据统计，自2019年8月在螺蛳粉制造行业推行“成本法”以来，截至2021年5月，柳州市税务部门累计为螺蛳粉企业抵减增值税进项税额5850万元，切实解决了螺蛳粉生产企业购进农产品取得增值税扣税凭证不充分导致的税负加重问题，减轻了企业生产经营负担。

此外，2020年，柳州市税务部门还通过西部大开发、民族自治地方税收优惠等为螺蛳粉行业减免税收977万元，助力螺蛳粉行业轻装上阵、快速发展。

【资料来源：节选自《中国税务报》，《牢记总书记嘱托，助力地方特色产业做强做优——螺蛳粉“百亿产业”背后的税收故事》，2021年08月04日】

（6）对烟叶税纳税人按规定缴纳的烟叶税，准予并入烟叶产品的买价计算增值税的进项税额，并在计算缴纳增值税时予以抵扣。购进烟叶准予抵扣的增值税进项税额，按照《中华人民共和国烟叶税法》（2017年12月27日第十二届全国人民代表大会常务委员会第三十一次会议通过）规定的收购烟叶实际支付的价款总额和烟叶税及法定扣除率计算。计算公式如下：

烟叶税应纳税额＝收购烟叶实际支付的价款总额×税率(20%)

准予抵扣的进项税额＝(收购烟叶实际支付的价款总额＋烟叶税应纳税额)×扣除率

购进农产品，按照《农产品增值税进项税额核定扣除试点实施办法》抵扣进项税额的除外。

（7）适用一般计税方法的试点纳税人，2016年5月1日后取得并在会计制度上按固定资产核算的不动产或者2016年5月1日后取得的不动产在建工程，其进项税额应自取得之日起分2年从销项税额中抵扣，第一年抵扣比例为60%，第二年抵扣比例为40%。

取得不动产，包括以直接购买、接受捐赠、接受投资入股、自建以及抵债等各种形式取得不动产，不包括房地产开发企业自行开发的房地产项目。

融资租入的不动产以及在施工现场修建的临时建筑物、构筑物，其进项税额不适用上述分2年抵扣的规定。

自2019年4月1日起，《营业税改征增值税试点有关事项的规定》（财税〔2016〕36号印发）第一条第（四）项第1点、第二条第（一）项第1点停止执行，纳税人取得不动产或者不动产在建工程的进项税额不再分2年抵扣。此前按照上述规定尚未抵扣完毕的待抵扣进项税额，可自2019年4月税款所属期起从销项税额中抵扣。

（8）准予抵扣的进项税额的其他规定。在财政部、国家税务总局发布的最新有关营业税改征增值税的文件中，有以下关于原增值税纳税人缴纳增值税的有关政策：

①原增值税一般纳税人自用的应征消费税的摩托车、汽车、游艇，其进项税额准予从销项税额中抵扣。

②原增值税一般纳税人从境外单位或者个人购进服务、无形资产或者不动产，按照规定应当扣缴增值税的，准予从销项税额中抵扣的进项税额为自税务机关或者扣缴义务人取得的解缴税款的完税凭证上注明的增值税额。

纳税人凭完税凭证抵扣进项税额的，应当具备书面合同、付款证明和境外单位的对账单或者发票。资料不全的，其进项税额不得从销项税额中抵扣。

③按照“营改增通知”规定不得抵扣且未抵扣进项税额的固定资产、无形资产、不动产，发生用途改变，用于允许抵扣进项税额的应税项目，可在用途改变的次月按照下列公式计算可以抵扣的进项税额：

可以抵扣的进项税额＝固定资产、无形资产、不动产净值÷(1＋适用税率)×适用税率

上述可以抵扣的进项税额应取得合法有效的增值税扣税凭证。

④自2018年1月1日起，纳税人租入固定资产、不动产，既用于一般计税方法计税项目，又用于简易计税方法计税项目、免征增值税项目、集体福利或者个人消费的，其进项税额准予从销项税额中全额抵扣。

⑤自2019年4月1日起，纳税人购进国内旅客运输服务，其进项税额允许从销项税额中抵扣。纳税人未取得增值税专用发票的，暂按照以下规定确定进项税额：

交通客票抵扣攻略

a. 取得增值税电子普通发票的，为发票上注明的税额；

b. 取得注明旅客身份信息的航空运输电子客票行程单的，为按照下列公式计算进项税额：

航空旅客运输进项税额＝(票价＋燃油附加费)÷(1＋9%)×9%

c. 取得注明旅客身份信息的铁路车票的，为按照下列公式计算的进项税额：

铁路旅客运输进项税额＝票面金额÷(1＋9%)×9%

d. 取得注明旅客身份信息的公路、水路等其他客票的，按照下列公式计算进项税额：

公路、水路等其他旅客运输进项税额＝票面金额÷(1＋3%)×3%

⑥自2019年4月1日至2021年12月31日，允许生产、生活性服务业纳税人按照当期可抵扣进项税额加计10%，抵减应纳税额（以下称加计抵减政策）。

a. 本公告所称生产、生活性服务业纳税人，是指提供邮政服务、电信服务、现代服务、生活服务（以下称四项服务）取得的销售额占全部销售额的比重超过50%的纳税人。四项服务的具体范围按照《销售服务、无形资产、不动产注释》（财税〔2016〕36号印发）执行。

国内旅客运输服务的增值税处理

2019年3月31日前设立的纳税人，自2018年4月至2019年3月间的销售额（经营期不满12个月的，按照实际经营期的销售额）符合上述规定条件的，自2019年4月1日起适用加计抵减政策。

2019年4月1日后设立的纳税人，自设立之日起3个月的销售额符合上述规定条件的，自登记为一般纳税人之日起适用加计抵减政策。

纳税人确定适用加计抵减政策后，当年内不再调整，以后年度是否适用，根据上年度销售额计算确定。

纳税人可计提但未计提的加计抵减额，可在确定适用加计抵减政策当期一并计提。

b. 纳税人应按照当期可抵扣进项税额的10%计提当期加计抵减额。按照现行规定不得从销项税额中抵扣的进项税额，不得计提加计抵减额；已计提加计抵减额的进项税额，按规定作进项税额转出的，应在进项税额转出当期，相应调减加计抵减额。计算公式如下：

当期计提加计抵减额＝当期可抵扣进项税额×10%

当期可抵减加计抵减额＝上期末加计抵减额余额＋当期计提加计抵减额－当期调减加计抵减额

c. 纳税人应按照现行规定计算一般计税方法下的应纳税额（以下称抵减前的应纳税额）后，区分以下情形加计抵减：

抵减前的应纳税额等于零的，当期可抵减加计抵减额全部结转下期抵减；

抵减前的应纳税额大于零，且大于当期可抵减加计抵减额的，当期可抵减加计抵减额全额从抵减前的应纳税额中抵减；

抵减前的应纳税额大于零，且小于或等于当期可抵减加计抵减额的，以当期可抵减加计抵减额抵减应纳税额至零。未抵减完的当期可抵减加计抵减额，结转下期继续抵减。

进项税额的扣除

d. 纳税人出口货物劳务、发生跨境应税行为不适用加计抵减政策，其对应的进项税额不得计提加计抵减额。

纳税人兼营出口货物劳务、发生跨境应税行为且无法划分不得计提加计抵减额的进项税额，按照以下公式计算：

不得计提加计抵减额的进项税额＝当期无法划分的全部进项税额×当期出口货物劳务和发生跨境应税行为的销售额÷当期全部销售额

e. 纳税人应单独核算加计抵减额的计提、抵减、调减、结余等变动情况。骗取适用加计抵减政策或虚增加计抵减额的，按照《中华人民共和国税收征收管理法》等有关规定处理。

f. 加计抵减政策执行到期后，纳税人不再计提加计抵减额，结余的加计抵减额停止抵减。

3. 不得从销项税额中抵扣的进项税额

纳税人购进货物、劳务、服务、无形资产、不动产，取得的增值税扣税凭证不符合法律、行政法规或者国务院税务主管部门有关规定的，其进项税额不得从销项税额中抵扣。所称增值税扣税凭证，是指增值税专用发票、海关进口增值税专用缴款书、农产品收购发票和农产品销售发票、从税务机关或者境内代理人取得的解缴税款的税收缴款凭证及增值税法律法规允许抵扣的其他扣税凭证。

按《增值税暂行条例》和“营改增通知”及其他相关政策规定，下列项目的进项税额不得从销项税额中抵扣：

（1）用于简易计税方法计税项目、免征增值税项目、集体福利或者个人消费的购进货物、劳务、服务、无形资产和不动产。

其中涉及的固定资产、无形资产、不动产，仅指专用于上述项目的固定资产、无形资产（不包括其他权益性无形资产）、不动产。但是发生兼用于上述不允许抵扣项目情况的，该进项税额准予全部抵扣。

另外，纳税人购进其他权益性无形资产无论是专用于简易计税方法计税项目、免征增值税项目、集体福利或者个人消费，还是兼用于上述不允许抵扣项目，均可以抵扣进项税额。

纳税人的交际应酬消费属于个人消费，即交际应酬消费不属于生产经营中的生产投入和支出。

（2）非正常损失的购进货物，以及相关劳务和交通运输服务。

（3）非正常损失的在产品、产成品所耗用的购进货物（不包括固定资产）、劳务和交通运输服务。

（4）非正常损失的不动产，以及该不动产所耗用的购进货物、设计服务和建筑服务。

（5）非正常损失的不动产在建工程所耗用的购进货物、设计服务和建筑服务。纳税人新建、改建、扩建、修缮、装饰不动产，均属于不动产在建工程。

上述第（2）、（3）、（4）、（5）项所说的非正常损失，是指因管理不善造成货物被盗、丢失、霉烂变质，以及因违反法律法规造成货物或者不动产被依法没收、销毁、拆除的情形。这些非正常损失是由纳税人自身原因造成导致征税对象实体的灭失，为保证税负公平，其损失不应由国家承担，因而纳税人无权要求抵扣进项税额。

（6）购进的贷款服务、餐饮服务、居民日常服务和娱乐服务。

对于贷款服务进项税不得抵扣，也就是利息支出进项税不得抵扣的规定，主要是考虑如果允许抵扣借款利息，从根本上打通融资行为的增值税抵扣链条，按照增值税“道道征道道扣”的原则，首先就应当对存款利息征税。但在现有条件下，难度很大，一方面涉及对居民存款征税，无法解决专用发票的开具问题，也与当下实际存款利率为负的现状不符。

对于住宿服务和旅游服务未列入不得抵扣项目，主要考虑是这两个行业属于公私消费参半的行业，因而用个人消费来进行规范。

（7）纳税人接受贷款服务向贷款方支付的与该笔贷款直接相关的投融资顾问费、手续费、咨询费等费用，其进项税额不得从销项税额中抵扣。

(8) 财政部和国家税务总局规定的其他情形。

本条第(4)项、第(5)项所称货物，是指构成不动产实体的材料和设备，包括建筑装饰材料和给排水、采暖、卫生、通风、照明、通信、煤气、消防、中央空调、电梯、电气、智能化楼宇设备及配套设施。

(9) 适用一般计税方法的纳税人，兼营简易计税方法计税项目、免征增值税项目而无法划分不得抵扣的进项税额，按照下列公式计算不得抵扣的进项税额：

不得抵扣的进项税额 = 当期无法划分的全部进项税额 ×(当期简易计税方法计税项目销售额 + 免征增值税项目销售额) ÷ 当期全部销售额

主管税务机关可以按照上述公式依据年度数据对不得抵扣的进项税额进行清算。这是因为对于纳税人而言，进项税额转出是按月进行的，但由于年度内取得进项税额的不均衡性，有可能会造成按月计算的进项税转出与按年度计算的进项税转出产生差异，主管税务机关可在年度终了对纳税人进项税转出计算公式进行清算，可对相关差异进行调整。

(10) 一般纳税人已抵扣进项税额的固定资产、无形资产或者不动产，发生《增值税暂行条例》和"营改增通知"规定不得从销项税额中抵扣进项税额情形的，按照下列公式计算不得抵扣的进项税额：

不得抵扣的进项税额 = 固定资产、无形资产或者不动产净值 × 适用税率

固定资产、无形资产或者不动产净值，是指纳税人根据财务会计制度计提折旧或摊销后的余额。

(11) 有下列情形之一者，应当按照销售额和增值税税率计算应纳税额，不得抵扣进项税额，也不得使用增值税专用发票：①一般纳税人会计核算不健全，或者不能够提供准确税务资料的。②应当办理一般纳税人资格登记而未办理的。

该规定是为了加强对符合一般纳税人条件的纳税人的管理，防止利用一般纳税人和小规模纳税人的两种不同的征税办法少缴税款。

【思考题 2-17】(单选题) 某制药厂(增值税一般纳税人) 3 月销售抗生素药品取得含税收入 113 万元，销售免税药品 50 万元，当月购入生产用原材料一批，取得增值税专用发票上注明税款 6.8 万元，抗生素药品与免税药品无法划分耗料情况，则该制药厂当月应纳增值税为(　　)万元。

A. 14.73　　B. 12.47　　C. 8.47　　D. 17.86

【思考题 2-18】 某百货商场为增值税一般纳税人，本月从农场购进免税农产品，取得的销售发票上注明价款 100 000 元；运输农产品支付铁路运费 10 000 元、装卸费 2 000 元，并取得运费发票，该批农产品的 60% 用于商场内的餐饮中心，40% 用于对外销售。该商场本月可抵扣及不可抵扣的进项税额是多少？

【思考题 2-19】 企业因管理不善库存原材料损失 618.6 万元，其中含铁路运费成本 18.6 万元。本月不得抵扣的进项税额是多少？如何进行账务处理？

(三) 应纳税额的计算

一般纳税人在计算出销项税额和进项税额后就可以得出实际应纳税额。增值税应纳税额的计算公式如下：

当期应纳税额 = 当期销项税额 - 当期进项税额

如果当期应纳税额计算结果为正数，为当期应纳增值税；如果计算结果为负数，则为不足抵扣的进项税额结转下期继续抵扣成为“上期留抵税额”。

为了正确计算增值税的应纳税额，在实际操作中还需要掌握以下几个重要规定。

1. 计算应纳税额的时间限定

为了保证计算应纳税额的合理、准确性，纳税人必须严格把握当期进项税额从当期销项税额中抵扣这个要点。“当期”是指税务机关依照税法规定对纳税人确定的纳税期限。只有在纳税期限内实际发生的销项税额、进项税额，才是法定的当期销项税额或当期进项税额。目前，有些纳税人为了达到逃避纳税的目的，把当期实现的销售额隐瞒不记账或滞后记账，以减少当期销项税额，或者把不是当期实际发生的进项税额（上期结转的进项税额除外）也充作当期进项税额，以加大进项税额，少纳税甚至不纳税，这都是违反税法规定的行为。为了制止这种违法行为，税法首先对应税销售行为应计入当期销项税额以及抵扣的进项税额的时间作了限定。

（1）销项税额的确认时间限定。纳税人在什么时间计算销项税额，《增值税暂行条例》和《增值税暂行条例实施细则》及“营改增通知”都作了严格的规定。增值税纳税义务的发生时间就是销项税额的确认时限。具体内容参见本章纳税申报中有关“纳税义务发生时间”部分。

（2）进项税额的抵扣时间限定。

①增值税专用发票进项税额抵扣的时间限定。取消增值税发票认证。一般纳税人取得增值税发票（包括增值税专用发票、机动车销售统一发票、收费公路通行费增值税电子普通发票，下同）后，可以自愿使用增值税发票选择确认平台查询、选择用于申报抵扣、出口退税或者代办退税的增值税发票信息。

②海关进口增值税专用缴款书进项税额抵扣的时间限定。自2013年7月1日起，增值税一般纳税人（以下简称纳税人）进口货物取得的属于增值税扣税范围的海关进口增值税专用缴款书，需经税务机关稽核比对相符后，其增值税额方能作为进项税额在销项税额中抵扣。

增值税一般纳税人取得的2017年7月1日及以后开具的海关进口增值税专用缴款书，应自开具之日起360日内向主管国税机关报送《海关完税凭证抵扣清单》，申请稽核比对。

纳税人应在“应交税费”科目下设“待抵扣进项税额”明细科目，用于核算已申请稽核但尚未取得稽核相符结果的海关进口增值税专用缴款书进项税额。纳税人取得海关进口增值税专用缴款书后，应借记“应交税费——待抵扣进项税额”明细科目，贷记相关科目；稽核比对相符以及核查后允许抵扣的，应借记“应交税费——应交增值税（进项税额）”专栏，贷记“应交税费——待抵扣进项税额”科目。经核查不得抵扣的进项税额，红字借记“应交税费——待抵扣进项税额”，红字贷记相关科目。

（3）未按期申报抵扣增值税扣税凭证抵扣的处理办法。增值税一般纳税人取得的增值税专用发票以及海关进口增值税专用缴款书，未在规定期限内到税务机关办理认证（按规定不用认证的纳税人除外）或者申报抵扣的，不得作为合法的增值税扣税凭证，不得计算进项税额抵扣。

增值税一般纳税人，取得的增值税扣税凭证稽核比对结果相符但未按规定期限申报抵扣，属于发生真实交易且符合规定的客观原因的，经主管税务机关审核，允许纳税人继续申报抵扣其进项税额。增值税一般纳税人除客观原因以外的其他原因造成增值税扣税凭证未按期申报抵扣的，仍按照现行增值税扣税凭证申报抵扣有关规定执行。

客观原因如下：①因自然灾害、社会突发事件等不可抗力原因造成增值税扣税凭证未按期申报抵扣；②有关司法、行政机关在办理业务或者检查中，扣押、封存纳税人账簿资料，导致纳税人未能按期办理申报手续；③税务机关信息系统、网络故障，导致纳税人未能及时取得认证结果通知书或稽核结果通知书，未能及时办理申报抵扣；④由于企业办税人员伤亡、突发危重疾病或者擅自离职，未能办理交接手续，导致未能按期申报抵扣；⑤国家税务总局规定的其他情形。

2. 销项税额不足抵扣进项税额的处理

在计算应纳税额时出现当期销项税额小于当期进项税额而不足抵扣的情况，当期销项税额不足抵扣进项税额的部分可以结转下期继续抵扣。

原增值税一般纳税人兼有应税服务的，截止到本地区试点实施之日前的增值税期末留抵税额，不得从应税行为的销项税额中抵扣。

3. 扣减发生期进项税额的规定

由于增值税实行以当期销项税额抵扣当期进项税额的“购进扣税法”，当期购进的货物、劳务、服务、无形资产、不动产如果事先并未确定将用于不得抵扣进项税额项目，其进项税额会在当期销项税额中予以抵扣。但已抵扣进项税额的购进货物、劳务、服务、无形资产、不动产如果事后改变用途，用于不得抵扣进项税额项目将如何处理？根据《增值税暂行条例》《增值税暂行条例实施细则》和“营改增通知”的规定，应当将该项购进货物、劳务、服务、无形资产、不动产的进项税额从当期的进项税额中扣减；无法确定该项进项税额的，按当期实际成本计算应扣减的进项税额。

这里需要注意的是，所称“从当期发生的进项税额中扣减”，是指已抵扣进项税额的购进货物、劳务、服务、无形资产、不动产是在哪一个时期发生上述情况的，就从这个发生期内纳税人的进项税额中扣减，而无须追溯到这些购进货物、劳务、服务、无形资产、不动产抵扣进项税额的那个时期。另外，对无法准确确定该项进项税额的，“按当期实际成本计算应扣减的进项税额。”该做法是指其扣减进项税额的计算依据不是按该货物、劳务、服务、无形资产、不动产的原进价，而是按发生上述情况的当期该货物、劳务、服务、无形资产、不动产的“实际成本”与征税时该货物、劳务、服务、无形资产、不动产适用的税率计算应扣减的进项税额。

实际成本 = 进价 + 运费 + 保险费 + 其他有关费用

前述实际成本的计算公式，如果属于进口货物是完全适用的；如果是国内购进的货物、劳务、服务、无形资产、不动产，主要包括进价和运费两大部分。

如果一般纳税人会计核算不健全，或者不能够提供准确税务资料的，应当按照销售额和增值税税率计算应纳税额，不得抵扣进项税额，也不得使用增值税专用发票：如已抵扣进项税额的购进货物劳务、服务、无形资产、不动产事后改变用途，用于不得抵扣进项税额项目的，应按销售额比例划分作为进项税额转出处理。

4. 销售折让、中止或者退回涉及销项税额和进项税额的税务处理

纳税人适用一般计税方法计税的，因销售折让、中止或者退回而退还给购买方的增值税额，应当从当期的销项税额中扣减；因销售折让、中止或者退回而收回的增值税额，应当从当期的进项税额中扣减。

一般纳税人发生应税销售行为，开具增值税专用发票后，应税销售行为发生退回或者折让、开票有误等情形，应按国家税务总局的规定开具红字增值税专用发票。未按规定开具红字增值税专用发票的不得扣减销项税额或者销售额。

纳税人在发生应税销售行为的活动中，因应税销售行为质量、规格、服务质量等原因常会发生销货退回或销售折让的情况。由于应税销售行为的退回或折让不仅涉及应税销售行为的价款或折让价款的退回，还涉及增值税的退回，这样，销货方和购货方应相应对当期的销项税额或进项税额进行调整。为此，《增值税暂行条例》《增值税暂行条例实施细则》和“营改增通知”均规定，增值税一般纳税人因发生应税销售行为退回或者折让而退还给购买方的增值税额，应从发生应税销售行为中退回或者折让当期的销项税额中扣减；因购进货物、劳务、服务、无形资产、不动产退出或者折让而收回的增值税额，应从发生应税销售行为退出或者折让当期的进项税额中扣减。

对于一些企业在发生购进货物、劳务、服务、无形资产、不动产退出或折让并收回价款和增值税额时，没有相应减少当期进项税额，造成进项税额虚增，减少纳税的现象，这是税法所不能允许的，都将被认定为是逃避缴纳税款行为，并按逃避缴纳税款予以处罚。

5. 增值税期末留抵税额退税制度

《财政部 税务总局 海关总署关于深化增值税改革有关政策的公告》（财政部 税务总局 海关总署公告2019年第39号）规定，自2019年4月1日起，试行增值税期末留抵税额退税制度。具体规定如下：

（1）同时符合以下条件的纳税人，可以向主管税务机关申请退还增量留抵税额：①自2019年4月税款所属期起，连续6个月（按季纳税的，连续两个季度）增量留抵税额均大于零，且第6个月增量留抵税额不低于50万元；②纳税信用等级为A级或者B级；③申请退税前36个月未发生骗取留抵退税、出口退税或虚开增值税专用发票情形的；④申请退税前36个月未因偷税被税务机关处罚两次及以上的；⑤自2019年4月1日起未享受即征即退、先征后返（退）政策的。

（2）本公告所称增量留抵税额，是指与2019年3月底相比新增加的期末留抵税额。

（3）纳税人当期允许退还的增量留抵税额，按照以下公式计算：

允许退还的增量留抵税额＝增量留抵税额×进项构成比例×60%

进项构成比例，为2019年4月至申请退税前一税款所属期内已抵扣的增值税专用发票（含税控机动车销售统一发票）、海关进口增值税专用缴款书、解缴税款完税凭证注明的增值税额占同期全部已抵扣进项税额的比重。

增值税期末留抵税额退税

（4）纳税人应在增值税纳税申报期内，向主管税务机关申请退还留抵税额。

（5）纳税人出口货物劳务、发生跨境应税行为，适用免抵退税办法的，办理免抵

退税后，仍符合本公告规定条件的，可以申请退还留抵税额；适用免退税办法的，相关进项税额不得用于退还留抵税额。

（6）纳税人取得退还的留抵税额后，应相应调减当期留抵税额。按照本条规定再次满足退税条件的，可以继续向主管税务机关申请退还留抵税额，但本条第（一）项第1点规定的连续期间，不得重复计算。

（7）以虚增进项、虚假申报或其他欺骗手段，骗取留抵退税款的，由税务机关追缴其骗取的退税款，并按照《中华人民共和国税收征收管理法》等有关规定处理。

（8）退还的增量留抵税额中央、地方分担机制另行通知。

国家税务总局

关于办理增值税期末留抵税额退税有关事项的公告

国家税务总局公告　2019年第20号

《财政部 税务总局 海关总署关于深化增值税改革有关政策的公告》（财政部 税务总局 海关总署公告2019年第39号）规定，自2019年4月1日起，试行增值税期末留抵税额退税（以下称留抵退税）制度。为方便纳税人办理留抵退税业务，现将有关事项公告如下：

一、同时符合以下条件（以下称符合留抵退税条件）的纳税人，可以向主管税务机关申请退还增量留抵税额：

（一）自2019年4月税款所属期起，连续六个月（按季纳税的，连续两个季度）增量留抵税额均大于零，且第六个月增量留抵税额不低于50万元；

（二）纳税信用等级为A级或者B级；

（三）申请退税前36个月未发生骗取留抵退税、出口退税或虚开增值税专用发票情形的；

（四）申请退税前36个月未因偷税被税务机关处罚两次及以上的；

（五）自2019年4月1日起未享受即征即退、先征后返（退）政策的。

增量留抵税额，是指与2019年3月底相比新增加的期末留抵税额。

二、纳税人当期允许退还的增量留抵税额，按照以下公式计算：

允许退还的增量留抵税额＝增量留抵税额×进项构成比例×60%

进项构成比例，为2019年4月至申请退税前一税款所属期内已抵扣的增值税专用发票（含税控机动车销售统一发票）、海关进口增值税专用缴款书、解缴税款完税凭证注明的增值税额占同期全部已抵扣进项税额的比重。

三、纳税人申请办理留抵退税，应于符合留抵退税条件的次月起，在增值税纳税申报期（以下称申报期）内，完成本期增值税纳税申报后，通过电子税务局或办税服务厅提交《退（抵）税申请表》（见附件）。

四、纳税人出口货物劳务、发生跨境应税行为，适用免抵退税办法的，可以在同一申报期内，既申报免抵退税又申请办理留抵退税。

五、申请办理留抵退税的纳税人，出口货物劳务、跨境应税行为适用免抵退税办法的，应当按期申报免抵退税。当期可申报免抵退税的出口销售额为零的，应办理免抵退税零申报。

六、纳税人既申报免抵退税又申请办理留抵退税的，税务机关应先办理免抵退税。办理免抵退税后，纳税人仍符合留抵退税条件的，再办理留抵退税。

七、税务机关按照“窗口受理、内部流转、限时办结、窗口出件”的原则办理留抵退税。

税务机关对纳税人是否符合留抵退税条件、当期允许退还的增量留抵税额等进行审核确认，并将审核结果告知纳税人。

八、纳税人符合留抵退税条件且不存在本公告第十二条所列情形的，税务机关应自受理留抵退税申请之日起10个工作日内完成审核，并向纳税人出具准予留抵退税的《税务事项通知书》。

纳税人发生本公告第九条第二项所列情形的，上述10个工作日，自免抵退税应退税额核准之日起计算。

九、纳税人在办理留抵退税期间发生下列情形的，按照以下规定确定允许退还的增量留抵税额：

（一）因纳税申报、稽查查补和评估调整等原因，造成期末留抵税额发生变化的，按最近一期《增值税纳税申报表（一般纳税人适用）》期末留抵税额确定允许退还的增量留抵税额。

（二）纳税人在同一申报期既申报免抵退税又申请办理留抵退税的，或者在纳税人申请办理留抵退税时存在尚未经税务机关核准的免抵退税应退税额的，应待税务机关核准免抵退税应退税额后，按最近一期《增值税纳税申报表（一般纳税人适用）》期末留抵税额，扣减税务机关核准的免抵退税应退税额后的余额确定允许退还的增量留抵税额。

税务机关核准的免抵退税应退税额，是指税务机关当期已核准，但纳税人尚未在《增值税纳税申报表（一般纳税人适用）》第15栏“免、抵、退应退税额”中填报的免抵退税应退税额。

（三）纳税人既有增值税欠税，又有期末留抵税额的，按最近一期《增值税纳税申报表（一般纳税人适用）》期末留抵税额，抵减增值税欠税后的余额确定允许退还的增量留抵税额。

十、在纳税人办理增值税纳税申报和免抵退税申报后、税务机关核准其免抵退税应退税额前，核准其前期留抵退税的，以最近一期《增值税纳税申报表（一般纳税人适用）》期末留抵税额，扣减税务机关核准的留抵退税额后的余额，计算当期免抵退税应退税额和免抵税额。

税务机关核准的留抵退税额，是指税务机关当期已核准，但纳税人尚未在《增值税纳税申报表附列资料（二）（本期进项税额明细）》第22栏“上期留抵税额退税”填报的留抵退税额。

十一、纳税人不符合留抵退税条件的，不予留抵退税。税务机关应自受理留抵退税申请之日起10个工作日内完成审核，并向纳税人出具不予留抵退税的《税务事项通知书》。

十二、税务机关在办理留抵退税期间，发现符合留抵退税条件的纳税人存在以下情形，暂停为其办理留抵退税：

（一）存在增值税涉税风险疑点的；

（二）被税务稽查立案且未结案的；

（三）增值税申报比对异常未处理的；

（四）取得增值税异常扣税凭证未处理的；

（五）国家税务总局规定的其他情形。

十三、本公告第十二条列举的增值税涉税风险疑点等情形已排除，且相关事项处理完毕后，按以下规定办理：

（一）纳税人仍符合留抵退税条件的，税务机关继续为其办理留抵退税，并自增值税涉税风险疑点等情形排除且相关事项处理完毕之日起5个工作日内完成审核，向纳税人出具准予留抵退税的《税务事项通知书》。

（二）纳税人不再符合留抵退税条件的，不予留抵退税。税务机关应自增值税涉税风险疑点等情形排除且相关事项处理完毕之日起5个工作日内完成审核，向纳税人出具不予留抵退税的《税务事项通知书》。

税务机关对发现的增值税涉税风险疑点进行排查的具体处理时间，由各省（自治区、直辖市和计划单列市）税务局确定。

十四、税务机关对增值税涉税风险疑点进行排查时，发现纳税人涉嫌骗取出口退税、虚开增值税专用发票等增值税重大税收违法行为的，终止为其办理留抵退税，并自作出终止办理留抵退税决定之日起5个工作日内，向纳税人出具终止办理留抵退税的《税务事项通知书》。

税务机关对纳税人涉嫌增值税重大税收违法行为核查处理完毕后，纳税人仍符合留抵退税条件的，可按照本公告的规定重新申请办理留抵退税。

十五、纳税人应在收到税务机关准予留抵退税的《税务事项通知书》当期，以税务机关核准的允许退还的增量留抵税额冲减期末留抵税额，并在办理增值税纳税申报时，相应填写《增值税纳税申报表附列资料（二）（本期进项税额明细）》第22栏“上期留抵税额退税”。

十六、纳税人以虚增进项、虚假申报或其他欺骗手段骗取留抵退税的，由税务机关追缴其骗取的退税款，并按照《中华人民共和国税收征收管理法》等有关规定处理。

十七、本公告自2019年5月1日起施行。

引例解析

（1）销售甲产品的销项税额 $=80\times13\%+5.65\div(1+13\%)\times13\%$
$=11.05$（万元）

（2）销售乙产品的销项税额 $=29.38\div(1+13\%)\times13\%=3.38$（万元）

（3）自产自用新产品的销项税额 $=20\times(1+10\%)\times13\%=2.86$（万元）

（4）销售使用过的摩托车销项税额 $=1\times13\%\times20=2.6$（万元）

（5）合计允许抵扣的进项税额 $=7.8+0.54+(30\times10\%+0.5)\times(1-20\%)+5.8=16.94$（万元）

（6）该企业8月应缴纳的增值税税额 $=11.05+3.38+2.86+2.6-16.94=2.95$（万元）

五、简易计税方法应纳税额的计算

纳税人发生应税销售行为适用简易计税方法的，应该按照销售额和征收率计算应纳增值税税额，并且不得抵扣进项税额。其应纳税额的计算公式是：

应纳税额 = 销售额(不含增值税) × 征收率

小规模纳税人一律采用简易计税方法计税，但是一般纳税人发生应税销售行为可以选择适用简易计税方法，例如：一般纳税人提供的公共交通运输服务，以清包工方式提供的建筑服务，可以选择按照简易计税方法计算缴纳增值税。

这里的销售额与前面讲述的销售额所包含的内容是一致的，都是销售货物或提供应税劳务、销售服务、无形资产或不动产想购买方所收取的全部价款和价外费用。简易计税方法的销售额不包括其应纳税额，纳税人采用销售额和应纳税额合并定价方法的，按照下列公式换算。

1. 含税销售额的换算

按简易计税方法计税的销售额不包括其应纳的增值税税额，纳税人采用销售额和应纳增值税税额合并定价方法的，按照下列公式计算销售额：

销售额 = 含税销售额 ÷ (1 + 征收率)

【思考题2－20】（多选题）某企业于2020年9月将自己使用过10年的设备，以10万元的价格售出，其正确的税务处理方法有（　　）。

A. 小规模纳税人减按2%计算应纳增值税

B. 一般纳税人按3%计算应纳增值税

C. 一般纳税人按简易办法依照3%征收率，减按2%计算应纳增值税

D. 一般纳税人应纳增值税为1 942元

【例题2－3】某商店为增值税小规模纳税人，8月取得零售收入总额12.36万元。计算该商店8月应缴纳的增值税税额。

（1）8月取得的不含税销售额：12.36 ÷ (1 + 3%) = 12（万元）

（2）8月应缴纳增值税税额：12 × 3% = 0.36（万元）

【思考题2－21】某企业为小规模纳税人，2月将已使用4年的小轿车以18万元价格售出。应纳增值税如何计算？

【思考题2－22】（单选题）某商业零售企业为增值税小规模纳税人，9月购进货物（商品）取得普通发票，共计支付金额120 000元；本月销售货物取得零售收入共计150 000，另外取得包装费8 080元。本月还销售自己使用过的旧车一辆，取得收入45 000元。该企业9月应缴纳的增值税为（　　）元。

A. 4 604.27　　B. 5 469.65

C. 5 478.06　　D. 5 914.95

【思考题2－23】某企业为增值税小规模纳税人，主要从事汽车修理和装潢业务。2020年2月提供汽车修理业务取得收入20万元，销售汽车装饰用品取得收入16万元；购进的修理用配件被盗，账面成本1.6万元。计算该企业应纳增值税额。

2. 销售额扣减的规定

纳税人适用简易计税方法计税的，因销售折让、中止或者退回而退还给购买方的销售额，应当从当期销售额中扣减。扣减当期销售额后仍有余额造成多缴的税款，可以从以后的应纳税额中扣减。

对小规模纳税人发生上述情况而退还销售额给购买方，依照规定将所退的款项扣减当期销售额的，如果小规模纳税人已就该项业务委托税务机关为其代开了增值税专用发票的，应按规定申请开具红字专用发票。

【例题 2-4】 某小规模纳税人仅经营某项应税服务，适用3%的征收率。2019年5月发生一笔销售额为1 000元的业务并就此缴纳了增值税。6月该业务由于合理原因发生退款。(销售额均不含税)

(1) 假设6月该企业应税服务的销售额为5 000元，则

6月最终的计税销售额=5 000-1 000=4 000（元）。

6月缴纳的增值税=4 000×3%=120（元）。

(2) 假设6月该企业应税服务销售额为600元，1月该企业应税服务销售额为5 000元，则：

6月最终的计税销售额=600-600=0（元）

6月应纳增值税额=0×3%=0（元）

6月销售额不足扣减的部分（600-1 000）而多缴的税款为12元（400×3%），可以从以后纳税期的应纳税额中扣减。

7月企业实际缴纳的税额=5 000×3%-12=138（元）

或7月企业实际缴纳的税额=(5 000-400)×3%=138（元）

另外，按照现行规定应当预缴增值税税款的小规模纳税人，凡在预缴地实现的月销售额未超过10万元的，当期无需预缴税款。该规定执行前（2019年1月19日前），已预缴税款的，可以向预缴地主管税务机关申请退还。

六、进口货物应纳税额的计算

根据《增值税暂行条例》的规定，申报进入中华人民共和国海关境内的货物，均应缴纳增值税。纳税人进口货物，按照组成计税价格和规定的税率计算应纳税额。其计算公式为：

应纳税额=组成计税价格×税率

组成计税价格=关税完税价格+关税=关税完税价格×(1+关税税率)

进口货物增值税的组成计税价格中包括已纳关税税额，如果进口货物属于消费税应税消费品，其组成计税价格中还要包括进口环节已纳消费税税额。

组成计税价格=关税完税价格+关税+消费税

=关税完税价格×(1+关税税率)÷(1-消费税税率)

在计算进口环节的应纳增值税税额时不得抵扣任何税额，即在计算进口环节的应纳增值税税额时，不得抵扣发生在我国境外的各种税金。

进口货物在海关缴纳的增值税，符合抵扣范围的，凭借海关进口增值税专用缴款

书，可以从当期销项税额中抵扣。

【例题2－5】 某商场2020年10月进口货物一批，该批货物在国外的买价40万元，运抵我国海关前发生的包装费、运输费、保险费等共计20万元，货物进口关税税率15%，增值税税率13%。货物报关后，商场按规定缴纳了进口环节的增值税并取得了海关开具的完税凭证。该批进口货物在国内全部销售，取得不含税销售额80万元。

（1）关税的组成计税价格 $=40+20=60$（万元）

（2）应缴纳进口关税 $=60\times15\%=9$（万元）

（3）进口环节应纳增值税的组成计税价格 $=60+9=69$（万元）

（4）进口环节应缴纳增值税的税额 $=69\times13\%=8.97$（万元）

（5）国内销售环节的销项税额 $=80\times13\%=10.4$（万元）

（6）国内销售环节应缴纳增值税税额 $=10.4-8.97=1.43$（万元）

【思考题2－24】 某进出口公司2020年4月进口办公设备500台，每台进口完税价格1万元。当月以每台1.8万元的含税价格售出400台，向甲公司捐赠2台，对外投资20台，留下4台自用。该企业当月应纳增值税如何计算？（进口关税税率为15%）

任务四 出口和跨境业务增值税的退（免）税和征税

导入引例

某自营出口的生产企业为增值税一般纳税人，出口货物的征税税率为16%，退税税率为13%，2020年5月的有关经营业务为：购进原材料一批，取得的增值税专用发票注明的价款200万元，外购货物准予抵扣的进项税额32万元通过认证。上月末留抵税款3万元，本月内销货物不含税销售额100万元，收款116万元存入银行，本月出口货物的销售额折合人民币200万元。

试计算该企业当期的“免、抵、退”税额。

知识准备和业务操作

媒体视点

深化增值税改革全面推开 增值税万亿减税开始落地

据中国之声《新闻纵横》报道，2019年4月1日起，我国开始实施新的增值税税率，包括期末留抵税额退税制度等深化增值税改革的举措同步试行。这意味着，伴随今年深化增值税改革的全面推开，增值税万亿减税开始落地。

记者从国家税务总局了解到，改革实施首日，全国各地都顺利开出了新税率增值税发票。国家税务总局有关负责人介绍，各地办税服务厅秩序井然，电子税务局申报和开票情况良好，减税降费新政全面平稳落地。

此外，在增值税改革实施首日，国家税务总局以开展实地调研和召开座谈会相结合的形式，在北京启动第28个全国税收宣传月。国家税务总局局长王军表示，今年税收宣传月主题聚焦减税降费，并打造持续50天的“加长版”，税务部门将以最大力度、最优服务、最严标准将减税降费惠民大礼包实打实送到千家万户。

在北京旷视科技有限公司，国家税务总局局长王军详细了解企业税收优惠政策享受情况。企业首席财务官王海桐介绍，公司是科技创新企业，随着减税力度加大，2019年预计享受各类减税9000多万元。

王海桐表示：“我们进行了测算，**今年增值税从16%降到13%，光这一个税项的改革会给我们节省增值税大概3000多万元。然后加上其他的一些包括软件即征即退、留抵退、研发投入方面的一些税收优惠，我们公司今年整体会节省税大概9000多万元，这的确是对企业的发展有一个非常好的作用。”**

【资料来源：节选自央广网，《深化增值税改革全面推开 增值税万亿减税开始落地》，2019－04－03】

出口货物、劳务和跨境应税行为退（免）税是国际贸易中通常采用的并为世界各国普遍接受的、目的在于鼓励各国出口货物公平竞争的一种退还或免征间接税（目前我国主要包括增值税、消费税）的税收措施，即对出口货物、劳务和跨境应税行为已承担或应承担的增值税和消费税等间接税实行退还或者免征。由于这项制度比较公平合理，因此它已成为国际社会通行的惯例。

我国的出口货物、劳务和跨境应税行为退（免）增值税是指在国际贸易业务中，对我国报关出口的货物、劳务和跨境应税行为退还或免征其在国内各生产和流转环节按税法规定缴纳的增值税，即对应征收增值税的出口货物、劳务和跨境应税行为实行零税率（国务院另有规定除外）。

增值税出口货物、劳务和跨境应税行为的零税率，从税法上理解有两层含义：一是对本道环节生产或销售货物、劳务和跨境应税行为的增值部分免征增值税；二是对出口货物、劳务和跨境应税行为前道环节所含的进项税额进行退付。当然，由于各种货物、劳务和跨境应税行为出口政策不同，出口前涉及征免增值税的情况也有所不同，且由于出口政策是国家调控经济的手段，因此，对货物、劳务和跨境应税行为出口的不同情况，国家在遵循“征多少、退多少”“未征不退和彻底退税”基本原则的基础上，制定了不同的增值税退（免）税处理办法。

一、出口货物、劳务和跨境应税行为增值税退（免）基本政策

世界各国为了鼓励本国货物出口，在遵循WTO基本规则的前提下，一般都采取优惠的税收政策。有的国家采取对该货物出口前所包含的税金在出口后予以退还的政策（即出口退税）；有的国家采取对出口的货物在出口前即予以免税的政策。我国则根据本国的实际，采取出口退税与免税相结合的政策。目前，我国的出口货物、劳务和跨境

应税行为的增值税税收政策分为以下三种形式：

1. 出口免税并退税

即《关于出口货物劳务增值税和消费税政策的通知》（财税〔2012〕39号，以下简称《通知》）中所说的“适用增值税退（免）税政策的范围”。出口免税是指对货物、劳务和跨境应税行为在出口销售环节免征增值税，这是把货物、劳务和跨境应税行为出口环节与出口前的销售环节都同样视为一个征税环节；出口退税是指对货物、劳务和跨境应税行为在出口前实际承担的税收负担，按规定的退税率计算后予以退还。

2. 出口免税不退税

即《通知》中所说的“适用增值税免税政策的范围”。出口免税与上述第1项含义相同。出口不退税是指适用这个政策的出口货物、劳务和跨境应税行为因在前一道生产、销售环节或进口环节是免税的，因此，出口时该货物、劳务和跨境应税行为的价格中本身就不含税，也无须退税。

3. 出口不免税也不退税

即《通知》中所说的“适用增值税征税政策的范围”。出口不免税是指对国家限制或禁止出口的某些货物、劳务和跨境税行为的出口环节视同内销环节，照常征税；出口不退税是指对这些货物、劳务和跨境税行为出口不退还出口前其所负担的税款。

二、出口货物、劳务和跨境应税行为增值税退（免）税政策

（一）适用增值税退（免）税政策的范围

对下列出口货物、劳务和跨境应税行为，除适用《通知》第六条（适用增值税免税政策的出口货物和劳务）和第七条（适用增值税征税政策的出口货物和劳务）规定的外，实行免征和退还增值税［以下称增值税退（免）税］政策：

1. 出口企业出口货物

《通知》所称出口企业，是指依法办理工商登记、税务登记、对外贸易经营者备案登记，自营或委托出口货物的单位或个体工商户，以及依法办理工商登记、税务登记但未办理对外贸易经营者备案登记，委托出口货物的生产企业。

《通知》所称出口货物，是指向海关报关后实际离境并销售给境外单位或个人的货物，分为自营出口货物和委托出口货物两类。

《通知》所称生产企业，是指具有生产能力（包括加工修理修配能力）的单位或个体工商户。

根据《关于企业出口集装箱有关退（免）税问题的公告》（国家税务总局公告2014年第59号），企业出口给外商的新造集装箱，交付到境内指定堆场，并取得出口货物报关单（出口退税专用），同时符合其他出口退（免）税规定的，准予按照现行规定办理出口退（免）税。

自2017年1月1日起，生产企业销售自产的海洋工程结构物，或者融资租赁企业及其设立的项目子公司、金融租赁公司及其设立的项目子公司购买并以融资租赁方式出租的国内生产企业生产的海洋工程结构物，应按规定缴纳增值税，不再适用《财政部 国家税务总局关于出口货物劳务增值税和消费税政策的通知》（财税〔2012〕39号）或者《财政部 国家税务总局关于在全国开展融资租赁货物出口退税政策试点的通知》

(财税〔2014〕62 号)规定的增值税出口退税政策,但购买方或者承租方为按实物征收增值税的中外合作油(气)田开采企业的除外。

2. 出口企业或其他单位视同出口的货物

出口企业或其他单位视同出口的货物具体是指:

(1)出口企业对外援助、对外承包、境外投资的出口货物。

(2)出口企业经海关报关进入国家批准的出口加工区、保税物流园区、保税港区、综合保税区、珠澳跨境工业区(珠海园区)、中哈霍尔果斯国际边境合作中心(中方配套区域)、保税物流中心(B 型)(以下统称特殊区域)并销售给特殊区域内单位或境外单位、个人的货物。

(3)免税品经营企业销售的货物(国家规定不允许经营和限制出口的货物、卷烟和超出免税品经营企业的《企业法人营业执照》中规定经营范围的货物除外)。具体是指:

①中国免税品(集团)有限责任公司向海关报关运入海关监管仓库,专供其经国家批准设立的统一经营、统一组织进货、统一制定零售价格、统一管理的免税店销售的货物;②国家批准的除中国免税品(集团)有限责任公司外的免税品经营企业,向海关报关运入海关监管仓库,专供其所属的首都机场口岸海关隔离区内的免税店销售的货物;③国家批准的除中国免税品(集团)有限责任公司外的免税品经营企业所属的上海虹桥、浦东机场海关隔离区内的免税店销售的货物。

国家规定不允许经营和限制出口的货物是指:《中华人民共和国禁止出境物品表》(海关总署令〔1993〕第 43 号)所列的货物;《卫生部、对外经贸经济合作部、海关总署关于进一步加强人体血液、组织器官管理有关问题的通知》(卫药发〔1996〕27 号)规定的血液和血液制品、人体组织和器官(包括胎儿)以及利用人体组织和器官(包括胎儿)加工生产的制剂;商务部会同有关部门公布的《禁止出口货物目录》所列的货物;《濒危野生动物国际贸易公约》所列的附录一、二、三级的动物、动物产品和植物、植物产品;林业部、农业部发布的《国家重点保护野生动物名录》所列的一、二级保护的野生动物及货物;国家食品药品监督管理局、公安部、卫生部发布的《精神药品管制品种目录》《麻醉药品管制品种目录》所列的货物;国家环保总局、海关总署发布的《中华人民共和国禁止或严格限制的有毒化学品目录》所列的货物。

(4)出口企业或其他单位销售给用于国际金融组织或外国政府贷款国际招标建设项目的中标机电产品(以下称中标机电产品)。上述中标机电产品,包括外国企业中标再分包给出口企业或其他单位的机电产品。

(5)出口企业或其他单位销售给国际运输企业用于国际运输工具上的货物。上述规定暂仅适用于外轮供应公司、远洋运输供应公司销售给外轮、远洋国轮的货物,国内航空供应公司生产销售给国内和国外航空公司国际航班的航空食品。

(6)出口企业或其他单位销售给特殊区域内生产企业生产耗用且不向海关报关而输入特殊区域的水(包括蒸汽)、电力、燃气(以下称输入特殊区域的水电气)。

3. 生产企业视同出口货物的满足条件

(1)持续经营以来从未发生骗取出口退税、虚开增值税专用发票或农产品收购发票、接受虚开增值税专用发票(善意取得虚开增值税专用发票除外)行为且同时符合下列条件的生产企业出口的外购货物，可视同自产货物适用增值税退（免）税政策：

①已取得增值税一般纳税人资格；②已持续经营2年及2年以上；③纳税信用等级A级；④上一年度销售额5亿元以上；⑤外购出口的货物与本企业自产货物同类型或具有相关性。

（2）持续经营以来从未发生骗取出口退税、虚开增值税专用发票或农产品收购发票、接受虚开增值税专用发票（善意取得虚开增值税专用发票除外）行为但不能同时符合上述规定的条件的生产企业，出口的外购货物符合下列条件之一的，可视同自产货物申报适用增值税退（免）税政策：

①同时符合下列条件的外购货物：与本企业生产的货物名称、性能相同；使用本企业注册商标或境外单位或个人提供给本企业使用的商标；出口给进口本企业自产货物的境外单位或个人；②与本企业所生产的货物属于配套出口，且出口给进口本企业自产货物的境外单位或个人的外购货物，符合下列条件之一的：用于维修本企业出口的自产货物的工具、零部件、配件，或者不经过本企业加工或组装，出口后能直接与本企业自产货物组合成成套设备的货物；③经集团公司总部所在地的地级以上国家税务局认定的集团公司，其控股的生产企业之间收购的自产货物以及集团公司与其控股的生产企业之间收购的自产货物；④同时符合下列条件的委托加工货物：与本企业生产的货物名称、性能相同，或者是用本企业生产的货物再委托深加工的货物；出口给进口本企业自产货物的境外单位或个人；委托方与受托方必须签订委托加工协议，且主要原材料必须由委托方提供，受托方不垫付资金，只收取加工费，开具加工费（含代垫的辅助材料）的增值税专用发票；⑤用于本企业中标项目下的机电产品；⑥用于对外承包工程项目下的货物；⑦用于境外投资的货物；⑧用于对外援助的货物；⑨生产自产货物的外购设备和原材料（农产品除外）。

4. 出口企业对外提供加工修理修配劳务

对外提供加工修理修配劳务，是指对进境复出口货物或从事国际运输的运输工具进行的加工修理修配。

5. 融资租赁货物出口退税

根据《关于在全国开展融资租赁货物出口退税政策试点的通知》的规定，对融资租赁出口货物试行退税政策。对融资租赁企业、金融租赁公司及其设立的项目子公司（以下统称融资租赁出租方），以融资租赁方式租赁给境外承租人且租赁期限在5年（含）以上，并向海关报关后实际离境的货物，试行增值税、消费税出口退税政策。

融资租赁出口货物的范围，包括飞机、飞机发动机、铁道机车、铁道客车车厢、船舶及其他货物，具体应符合《增值税暂行条例实施细则》第二十一条“固定资产”的相关规定。

上述融资租赁企业，仅包括金融租赁公司、经商务部批准设立的外商投资融资租赁公司、经商务部和国家税务总局共同批准开展融资业务试点的内资融资租赁企业、经商务部授权的省级商务主管部门和国家经济技术开发区批准的融资租赁公司。

上述金融租赁公司，仅包括经中国银行业监督管理委员会批准设立的金融租赁公司。

上述所称融资租赁，是指具有融资性质和所有权转移特点的有形动产租赁活动。即出租人根据承租人所要求的规格、型号、性能等条件购入有形动产租赁给承租人，合同期内有形动产所有权属于出租人，承租人只拥有使用权，合同期满付清租金后，承租人有权按照残值购入有形动产，以拥有其所有权。不论出租人是否将有形动产残值销售给承租人，均属于融资租赁。

（二）增值税退（免）税办法

适用增值税退（免）税政策的出口货物、劳务和应税行为，按照下列规定实行增值税“免、抵、退”税或“免、退”税办法。

1.“免、抵、退”税办法

适用增值税一般计税方法的生产企业出口自产货物与视同自产货物、对外提供加工修理修配劳务，以及列名的74家生产企业出口非自产货物，免征增值税，相应的进项税额抵减应纳增值税额（不包括适用增值税即征即退、先征后退政策的应纳增值税额），未抵减完的部分予以退还。

跨境应税行为适用增值税零税率政策的服务和无形资产情况见任务三中的相关内容。

境内的单位和个人提供适用增值税零税率的服务或者无形资产，如果属于适用增值税一般计税方法的，生产企业实行“免、抵、退”税办法，外贸企业直接将服务或自行研发的无形资产出口，视同生产企业连同其出口货物统一实行“免、抵、退”税办法。

实行退（免）税办法的研发服务和设计服务，如果主管税务机关认定出口价格偏高的，有权按照核定的出口价格计算退（免）税，核定的出口价格低于外贸企业购进价格的，低于部分对应的进项税额不予退税，转入成本。

境内的单位和个人提供适用增值税零税率应税服务的，可以放弃适用增值税零税率，选择免税或按规定缴纳增值税。放弃适用增值税零税率后，36个月内不得再申请适用增值税零税率。

2.“免、退”税办法

不具有生产能力的出口企业（以下称外贸企业）或其他单位出口货物、劳务，免征增值税，相应的进项税额予以退还。

适用增值税一般计税方法的外贸企业外购服务或者无形资产出口实行“免、退”税办法。

外贸企业外购研发服务和设计服务免征增值税，其对应的外购应税服务的进项税额予以退还。

（三）增值税出口退税率

1. 除财政部和国家税务总局根据国务院决定而明确的增值税出口退税率（以下称退税率）外，出口货物的退税率为其适用税率

服务和无形资产的退税率为其按照《增值税暂行条例》规定适用的增值税税率。根据《关于深化增值税改革有关政策的公告》（财政部 税务总局 海关总署公告2019年第39号）规定，原适用16%税率且出口退税率为16%的出口货物劳务，出口退税率调

整为13%；原适用10%税率且出口退税率为10%的出口货物、跨境应税行为，出口退税率调整为9%。

2019年6月30日前（含2019年4月1日前），纳税人出口前款所涉货物劳务、发生前款所涉跨境应税行为，适用增值税免退税办法的，购进时已按调整前税率征收增值税的，执行调整前的出口退税率，购进时已按调整后税率征收增值税的，执行调整后的出口退税率；适用增值税免抵退税办法的，执行调整前的出口退税率，在计算免抵退税时，适用税率低于出口退税率的，适用税率与出口退税率之差视为零参与免抵退税计算。

出口退税率的执行时间及出口货物劳务、发生跨境应税行为的时间，按照以下规定执行：报关出口的货物劳务（保税区及经保税区出口除外），以海关出口报关单上注明的出口日期为准；非报关出口的货物劳务、跨境应税行为，以出口发票或普通发票的开具时间为准；保税区及经保税区出口的货物，以货物离境时海关出具的出境货物备案清单上注明的出口日期为准。

2. 退税率的特殊规定

（1）外贸企业购进按简易办法征税的出口货物、从小规模纳税人购进的出口货物，其退税率分别为简易办法实际执行的征收率、小规模纳税人征收率。上述出口货物取得增值税专用发票的，退税率按照增值税专用发票上的税率和出口货物退税率孰低的原则确定。

（2）出口企业委托加工修理修配货物，其加工修理修配费用的退税率，为出口货物的退税率。

（3）中标机电产品、出口企业向海关报关进入特殊区域销售给特殊区域内生产企业生产耗用的列名原材料、输入特殊区域的水电气，其退税率为适用税率。如果国家调整列名原材料的退税率，列名原材料应当自调整之日起按调整后的退税率执行。

3. 适用不同退税率的货物、劳务及跨境应税行为，应分开报关、核算并申报退（免）税，未分开报关、核算或划分不清的，从低适用退税率。

（四）增值税退（免）税的计税依据

出口货物、劳务的增值税退（免）税的计税依据，按出口货物、劳务的出口发票（外销发票）、其他普通发票或购进出口货物、劳务的增值税专用发票、海关进口增值税专用缴款书确定。

跨境应税行为的计税依据按照《适用增值税零税率应税服务退（免）税管理办法》（国家税务总局公告2014年第11号）执行。具体规定如下：

1. 生产企业出口货物、劳务（进料加工复出口货物除外）增值税退（免）税的计税依据，为出口货物、劳务的实际离岸价（FOB）。实际离岸价应以出口发票上的离岸价为准，但如果出口发票不能反映实际离岸价，主管税务机关有权予以核定。

2. 对进料加工出口货物，企业应以出口货物人民币离岸价扣除出口货物耗用的保税进口料件差额的余额为增值税退（免）税的计税依据。保税进口料件，是指海关以进料加工贸易方式监管的出口企业从境外和特殊区域等进口的料件。包括出口企业从境外单位或个人购买并从海关保税仓库提取且办理海关进料加工手续的料件，以及保税区外的出口企业从保税区内的企业购进并办理海关进料加工手续的进口料件。

3. 生产企业国内购进无进项税额且不计提进项税额的免税原材料加工后出口的货物的计税依据，按出口货物的离岸价（FOB）扣除出口货物所含的国内购进免税原材料的金额后确定。

4. 外贸企业出口货物（委托加工修理修配货物除外）增值税退（免）税的计税依据，为购进出口货物的增值税专用发票注明的余额或海关进口增值税专用缴款书注明的完税价格。

5. 外贸企业出口委托加工修理修配货物增值税退（免）税的计税依据，为加工修理修配费用增值税专用发票注明的金额。外贸企业应将加工修理修配使用的原材料（进料加工海关保税进口料件除外）作价销售给受托加工修理修配的生产企业，受托加工修理修配的生产企业应将原材料成本并入加工修理修配费用开具发票。

6. 出口进项税额未计算抵扣的已使用过的设备增值税退（免）税的计税依据，按下列公式确定：

$$\text{退（免）税计税依据}=\text{增值税专用发票上的金额或海关进口增值税专用缴款书注明的完税价格}\times\text{已使用过的设备固定资产净值}\div\text{已使用过的设备原值}$$

$$\text{已使用过的设备固定资产净值}=\text{已使用过的设备原值}-\text{已使用过的设备已提累计折旧}$$

“已使用过的设备”，是指出口企业根据财务会计制度已经计提折旧的固定资产。

7. 免税品经营企业销售的货物增值税退（免）税的计税依据，为购进货物的增值税专用发票注明的金额或海关进口增值税专用缴款书注明的完税价格。

8. 中标机电产品增值税退（免）税的计税依据，生产企业为销售机电产品的普通发票注明的金额，外贸企业为购进货物的增值税专用发票注明的金额或海关进口增值税专用缴款书注明的完税价格。

9. 输入特殊区域的水电气增值税退（免）税的计税依据，为作为购买方的特殊区域内生产企业购进水（包括蒸汽）、电力、燃气的增值税专用发票注明的金额。

10. 跨境应税行为的退（免）税计税依据按下列规定执行：

（1）实行“免、抵、退”税办法的退（免）税计税依据：

①以铁路运输方式载运旅客的，为按照铁路合作组织清算规则汇总清算后的实际运输收入。②以铁路运输方式载运货物的，为按照铁路运输进款清算办法，对“发站”或“到站（局）”名称包含“境”字的货票上注明的运输费用以及直接相关的国际联运杂费清算后的实际运输收入。③以航空运输方式载运货物或旅客的，如果国际运输或港、澳、台地区运输各航段由多个承运人承运的，为中国航空结算有限责任公司清算后的实际收入；如果国际运输或港、澳、台地区运输各航段由一个承运人承运的，为提供航空运输服务取得的收入。④其他实行“免、抵、退”税办法的增值税零税率应税行为，为提供增值税零税率应税行为取得的收入。

（2）实行免退税办法的退（免）税计税依据为购进应税服务的增值税专用发票或解缴税款的中华人民共和国税收缴款凭证上注明的金额。

实行退（免）税办法的服务和无形资产，如果主管税务机关认定出口价格偏高的，有权按照核定的出口价格计算退（免）税，核定的出口价格低于外贸企业购进价格的，低于部分对应的进项税额不予退税，转入成本。

（五）增值税“免、抵、退”税和“免、退”税的计算

1. 生产企业出口货物、劳务、服务和无形资产的增值税“免、抵、退”税，依下列公式计算。

（1）当期应纳税额的计算：

当期应纳税额 = 当期销项税额 -（当期进项税额 - 当期不得免征和抵扣税额）

当期不得免征和抵扣税额 = 当期出口货物离岸价 × 外汇人民币折合率 ×（出口货物适用税率 - 出口货物退税率）- 当期不得免征和抵扣税额抵减额

当期不得免征和抵扣税额抵减额 = 当期免税购进原材料价格 ×（出口货物适用税率 - 出口货物退税率）

出口货物离岸价（FOB）以出口发票计算的离岸价为准。实际离岸价应以出口发票上的离岸价为准，但如果出口发票不能反映实际离岸价，主管税务机关有权予以核定。

从上述计算公式看，出口退税在“销项税额”方面并非执行真正的零税率而是一种“超低税率”，即征税率与退税率（各货物不同）之差。

如果我们从会计制度看，上述“免、抵、退”税的计算原理更加清晰。根据企业会计制度的规定，对于实行“免、抵、退”税方法的生产企业，在会计上应当增设如下增值税专栏：

①“出口抵减内销产品应纳税额”借方专栏；

②“出口退税”贷方专栏。

另外，以“进项税额转出”贷方专栏核算“当期‘免、抵、退’税不得免征和抵扣税额”，以“其他应收款——应收补贴款”科目核算“当期应退税额”。相关会计处理为：

①根据“当期‘免、抵、退’税不得免征和抵扣税额”：

借：主营业务成本

　　贷：应交税费——应交增值税（进项税额转出）

②根据“当期免抵税额”：

借：应交税费——应交增值税（出口抵减内销产品应纳税额）

　　贷：应交税费——应交增值税（出口退税）

③根据“当期应退税额”：

借：其他应收款——应收补贴款

　　贷：应交税费——应交增值税（出口退税）

这笔分录，才是真正的退税。根据“当期应退税额”的计算过程可得知，退的是期末未抵扣完的留抵进项税额。由此可见，“出口退税”贷方专栏核算的是“当期免抵税额”与“当期应退税额”之和，即税法中规定的“当期‘免、抵、退’税额”（即出口销售额 × 退税率）。

而出口货物实际执行的“超低税率”计算的“销项税额”被计入了“进项税额转出”贷方专栏。如果将该部分数额与“出口退税”贷方专栏数额相加，其实也就是内

销情况下，应当缴纳的销项税额。所以，“出口退税”贷方专栏反映的并非真正的退税，而是出口货物较内销货物因执行税率的不同而少交的增值税销项税额。

（2）当期“免、抵、退”税额的计算：

当期“免、抵、退”税额＝当期出口货物离岸价×外汇人民币折合率×出口货物退税率－当期“免、抵、退”税额抵减额

当期“免、抵、退”税额抵减额＝当期免税购进原材料价格×出口货物退税率

（3）当期应退税额和免抵税额的计算：

①当期期末留抵税额≤当期“免、抵、退”税额，则：

当期应退税额＝当期期末留抵税额

当期免抵税额＝当期“免、抵、退”税额－当期应退税额

②当期期末留抵税额＞当期“免、抵、退”税额，则：

当期应退税额＝当期“免、抵、退”税额

当期免抵税额＝0

当期期末留抵税额为当期增值税纳税申报表中“期末留抵税额”。

（4）当期免税购进原材料价格包括当期国内购进的无进项税额且不计提进项税额的免税原材料的价格和当期进料加工保税进口料件的价格，其中当期进料加工保税进口料件的价格为进料加工出口货物耗用的保税进口料件金额：

进料加工出口货物耗用的保税进口料件金额＝进料加工出口货物人民币离岸价×进料加工计划分配率

计划分配率＝计划进口总值÷计划出口总值×100%

计算不得免征和抵扣税额时，应按当期全部出口货物的销售额扣除当期全部进料加工出口货物耗用的保税进口料件金额后的余额乘以征退税率之差计算。

进料加工出口货物收齐有关凭证申报免抵退税时，以收齐凭证的进料加工出口货物人民币离岸价扣除其耗用的保税进口料件金额后的余额计算免抵退税额。

引例解析

1. 当期“免、抵、退”税不得免征和抵扣税额＝200×（16%－13%）＝6（万元）

2. 当期应纳税额＝100×16%－（32－6）－3＝16－26－3＝－13（万元）

3. 出口货物“免、抵、退”税额＝200×13%＝26（万元）

4. 按规定，如当期末留抵税额少于等于当期“免、抵、退”税额时：

当期应退税额＝当期期末留抵税额

即该企业当期应退税额＝13（万元）

5. 当期免抵税额＝当期“免、抵、退”税额－当期应退税额

当期免抵税额＝26－13＝13（万元）

【例题2－6】某自营出口的生产企业为增值税一般纳税人，出口货物的征税税率为16%，退税税率为13%。2021年7月有关经营业务为：购原材料一批，取得的增值税

专用发票注明的价款400万元，外购货物准予抵扣的进项税额64万元通过认证。上期末留抵税款5万元。本月内销货物不含税销售额100万元，收款116万元存入银行。本月出口货物的销售额折合人民币200万元。试计算该企业当期的“免、抵、退”税额。

1. 当期“免、抵、退”税不得免征和抵扣税额 = 200 ×（16% − 13%）= 6（万元）

2. 当期应纳税额 = 100 × 16% −（64 − 6）− 5 = 16 − 58 − 5 = −47（万元）

3. 出口货物“免、抵、退”税额 = 200 × 13% = 26（万元）

4. 按规定，如当期期末留抵税额 > 当期“免、抵、退”税额时：

当期应退税额 = 当期“免、抵、退”税额

即该企业当期应退税额 = 26（万元）

5. 当期免抵税额 = 当期“免、抵、退”税额 − 当期应退税额

该企业当期免抵税额 = 26 − 26 = 0

6. 7月期末留抵结转下期继续抵扣税额为21（47 − 26）万元

【例题2－7】 某自营出口生产企业是增值税一般纳税人，出口货物的征税税率为16%，退税税率为13%。2021年9月有关经营业务为：购原材料一批，取得的增值税专用发票注明的价款200万元，外购货物准予抵扣进项税额32万元通过认证。当月进料加工出口货物耗用的保税进口料件金额100万元。上期末留抵税款6万元。本月内销货物不含税销售额100万元。收款116万元存入银行。本月出口货物销售额折合人民币200万元。试计算该企业当期的“免、抵、退”税额。

1. “免、抵、退”税不得免征和抵扣税额抵减额 = 进料加工出口货物耗用的保税进口料件金额 ×（出口货物征税税率 − 出口货物退税税率）= 100 ×（16% − 13%）= 3（万元）

2. “免、抵、退”税不得免征和抵扣税额 = 当期出口货物离岸价 × 外汇人民币牌价 ×（出口货物征税税率 − 出口货物退税税率）−“免、抵、退”税不得免征和抵扣税额抵减额 = 200 ×（16% − 13%）− 3 = 6 − 3 = 3（万元）

3. 当期应纳税额 = 100 × 16% −（32 − 3）− 6 = 16 − 29 − 6 = −19（万元）

4. “免、抵、退”税额抵减额 = 免税购进原材料 × 材料出口货物退税税率 = 100 × 13% = 13（万元）

5. 出口货物“免、抵、退”税额 = 200 × 13% − 13 = 13（万元）

6. 按规定，如当期期末留抵税额 > 当期“免、抵、退”税额时：

当期应退税额 = 当期“免、抵、退”税额

即该企业应退税额 = 13（万元）

7. 当期免抵税额 = 当期“免、抵、退”税额 − 当期应退税额

当期该企业免抵税额 = 13 − 13 = 0

8. 8月期末留抵结转下期继续抵扣税额为6（19 − 13）万元。

（5）零税率应税行为增值税退（免）税的计算：零税率应税行为增值税“免、抵、退”税，依下列公式计算：

①当期“免、抵、退”税额的计算

当期零税率应税行为“免、抵、退”税额 = 当期零税率应税行为“免、抵、退”税计税依据 × 外汇人民币折合率 × 零税率应税行为增值税退税率

②当期应退税额和当期免抵税额的计算

当期期末留抵税额≤当期“免、抵、退”税额时，

当期应退税额＝当期期末留抵税额

当期免抵税额＝当期“免、抵、退”税额－当期应退税额

当期期末留抵税额＞当期“免、抵、退”税额时，

当期应退税额＝当期“免、抵、退”税额

当期免抵税额＝0

“当期期末留抵税额”为当期《增值税纳税申报表》的“期末留抵税额”。

【例题2－8】某国际运输公司，已登记为一般纳税人，该企业实行“免、抵、退”税管理办法。该企业2021年8月实际发生如下业务：

1. 该企业当月承接了3个国际运输业务，取得确认的收入60万元人民币。

2. 企业增值税纳税申报时，期末留抵税额为15万元人民币。

要求：计算该企业当月的退税额。

当期零税率应税行为“免、抵、退”税额＝当期零税率应税行为“免、抵、退”税计税依据×外汇人民币折合率×零税率应税行为增值税退税率＝60×10%＝6（万元）

因为当期期末留抵税额15万元＞当期“免、抵、退”税额6万元，

所以当期应退税额＝当期“免、抵、退”税额＝6（万元）

退税申报后，结转下期留抵的税额为9万元。

2. 外贸企业出口货物、劳务和应税行为增值税免退税，依下列公式计算

（1）外贸企业出口委托加工修理修配货物以外的货物：

增值税应退税额＝增值税退（免）税计税依据×出口货物退税率

【例题2－9】某进出口公司2021年6月出口美国平纹布2 000米，进货增值税专用发票列明单价20元/平方米，计税金额40 000元，增值税出口退税率为13%。

要求：计算当期应退增值税税额。

应退税额＝2 000×20×13%＝5 200（元）

（2）外贸企业出口委托加工修理修配货物：

$$\text{出口委托加工修理修配货物的增值税应退税额}=\text{委托加工修理修配的增值税退（免）税计税依据}\times\text{出口货物退税率}$$

【例题2－10】某进出口公司2021年6月购进牛仔布委托加工成服装出口，取得牛仔布增值税发票一张，注明计税金额10 000元；取得服装加工费计税金额2 000元，受托方将原材料成本并入加工修理修配费用并开具了增值税专用发票。假设增值税出口退税率为16%。要求：计算当期应退的增值税税额。

应退税额＝(10 000＋2 000)×16%＝1 920（元）

（3）外贸企业兼营的零税率应税行为增值税免退税的计算：

$$\text{外贸企业兼营的零税率应税服务应退税额}=\text{外贸企业兼营的零税率应税行为免退税计税依据}\times\text{零税率应税行为增值税退税率}$$

3. 融资租赁出口货物退税的计算

融资租赁出租方将融资租赁出口货物租赁给境外承租方、将融资租赁海洋工程结构物租赁给海上石油天然气开采企业，向融资租赁出租方退还其购进租赁货物所含增值税。其计算公式如下：

增值税应退税额 = 购进融资租赁货物的增值税专用发票注明的金额或海关（进口增值税）专用缴款书注明的完税价格 × 融资租赁货物适用的增值税退税率

【例题 2－11】 2021年8月某融资租赁公司根据合同规定将一设备以融资租赁方式出租给境外的甲企业使用。融资租赁公司购进该设备的增值税专用发票上注明的金额为100万元人民币。假设增值税出口退税率为16%。

要求：计算该企业当期应退的增值税税额。

应退增值税税额 = 100 × 16% = 16（万元）

融资租赁出口货物适用的增值税退税率，按照统一的出口货物适用退税率执行。从增值税一般纳税人购进的按简易办法征税的融资租赁货物和从小规模纳税人购进的融资租赁货物，其适用的增值税退税率，按照购进货物适用的征收率和退税率孰低的原则确定。

4. 退税率低于适用税率的，相应计算出的差额部分的税款计入出口货物劳务成本。

5. 出口企业既有适用增值税“免、抵、退”项目，也有增值税即征即退、先征后退项目的，增值税即征即退和先征后退项目不参与出口项目“免、抵、退”税计算。出口企业应分别核算增值税免抵退项目和增值税即征即退、先征后退项目，并分别申请享受增值税即征即退、先征后退和“免、抵、退”税政策。

用于增值税即征即退或者先征后退项目的进项税额无法划分的，按照下列公式计算：

无法划分进项税额中用于增值税即征即退或者先征后退项目的部分 = 当月无法划分的全部进项税额 × 当月增值税即征即退或者先征后退项目销售额 ÷ 当月全部销售额、营业额合计

6. 实行“免、抵、退”税办法的零税率应税行为提供者如同时有货物、劳务（劳务指对外加工修理修配劳务，下同）出口且未分别计算的，可一并计算“免、抵、退”税额。税务机关在审批时，按照出口货物、劳务、零税率应税行为“免、抵、退”税额比例划分出口货物劳务、零税率应税行为的退税额和免抵税额。

三、出口货物、劳务和跨境应税行为增值税免税政策

对符合下列条件的出口货物、劳务和跨境应税行为，除适用《通知》第七条（适用增值税征税政策的出口货物和劳务）规定外，按下列规定实行免征增值税（以下称增值税免税）政策。

（一）适用增值税免税政策的范围

适用增值税免税政策的出口货物、劳务和应税行为是指：

1. 出口企业或其他单位出口规定的货物：

（1）增值税小规模纳税人出口的货物。

（2）避孕药品和用具，古旧图书。

(3) 软件产品。其具体范围是指海关税则号前四位为“9803”的货物。动漫软件出口免征增值税。

(4) 含黄金、铂金成分的货物，钻石及其饰品。

(5) 国家计划内出口的卷烟。其具体范围为：①有出口经营权的卷烟生产企业（具体范围是指湖南中烟工业公司、浙江中烟工业公司、河南中烟工业公司、贵州中烟工业公司、湖北中烟工业公司、陕西中烟工业公司、安徽中烟工业公司）按国家批准的免税出口卷烟计划（以下简称出口卷烟计划）自营出口的自产卷烟。②卷烟生产企业按出口卷烟计划委托卷烟出口企业（具体范围是指深圳烟草进出口有限公司、中国烟草辽宁进出口公司、中国烟草黑龙江进出口有限责任公司）出口的自产卷烟；北京卷烟厂按出口卷烟计划委托中国烟草上海进出口有限责任公司出口的自产“中南海”牌卷烟。③口岸国际隔离区免税店销售的卷烟。④卷烟出口企业（具体范围是指中国烟草上海进出口有限责任公司、中国烟草广东进出口公司、中国烟草山东进出口有限公司、云南烟草国际有限公司、川渝中烟工业公司、福建中烟工业公司）按出口卷烟计划出口的外购卷烟。

(6) 非出口企业委托出口的货物。

(7) 非列名生产企业出口的非视同自产货物。

(8) 农业生产者自产农产品［农产品的具体范围按照《农业产品征税范围注释》（财税〔1995〕52号）的规定执行］。

(9) 油、花生果仁、黑大豆等财政部和国家税务总局规定的出口免税的货物。

(10) 外贸企业取得普通发票、废旧物资收购凭证、农产品收购发票、政府非税收入票据的货物。

(11) 来料加工复出口的货物。

(12) 特殊区域内的企业出口的特殊区域内的货物。

(13) 以人民币现金作为结算方式的边境地区出口企业从所在省（自治区）的边境口岸出口到接壤国家的一般贸易和边境小额贸易出口货物。

(14) 以旅游购物贸易方式报关出口的货物。

2. 出口企业或其他单位视同出口的下列货物和劳务

(1) 国家批准设立的免税店销售的免税货物［包括进口免税货物和已实现退（免）税的货物］。

(2) 特殊区域内的企业为境外的单位或个人提供加工修理修配劳务。

(3) 同一特殊区域、不同特殊区域内的企业之间销售特殊区域内的货物。

3. 出口企业或其他单位未按规定申报或未补齐增值税退（免）税凭证的出口货物和劳务

(1) 未在国家税务总局规定的期限内申报增值税退（免）税的出口货物和劳务。

(2) 未在规定期限内申报开具《代理出口货物证明》的出口货物和劳务。

(3) 已申报增值税退（免）税，却未在国家税务总局规定的期限内向税务机关补齐增值税退（免）税凭证的出口货物和劳务。

对于适用增值税免税政策的出口货物和劳务，出口企业或其他单位可以依照现行增值税有关规定放弃免税，并依照《通知》第七条（适用增值税免税政策的出口货物和劳务）的规定缴纳增值税。

4. 境内的单位和个人销售的下列跨境应税行为免征增值税，但财政部和国家税务总局规定适用增值税零税率的除外

（1）工程项目在境外的建筑服务。工程总承包方和工程分包方为施工地点在境外的工程项目提供的建筑服务，均属于工程项目在境外的建筑服务。

（2）工程项目在境外的工程监理服务。

（3）工程、矿产资源在境外的工程勘察勘探服务。

（4）会议展览地点在境外的会议展览服务。

（5）存储地点在境外的仓储服务。

（6）标的物在境外使用的有形动产租赁服务。

（7）在境外提供的广播影视节目（作品）的播映服务。在境外提供的广播影视节目（作品）播映服务，是指在境外的影院、剧院、录像厅及其他场所播映广播影视节目（作品）。通过境内的电台、电视台、卫星通信、互联网、有线电视等无线或者有线装置向境外播映广播影视节目（作品），不属于在境外提供的广播影视节目（作品）播映服务。

（8）在境外提供的文化体育服务、教育医疗服务、旅游服务。在境外提供的文化体育服务和教育医疗服务，是指纳税人在境外现场提供的文化体育服务和教育医疗服务。为参加在境外举办的科技活动、文化活动、文化演出、文化比赛、体育比赛、体育表演、体育活动而提供的组织安排服务，属于在境外提供的文化体育服务。通过境内的电台、电视台、卫星通信、互联网、有线电视等媒体向境外单位或个人提供的文化体育服务或教育医疗服务，不属于在境外提供的文化体育服务、教育医疗服务。

（9）为出口货物提供的邮政服务、收派服务、保险服务。①为出口货物提供的邮政服务，是指寄递函件、包裹等邮件出境，向境外发行邮票，出口邮册等邮品。②为出口货物提供的收派服务，是指为出境的函件、包裹提供的收件、分拣、派送服务。纳税人为出口货物提供收派服务，免税销售额为其向寄件人收取的全部价款和价外费用。③为出口货物提供的保险服务，包括出口货物保险和出口信用保险。

（10）向境外单位提供的完全在境外消费的电信服务。

纳税人向境外单位或者个人提供的电信服务，通过境外电信单位结算费用的，服务接受方为境外电信单位，属于完全在境外消费的电信服务。

（11）向境外单位销售的完全在境外消费的知识产权服务。服务实际接受方为境内单位或者个人的知识产权服务，不属于完全在境外消费的知识产权服务。

（12）向境外单位销售的完全在境外消费的物流辅助服务（仓储服务、收派服务除外）。境外单位从事国际运输和港澳台运输业务经停我国机场、码头、车站、领空、内河、海域时，纳税人向其提供的航空地面服务、港口码头服务、货运客运站场服务、打捞救助服务、装卸搬运服务，属于完全在境外消费的物流辅助服务。

（13）向境外单位销售的完全在境外消费的鉴证咨询服务。下列情形不属于完全在境外消费的鉴证咨询服务：①服务的实际接受方为境内单位或者个人。②对境内的货物或不动产进行的认证服务、鉴证服务和咨询服务。

（14）向境外单位销售的完全在境外消费的专业技术服务。下列情形不属于完全在

境外消费的专业技术服务：①服务的实际接受方为境内单位或者个人。②对境内的天气情况、地震情况、海洋情况、环境和生态情况进行的气象服务、地震服务、海洋服务、环境和生态监测服务。③为境内的地形地貌、地质构造、水文、矿藏等进行的测绘服务。④为境内的城、乡、镇提供的城市规划服务。

（15）向境外单位销售的完全在境外消费的商务辅助服务。①纳税人向境外单位提供的代理报关服务和货物运输代理服务，属于完全在境外消费的代理报关服务和货物运输代理服务。②纳税人向境外单位提供的外派海员服务，属于完全在境外消费的人力资源服务。外派海员服务，是指境内单位派出属于本单位员工的海员，为境外单位在境外提供的船舶驾驶和船舶管理等服务。③纳税人以对外劳务合作方式，向境外单位提供的完全在境外发生的人力资源服务，属于完全在境外消费的人力资源服务。对外劳务合作，是指境内单位与境外单位签订劳务合作合同，按照合同约定组织和协助中国公民赴境外工作的活动。④不属于完全在境外消费的商务辅助服务包括：服务的实际接受方为境内单位或者个人，对境内不动产的投资与资产管理服务、物业管理服务、房地产中介服务，拍卖境内货物或不动产过程中提供的经纪代理服务，为境内货物或不动产的物权纠纷提供的法律代理服务，为境内货物或不动产提供的安全保护服务。

（16）向境外单位销售的广告投放地在境外的广告服务。广告投放地在境外的广告服务，是指为在境外发布的广告提供的广告服务。

（17）向境外单位销售的完全在境外消费的无形资产（技术除外）。

下列情形不属于向境外单位销售的完全在境外消费的无形资产：①无形资产未完全在境外使用。②所转让的自然资源使用权与境内自然资源相关。③所转让的基础设施资产经营权、公共事业特许权与境内货物或不动产相关。④向境外单位转让在境内销售货物、应税劳务、服务、无形资产或不动产的配额、经营权、经销权、分销权、代理权。

（18）为境外单位之间的货币资金融通及其他金融业务提供的直接收费金融服务，且该服务与境内的货物、无形资产和不动产无关。

为境外单位之间、境外单位和个人之间的外币、人民币资金往来提供的资金清算、资金结算、金融支付、账户管理服务，属于为境外单位之间的货币资金融通及其他金融业务提供的直接收费金融服务。

（19）属于以下情形的国际运输服务：①以无运输工具承运方式提供的国际运输服务。②以水路运输方式提供国际运输服务但未取得《国际船舶运输经营许可证》的。③以公路运输方式提供国际运输服务但未取得《道路运输经营许可证》或者《国际汽车运输行车许可证》，或者《道路运输经营许可证》的经营范围未包括“国际运输”的。④以航空运输方式提供国际运输服务但未取得《公共航空运输企业经营许可证》，或者其经营范围未包括“国际航空客货邮运输业务”的。⑤以航空运输方式提供国际运输服务但未持有《通用航空经营许可证》，或者其经营范围未包括“公务飞行”的。

（20）符合零税率政策但适用简易计税方法或声明放弃适用零税率选择免税的下列应税行为：①国际运输服务。②航天运输服务。③向境外单位提供的完全在境外消费的下列服务：研发服务；合同能源管理服务；设计服务；广播影视节目（作品）的制作和发行服务；软件服务；电路设计及测试服务；信息系统服务；业务流程管理服务；离岸服务外包业务。④向境外单位转让完全在境外消费的技术。

上述所称完全在境外消费，是指：a. 服务的实际接受方在境外，且与境内的货物和不动产无关。b. 无形资产完全在境外使用，且与境内的货物和不动产无关。c. 财政部和国家税务总局规定的其他情形。

纳税人向国内海关特殊监管区域内的单位或者个人销售服务、无形资产，不属于跨境应税行为，应照章征收增值税。

纳税人发生本办法第二条所列跨境应税行为，除第（9）项、第（20）项外，必须签订跨境销售服务或无形资产书面合同。否则，不予免征增值税。

纳税人向境外单位销售服务或无形资产，按上述规定免征增值税的，该项销售服务或无形资产的全部收入应从境外取得，否则，不予免征增值税。下列情形视同从境外取得收入：①纳税人向外国航空运输企业提供物流辅助服务，从中国民用航空局清算中心、中国航空结算有限责任公司或者经中国民用航空局批准设立的外国航空运输企业常驻代表机构取得的收入。②纳税人与境外关联单位发生跨境应税行为，从境内第三方结算公司取得的收入。上述所称第三方结算公司，是指承担跨国企业集团内部成员单位资金集中运营管理职能的资金结算公司，包括财务公司、资金池、资金结算中心等。③纳税人向外国船舶运输企业提供物流辅助服务，通过外国船舶运输企业指定的境内代理公司结算取得的收入。④国家税务总局规定的其他情形。

纳税人发生跨境应税行为免征增值税的，应单独核算跨境应税行为的销售额，准确计算不得抵扣的进项税额，其免税收入不得开具增值税专用发票。

纳税人为出口货物提供收派服务，按照下列公式计算不得抵扣的进项税额：

不得抵扣的进项税额 = 当期无法划分的全部进项税额 ×（当期简易计税方法计税项目销售额 + 免征增值税项目销售额 − 为出口货物提供收派服务支付给境外合作方的费用）÷ 当期全部销售额

5. 对跨境电子商务综合试验区电子商务出口企业出口未取得有效进货凭证的货物，同时符合下列条件的，试行增值税、消费税免税政策

（1）电子商务出口企业在综试区注册，并在注册地跨境电子商务线上综合服务平台登记出口日期、货物名称、计量单位、数量、单价、金额。

（2）出口货物通过综试区所在地海关办理电子商务出口申报手续。

（3）出口货物不属于财政部和税务总局根据国务院决定明确取消出口退（免）税的货物。

6. 市场经营户自营或委托市场采购贸易经营者以市场采购贸易方式出口的货物免征增值税

“市场采购贸易方式出口货物”，是指经国家批准的专业市场集聚区内的市场经营户自营或委托从事市场采购贸易经营的单位，按照海关总署规定的市场采购贸易监管办法办理通关手续，并纳入涵盖市场采购贸易各方经营主体和贸易全流程的市场采购贸易综合管理系统管理的货物（国家规定不适用市场采购贸易方式出口的商品除外）。

（二）进项税额的处理和计算

1. 适用增值税免税政策的出口货物和劳务，其进项税额不得抵扣和退税，应当转入成本。

2. 出口卷烟不得抵扣的进项税额，依下列公式计算：

不得抵扣的进项税额 = 出口卷烟含消费税金额 ÷（出口卷烟含消费税金额加内销卷烟销售额）× 当期全部进项税额

（1）当生产企业销售的出口卷烟在国内有同类产品销售价格时：

出口卷烟含消费税金额 = 出口销售数量 × 销售价格

“销售价格”为同类产品生产企业国内实际调拨价格。如实际调拨价格低于税务机关公示的计税价格的，“销售价格”为税务机关公示的计税价格；高于公示计税价格的，销售价格为实际调拨价格。

（2）当生产企业销售的出口卷烟在国内没有同类产品销售价格时：

出口卷烟含税金额 =（出口销售额 + 出口销售数量 × 消费税定额税率）÷（1 − 消费税比例税率）

“出口销售额”以出口发票上的离岸价为准。若出口发票不能如实反映离岸价，生产企业应按实际离岸价计算，否则，税务机关有权按照有关规定予以核定调整。

3. 除出口卷烟外，适用增值税免税政策的其他出口货物、劳务和应税行为的计算，按照增值税免税政策的统一规定执行。其中，如果涉及销售额，除来料加工复出口货物为其加工费收入外，其他均为出口离岸价或销售额。

4. 纳税人发生跨境应税行为时，纳税人以承运人身份与托运人签订运输服务合同，收取运费并承担承运人责任，然后委托实际承运人完成全部或部分运输服务时，自行采购并交给实际承运人使用的成品油和支付的道路、桥、闸通行费，同时符合下列条件的，其进项税额准予从销项税额中抵扣：

（1）成品油和道路、桥、闸通行费，应用于纳税人委托实际承运人完成的运输服务；

（2）取得的增值税扣税凭证符合现行规定。

四、出口货物、劳务和跨境应税行为增值税征税政策

下列出口货物和劳务，不适用增值税退（免）税和免税政策，按下列规定及视同内销货物征税的其他规定征收增值税（以下称增值税征税）。

（一）适用增值税征税政策的范围

适用增值税征税政策的出口货物、劳务和跨境应税行为，是指：

1. 出口企业出口或视同出口财政部和国家税务总局根据国务院决定明确地取消出口退（免）税的货物（不包括来料加工复出口货物、中标机电产品、列名原材料、输入特殊区域的水电气、海洋工程结构物）。

2. 出口企业或其他单位销售给特殊区域内的生活消费用品和交通运输工具。

3. 出口企业或其他单位因骗取出口退税被税务机关停止办理增值税退（免）税期间出口的货物。

4. 出口企业或其他单位提供虚假备案单证的货物。

5. 出口企业或其他单位增值税退（免）税凭证有伪造或内容不实的货物。

6. 出口企业或其他单位未在国家税务总局规定期限内申报免税核销以及经主管税

务机关审核不予免税核销的出口卷烟。

7. 出口企业或其他单位具有以下情形之一的出口货物和劳务：

（1）将空白的出口货物报关单、出口收汇核销单等退（免）税凭证交由除签有委托合同的货代公司、报关行，或由境外进口方指定的货代公司（提供合同约定或者其他相关证明）以外的其他单位或个人使用的。

（2）以自营名义出口，其出口业务实质上是由本企业及其投资的企业以外的单位或个人借该出口企业名义操作完成的。

（3）以自营名义出口，其出口的同一批货物既签订购货合同，又签订代理出口合同（或协议）的。

（4）出口货物在海关验放后，自己或委托货代承运人对该笔货物的海运提单或其他运输单据等上的品名、规格等进行修改，造成出口货物报关单与海运提单或其他运输单据有关内容不符的。

（5）以自营名义出口，但不承担出口货物的质量、收款或退税风险之一的，即出口货物发生质量问题不承担购买方的索赔责任（合同中有约定质量责任承担者除外）；不承担未按期收款导致不能核销的责任（合同中有约定收款责任承担者除外）；不承担因申报出口退（免）税的资料、单证等出现问题造成不退税责任的。

（6）未实质参与出口经营活动、接受并从事由中间人介绍的其他出口业务，但仍以自营名义出口的。

8. 不适应跨境应税行为适用增值税零税率和免税政策规定的出口服务和无形资产。

（二）应纳增值税的计算

适用增值税征税政策的出口货物、劳务和跨境应税行为，其应纳增值税按下列办法计算：

1. 一般纳税人出口货物、劳务和跨境应税行为

销项税额 =（出口货物、劳务和跨境应税行为离岸价 − 出口货物耗用的进料加工保税进口料件金额）÷（1 + 适用税率）× 适用税率

（1）出口货物、劳务和跨境应税行为若已按征退税率之差计算不得免征和抵扣税额并已经列入成本的，相应的税额应转回进项税额。

出口货物耗用的进料加工保税进口料件金额 = 主营业务成本 × 投入的保税进口料件金额 ÷ 生产成本

主营业务成本、生产成本均为不予退（免）税的进料加工出口货物的主营业务成本、生产成本。当耗用的保税进口料件金额大于不予退（免）税的进料加工出口货物金额时，耗用的保税进口料件金额为不予退（免）税的进料加工出口货物金额。

（2）出口企业应分别核算内销货物、劳务、跨境应税行为和增值税征税的出口货物的生产成本、主营业务成本。未分别核算的，其相应的生产成本、主营业务成本由主管税务机关核定。

进料加工手册海关核销后，出口企业应对出口货物耗用的保税进口料件金额进行清算。清算公式为：

清算耗用的保税进口料件总额 = 实际保税进口料件总额 - 退（免）税出口货物耗用的保税进口料件总额 - 进料加工副产品耗用的保税进口料件总额

若耗用的保税进口料件总额与各纳税期扣减的保税进口料件金额之和存在差额时，应在清算的当期相应调整销项税额。当耗用的保税进口料件总额大于出口货物离岸金额时，其差额部分不得扣减其他出口货物金额。

2. 小规模纳税人出口货物、劳务和跨境应税行为

应纳税额 = 出口货物、劳务和跨境应税行为离岸价 ÷ (1 + 征收率) × 征收率

五、出口货物、劳务和跨境应税行为退（免）税管理

根据《增值税暂行条例》《出口货物退（免）税管理办法（试行）》（国税发〔2005〕51 号）和 2016 年 9 月 1 日实施的《出口退（免）税企业分类管理办法》，出口货物、劳务和应税行为退（免）税管理的主要内容如下：

（一）出口退（免）税企业分类管理

出口企业管理类别分为一类、二类、三类、四类。

1. 同时符合下列条件的出口生产企业，管理类别可评定为一类

（1）企业的生产能力与上一年度申报出口退（免）税规模相匹配。

（2）近 3 年（含评定当年，下同）未发生过虚开增值税专用发票或者其他增值税扣税凭证、骗取出口退税行为。

（3）上一年度的年末净资产大于上一年度该企业已办理的出口退税额（不含免抵税额）。

（4）评定时纳税信用级别为 A 级或 B 级。

（5）企业内部建立了较为完善的出口退（免）税风险控制体系。

2. 同时符合下列条件的外贸企业，管理类别可评定为一类

（1）近 3 年未发生过虚开增值税专用发票或者其他增值税扣税凭证、骗取出口退税行为。

（2）上一年度的年末净资产大于上一年度该企业已办理出口退税额的 60%。

（3）持续经营 5 年以上（因合并、分立、改制重组等原因新设立企业的情况除外）。

（4）评定时纳税信用级别为 A 级或 B 级。

（5）评定时海关企业信用管理类别为高级认证企业或一般认证企业。

（6）评定时外汇管理的分类管理等级为 A 级。

（7）企业内部建立了较为完善的出口退（免）税风险控制体系。

3. 同时符合下列条件的外贸综合服务企业，管理类别可评定为一类

（1）近 3 年未发生过虚开增值税专用发票或者其他增值税扣税凭证、骗取出口退税行为。

（2）上一年度的年末净资产大于上一年度该企业已办理出口退税额的 30%。

（3）上一年度申报从事外贸综合服务业务的出口退税额，大于该企业全部出口退税额的 80%。

（4）评定时纳税信用级别为A级或B级。

（5）评定时海关企业信用管理类别为高级认证企业或一般认证企业。

（6）评定时外汇管理的分类管理等级为A级。

（7）企业内部建立了较为完善的出口退（免）税风险控制体系。

4. 符合下列条件之一的出口企业，管理类别应评定为三类

（1）自首笔申报出口退（免）税之日起至评定时未满12个月。

（2）评定时纳税信用级别为C级，或尚未评价纳税信用级别。

（3）上一年度累计6个月以上未申报出口退（免）税（从事对外援助、对外承包、境外投资业务的，以及出口季节性商品或出口生产周期较长的大型设备的出口企业除外）。

（4）上一年度发生过违反出口退（免）税有关规定的情形，但尚未达到税务机关行政处罚标准或司法机关处理标准的。

（5）存在省国家税务局规定的其他失信或风险情形。

5. 符合下列条件之一的出口企业，管理类别应评定为四类

（1）评定时纳税信用级别为D级。

（2）上一年度发生过拒绝向国税机关提供有关出口退（免）税账簿、原始凭证、申报资料、备案单证等情形。

（3）上一年度因违反出口退（免）税有关规定，被税务机关行政处罚或被司法机关处理过的。

（4）评定时企业因骗取出口退税被停止出口退税权，或者停止出口退税权届满后未满2年。

（5）四类出口企业的法定代表人新成立的出口企业。

（6）列入国家联合惩戒对象的失信企业。

（7）海关企业信用管理类别认定为失信企业。

（8）外汇管理的分类管理等级为C级。

（9）存在省国家税务局规定的其他严重失信或风险情形。

6. 一类、三类、四类出口企业以外的出口企业，其出口企业管理类别应评定为二类

（二）认定和申报

根据《增值税暂行条例》的规定，纳税人出口货物适用退（免）税规定的，应当向海关办理出口手续，凭出口报关单等有关凭证，在规定的出口退（免）税申报期内按月向主管税务机关申报办理该项出口货物的退（免）税；境内单位和个人跨境销售服务和无形资产适用退（免）税规定的，应当按期向主管税务机关申报办理退（免）税。具体办法由国务院财政、税务主管部门制定。

为进一步落实税务系统“放管服”改革要求，简化出口退（免）税手续，优化出口退（免）税服务，持续加快退税进度，支持外贸出口，国家税务总局于2018年就出口退（免）税申报的有关问题发布了第16号公告，其主要内容如下：

1. 出口企业或其他单位办理出口退（免）税备案手续时，应按规定向主管税务机

关填报修改后的《出口退（免）税备案表》。

2. 出口企业和其他单位申报出口退（免）税时，不再进行退（免）税预申报。主管税务机关确认申报凭证的内容与对应的管理部门电子信息无误后方可受理出口退（免）税申报。

3. 实行免抵退税办法的出口企业或其他单位在申报办理出口退（免）税时，不再报送当期《增值税纳税申报表》。

4. 出口企业按规定申请开具代理进口货物证明时，不再提供进口货物报关单（加工贸易专用）。

5. 外贸企业购进货物需分批申报退（免）税的以及生产企业购进非自产应税消费品需分批申报消费税退税的，出口企业不再向主管税务机关填报《出口退税进货分批申报单》，由主管税务机关通过出口税收管理系统对进货凭证进行核对。

6. 出口企业或其他单位在出口退（免）税申报期限截止之日前，申报出口退（免）税的出口报关单、代理出口货物证明、委托出口货物证明、增值税进货凭证仍没有电子信息或凭证的内容与电子信息比对不符的，应在出口退（免）税申报期限截止之日前，向主管税务机关报送《出口退（免）税凭证无相关电子信息申报表》。相关退（免）税申报凭证及资料留存企业备查，不再报送。

7. 出口企业或其他单位出口货物劳务、发生增值税跨境应税行为，由于以下原因未收齐单证，无法在规定期限内申报的，应在出口退（免）税申报期限截止之日前，向负责管理出口退（免）税的主管税务机关报送《出口退（免）税延期申报申请表》及相关举证资料，提出延期申报申请。主管税务机关自受理企业申请之日起 20 个工作日内完成核准，并将结果告知出口企业或其他单位。

（1）自然灾害、社会突发事件等不可抗力因素；

（2）出口退（免）税申报凭证被盗、抢，或者因邮寄丢失、误递；

（3）有关司法、行政机关在办理业务或者检查中，扣押出口退（免）税申报凭证；

（4）买卖双方因经济纠纷，未能按时取得出口退（免）税申报凭证；

（5）由于企业办税人员伤亡、突发危重疾病或者擅自离职，未能办理交接手续，导致不能按期提供出口退（免）税申报凭证；

（6）由于企业向海关提出修改出口货物报关单申请，在出口退（免）税申报期限截止之日前海关未完成修改，导致不能按期提供出口货物报关单；

（7）有关政府部门在出口退（免）税申报期限截止之日前未出具出口退（免）税申报所需凭证资料；

（8）国家税务总局规定的其他情形。

8. 出口企业申报退（免）税的出口货物，应按照《国家税务总局关于出口企业申报出口货物退（免）税提供收汇资料有关问题的公告》（国家税务总局公告 2013 年第 30 号，以下称“30 号公告”）的规定在出口退（免）税申报截止之日前收汇，未按规定收汇的出口货物适用增值税免税政策。对有下列情形之一的出口企业，在申报出口退（免）税时，须按照 30 号公告的规定提供收汇资料：①出口退（免）税企业分类管理类别为四类的；②主管税务机关发现出口企业申报的不能收汇原因是虚假的；③主管税务机关发现出口企业提供的出口货物收汇凭证是冒用的。

上述第①种情形自出口企业被主管税务机关评定为四类企业的次月起执行；第②种至第③种情形自主管税务机关通知出口企业之日起24个月内执行。上述情形的执行时间以申报退（免）税时间为准。

出口企业同时存在上述两种以上情形的，执行时间的截止时间为几种情形中的最晚截止时间。

9. 生产企业应于每年4月20日前，按以下规定向主管税务机关申请办理上年度海关已核销的进料加工手册（账册）项下的进料加工业务核销手续。4月20日前未进行核销的，对该企业的出口退（免）税业务，主管税务机关暂不办理，在其进行核销后再办理。

（1）生产企业申请核销前，应从主管税务机关获取海关联网监管加工贸易电子数据中的进料加工"电子账册（电子化手册）核销数据"以及进料加工业务的进口和出口货物报关单数据。

生产企业将获取的反馈数据与进料加工手册（账册）实际发生的进口和出口情况核对后，填报《生产企业进料加工业务免抵退税核销表》向主管税务机关申请核销。如果核对发现，实际业务与反馈数据不一致的，生产企业还应填写《已核销手册（账册）海关数据调整表》连同电子数据和证明材料一并报送主管税务机关。

（2）主管税务机关应将企业报送的电子数据读入出口退税审核系统，对《生产企业进料加工业务免抵退税核销表》和《已核销手册（账册）海关数据调整表》及证明资料进行审核。

（3）主管税务机关确认核销后，生产企业应以《生产企业进料加工业务免抵退税核销表》中的"已核销手册（账册）综合实际分配率"，作为当年度进料加工计划分配率。同时，应在核销确认的次月，根据《生产企业进料加工业务免抵退税核销表》确认的不得免征和抵扣税额在纳税申报时申报调整；应在确认核销后的首次免抵退税申报时，根据《生产企业进料加工业务免抵退税核销表》确认的调整免抵退税额申报调整当期免抵退税额。

（4）生产企业发现核销数据有误的，应在发现次月按照本条第（1）项至第（3）项的有关规定向主管税务机关重新办理核销手续。

10. 出口企业因纳税信用级别、海关企业信用管理类别、外汇管理的分类管理等级等发生变化，或者对分类管理类别评定结果有异议的，可以书面向负责评定出口企业管理类别的税务机关提出重新评定管理类别。有关税务机关应按照《国家税务总局关于发布修订后的〈出口退（免）税企业分类管理办法〉的公告》（国家税务总局公告2016年第46号）的规定，自收到企业复评资料之日起20个工作日内完成评定工作。

11. 境内单位提供航天运输服务或在轨交付空间飞行器及相关货物，在进行出口退（免）税申报时，应填报《航天发射业务出口退税申报明细表》，并提供下列资料及原始凭证的复印件：

（1）签订的发射合同或在轨交付合同；

（2）发射合同或在轨交付合同对应的项目清单项下购进航天运输器及相关货物和空间飞行器及相关货物的增值税专用发票或海关进口增值税专用缴款书、接受发射运行保障服务的增值税专用发票；

（3）从与之签订航天运输服务合同的单位取得收入的收款凭证。

《国家税务总局关于发布〈适用增值税零税率应税服务退（免）税管理办法〉的公告》（国家税务总局公告 2014 年第 11 号）第九条第二项第 1 目规定的其他具有提供商业卫星发射服务资质的证明材料，包括国家国防科技工业局颁发的《民用航天发射项目许可证》。

（三）若干征、退（免）税规定

1. 出口企业或其他单位退（免）税备案之前的出口货物劳务，在办理退（免）税认定后，可按规定适用增值税退（免）税或免税政策。

2. 出口企业或其他单位出口货物劳务适用免税政策的，除特殊区域内企业出口的特殊区域内货物、出口企业或其他单位视同出口的免征增值税的货物劳务外，如果未按规定申报免税，应视同内销货物和加工修理修配劳务征收增值税。

3. 开展进料加工业务的出口企业若发生未经海关批准将海关保税进口料件作价销售给其他企业加工的，应按规定征收增值税。

4. 卷烟出口企业经主管税务机关批准按国家批准的免税出口卷烟计划购进的卷烟免征增值税。

5. 发生增值税不应退税或免税但已实际退税或免税的，出口企业和其他单位应当补缴已退或已免税款。

6. 国家批准的免税品经营企业销售给免税店的进口免税货物免征增值税。

7. 融资租赁出租方应当按照主管税务机关的要求办理退税认定和申报增值税退税。用于融资租赁货物退税的增值税专用发票或海关进口增值税专用缴款书，不得用于抵扣内销货物应纳税额。对承租期未满而发生退租的融资租赁货物，融资租赁出租方应及时主动向税务机关报告，并按照规定补缴已退税款，对融资租赁出口货物，再复进口时融资租赁出租方应按照规定向海关办理复运进境手续并提供主管税务机关出具的货物已补税或未退税证明，海关不征收进口关税和进口环节税。

（四）外贸企业不能确定出口货物的处理

外贸企业核算要求外贸企业应单独设账核算出口货物的购进金额和进项税额，若购进货物时不能确定是用于出口的，先记入出口库存账，用于其他用途时应从出口库存账转出。

（五）符合条件的生产企业已签订出口合同的交通运输工具和机器设备的退税

符合条件的生产企业已签订出口合同的交通运输工具和机器设备，在其退税凭证尚未收集齐全的情况下，可凭出口合同、销售明细账等，向主管税务机关审报免抵退税。在货物向海关报关出口后，应按规定申报退（免）税，并办理已退（免）税的核销手续。多退（免）的税款，应予追回。

生产企业申请时应同时满足以下条件：①已取得增值税一般纳税人资格。②已持续经营 2 年及 2 年以上。③生产的交通运输工具和机器设备生产周期在 1 年及 1 年以上。

④上一年度净资产大于同期出口货物增值税、消费税退税额之和的3倍。⑤持续经营以来从未发生逃税、骗取出口退税、虚开增值税专用发票或农产品收购发票、接受虚开增值税专用发票（善意取得虚开增值税专用发票除外）行为。

（六）出口货物、劳务和应税行为退（免）税日常管理

1. 税务机关对出口货物、劳务和应税行为退（免）税有关政策、规定应及时予以公告，并加强对出口商的宣传辅导和培训工作。

2. 税务机关应做好出口货物、劳务和应税行为退（免）税计划及其执行情况的分析、上报工作。税务机关必须在国家税务总局下达的出口退（免）税计划内办理退库和调库。

3. 税务机关遇到下述情况，应及时结清出口商出口货物、劳务和应税行为的退（免）税款：①出口商发生解散、破产、撤销以及其他依法应终止出口退（免）税事项的，或者注销出口货物退（免）税认定的。②出口商违反国家有关政策法规，被停止一定期限出口退税权的。

4. 税务机关应建立出口货物、劳务和应税行为退（免）税评估机制和监控机制，强化出口货物退（免）税管理，防止骗税案件的发生。

5. 税务机关应按照规定，做好出口货物、劳务和应税行为退（免）税电子数据的接收、使用和管理工作，保证出口货物、劳务和应税行为退（免）税电子化管理系统的安全，定期做好电子数据备份及设备维护工作。

6. 税务机关应建立出口货物、劳务和应税行为退（免）税凭证、资料的档案管理制度。出口货物、劳务和应税行为退（免）税凭证、资料应当保存10年。但是，法律、行政法规另有规定的除外。具体管理办法由各省级国家税务局制定。

（七）违章处理

1. 出口企业和其他单位有下列行为之一的，主管税务机关应按照《税收征收管理法》第六十条规定予以处罚：①未按规定设置、使用和保管有关出口货物退（免）税账簿、凭证、资料的；②未按规定装订、存放和保管备案单证的。

2. 出口企业和其他单位拒绝税务机关检查或拒绝提供有关出口货物退（免）税账簿、凭证、资料的，税务机关应按照《税收征收管理法》第七十条规定予以处罚。

3. 出口企业提供虚假备案单证的，主管税务机关应按照《税收征收管理法》第七十条的规定处罚。

4. 从事进料加工业务的生产企业，未按规定期限办理进料加工登记、申报、核销手续的，主管税务机关在按照《税收征收管理法》第六十二条有关规定进行处理后再办理相关手续。

5. 出口企业和其他单位有违反发票管理规定行为的，主管税务机关应按照《发票管理办法》有关规定予以处罚。

6. 出口企业和其他单位以假报出口或者其他欺骗手段，骗取国家出口退税款，由主管税务机关追缴其骗取的退税款，并处骗取税款1倍以上5倍以下的罚款；构成犯罪的，依法追究刑事责任。

对骗取国家出口退税款的，由省级以上（含本级）税务机关批准，按下列规定停止其出口退（免）税资格：①骗取国家出口退税款不满5万元的，可以停止为其办理出口退税半年以上一年以下。②骗取国家出口退税款5万元以上不满50万元的，可以停止为其办理出口退税一年以上一年半以下。③骗取国家出口退税款50万元以上不满250万元，或因骗取出口退税行为受过行政处罚、两年内又骗取国家出口退税款数额在30万元以上不满150万元的，停止为其办理出口退税一年半以上两年以下。④骗取国家出口退税款250万元以上，或因骗取出口退税行为受过行政处罚、两年内又骗取国家出口退税款数额在150万元以上的，停止为其办理出口退税两年以上三年以下。⑤停止办理出口退税的时间以省级以上（含本级）税务机关批准后作出《税务行政处罚决定书》的决定之日为起始日。

任务五
增值税的纳税申报

导入引例

高新印刷厂2021年9月购销情况如下：

1. 9月6日，接受某出版社委托，印刷图书50 000册，每册不含税的印刷价格12元，开具专用发票；另收运费1 000元，开具专用发票。

2. 9月10日，印刷挂历1 400本，每本售价22.6元（含税价），零售50本，开具普通发票，款项收到；批发给某图书城800本，每本20元，实行七折优惠，开票时将销售额与折扣额开在了同一张专用发票上，并规定5天之内付款再给5%折扣，购货方如期付款。

3. 9月11日，从锦华商贸有限公司购进甲材料取得增值税专用发票上注明增值税13 600元，当月通过认证；支付运费1 000元取得增值税专用发票，注明增值税90元，当月已经认证通过。

4. 9月14日，将印刷的挂历发给本企业职工300本，赠送客户200本，未开具发票。

5. 9月15日，为某产品印刷说明书收取加工费50 000元（不含税价），开具专用发票。

6. 9月19日，从方达材料有限公司购进乙材料取得增值税专用发票上注明增值税7 800元，当月未认证。

7. 9月25日，从万国设备有限公司购买一台生产经营用设备取得增值税专用发票上注明税金34 000元，当月通过认证。

8. 上月购进的价值30 000元（不含税价）的纸张因管理不善浸水，无法使用。

9. 9月26日，销售本厂使用过的小汽车一辆（2017年购入），原值160 000元，卖出时取得收入100 000元，货款已收到。销售使用过的机床一台（2010年购入），原值19 000元，卖出时取得收入20 000元，开具普通发票，货款已收到。

根据本资料办理高新印刷厂2021年9月纳税申报。

知识准备和业务操作

一、增值税纳税义务发生时间

（一）纳税义务发生时间的确定

《增值税暂行条例》明确规定：

（1）纳税人发生应税销售行为，其纳税义务发生时间为收讫销售款项或者取得索取销售款项凭据的当天；先开具发票的，为开具发票的当天。

收讫销售款项，是指纳税人发生应税销售行为过程中或者完成后收到的款项。

取得索取销售款项凭据的当天，是指书面合同确定的付款日期；未签订书面合同或者书面合同未确定付款日期的，为应税销售行为完成的当天或者不动产权属变更的当天。

（2）进口货物，为报关进口的当天。

（3）增值税扣缴义务发生时间为纳税人增值税纳税义务发生的当天。

（二）具体情况下，纳税义务发生时间的确定

由于纳税人销售结算方式的不同，《增值税暂行条例实施细则》和“营改增通知”规定了具体的纳税义务发生时间。

（1）采取直接收款方式销售货物，不论货物是否发出，均为收到销售款或者取得索取销售款凭据的当天。

纳税人生产经营活动中采取直接收款方式销售货物，已将货物移送对方并暂估销售收入入账，但既未取得销售款或取得索取销售款凭据也未开具销售发票的，其增值税纳税义务发生时间为取得销售款或取得索取销售款凭据的当天；先开具发票的，为开具发票的当天。

（2）采取托收承付和委托银行收款方式销售货物，为发出货物并办妥托收手续的当天。

（3）采取赊销和分期收款方式销售货物，为书面合同约定的收款日期的当天，无书面合同的或者书面合同没有约定收款日期的，为货物发出的当天。

（4）采取预收货款方式销售货物，为货物发出的当天，但生销售生产工期超过12个月的大型机械设备、船舶、飞机等货物，为收到预收款或者书面合同约定的收款日期的当天。

（5）委托其他纳税人代销货物，为收到代销单位的代销清单或者收到全部或者部分货款的当天。未收到代销清单及货款的，为发出代销货物满180天的当天。

（6）销售劳务，为提供劳务同时收讫销售款或者取得索取销售款的凭据的当天。

（7）纳税人发生除将货物交付其他单位或者个人代销和销售代销货物以外的视同销售货物行为，为货物移送的当天。

（8）纳税人提供租赁服务采取预收款方式的，其纳税义务发生时间为收到预收款

的当天。

例如：某试点纳税人出租一辆小轿车，租金 5 000 元/月，一次性预收了对方一年的租金共 60 000 元，该纳税人则应在收到 60 000 元租金的当天确认纳税义务发生，并按 60 000 元确认收入。而不能将 60 000 元租金采取按月分摊确认收入的方法，也不能在该业务完成后再确认收入。

（9）纳税人从事金融商品转让的，为金融商品所有权转移的当天。

（10）纳税人发生视同销售服务、无形资产或者不动产情形的，其纳税义务发生时间为服务、无形资产转让完成的当天或者不动产权属变更的当天。

上述应税销售行为纳税义务发生时间和扣缴义务发生时间的确定，明确了企业在计算应纳税额时，对“当期销项税额”时间的限定，是增值税计税和征收管理中重要的规定。如没有按照上述规定的纳税义务发生时间将实现的销售收入及时入账并计算纳税，而是采取延迟入账或不计销售收入等做法，以拖延纳税或逃避纳税的行为都是错误的。企业必须按上述规定的时限及时、准确地记录销售额和计算当期销项税额。

【思考题 2－25】（单选题）采取预收货款方式销售货物，增值税纳税义务发生时间是（　　）。

A. 销售方收到第一笔货款的当天　　B. 销售方收到剩余货款的当天

C. 销售方发出货物的当天　　D. 购买方收到货物的当天

二、增值税纳税期限

根据相关规定，增值税的纳税期限分别为 1 日、3 日、5 日、10 日、15 日、1 个月或者 1 个季度。

纳税人的具体纳税期限，由主管税务机关根据纳税人应纳税额的大小分别核定；不能按照固定期限纳税的，可以按次纳税。以 1 个季度为纳税期限的规定适用于小规模纳税人、银行、财务公司、信托投资公司、信用社，以及财政部和国家税务总局规定的其他纳税人。

纳税人以 1 个月或者 1 个季度为 1 个纳税期的，自期满之日起 15 日内申报纳税；以 1 日、3 日、5 日、10 日或者 15 日为 1 个纳税期的，自期满之日起 5 日内预缴税款，于次月 1 日起 15 日内申报纳税并结清上月应纳税款。

扣缴义务人解缴税款的期限，依照上述规定执行。

纳税人进口货物，应当自海关填发进口增值税专用缴款书之日起 15 日内缴纳税款。

三、增值税纳税地点

1. 固定业户应当向其机构所在地主管税务机关申报纳税。总机构和分支机构不在同一县（市）的，应当分别向各自所在地的主管税务机关申报纳税；经财政部和国家税务总局或者其授权的财政和税务机关批准，可以由总机构汇总向总机构所在地的主管税务机关申报纳税。

根据税收属地管辖原则，固定业户应当向其机构所在地的主管税务机关申报纳税，这是一般性规定。这里的机构所在地是指纳税人的注册登记地。如果固定业户设有分支机构，且不在同一县（市）的，应当分别向各自所在地的主管税务机关申报纳税。经财政部和国家税务总局或者其授权的财政和税务机关批准，可以由总机构汇总向总机构所在地的主管税务机关申报纳税。具体审批权限如下：

（1）总机构和分支机构不在同一省、自治区、直辖市的，经财政部和国家税务总局批准，可以由总机构汇总向总机构所在地的主管税务机关申报纳税。

（2）总机构和分支机构不在同一县（市），但在同一省、自治区、直辖市范围内的，经省、自治区、直辖市财政厅（局）、国家税务局审批同意，可以由总机构汇总向总机构所在地的主管税务机关申报纳税。

2. 固定业户到外县（市）销售货物或者劳务，应当向其机构所在地的主管税务机关报告外出经营事项，并向其机构所在地的主管税务机关申报纳税；未报告的，应当向销售地或者劳务发生地的主管税务机关申报纳税；未向销售地或者劳务发生地的主管税务机关申报纳税的，由其机构所在地的主管税务机关补征税款。

3. 非固定业户销售货物或者劳务应当向销售地或者劳务发生地主管税务机关申报纳税；未向销售地或者劳务发生地的主管税务机关申报纳税的，由其机构所在地或者居住地主管税务机关补征税款。

4. 进口货物，应当向报关地海关申报纳税。

5. 扣缴义务人应当向其机构所在地或者居住地主管税务机关申报缴纳扣缴的税款。

四、增值税纳税申报

一图了解如何便利纳税人

为贯彻落实中办、国办印发的《关于进一步深化税收征管改革的意见》，深入推进税务领域“放管服”改革，优化营商环境，切实减轻纳税人、缴费人申报负担，根据《国家税务总局关于开展 2021 年“我为纳税人缴费人办实事暨便民办税春风行动”的意见》（税总发〔2021〕14 号），自 2021 年 5 月 1 日起，在海南、陕西、大连、厦门 4 个省市开展增值税、消费税分别与附加税费申报表整合试点。国家税务总局将根据试点情况，2021 年适时在全国推开。

按月度申报缴纳增值税、消费税及附加税费的纳税人，申报缴纳所属期 2021 年 4 月及以后的增值税、消费税及附加税费适用以上规定。按季度申报缴纳增值税、消费税及附加税费的纳税人，申报缴纳所属期 2021 年第 2 季度及以后的增值税、消费税及附加税费，适用以上规定。纳税人调整以前所属期税费事项的，按照相应所属期的税费申报表相关规则调整。

（一）增值税一般纳税人的纳税申报

增值税一般纳税人纳税申报需要填制《增值税及附加税费申报表（一般纳税人适用）》（见表 2－3）、《增值税及附加税费申报表附列资料》（见表 2－4、表 2－5、表 2－6、表 2－7、表 2－8）以及《增值税减免税申报明细表》（表 2－9）。

表 2-3

增值税及附加税费申报表

（一般纳税人适用）

根据国家税收法律法规及增值税相关规定制定本表。纳税人不论有无销售额，均应按税务机关核定的纳税期限填写本表，并向当地税务机关申报。

税款所属时间：自　　年　月　日至　　年　月　日　填表日期：　　年　月　日　　　　金额单位：元（列至角分）

纳税人识别号（统一社会信用代码）：□□□□□□□□□□□□□□□□□□□□□□□□□□□　　所属行业：

纳税人名称：		法定代表人姓名		注册地址		生产经营地址	
开户银行及账号		登记注册类型				电话号码	

项目		栏次	一般项目		即征即退项目	
			本月数	本年累计	本月数	本年累计
销售额	（一）按适用税率计税销售额	1				
	其中：应税货物销售额	2				
	应税劳务销售额	3				
	纳税检查调整的销售额	4				
	（二）按简易办法计税销售额	5				
	其中：纳税检查调整的销售额	6				
	（三）免、抵、退办法出口销售额	7			—	—
	（四）免税销售额	8			—	—
	其中：免税货物销售额	9			—	—
	免税劳务销售额	10			—	—
税款计算	销项税额	11				
	进项税额	12				
	上期留抵税额	13				—
	进项税额转出	14				
	免、抵、退应退税额	15			—	—
	按适用税率计算的纳税检查应补缴税额	16			—	—
	应抵扣税额合计	17＝12＋13－14－15＋16		—		—
	实际抵扣税额	18（如 17＜11，则为 17，否则为 11）				
	应纳税额	19＝11－18				
	期末留抵税额	20＝17－18				—
	简易计税办法计算的应纳税额	21				
	按简易计税办法计算的纳税检查应补缴税额	22			—	—
	应纳税额减征额	23				
	应纳税额合计	24＝19＋21－23				

续表

<table>
<tr><th colspan="2" rowspan="2">项　目</th><th rowspan="2">栏次</th><th colspan="2">一般项目</th><th colspan="2">即征即退项目</th></tr>
<tr><th>本月数</th><th>本年累计</th><th>本月数</th><th>本年累计</th></tr>
<tr><td rowspan="14">税款缴纳</td><td>期初未缴税额（多缴为负数）</td><td>25</td><td></td><td></td><td></td><td></td></tr>
<tr><td>实收出口开具专用缴款书退税额</td><td>26</td><td></td><td></td><td>—</td><td>—</td></tr>
<tr><td>本期已缴税额</td><td>27 = 28 + 29 + 30 + 31</td><td></td><td></td><td></td><td></td></tr>
<tr><td>①分次预缴税额</td><td>28</td><td></td><td>—</td><td></td><td>—</td></tr>
<tr><td>②出口开具专用缴款书预缴税额</td><td>29</td><td></td><td>—</td><td>—</td><td>—</td></tr>
<tr><td>③本期缴纳上期应纳税额</td><td>30</td><td></td><td></td><td></td><td></td></tr>
<tr><td>④本期缴纳欠缴税额</td><td>31</td><td></td><td></td><td></td><td></td></tr>
<tr><td>期末未缴税额（多缴为负数）</td><td>32 = 24 + 25 + 26 − 27</td><td></td><td></td><td></td><td></td></tr>
<tr><td>其中：欠缴税额（≥0）</td><td>33 = 25 + 26 − 27</td><td></td><td>—</td><td></td><td>—</td></tr>
<tr><td>本期应补（退）税额</td><td>34 = 24 − 28 − 29</td><td></td><td>—</td><td></td><td>—</td></tr>
<tr><td>即征即退实际退税额</td><td>35</td><td>—</td><td>—</td><td></td><td></td></tr>
<tr><td>期初未缴查补税额</td><td>36</td><td></td><td></td><td>—</td><td>—</td></tr>
<tr><td>本期入库查补税额</td><td>37</td><td></td><td></td><td>—</td><td>—</td></tr>
<tr><td>期末未缴查补税额</td><td>38 = 16 + 22 + 36 − 37</td><td></td><td></td><td>—</td><td>—</td></tr>
<tr><td rowspan="3">附加税费</td><td>城市维护建设税本期应补（退）税额</td><td>39</td><td></td><td></td><td>—</td><td>—</td></tr>
<tr><td>教育费附加本期应补（退）费额</td><td>40</td><td></td><td></td><td>—</td><td>—</td></tr>
<tr><td>地方教育附加本期应补（退）费额</td><td>41</td><td></td><td></td><td>—</td><td>—</td></tr>
<tr><td colspan="7">声明：此表是根据国家税收法律法规及相关规定填写的，本人（单位）对填报内容（及附带资料）的真实性、可靠性、完整性负责。
纳税人（签章）：　　　　年　月　日</td></tr>
<tr><td colspan="3">经办人：
经办人身份证号：
代理机构签章：
代理机构统一社会信用代码：</td><td colspan="4">受理人：
受理税务机关（章）：　　受理日期：　　年　月　日</td></tr>
</table>

表 2－4

增值税及附加税费申报表附列资料（一）

（本期销售情况明细）

税款所属时间： 年 月 日至 年 月 日

纳税人名称：（公章）　　　　　　　　　　　　　　　　金额单位：元（列至角分）

项目及栏次				开具增值税专用发票		开具其他发票		未开具发票		纳税检查调整		合计			服务、不动产和无形资产扣除项目本期实际扣除金额	扣除后	
				销售额	销项（应纳）税额	销售额	销项（应纳）税额	销售额	销项（应纳）税额	销售额	销项（应纳）税额	销售额	销项（应纳）税额	价税合计		含税（免税）销售额	销项（应纳）税额
				1	2	3	4	5	6	7	8	9＝1＋3＋5＋7	10＝2＋4＋6＋8	11＝9＋10	12	13＝11－12	14＝13÷（100%＋税率或征收率）×税率或征收率
一、一般计税方法计税	全部征税项目	13%税率的货物及加工修理修配劳务	1											—	—	—	—
		13%税率的服务、不动产和无形资产	2														
		9%税率的货物及加工修理修配劳务	3											—	—	—	—
		9%税率的服务、不动产和无形资产	4														
		6%税率	5														
	其中：即征即退项目	即征即退货物及加工修理修配劳务	6	—	—	—	—	—	—	—	—			—	—	—	—
		即征即退服务、不动产和无形资产	7	—	—	—	—	—	—	—	—						
二、简易计税方法计税	全部征税项目	6%征收率	8							—	—			—	—	—	—
		5%征收率的货物及加工修理修配劳务	9a							—	—			—	—	—	—
		5%征收率的服务、不动产和无形资产	9b							—	—						
		4%征收率	10							—	—			—	—	—	—
		3%征收率的货物及加工修理修配劳务	11							—	—			—	—	—	—
		3%征收率的服务、不动产和无形资产	12							—	—						
		预征率　%	13a							—	—						
		预征率　%	13b							—	—						
		预征率　%	13c							—	—						
	其中：即征即退项目	即征即退货物及加工修理修配劳务	14	—	—	—	—	—	—	—	—			—	—	—	—
		即征即退服务、不动产和无形资产	15	—	—	—	—	—	—	—	—						
三、免抵退税	货物及加工修理修配劳务		16	—	—		—		—	—	—		—	—	—	—	—
	服务、不动产和无形资产		17	—	—		—		—	—	—		—				—
四、免税	货物及加工修理修配劳务		18				—		—	—	—		—	—	—	—	—
	服务、不动产和无形资产		19	—	—		—		—	—	—		—				—

表2-5　　增值税及附加税费申报表附列资料（二）

（本期进项税额明细）

税款所属时间：年　月　日至　年　月　日

纳税人名称：（公章）　　　　金额单位：元（列至角分）

一、申报抵扣的进项税额				
项目	栏次	份数	金额	税额
（一）认证相符的增值税专用发票	1=2+3			
其中：本期认证相符且本期申报抵扣	2			
前期认证相符且本期申报抵扣	3			
（二）其他扣税凭证	4=5+6+7+8a+8b			
其中：海关进口增值税专用缴款书	5			
农产品收购发票或者销售发票	6			
代扣代缴税收缴款凭证	7		—	
加计扣除农产品进项税额	8a	—	—	
其他	8b			
（三）本期用于购建不动产的扣税凭证	9			
（四）本期用于抵扣的旅客运输服务扣税凭证	10			
（五）外贸企业进项税额抵扣证明	11	—	—	
当期申报抵扣进项税额合计	12=1+4+11			
二、进项税额转出额				
项目	栏次	税额		
本期进项税额转出额	13=14至23之和			
其中：免税项目用	14			
集体福利、个人消费	15			
非正常损失	16			
简易计税方法征税项目用	17			
免抵退税办法不得抵扣的进项税额	18			
纳税检查调减进项税额	19			
红字专用发票信息表注明的进项税额	20			
上期留抵税额抵减欠税	21			
上期留抵税额退税	22			
异常凭证转出进项税额	23a			
其他应作进项税额转出的情形	23b			
三、待抵扣进项税额				
项目	栏次	份数	金额	税额
（一）认证相符的增值税专用发票	24	—	—	—
期初已认证相符但未申报抵扣	25			
本期认证相符且本期未申报抵扣	26			
期末已认证相符但未申报抵扣	27			
其中：按照税法规定不允许抵扣	28			
（二）其他扣税凭证	29=30至33之和			
其中：海关进口增值税专用缴款书	30			
农产品收购发票或者销售发票	31			
代扣代缴税收缴款凭证	32		—	
其他	33			
	34			
四、其他				
项目	栏次	份数	金额	税额
本期认证相符的增值税专用发票	35			
代扣代缴税额	36	—	—	

表 2－6　增值税及附加税费申报表附列资料（三）

（服务、不动产和无形资产扣除项目明细）

税款所属时间：　年　月　日至　年　月　日

纳税人名称：（公章）　金额单位：元（列至角分）

项目及栏次		本期服务、不动产和无形资产价税合计额（免税销售额）	服务、不动产和无形资产扣除项目				
			期初余额	本期发生额	本期应扣除金额	本期实际扣除金额	期末余额
		1	2	3	4＝2＋3	5（5≤1且5≤4）	6＝4－5
13%税率的项目	1						
9%税率的项目	2						
6%税率的项目（不含金融商品转让）	3						
6%税率的金融商品转让项目	4						
5%征收率的项目	5						
3%征收率的项目	6						
免抵退税的项目	7						
免税的项目	8						

表 2－7　增值税及附加税费申报表附列资料（四）

（税额抵减情况表）

税款所属时间：　年　月　日至　年　月　日

纳税人名称：（公章）　金额单位：元（列至角分）

一、税额抵减情况						
序号	抵减项目	期初余额	本期发生额	本期应抵减税额	本期实际抵减税额	期末余额
		1	2	3＝1＋2	4≤3	5＝3－4
1	增值税税控系统专用设备费及技术维护费					
2	分支机构预征缴纳税款					
3	建筑服务预征缴纳税款					
4	销售不动产预征缴纳税款					
5	出租不动产预征缴纳税款					

二、加计抵减情况							
序号	加计抵减项目	期初余额	本期发生额	本期调减额	本期可抵减额	本期实际抵减额	期末余额
		1	2	3	4＝1＋2－3	5	6＝4－5
6	一般项目加计抵减额计算						
7	即征即退项目加计抵减额计算						
8	合计						

表2－8

增值税及附加税费申报表附列资料（五）

（附加税费情况表）

税（费）款所属时间：　　年　月　日至　　年　月　日

纳税人名称：（公章）　　　　　　　　　　　　　　　　　　　　　　　　　　金额单位：元（列至角分）

税（费）种		计税（费）依据			税(费)率（征收率）（%）	本期应纳税（费）额	本期减免税（费）额		试点建设培育产教融合型企业		本期已缴税（费）额	本期应补（退）税（费）额
		增值税税额	增值税免抵税额	留抵退税本期扣除额			减免性质代码	减免税（费）额	减免性质代码	本期抵免金额		
		1	2	3	4	5＝（1＋2－3）×4	6	7	8	9	10	11＝5－7－9－10
城市维护建设税	1								—	—		
教育费附加	2											
地方教育附加	3											
合计	4	—	—	—	—		—		—			
本期是否适用试点建设培育产教融合型企业抵免政策					□是 □否	当期新增投资额				5		
						上期留抵可抵免金额				6		
						结转下期可抵免金额				7		
可用于扣除的增值税留抵退税额使用情况						当期新增可用于扣除的留抵退税额				8		
						上期结存可用于扣除的留抵退税额				9		
						结转下期可用于扣除的留抵退税额				10		

表2－9

增值税减免税申报明细表

税款所属时间：自　　年　月　日至　　年　月　日

纳税人名称（公章）：　　　　　　　　　　　　　　　　　　　　　　　　　　金额单位：元（列至角分）

一、减税项目						
减税性质代码及名称	栏次	期初余额	本期发生额	本期应抵减税额	本期实际抵减税额	期末余额
		1	2	3＝1＋2	4≤3	5＝3－4
合计	1					
	2					
	3					
	4					
	5					
	6					
二、免税项目						
免税性质代码及名称	栏次	免征增值税项目销售额	免税销售额扣除项目本期实际扣除金额	扣除后免税销售额	免税销售额对应的进项税额	免税额
		1	2	3＝1－2	4	5
合　计	7					
出口免税	8		—	—	—	
其中：跨境服务	9		—	—	—	
	10				—	
	11				—	
	12				—	
	13				—	
	14				—	
	15				—	
	16				—	

（二）增值税小规模纳税人的纳税申报

增值税小规模纳税人纳税申报需要填制《增值税及附加税费申报表（小规模纳税人适用）》（见表2－10）、《增值税及附加税费申报表（小规模纳税人适用）附列资料》（见表2－11、表2－12）。

表2－10　　增值税及附加税费申报表

（小规模纳税人适用）

纳税人识别号（统一社会信用代码）：□□□□□□□□□□□□□□□□□□□□□□□□□

纳税人名称：　　　　　　　　　　　　　　　　　　　　　　　金额单位：元（列至角分）

税款所属期：　　　年　月　日至　　　　年　月　日　　　　　　填表日期：　　年　月　日

	项目	栏次	本期数		本年累计	
			货物及劳务	服务、不动产和无形资产	货物及劳务	服务、不动产和无形资产
一、计税依据	（一）应征增值税不含税销售额（3%征收率）	1				
	增值税专用发票不含税销售额	2				
	其他增值税发票不含税销售额	3				
	（二）应征增值税不含税销售额（5%征收率）	4	—		—	
	增值税专用发票不含税销售额	5	—		—	
	其他增值税发票不含税销售额	6	—		—	
	（三）销售使用过的固定资产不含税销售额	7（7≥8）		—		—
	其中：其他增值税发票不含税销售额	8		—		—
	（四）免税销售额	9＝10＋11＋12				
	其中：小微企业免税销售额	10				
	未达起征点销售额	11				
	其他免税销售额	12				
	（五）出口免税销售额	13（13≥14）				
	其中：其他增值税发票不含税销售额	14				
二、税款计算	本期应纳税额	15				
	本期应纳税额减征额	16				
	本期免税额	17				
	其中：小微企业免税额	18				
	未达起征点免税额	19				
	应纳税额合计	20＝15－16				
	本期预缴税额	21			—	—
	本期应补（退）税额	22＝20－21			—	—
三、附加税费	城市维护建设税本期应补（退）税额	23				
	教育费附加本期应补（退）费额	24				
	地方教育附加本期应补（退）费额	25				

声明：此表是根据国家税收法律法规及相关规定填写的，本人（单位）对填报内容（及附带资料）的真实性、可靠性、完整性负责。

纳税人（签章）：　　年　月　日

经办人： 经办人身份证号： 代理机构签章： 代理机构统一社会信用代码：	受理人： 受理税务机关（章）： 受理日期：　　年　月　日

表 2-11　增值税及附加税费申报表（小规模纳税人适用）附列资料（一）

（服务、不动产和无形资产扣除项目明细）

税款所属期：　年　月　日至　年　月　日　　填表日期：　年　月　日

纳税人名称（公章）：　　金额单位：元（列至角分）

应税行为（3%征收率）扣除额计算			
期初余额	本期发生额	本期扣除额	期末余额
1	2	3（3≤1+2之和，且3≤5）	4=1+2-3
应税行为（3%征收率）计税销售额计算			
全部含税收入（适用3%征收率）	本期扣除额	含税销售额	不含税销售额
5	6=3	7=5-6	8=7÷1.03
应税行为（5%征收率）扣除额计算			
期初余额	本期发生额	本期扣除额	期末余额
9	10	11（11≤9+10之和，且11≤13）	12=9+10-11
应税行为（5%征收率）计税销售额计算			
全部含税收入（适用5%征收率）	本期扣除额	含税销售额	不含税销售额
13	14=11	15=13-14	16=15÷1.05

表 2-12　增值税及附加税费申报表（小规模纳税人适用）附列资料（二）

（附加税费情况表）

税（费）款所属时间：　年　月　日至　年　月　日

纳税人名称：（公章）　　金额单位：元（列至角分）

税（费）种	计税（费）依据	税（费）率（征收率）（%）	本期应纳税（费）额	本期减免税（费）额		增值税小规模纳税人“六税两费”减征政策		本期已缴税（费）额	本期应补（退）税（费）额
	增值税税额			减免性质代码	减免税（费）额	减征比例（%）	减征额		
	1	2	3=1×2	4	5	6	7=（3-5）×6	8	9=3-5-7-8
城市维护建设税									
教育费附加									
地方教育附加									
合计	—	—		—		—			

引例解析

根据任务案例办理纳税申报：

1. 计算该企业的当月的应纳税额

(1) 印刷图书专用发票：销售额 = 50 000 × 12 = 600 000 (元)

销项税额 = 600 000 × 9% = 54 000 (元)

交通运输：销售额 = 1 000 (元)

销项税额 = 1000 × 9% = 90 (元)

(2) 印刷挂历普通发票：销售额 = 22.6 × 50 ÷ (1 + 13%) = 1 000 (元)

销项税额 = 1 000 × 13% = 130 (元)

批发销售图书专用发票：销售额 = 70% × 20 × 800 = 11 200 (元)

销项税额 = 11 200 × 9% = 1 008 (元)

(3) 认证通过专用发票：进项税额 = 13 600 (元)

认证通过专用发票：进项税额 = 90 (元)

(4) 未开具发票，视同销售：销售额 = 500 × 20 = 10 000 (元)

销项税额 = 10 000 × 13% = 1 300 (元)

(5) 专用发票，劳务销售额 = 50 000 (元)

销项税额 = 50 000 × 13% = 6 500 (元)

(6) 未认证专用发票：进项税额 = 7 800 (元)

(7) 认证通过专用发票：进项税额 = 34 000 (元)

(8) 进项税转出 = 30 000 × 13% = 3 900 (元)

(9) 销售自己使用过的小汽车 = 100 000 × 13% = 13 000 (元)

销售自己使用过的机床，按简易办法计算的应纳税额 = 20 000 ÷ (1 + 3%) × 2% = 388.35 (元)

销项税额合计 = 54 000 + 90 + 130 + 1 008 + 1 300 + 6 500 + 13 000 = 76 028 (元)

进项税额合计 = 13 600 + 34 000 + 90 = 47 690 (元)

进项税额转出 = 3 900 (元)

应纳税额 = 销项税额合计 − (进项税额合计 − 进项税额转出) + 按简易办法计算的应纳税额 = 76 028 − (47 690 − 3 900) + 388.55 = 32 626.55 (元)

2. 填制增值税纳税申报表附列资料，内容见表 2 − 13 和表 2 − 14。

表 2－13

增值税纳税申报表附列资料（一）

（本期销售情况明细）

纳税人名称：（公章）　　　　税款所属时间：　　年　　月　　日至　　年　　月　　日　　　　金额单位：元（列至角分）

项目及栏次				开具增值税专用发票		开具其他发票		未开具发票		纳税检查调整		合计			服务、不动产和无形资产扣除项目本期实际扣除金额	扣除后	
				销售额	销项（应纳）税额	销售额	销项（应纳）税额	销售额	销项（应纳）税额	销售额	销项（应纳）税额	销售额	销项（应纳）税额	价税合计		含税（免税）销售额	销项（应纳）税额
				1	2	3	4	5	6	7	8	9＝1＋3＋5＋7	10＝2＋4＋6＋8	11＝9＋10	12	13＝11－12	14＝13÷（100%＋税率或征收率）×税率或征收率
一、一般计税方法计税	全部征税项目	13%税率的货物及加工修理修配劳务	1	50 000	6 500	1 000	130	110 000	14 300			161 000	20 930	—	—	—	—
		13%税率的服务、不动产和无形资产	2														
		9%税率的货物及加工修理修配劳务	3	600 000	54 000	11 200	1 008					611 200	55 008	—	—	—	—
		9%税率的服务、不动产和无形资产	4	1 000	90							1 000	90				
		6%税率	5														
	其中：即征即退项目	即征即退货物及加工修理修配劳务	6	—	—	—	—	—	—	—	—			—	—	—	—
		即征即退服务、不动产和无形资产	7	—	—	—	—	—	—	—	—						
二、简易计税方法计税	全部征税项目	6%征收率	8							—	—			—	—	—	—
		5%征收率的货物及加工修理修配劳务	9a							—	—			—	—	—	—
		5%征收率的服务、不动产和无形资产	9b							—	—						
		4%征收率	10							—	—			—	—	—	—
		3%征收率的货物及加工修理修配劳务	11			20 000	388.55			—	—			—	—	—	—
		3%征收率的服务、不动产和无形资产	12							—	—						
		预征率　%	13a							—	—						
		预征率　%	13b							—	—						
		预征率　%	13c							—	—						
	其中：即征即退项目	即征即退货物及加工修理修配劳务	14	—	—	—	—	—	—	—	—			—	—		—
		即征即退服务、不动产和无形资产	15	—	—	—	—	—	—	—	—						
三、免抵退税	货物及加工修理修配劳务		16	—	—	—	—	—	—	—	—		—	—	—	—	—
	服务、不动产和无形资产		17	—	—	—	—	—	—	—	—		—				—
四、免税	货物及加工修理修配劳务		18				—		—	—	—		—	—	—	—	—
	服务、不动产和无形资产		19	—	—		—		—	—	—		—				—

表 2 - 14 **增值税纳税申报表附列资料（二）**

（本期进项税额明细）

纳税人名称：（公章） 税款所属时间： 年 月 日至 年 月 日 金额单位：元（列至角分）

一、申报抵扣的进项税额				
项 目	栏次	份数	金额	税额
（一）认证相符的增值税专用发票	1 = 2 + 3	3		47 690
其中：本期认证相符且本期申报抵扣	2	3		47 690
前期认证相符且本期申报抵扣	3			
（二）其他扣税凭证	4 = 5 + 6 + 7 + 8a + 8b			
其中：海关进口增值税专用缴款书	5			
农产品收购发票或者销售发票	6			
代扣代缴税收缴款凭证	7		—	
加计扣除农产品进项税额	8a	—	—	
其他	8b			
（三）本期用于购建不动产的扣税凭证	9			
（四）本期用于抵扣的旅客运输服务扣税凭证	10	—	—	
（五）外贸企业进项税额抵扣证明	11	—	—	
当期申报抵扣进项税额合计	12 = 1 + 4 + 11			

二、进项税额转出额		
项 目	栏次	税 额
本期进项税额转出额	13 = 14 至 23 之和	3 900
其中：免税项目用	14	
集体福利、个人消费	15	
非正常损失	16	3 900
简易计税方法征税项目用	17	
免抵退税办法不得抵扣的进项税额	18	
纳税检查调减进项税额	19	
红字专用发票信息表注明的进项税额	20	
上期留抵税额抵减欠税	21	
上期留抵税额退税	22	
其他应作进项税额转出的情形	23	

三、待抵扣进项税额				
项 目	栏次	份数	金额	税额
（一）认证相符的增值税专用发票	24	—	—	—
期初已认证相符但未申报抵扣	25			
本期认证相符且本期未申报抵扣	26			
期末已认证相符但未申报抵扣	27			
其中：按照税法规定不允许抵扣	28			
（二）其他扣税凭证	29 = 30 至 33 之和			
其中：海关进口增值税专用缴款书	30			
农产品收购发票或者销售发票	31			
代扣代缴税收缴款凭证	32		—	
其他	33			
	34			

四、其他				
项 目	栏次	份数	金额	税额
本期认证相符的增值税专用发票	35			
代扣代缴税额	36	—	—	

3. 填制增值税纳税申报表，内容见表2－15。

表2－15 **增值税纳税申报表**

（一般纳税人适用）

根据国家税收法律法规及增值税相关规定制定本表。纳税人不论有无销售额，均应按税务机关核定的纳税期限填写本表，并向当地税务机关申报。

税款所属时间：自 年 月 日至 年 月 日 填表日期： 年 月 日 金额单位：元（列至角分）

纳税人识别号				所属行业：		
纳税人名称	（公章）	法定代表人姓名		注册地址		生产经营地址
开户银行及账号		登记注册类型			电话号码	

项目		栏次	一般项目		即征即退项目	
			本月数	本年累计	本月数	本年累计
销售额	（一）按适用税率计税销售额	1				
	其中：应税货物销售额	2	722 200			
	应税劳务销售额	3	51 000			
	纳税检查调整的销售额	4				
	（二）按简易办法计税销售额	5	20 000			
	其中：纳税检查调整的销售额	6				
	（三）免、抵、退办法出口销售额	7			—	—
	（四）免税销售额	8			—	—
	其中：免税货物销售额	9			—	—
	免税劳务销售额	10			—	—
税款计算	销项税额	11	76 028			
	进项税额	12	47 690			
	上期留抵税额	13				—
	进项税额转出	14	3 900			
	免、抵、退应退税额	15			—	—
	按适用税率计算的纳税检查应补缴税额	16			—	—
	应抵扣税额合计	17＝12＋13－14－15＋16		—		—
	实际抵扣税额	18（如17＜11，则为17，否则为11）				
	应纳税额	19＝11－18				
	期末留抵税额	20＝17－18				—
	简易计税办法计算的应纳税额	21	388.55			
	按简易计税办法计算的纳税检查应补缴税额	22			—	—
	应纳税额减征额	23				
	应纳税额合计	24＝19＋21－23	32 626.55			

续表

项目		栏次	一般项目		即征即退项目	
			本月数	本年累计	本月数	本年累计
税款缴纳	期初未缴税额（多缴为负数）	25				
	实收出口开具专用缴款书退税额	26			—	—
	本期已缴税额	27 = 28 + 29 + 30 + 31				
	①分次预缴税额	28		—		—
	②出口开具专用缴款书预缴税额	29		—	—	—
	③本期缴纳上期应纳税额	30				
	④本期缴纳欠缴税额	31				
	期末未缴税额（多缴为负数）	32 = 24 + 25 + 26 - 27				
	其中：欠缴税额（≥0）	33 = 25 + 26 - 27		—		—
	本期应补（退）税额	34 = 24 - 28 - 29		—		—
	即征即退实际退税额	35	—	—		
	期初未缴查补税额	36			—	—
	本期入库查补税额	37			—	—
	期末未缴查补税额	38 = 16 + 22 + 36 - 37			—	—

授权声明	如果你已委托代理人申报，请填写下列资料： 为代理一切税务事宜，现授权 （地址） 为本纳税人的代理申报人，任何与本申报表有关的往来文件，都可寄予此人。 授权人签字：	申报人声明	本纳税申报表是根据国家税收法律法规及相关规定填报的，我确定它是真实的、可靠的、完整的。 声明人签字：

主管税务机关： 接收人： 接收日期：

任务六 增值税发票的使用及管理

导入引例

某公司2021年1月取得增值税专用发票43份，已经税务机关比对相符，已抵扣税额80万元。当年6月7日，稽查局确认该企业接受的43份全部为假发票，并提供了销售方及对方税务机关的资料。增值税专用发票销售方开具存根联的全为轮胎，而该企业取得的发票联和抵扣联却全部为电缆。

该公司善意取得虚开的增值税专用发票该如何处理？

▣ 知识准备和业务操作

增值税一般纳税人发生应税销售行为，应使用增值税发票管理新系统（以下简称新系统）开具增值税专用发票、增值税普通发票、机动车销售统一发票、增值税电子普通发票。主要发票票样如下：

国家税务总局曝光增值税发票虚开案例

增值税专用发票票样如图2－1所示。

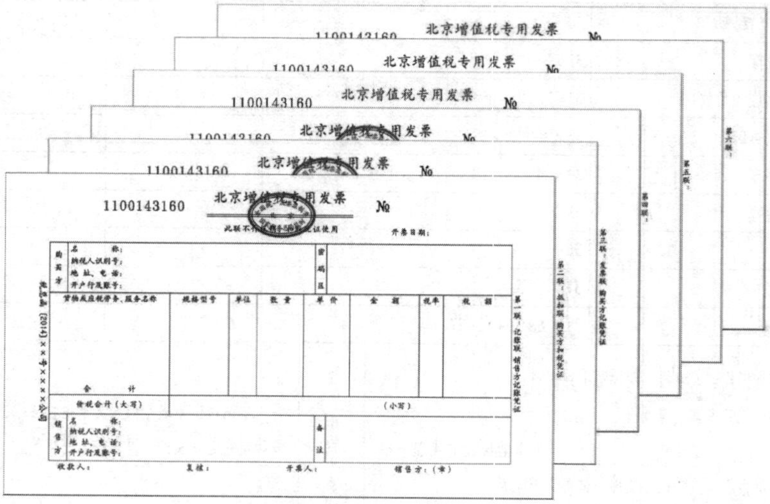

图2－1　增值税专用发票票样

增值税普通发票票样如图2－2所示。

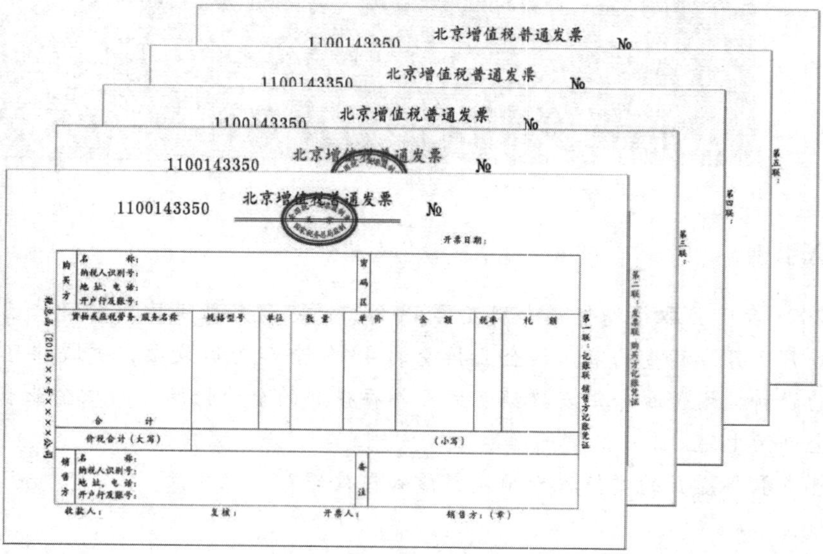

图2－2　增值税普通发票票样

机动车销售统一发票票样如图 2-3 所示。

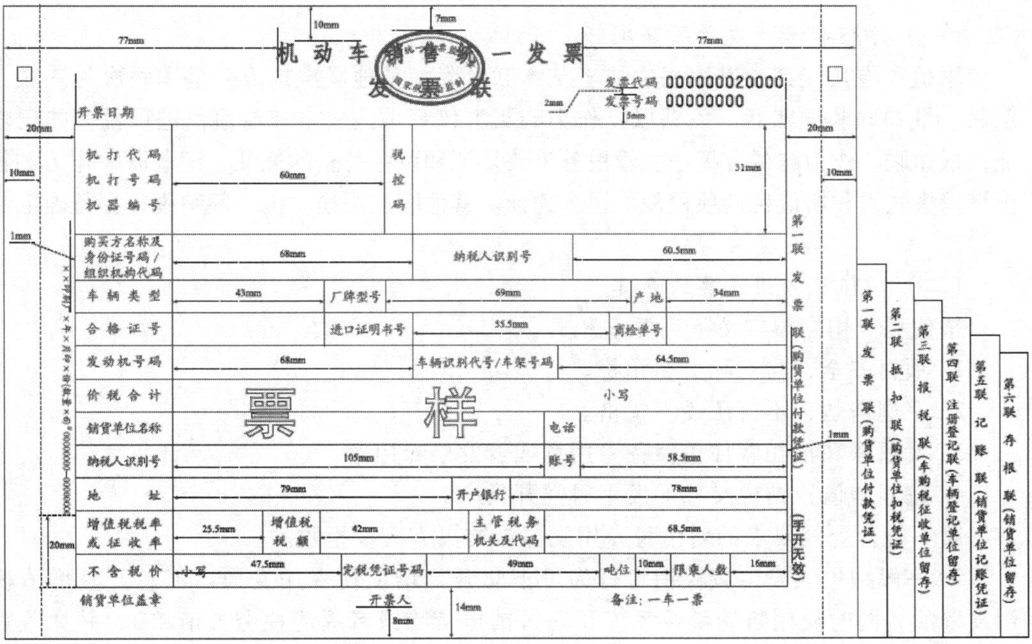

图 2-3　机动车销售统一发票票样

电子增值税普通发票票样如图 2-4 所示。

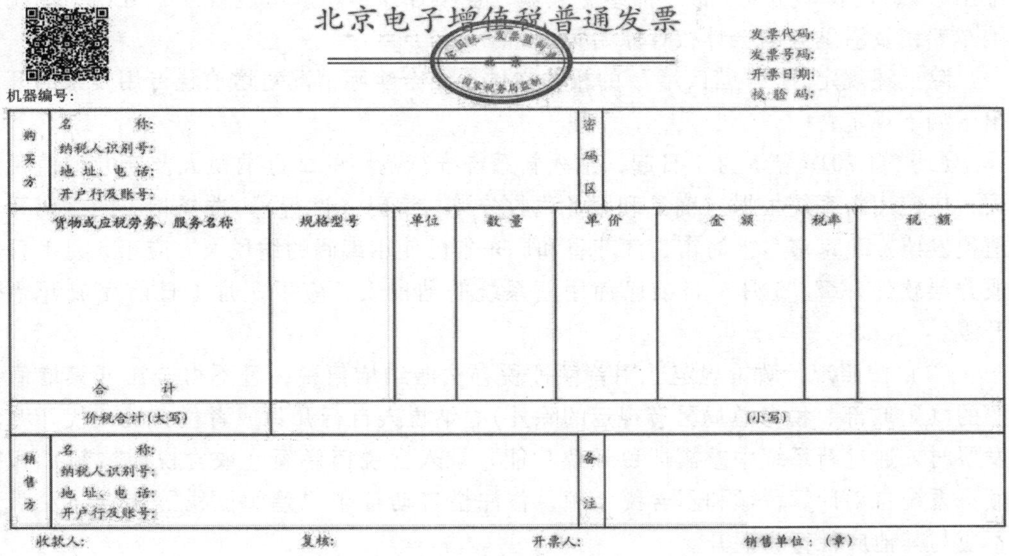

图 2-4　增值税电子普通发票

一、增值税专用发票

（一）增值税专用发票的联次

增值税专用发票由基本联次或者基本联次附加其他联次构成，基本联次为三联：发票联、抵扣联和记账联。发票联，作为购买方核算采购成本和增值税进项税额的记账凭证；抵扣联，作为购买方报送主管税务机关认证和留存备查的凭证；记账联，作为销售方核算销售收入和增值税销项税额的记账凭证。其他联次用途，由一般纳税人自行确定。

（二）增值税专用发票的开具

增值税专用发票应按下列要求开具：

1. 项目齐全，与实际交易相符。
2. 字迹清楚，不得压线、错格。
3. 发票联和抵扣联加盖财务专用章或者发票专用章。
4. 按照增值税纳税义务的发生时间开具。

对不符合上列要求的增值税专用发票，购买方有权拒收。

5. 一般纳税人发生应税销售行为可汇总开具增值税专用发票。汇总开具增值税专用发票的，同时使用防伪税控系统开具《销售货物或者提应税劳务清单》，并加盖财务专用章或者发票专用章。

6. 保险机构作为车船税扣缴义务人，在代收车船税并开具增值税发票时，应在增值税发票备注栏中注明代收车船税税款信息。具体包括：保险单号、税款所属期（详细至月）、代收车船税金额、滞纳金金额、金额合计等。该增值税发票可作为纳税人缴纳车船税及滞纳金的会计核算原始凭证。

除上述规定外，“营改增”的相关文件还结合实际情况对增值税专用发票的开具作出了如下规定：

（1）自2016年5月1日起，纳入新系统推行范围的试点纳税人及新办增值税纳税人，应使用新系统根据《商品和服务税收分类与编码（试行）》选择相应的编码开具增值税发票。北京市、上海市、江苏省和广东省已使用编码的纳税人，应于5月1日前完成开票软件升级。5月1日前已使用新系统的纳税人，应于8月1日前完成开票软件升级。

（2）按照现行政策规定适用差额征税办法缴纳增值税，且不得全额开具增值税发票的（财政部、税务总局另有规定的除外），纳税人自行开具或者税务机关代开增值税发票时，通过新系统中差额征税开票功能，录入含税销售额（或含税评估额）和扣除额，系统自动计算税额和不含税金额，备注栏自动打印“差额征税”字样，发票开具不应与其他应税行为混开。

（3）提供建筑服务，纳税人自行开具或者税务机关代开增值税发票时，应在发票的备注栏注明建筑服务发生地县（市、区）名称及项目名称。

（4）销售不动产，纳税人自行开具或者税务机关代开增值税发票时，应在发票“货物或应税劳务、服务名称”栏填写不动产名称及房屋产权证书号码（无房屋产权证书的可不填写），“单位”栏填写面积单位，备注栏注明不动产的详细地址。

（5）出租不动产，纳税人自行开具或者税务机关代开增值税发票时，应在备注栏注明不动产的详细地址。

（6）个人出租住房适用优惠政策减按 1.5% 征收，纳税人自行开具或者税务机关代开增值税发票时，通过新系统中征收率减按 1.5% 征收开票功能，录入含税销售额，系统自动计算税额和不含税金额，发票开具不应与其他应税行为混开。

（7）税务机关代开增值税发票时，“销售方开户行及账号”栏填写税收完税凭证字轨及号码或系统税票号码（免税代开增值税普通发票可不填写）。

（8）国税机关为跨县（市、区）提供不动产经营租赁服务、建筑服务的小规模纳税人（不包括其他个人），代开增值税发票时，在发票备注栏中自动打印“YD”字样。

（三）增值税专用发票的领购

一般纳税人凭《发票领购簿》、IC 卡和经办人身份证明领购增值税专用发票。一般纳税人有下列情形之一的，不得领购开具增值税专用发票：

新办纳税人首次申领增值税发票

1. 会计核算不健全，不能向税务机关准确提供增值税销项税额、进项税额、应纳税额数据及其他有关增值税税务资料的。

上列其他有关增值税税务资料的内容，由省、自治区、直辖市和计划单列市国家税务局确定。

2. 有《税收征收管理法》规定的税收违法行为，拒不接受税务机关处理的。

3. 有下列行为之一，经税务机关责令限期改正而仍未改正的：

（1）虚开增值税专用发票。

（2）私自印制增值税专用发票。

（3）向税务机关以外的单位和个人买取增值税专用发票。

（4）借用他人增值税专用发票。

（5）未按要求开具发票的。

（6）未按规定保管专用发票和专用设备。有下列情形之一的，为未按规定保管增值税专用发票和专用设备：①未设专人保管增值税专用发票和专用设备；②未按税务机关要求存放增值税专用发票和专用设备；③未将认证相符的增值税专用发票抵扣联、《认证结果通知书》和《认证结果清单》装订成册；④未经税务机关查验，擅自销毁增值税专用发票基本联次。

（7）未按规定申请办理防伪税控系统变更发行。

（8）未按规定接受税务机关检查。

有上列情形的，如已领购增值税专用发票，主管税务机关应暂扣其结存的增值税专用发票和 IC 卡。

4. 新办纳税人首次申领增值税发票规定。

（1）同时满足下列条件的新办纳税人首次申领增值税发票，主管税务机关应当自受理申请之日起 2 个工作日内办结，有条件的主管税务机关当日办结：①纳税人的办税人员、法定代表人已经进行实名信息采集和验证（需要采集、验证法定代表人实名信息的纳税人范围由各省税务机关确定）；②纳税人有开具增值税发票需求，主动申领发票；③纳税人按照规定办理税控设备发行等事项。

（2）新办纳税人首次申领增值税发票主要包括发票票种核定、增值税专用发票（增值税税控系统）最高开票限额审批、增值税税控系统专用设备初始发行、发票领用等涉税事项。

（3）税务机关为符合第（1）条规定的首次申领增值税发票的新办纳税人办理发票票种核定，增值税专用发票最高开票限额不超过10万元，每月最高领用数量不超过25份；增值税普通发票最高开票限额不超过10万元，每月最高领用数量不超过50份。各省税务机关可以在此范围内结合纳税人税收风险程度，自行确定新办纳税人首次申领增值税发票票种核定标准。

（四）增值税专用发票开具范围

1. 一般纳税人发生应税销售行为，应向购买方开具增值税专用发票。

2. 商业企业一般纳税人零售的烟、酒、食品、服装、鞋帽（不包括劳保专用部分）、化妆品等消费品不得开具增值税专用发票。

3. 增值税小规模纳税人需要开具增值税专用发票的，可向主管税务机关申请代开。

4. 销售免税货物不得开具增值税专用发票，法律、法规及国家税务总局另有规定的除外。

5. 纳税人发生应税销售行为，应当向索取增值税专用发票的购买方开具增值税专用发票，并在增值税专用发票上分别注明销售额和销项税额。属于下列情形之一的，不得开具增值税专用发票：

（1）应税销售行为的购买方为消费者个人的；

（2）发生应税销售行为适用免税规定的。

6. 自2017年6月1日起，将建筑业纳入增值税小规模纳税人自行开具增值税专用发票试点范围。月销售额超过3万元（或季销售额超过9万元）的建筑业增值税小规模纳税人（以下称自开发票试点纳税人）提供建筑服务、销售货物或发生其他增值税应税行为，需要开具增值税专用发票的，通过增值税发票管理新系统自存开具。

自开发票试点纳税人销售其取得的不动产，需要开具增值税专用发票的，仍须向地税机关申请代开。

自开发票试点纳税人所开具的增值税专用发票应缴纳的税款，应在规定的纳税申报期内，向主管国税机关申报纳税。在填写增值税纳税申报表时，应将当期开具增值税专用发票的销售额，按照3%和5%的征收率，分别填写在《增值税纳税申报表》（小规模纳税人适用）第2栏和第5栏“税务机关代开的增值税专用发票不含税销售额”的“本期数”相应栏次中。

7. 扩大小规模纳税人自行开具增值税专用发票试点范围。将小规模纳税人自行开具增值税专用发票试点范围由住宿业，鉴证咨询业，建筑业，工业，信息传输、软件和信息技术服务业，扩大至租赁和商务服务业，科学研究和技术服务业，居民服务、修理和其他服务业。上述8个行业小规模纳税人（以下称试点纳税人）发生增值税应税行为，需要开具增值税专用发票的，可以自愿使用增值税发票管理系统自行开具。

试点纳税人销售其取得的不动产，需要开具增值税专用发票的，应当按照有关规定向税务机关申请代开。

试点纳税人应当就开具增值税专用发票的销售额计算增值税应纳税额，并在规定的纳税申报期内向主管税务机关申报缴纳。在填写增值税纳税申报表时，应当将当期开具增值税专用发票的销售额，按照3%和5%的征收率，分别填写在《增值税纳税申报表》。

（小规模纳税人适用）第2栏和第5栏“税务机关代开的增值税专用发票不含税销售额”的“本期数”相应栏次中。

8. 小规模纳税人月销售额超过10万元的，使用增值税发票管理系统开具增值税普通发票、机动车销售统一发票、增值税电子普通发票。

已经使用增值税发票管理系统的小规模纳税人，月销售额未超过10万元的，可以继续使用现有税控设备开具发票；已经自行开具增值税专用发票的，可以继续自行开具增值税专用发票，并就开具增值税专用发票的销售额计算缴纳增值税。

（五）开具增值税专用发票后发生退货或开票有误的处理

1. 增值税一般纳税人开具增值税专用发票后，发生销货退回、开票有误、应税服务中止等情形但不符合发票作废条件，或者因销货部分退回及发生销售折让，需要开具红字增值税专用发票的，按规定方法处理。

（1）购买方取得增值税专用发票已用于申报抵扣的，购买方可在增值税发票管理新系统（以下简称新系统）中填开并上传《开具红字增值税专用发票信息表》（以下简称《信息表》），在填开《信息表》时不填写相对应的蓝字增值税专用发票信息，应暂依《信息表》所列增值税税额从当期进项税额中转出，待取得销售方开具的红字增值税专用发票后，与《信息表》一并作为记账凭证。

购买方取得增值税专用发票未用于申报抵扣、但发票联或抵扣联无法退回的，购买方填开《信息表》时应填写相对应的蓝字增值税专用发票信息。

销售方开具增值税专用发票尚未交付购买方，以及购买方未用于申报抵扣并将发票联及抵扣联退回的，销售方可在新系统中填开并上传《信息表》。销售方填开《信息表》时应填写相对应的蓝字增值税专用发票信息。

（2）主管税务机关通过网络接收纳税人上传的《信息表》，系统自动校验通过后，生成带有“红字发票信息表编号”的《信息表》，并将信息同步至纳税人端系统中。

（3）销售方凭税务机关系统校验通过的《信息表》开具红字增值税专用发票，在新系统中以销项负数开具。红字增值税专用发票应与《信息表》一一对应。

（4）纳税人也可凭《信息表》电子信息或纸质资料到税务机关对《信息表》内容进行系统校验。

2. 税务机关为小规模纳税人代开增值税专用发票，需要开具红字增值税专用发票的，按照一般纳税人开具红字增值税专用发票的方法处理。

3. 纳税人需要开具红字增值税普通发票的，可以在所对应的蓝字发票金额范围内开具多份红字发票。红字机动车销售统一发票需与原蓝字机动车销售统一发票一一对应。

4. 按照《国家税务总局关于纳税人认定或登记为一般纳税前进项税额抵扣问题的

公告》（国家税务总局公告2015年第59号）的规定，需要开具红字增值税专用发票的，按照上述规定执行。

（六）增值税专用发票不得抵扣进项税额的规定

1. 有下列情形之一的，不得作为增值税进项税额的抵扣凭证

经认证，有下列情形之一的，不得作为增值税进项税额的抵扣凭证，税务机关退还原件，购买方可要求销售方重新开具增值税专用发票。

（1）无法认证。无法认证，是指增值税专用发票所列密文或者明文不能辨认，无法产生认证结果。

（2）纳税人识别号认证不符。纳税人识别号认证不符，是指增值税专用发票所列购买方纳税人识别号有误。

（3）增值税专用发票代码、号码认证不符。增值税专用发票代码、号码认证不符，是指增值税专用发票所列密文解译后与明文的代码或者号码不一致。

2. 有下列情形之一的，暂不得作为增值税进项税额的抵扣凭证

经认证，有下列情形之一的，暂不得作为增值税进项税额的抵扣凭证，税务机关扣留原件，查明原因，分情况进行处理。

（1）重复认证。重复认证，是指已经认证相符的同一张增值税专用发票再次认证。

（2）密文有误。密文有误，是指增值税专用发票所列密文无法解译。

（3）认证不符。认证不符，是指纳税人识别号有误，或者增值税专用发票所列密文解译后与明文不一致。

（4）列为失控增值税专用发票。列为失控增值税专用发票，是指认证时的增值税专用发票已被登记为失控增值税专用发票。

3. 对丢失已开具增值税专用发票的发票联和抵扣联的处理

（1）一般纳税人丢失已开具增值税专用发票的发票联和抵扣联，如果丢失前已认证相符的，购买方凭销售方提供的相应增值税专用发票记账联复印件及销售方所在地主管税务机关出具的《丢失增值税专用发票已报税证明单》，经购买方主管税务机关审核同意后，可作为增值税进项税额的抵扣凭证。

如果丢失前未认证的，购买方凭销售方提供的相应增值税专用发票记账联复印件到主管税务机关进行认证，认证相符的凭该增值税专用发票记账联复印件及销售方所在地主管税务机关出具的《丢失增值税专用发票已报税证明单》，可作为增值税进项税额的抵扣凭证。

（2）一般纳税人丢失已开具增值税专用发票的抵扣联，如果丢失前已认证相符的，可使用增值税专用发票发票联复印件留存备查。

如果丢失前未认证的，可使用增值税专用发票发票联到主管税务机关认证，增值税专用发票发票联复印件留存备查。

（3）一般纳税人丢失已开具增值税专用发票的发票联，可将增值税专用发票抵扣联作为记账凭证，增值税专用发票抵扣联复印件留存备查。

4. 增值税专用发票抵扣联无法认证的，可使用增值税专用发票发票联到主管税务机关认证，增值税专用发票发票联复印件留存备查。

二、增值税普通发票

增值税普通发票，是将除商业零售以外的增值税一般纳税人纳入增值税防伪税控系统开具和管理，也就是说一般纳税人可以使用同一套增值税防伪税控系统开具增值税专用发票、增值税普通发票等，俗称“一机多票”。

1. 增值税普通发票的格式、字体、栏次、内容与增值税专用发票完全一致，按发票联次分为两联票和五联票两种，基本联次为两联，第一联为记账联，销货方用作记账凭证；第二联为发票联，购货方用作记账凭证。此外为满足部分纳税人的需要，在基本联次后添加了三联的附加联次，即五联票，供企业选择使用。

2. 增值税普通发票代码的编码原则与增值税专用发票基本一致，发票左上角10位代码的含义：第1～4位代表各省；第5位代表制版年度；第7位代表印制批次；第8位代表发票种类，普通发票用“6”表示；第9位代表几联版，普通发票二联版用“2”表示，普通发票五联版用“5”表示；第10位代表金额版本号“0”表示电脑版。

3. 增值税普通发票第二联（发票联）采用防伪纸张印制。代码采用专用防伪油墨印刷，号码的字型为专用异型体。各联次的颜色依次为蓝、橙、绿蓝、黄绿和紫红色。

4. 凡纳入“一机多票”系统（包括试运行）的一般纳税人，自纳入之日起，一律使用全国统一的增值税普通发票，并通过防伪税控系统开具。对于一般纳税人已领购但尚未使用的旧版普通发票，由主管税务机关限期缴销或退回税务机关；经税务机关批准使用印有本单位名称发票的一般纳税人，允许其暂缓纳入“一机多票”系统，以避免库存发票的浪费，但最迟不得超过2005年年底。

三、增值税电子普通发票

（一）增值税电子普通发票推行

为了满足纳税人开具增值税电子普通发票的需求，国家税务总局在2015年11月发布了《关于推行通过增值税电子发票系统开具的增值税电子普通发票有关问题的公告》（国家税务总局公告2015年第84号），公告的主要内容如下：

1. 增值税电子普通发票的开票方和受票方需要纸质发票的，可以自行打印增值税电子普通发票的版式文件，其法律效力、基本用途、基本使用规定等与税务机关监制的增值税普通发票相同。

2. 增值税电子普通发票的发票代码为12位，编码规则：第1位为0，第2～5位代表省、自治区、直辖市和计划单列市，第6～7位代表年度，第8～10位代表批次，第11～12位代表票种（11代表增值税电子普通发票）。发票号码为8位，按年度、分批次编制。

（二）增值税发票平台的升级

为贯彻落实党中央、国务院决策部署，进一步优化税收营商环境，深化税务系统“放管服”改革，便利纳税人开具和使用增值税发票，国家税务总局将增值税发票选择确认平台升级为增值税发票综合服务平台，为纳税人提供发票用途确认、风险提示、信息下载等服务。

1. 纳税人取得增值税专用发票、机动车销售统一发票、收费公路通行费增值税电子普通发票后，如需用于申报抵扣增值税进项税额或申请出口退税、代办退税，应当登录增值税发票综合服务平台确认发票用途。增值税发票综合服务平台登录地址由国家税务总局各省（自治区、直辖市和计划单列市）税务局确定并公布。

2. 纳税人应当按照发票用途确认结果申报抵扣增值税进项税额或申请出口退税、代办退税。纳税人已经申报抵扣的发票，如改用于出口退税或代办退税，应当向主管税务机关提出申请，由主管税务机关核实情况并调整用途。纳税人已经确认用途为申请出口退税或代办退税的发票，如改用于申报抵扣，应当向主管税务机关提出申请，经主管税务机关核实该发票尚未申报出口退税，并将发票电子信息回退后，由纳税人调整用途。

3. 纳税人通过增值税电子发票公共服务平台开具的增值税电子普通发票，属于税务机关监制的发票，采用电子签名代替发票专用章，其法律效力、基本用途、基本使用规定等与增值税普通发票相同。增值税电子发票票样如图2-5所示。

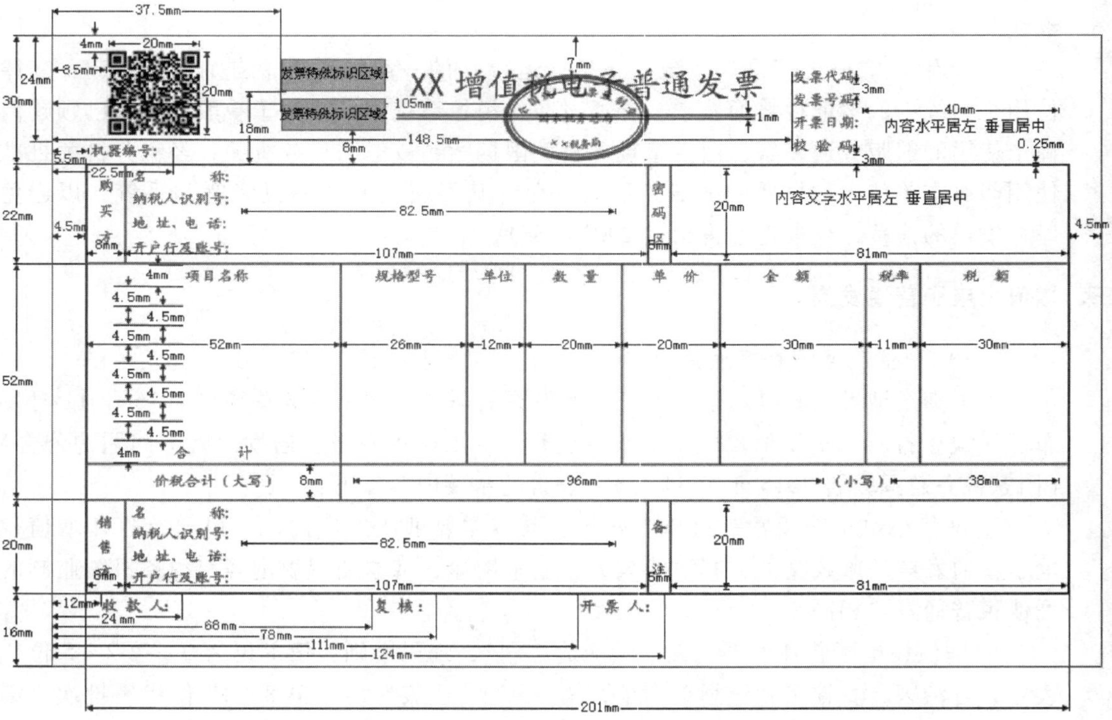

图2-5　增值税电子普通发票

增值税电子普通发票版式文件格式为OFD格式。单位和个人可以登录全国增值税发票查验平台（https://inv-veri.chinatax.gov.cn）下载增值税电子发票版式文件阅读器查阅增值税电子普通发票。

4. 通过增值税电子发票公共服务平台开具的增值税电子普通发票，具有以下优点：

（1）文件格式更加规范。通过公共服务平台开具的增值税电子普通发票，采用符合国家统一标准的 OFD 格式，做到了格式统一、安全可靠、使用便利。

（2）发票票样更加简洁。将“货物或应税劳务、服务名称”栏次名称简化为“项目名称”，取消了原“销售方：（章）”栏次，简化了发票票面样式。

（3）签章方式更加先进。采用可靠的电子签名代替原发票专用章，采用经过税务数字证书签名的电子发票监制章代替原发票监制章，更好适应了发票电子化改革的需要。

四、机动车销售统一发票

（一）机动车销售统一发票联次

《机动车销售统一发票》为电脑六联式发票。即第一联发票联（购货单位付款凭证），第二联抵扣联（购货单位扣税凭证），第三联报税联（车购税征收单位留存），第四联注册登记联（车辆登记单位留存），第五联记账联（销货单位记账凭证），第六联存根联（销货单位留存）。第一联印色为棕色，第二联印色为绿色，第三联印色为紫色，第四联印色为蓝色，第五联印色为红色，第六联印色为黑色。发票代码、发票号码印色为黑色，当购货单位不是增值税一般纳税人时，第二联抵扣联由销货单位留存。

（二）机动车销售统一发票适用范围

根据《国家税务总局关于使用新版机动车销售统一发票有关问题的通知》（国税函〔2006〕479 号）规定：“凡从事机动车零售业务的单位和个人，自 2006 年 8 月 1 日起，在销售机动车（不包括销售旧机动车）收取款项时，必须开具税务机关统一印制的新版《机动车销售统一发票》，在发票联加盖财务专用章或发票专用章，抵扣联和报税联不得加盖印章。”

《国家税务总局关于〈机动车销售统一发票〉注册登记联加盖开票单位印章问题的通知》（国税函〔2006〕813 号）规定：“从 2006 年 10 月 1 日起，《机动车销售统一发票》注册登记联一律加盖开票单位印章。”

（三）增值税税额的计算公式

增值税税额 = 价税合计 − 不含税价

不含税价 = 价税合计 ÷（1 + 增值税税率或征收率）

引例解析

纳税人善意取得虚开的增值税专用发票，如能重新取得合法、有效的专用发票，准许其抵扣进项税款；如不能重新取得合法、有效的专用发票，不准其抵扣进项税款或追缴其已抵扣的进项税款。

知识归纳

增值税计算与申报归纳总结如图2－6所示。

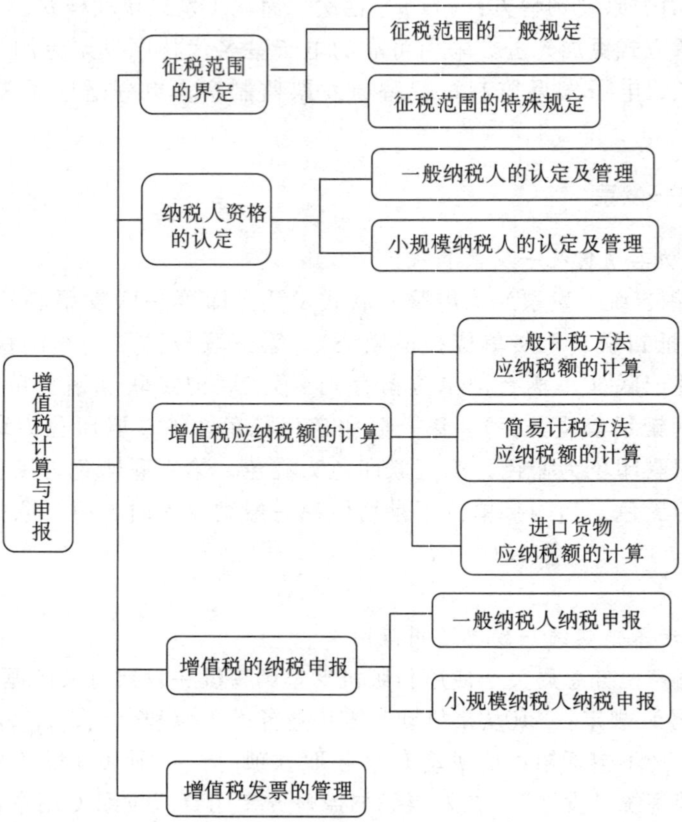

图2－6　增值税计算与申报总结

思考题

1. 如何确定企业的经营业务是否属于增值税的征税范围？
2. 税务部门对小规模纳税人的管理要求有哪些？
3. 如何向税务部门申请办理一般纳税人的认定？
4. 增值税专用发票的开具范围、开具要求有哪些？
5. 一般纳税人如何计算销项税额、进项税额和应纳税额？
6. 进口货物的组成计税价格如何计算？
7. “免、抵、退”的计算办法如何计算应退税额？

办税指南

1. 问：我公司符合加计抵减政策，2019年4月1日以后取得了原16%、10%税率的增值税专用发票，其进项税额是否可以计算加计抵减额？

答：《财政部 国家税务总局 海关总署关于深化增值税改革有关政策的公告》（财政部 税务总局 海关总署公告 2019 年第 39 号）第七条第二项规定，纳税人应按照当期可抵扣进项税额的 10% 计提当期加计抵减额，按照现行规定不得从销项税额中抵扣的进项税额，不得计提加计抵减额。你公司如果符合加计抵减政策，2019 年 4 月 1 日以后取得 16%、10% 税率的增值税专用发票，只要符合进项税额抵扣规定，就可以参与计算加计抵减额。

需要提醒的是，纳税人出口货物劳务、发生跨境应税行为不适用加计抵减政策，其对应的进项税额不得计提加计抵减额。

2. 问：2019 年 4 月 1 日后，纳税人购进国内旅客运输服务，取得增值税普通发票（非增值税电子普通发票）的，进项税额是否允许从销项税额中抵扣？

答：《财政部 税务总局 海关总署关于深化增值税改革有关政策的公告》（财政部 税务总局 海关总署公告 2019 年第 39 号）规定，允许抵扣进项税额的国内旅客运输服务凭证，除增值税专用发票外，只限于增值税电子普通发票、注明旅客身份信息的航空运输电子客票行程单、铁路车票以及公路、水路等其他客票。不包括增值税普通发票。

3. 问：自 2019 年 5 月 1 日起，一般纳税人纳税申报需要填报哪几张表？

答：为进一步优化纳税服务，减轻纳税人负担，税务总局对增值税一般纳税人申报资料进行了简化，自 2019 年 5 月 1 日起，一般纳税人在办理纳税申报时，需要填报"一主表五附表"，即申报表主表、附列资料（一）至（四）和《增值税减免税申报明细表》，《增值税纳税申报表附列资料（五）》《营改增税负分析测算明细表》不再需要填报。

4. 问：加计抵减政策适用哪些行业，兼营加工行业可以享受吗？

答：根据《财政部 税务总局 海关总署关于深化增值税改革有关政策的公告》（财政部 税务总局 海关总署公告 2019 年第 39 号）第七条规定，自 2019 年 4 月 1 日至 2021 年 12 月 31 日，允许生产、生活性服务业纳税人按照当期可抵扣进项税额加计 10%，抵减应纳税额（以下称加计抵减政策）。

本公告所称生产、生活性服务业纳税人，是指提供邮政服务、电信服务、现代服务、生活服务（以下称四项服务）取得的销售额占全部销售额的比重超过 50% 的纳税人。四项服务的具体范围按照《销售服务、无形资产、不动产注释》（财税〔2016〕36 号印发）执行。

2019 年 3 月 31 日前设立的纳税人，自 2018 年 4 月至 2019 年 3 月期间的销售额（经营期不满 12 个月的，按照实际经营期的销售额）符合上述规定条件的，自 2019 年 4 月 1 日起适用加计抵减政策。

2019 年 4 月 1 日后设立的纳税人，自设立之日起 3 个月的销售额符合上述规定条件的，自登记为一般纳税人之日起适用加计抵减政策。

5. 问：2019年可选择转登记为小规模纳税人的范围是什么？

答：《国家税务总局关于小规模纳税人免征增值税政策有关征管问题的公告》（国家税务总局公告2019年第4号）第五条规定，转登记日前连续12个月（以1个月为1个纳税期）或者连续4个季度（以1个季度为1个纳税期）累计销售额未超过500万元的一般纳税人，在2019年12月31日前，可选择转登记为小规模纳税人。

6. 问："增值税发票选择确认平台"可以勾选哪些增值税发票？

答：根据《国家税务总局关于扩大小规模纳税人自行开具增值税专用发票试点范围等事项的公告》（国家税务总局公告2019年第8号）第二条规定，一般纳税人取得的增值税专用发票、机动车销售统一发票、收费公路通行费增值税电子普通发票，可以使用增值税发票选择确认平台查询、选择用于申报抵扣、出口退税或者代办退税的增值税发票信息。

7. 问：小规模纳税人免税标准从3万元调整到10万元后，住宿业、工业及信息传输软件和信息技术服务业等小规模纳税人，月销售额是否需要达到10万元才能自开增值税专用发票？

答：根据《国家税务总局关于扩大小规模纳税人自行开具增值税专用发票试点范围等事项的公告》（国家税务总局公告2019年第8号）第一条和《关于〈国家税务总局关于扩大小规模纳税人自行开具增值税专用发票试点范围等事项的公告〉的解读》第二条规定，为了进一步便利小微企业开具增值税专用发票，纳入自开专票试点的行业中的所有小规模纳税人，均可以自愿使用增值税发票管理系统自行开具增值税专用发票，不受月销售额标准的限制。也就是说，月销售额未超过10万元（含本数，以1个季度为1个纳税期的，季度销售额未超过30万元）的试点行业小规模纳税人，发生增值税应税行为，需要开具增值税专用发票的，可以选择使用增值税发票管理系统按照有关规定自行开具增值税专用发票。

8. 问：某纳税人2019年4月购进不动产，取得增值税专用发票并已认证，发票上注明"金额1 000万元、税率9%、税额90万元"，应当如何填写增值税纳税申报表？

答：39号公告第五条规定，自2019年4月1日起，纳税人取得不动产或者不动产在建工程的进项税额不再分2年抵扣。该纳税人在办理2019年4月税款所属期纳税申报时，应将购入不动产取得的增值税专用发票份数，以及专用发票上注明的金额、税额填入《增值税纳税申报表附列资料（二）》第2行"其中：本期认证相符且本期申报抵扣"的对应栏次；同时，还需将上述内容填入本表第9行"（三）本期用于购建不动产的扣税凭证"的对应栏次。

3 项目三 消费税计算与申报

学习目标

掌握消费税的基本法律知识；能判断消费税的纳税人和征收范围；能计算当期应纳消费税税款；能计算出口应税消费品应退消费税额；会根据税法规定选择纳税地点及时办理消费税纳税申报；能根据工作任务掌握消费税最新修订的情况，解决办税中遇到的实际问题；培养学生具备良好的敬业精神、团队合作能力和诚实守信的职业道德。

工作任务

消费税纳税人和征收范围的确定；当期应纳消费税税款的计算；出口应税消费品应退消费税额的计算；纳税地点的确定；消费税纳税申报的办理。

任务一 消费税征税范围的确定

导入引例

佳美化妆品有限公司为增值税一般纳税人，2021 年 4 月销售香水 400 箱，每箱不含税单价 600 元；10 日销售香水 500 箱，每箱不含税单价 650 元；将 100 箱香水当作节日礼品发放给职工；用 200 箱香水与某纸业公司换取产品用包装箱，取得纸业公司开具的有防伪税控标记的增值税专用发票上注明的增值税 86 800 元；从金星日化厂购入已税香水精，取得防伪税控增值税专用发票上注明的销售额为 63 600 元，其中 60% 用于生产浴液并销售。

佳美化妆品有限公司以上经济业务是否应缴纳消费税？

知识准备和业务操作

一、消费税的概念和特点

（一）消费税的概念

消费税纳税环节

消费税是对在我国境内从事生产、委托加工和进口应税消费品的单位和个人，就其应税消费品的销售额或销售数量，在特定环节征收的一种税。

消费税是与增值税相配套，即在对货物普遍征收增值税的基础上，选择少数消费品再征收一道消费税，形成与增值税交叉征收的双层次调节模式，其目的是调节产业结构，引导消费方向，缓解分配不公，保证国家财政收入。

（二）消费税的特点

与其他税种相比，消费税具有如下特点：

1. 征收范围的选择性

消费税是在对货物普遍征收增值税的基础上，选择特殊消费品、非生活必需品、高能耗消费品和不可再生资源等再征收一道消费税。

2. 征收环节的单一性

消费税只在生产、委托加工、进口环节一次性征收，除个别消费品的纳税环节为零售环节外，再继续转销不再征收消费税。消费税实行单环节征收，而不是在应税消费品生产、流通或消费的每个环节多次征收，是典型的一次课征制。

3. 征收方法的灵活性

为了适应不同应税消费品的情况，消费税在征收方法上有所不同，有些产品采取从价定率的方式征收；有些产品则采取从量定额的方式征收；还有些产品在实行从价定率征收的同时，还对其实行从量定额征收。

4. 税率、税额的差别性

根据应税消费品的不同种类、档次或者消费品中某一物质成分的含量以及消费品的市场供求状况、价格水平、国家的产业政策和消费政策等情况，对消费品制定高低不同的税率、税额。

5. 税负具有转嫁性

消费税无论是在哪个环节征收，消费品中所含的消费税最终要转嫁到消费者身上，由消费者负担。消费税转嫁性的特征，要比其他商品课税形式更为明显。

【思考题3-1】（多选题）下列各项中，属于消费税特点的有（　　）。

A. 征收范围具有选择性

B. 征税具有普遍性

C. 征收方法具有灵活性

D. 税负具有转嫁性

二、消费税纳税人和征税范围的确定

（一）纳税人的确定

消费税的纳税人是在中华人民共和国境内生产、委托加工和进口应税消费品的单位和个人。自1995年1月1日起，金银首饰消费税由生产环节改为零售环节征收。在我国境内零售金银首饰的单位和个人，也是零售金银首饰消费税的纳税人。委托加工、委托销售金银首饰的，受托方也是纳税人。自2009年5月1日起，卷烟在批发环节加征一道从价税，因此从事卷烟批发业务的单位和个人，也是消费税的纳税人。

“在中华人民共和国境内”，是指生产、委托加工和进口属于应当缴纳消费税的消费品的起运地或者所在地在境内。“单位”，是指企业、行政单位、事业单位、军事单位、社会团体及其他单位。所称“个人”，是指个体工商户及其他个人。

（二）征税范围的确定

1. 生产应税消费品

生产应税消费品是消费税的主要环节，因消费税具有单一环节征税的特点，在生产销售环节征税以后，货物在流通环节无论再转销多少次，不再缴纳消费税。

纳税人生产的应税消费品，于纳税人销售时纳税。

纳税人自产自用的应税消费品用于连续生产应税消费品的不纳税；用于其他方面的，于移送使用时纳税。

“用于连续生产应税消费品”，是指纳税人将自产自用的应税消费品作为直接材料生产最终应税消费品，自产自用应税消费品构成最终应税消费品的实体。

“用于其他方面”，是指纳税人将自产自用应税消费品用于生产非应税消费品、在建工程、管理部门、非生产机构、提供劳务、馈赠、赞助、集资、广告、样品、职工福利、奖励等方面。

工业企业以外的单位和个人的下列行为视为应税消费品的生产行为，按规定征收消费税：①将外购的消费税非应税产品以消费税应税产品对外销售的；②将外购的消费税低税率应税产品以高税率应税产品对外销售的。

2. 委托加工应税消费品

委托加工的应税消费品，是指由委托方提供原料和主要材料，受托方只收取加工费和代垫部分辅助材料加工的应税消费品。对于由受托方提供原材料生产的应税消费品，或者受托方先将原材料卖给委托方，然后再接受加工的应税消费品，以及由受托方以委托方名义购进原材料生产的应税消费品，不论在财务上是否作销售处理，都不得作为委托加工应税消费品，而应当按照销售自制应税消费品缴纳消费税。

委托个人加工的应税消费品，除受托方是个人外，由受托方在向委托方交货时代收代缴消费税。委托个人加工的应税消费品，由委托方收回后缴纳消费税。

委托方将收回的应税消费品以不高于受托方的计税价格出售的，为直接出售，不再缴纳消费税；委托方以高于受托方的计税价格出售的，不属于直接出售，需按照规定申报缴纳消费税，在计税时准予扣除受托方已代收代缴的消费税。

3. 进口应税消费品

单位和个人进口应税消费品，于报关进口时缴纳消费税。为减少征税成本，进口环节缴纳的消费税由海关代征。

4. 零售应税消费品

（1）商业零售金银手饰。自1995年1月1日起，金银首饰消费税由生产环节改为零售环节征收。零售环节征收消费税的金银首饰范围仅限于金、银和金基、银基合金首饰，以及金、银和金基、银基合金的镶嵌首饰。自2002年1月1日起，钻石及钻石饰品消费税的纳税环节由生产环节后移至零售环节。自2003年5月1日起，铂金首饰改为零售环节征税。不属于上述范围的应征消费税的首饰，仍在生产销售环节征收消费税。

（2）零售超豪华小汽车。自2016年12月1日起，对超豪华小汽车，在生产（进口）环节按现行税率征收消费税基础上，在零售环节加征消费税，将超豪华小汽车销售给消费者的单位和个人为超豪华小汽车零售环节纳税人。

5. 批发销售卷烟

自2015年5月10日起，调整卷烟批发环节的消费税。具体规定为：

（1）烟草批发企业将卷烟销售给零售单位的，从价税率由5%提高至11%，并按0.005元/支加征从量税。

（2）烟草批发企业将卷烟销售给其他烟草批发企业的，不缴纳消费税。

三、消费税税目的确定

现行的消费税税目共有15个，具体征收范围如下：

1. 烟

凡是以烟叶为原料加工生产的产品，不管使用何种辅料，均属于本税目的征收范围。本税目下设卷烟、雪茄烟、烟丝3个子目，分别是：

（1）卷烟是指将各种烟叶切成烟丝，按照配方要求均匀混合，加入糖、酒、香料等辅料，用白色盘纸、棕色盘纸、涂布纸或烟草薄片经机器或手工卷制的普通卷烟和雪茄型卷烟。

（2）雪茄烟是指以晾晒烟为原料或者以晾晒烟和烤烟为原料，用烟叶或卷烟纸、烟草薄片作为烟支内包皮，再用烟叶作为烟支外包皮，经机器或手工卷制而成的烟草制品。

（3）烟丝是指将烟叶切成丝状、粒状、片状、末状或其他形状，再加入辅料，经过发酵、储存，不经卷制即可供销售吸用的烟草制品。烟丝的征收范围包括以烟叶为原料加工生产的不经卷制的散装烟，如斗烟、莫合烟、烟末、水烟、黄红烟丝等等。

2. 酒

本税目下设白酒、黄酒、啤酒、其他酒，共4个子目，分别是：

（1）白酒包括粮食白酒、薯类白酒以及其他原料酿制的白酒。粮食白酒是指以高粱、玉米、大米、糯米、大麦、小米、青稞等各种粮食为原料，经过糖化、发酵后，采用蒸馏方法酿制的白酒。薯类白酒是指以白薯（红薯、地瓜）、木薯、马铃薯（土豆）、芋头、山药等各种干鲜薯类为原料，经过糖化、发酵后，采用蒸馏方法酿制的白酒。其他原料的白酒包括用甜菜、糠麸、醋糟、糖渣、糖漏水、甜菜渣、粉渣、薯皮等各种下脚料，葡萄、桑葚、橡子仁等各种果实，野生植物等代用品，以及甘蔗、糖等酿制的白酒。

（2）黄酒是指以糯米、粳米、籼米、大米、黄米、玉米、小麦、薯类等为原料，经加温、糖化、发酵、压榨酿制的酒。由于工艺、配料和含糖量的不同，黄酒分为干黄酒、半干黄酒、半甜黄酒、甜黄酒四类。黄酒消费税的征收范围包括各种原料酿制的黄酒和酒度超过 12 度（含 12 度）的土甜酒。

（3）啤酒是指以大麦或其他粮食为原料，加入啤酒花，经糖化、发酵、过滤酿制的含有二氧化碳的酒。啤酒按照杀菌方法的不同，可分为熟啤酒和生啤酒或鲜啤酒。啤酒消费税的征收范围包括各种包装和散装的啤酒。无醇啤酒比照啤酒征税。

（4）其他酒是指除白酒、黄酒、啤酒以外，酒度在 1 度以上的各种酒。征收消费税范围包括土甜酒、复制酒、果木酒、汽酒、药酒等。

3. 高档化妆品

本税目征收范围包括各类高档美容、修饰类化妆品、高档护肤类化妆品和成套化妆品。舞台、戏剧、影视演员化妆用的上妆油、卸装油、油彩不属于本税目的征收范围。

高档美容、修饰类化妆品和高档护肤类化妆品，是指生产（进口）环节销售（完税）不含增值税的价格在 10 元/毫升（克）或 15 元/片（张）以上的美容、修饰类化妆品和护肤类化妆品。

4. 贵重首饰及珠宝玉石

本税目征收范围包括凡以金、银、白金、宝石、珍珠、钻石、翡翠、珊瑚、玛瑙等高贵稀有物质以及其他金属、人造宝石等制作的各种纯金银首饰及镶嵌首饰（含人造金银、合成金银首饰等）。

5. 鞭炮、焰火

本税目征收范围包括各种鞭炮、焰火。本税目包括 13 类，即喷花类、旋转类、旋转升空类、火箭类、吐珠类、线香类、小礼花类、烟雾类、造型玩具类、炮竹类、摩擦炮类、组合烟花类、礼花弹类。体育上用的发令纸，鞭炮的引线，不属本税目征收范围。

6. 成品油

本税目下设汽油、柴油、石脑油、溶剂油、航空煤油、润滑油、燃料油 7 个子目。

7. 摩托车

本税目征收范围包括：两轮车、边三轮车和正三轮机动车。

8. 小汽车

汽车是指由动力驱动，具有四只或四只以上车轮的非轨道承载的车辆。电动汽车不属于本税目征收范围。本税目包括乘用车和中轻型商用客车 2 个子目。

乘用车。本税目征收范围包括含驾驶员座位在内最多不超过 9 个（含 9 个）座位的，在设计和技术特性上用于载运乘客和货物的各类乘用车属于本子目征收范围。

中轻型商用客车包括驾驶员座位在内的座位数在 10 至 23 座（含 23 座）的，在设计和技术特性上用于载运乘客和货物的各类中轻型商用客车属于本子目征收范围。用排气量大于 1.5 升的乘用车底盘（车架）或用中轻型商用客车底盘（车架）改装、改制的车辆属于中轻型商用客车征收范围。

9. 高尔夫球及球具

高尔夫球及球具是指从事高尔夫球运动所需的各种专用装备，包括高尔夫球、高尔夫球杆及高尔夫球包（袋）等。高尔夫球杆的杆头、杆身和握把属于本税目的征收范围。

10. 高档手表

高档手表是指销售价格（不含消费税）每只在1万元（含1万元）以上的各类手表。

11. 游艇

游艇是指长度大于8米小于90米，船体由玻璃钢、钢、铝合金、塑料等多种材料制作，可以在水上移动的水上浮载体。按照动力划分，游艇分为无动力艇、帆艇和机动艇。

12. 木制一次性筷子

木制一次性筷子，又称卫生筷子，是指以木材为原料经过锯段、浸泡、旋切、刨切、烘干、筛选、打磨、倒角、包装等环节加工而成的各类一次性筷子。本税目征收范围包括各种规格的木制一次性筷子。未经打磨、倒角的木制一次性筷子属于本税目征税范围。

13. 实木地板

实木地板是指以木材为原料，经锯割、干燥、刨光、截断、开榫、涂漆等工序加工而成的块状或条状的地面装饰材料。本税目征收范围包括各类规格的实木地板、实木指接地板、实木复合地板及用于装饰墙壁、天棚的侧端面为榫、槽的实木装饰板。未经涂饰的素板属于本税目征税范围。

14. 电池

电池，是一种将化学能、光能等直接转换为电能的装置，一般由电极、电解质、容器、极端，通常还有隔离层组成的基本功能单元，以及用一个或多个基本功能单元装配成的电池组。范围包括：原电池、蓄电池、燃料电池、太阳能电池和其他电池。对无汞原电池、金属氢化物镍蓄电池（又称“氢镍蓄电池”或“镍氢蓄电池”）、锂原电池、锂离子蓄电池、太阳能电池、燃料电池和全钒液流电池免征消费税。2015年12月31日前对铅蓄电池缓征消费税；自2016年1月1日起，对铅蓄电池按4%税率征收消费税。

15. 涂料

涂料是指涂于物体表面能形成具有保护、装饰或特殊性能的固态涂膜的一类液体或固体材料之总称。涂料由主要成膜物质、次要成膜物质等构成。按主要成膜物质涂料可分为油脂类、天然树脂类、酚醛树脂类、沥青类、醇酸树脂类、氨基树脂类、硝基类、过滤乙烯树脂类、烯类树脂类、丙烯酸酯类树脂类、聚酯树脂类、环氧树脂类、聚氨酯树脂类、元素有机类、橡胶类、纤维素类、其他成膜物类等。对施工状态下挥发性有机物（Volatile Organic Compounds，VOC）含量低于420克/升（含）的涂料免征消费税。

引例解析

（1）生产销售香水900箱应缴纳消费税；

（2）将100箱香水当作节日礼品发放给职工属于生产的应税消费品

用于其他方面应缴纳消费税；

（3）用200箱香水与某纸业公司换取产品用包装箱生产的应税消费品换取生产资料应缴纳消费税；

（4）生产浴液并销售不属于消费税征税范围不缴消费税。

【思考题3－2】（单选题）下列各项中，应同时征收增值税和消费税的是（　　）。

A. 批发环节销售的卷烟　　B. 零售环节销售的金基合金首饰

C. 生产环节销售的普通护肤护发品　　D. 进口环节的高档服装

【思考题3－3】（单选题）下列各项中不属于应税消费品的是（　　）。

A. 高尔夫球具　　B. 实木地板

C. 低档护肤护发品　　D. 一次性木筷

四、消费税税率的适用

消费税税率实行比例税率和定额税率两种形式。一般情况下，一种应税消费品只选择一种税率形式。但为了有效保全税基，对某些应税消费品如卷烟、白酒，则采用了比例税率和定额税率双重征收的形式。现行消费税税率见表3－1。

表3－1　消费税税目、税率表

<table>
<tr><th colspan="2">税目</th><th>征税范围</th><th>计税单位</th><th>税率（税额）</th></tr>
<tr><td rowspan="8">一、烟</td><td rowspan="4">1. 卷烟（生产环节）</td><td rowspan="2">（1）甲类卷烟：每标准条（200支，下同）销售价格在70元（含70元，不含增值税，下同）以上的卷烟</td><td></td><td>56%</td></tr>
<tr><td>支</td><td>0.003元</td></tr>
<tr><td rowspan="2">（2）乙类卷烟：每标准条销售价格在70元以下</td><td></td><td>36%</td></tr>
<tr><td>支</td><td>0.003元</td></tr>
<tr><td colspan="2" rowspan="2">2. 卷烟（商业批发环节）</td><td></td><td>11%</td></tr>
<tr><td>支</td><td>0.005元</td></tr>
<tr><td colspan="3">3. 雪茄烟（生产环节）</td><td>36%</td></tr>
<tr><td colspan="3">4. 烟丝（生产环节）</td><td>30%</td></tr>
<tr><td rowspan="6">二、酒</td><td colspan="2" rowspan="2">1. 白酒</td><td rowspan="2">500克（500毫升）</td><td>20%</td></tr>
<tr><td>0.5元</td></tr>
<tr><td>2. 黄酒</td><td></td><td>吨</td><td>240元</td></tr>
<tr><td rowspan="2">3. 啤酒</td><td>每吨出厂价（含包装物及包装物押金）在3 000元（含3 000元，不含增值税）以上</td><td>吨</td><td>250元</td></tr>
<tr><td>每吨出厂价在3 000元以下</td><td>吨</td><td>220元</td></tr>
<tr><td colspan="3">4. 其他酒</td><td>10%</td></tr>
</table>

续表

税目		征税范围	计税单位	税率（税额）
三、高档化妆品		包括成套化妆品、高档护肤类化妆品		15%
四、贵重首饰及珠宝玉石		金银首饰、铂金首饰和钻石及钻石饰品（零售）		5%
		其他贵重首饰和珠宝玉石（生产环节）		10%
五、鞭炮、焰火				15%
六、成品油	1. 汽油		升	1.52元
	2. 柴油		升	1.20元
	3. 航空煤油		升	1.20元
	4. 石脑油		升	1.52元
	5. 溶剂油		升	1.52元
	6. 润滑油		升	1.52元
	7. 燃料油		升	1.20元
七、摩托车		气缸容量（排气量，下同）250毫升		3%
		气缸容量在250毫升以上的		10%
八、小汽车	1. 乘用车	气缸容量（排气量，下同）在1.0升（含1.0升）以下的		1%
		气缸容量在1.0升以上至1.5升（含1.5升）的		3%
		气缸容量在1.5升以上至2.0升（含2.0升）的		5%
		气缸容量在2.0升以上至2.5升（含2.5升）的		9%
		气缸容量在2.5升以上至3.0升（含3.0升）的		12%
		气缸容量在3.0升以上至4.0升（含4.0升）的		25%
		气缸容量在4.0升以上的		40%
	2. 中轻型商用客车			5%
	3. 超豪华小汽车			10%（零售环节）
九、高尔夫球及球具				10%
十、高档手表				20%
十一、游艇				10%
十二、木制一次性筷子				5%
十三、实木地板				5%
十四、铅蓄电池				4%
十五、涂料				4%

媒体视点

中国税务机关打击偷逃成品油消费税违法犯罪行为

2021 年初，辽宁省税务局稽查局根据有关信息和反映以及税收大数据分析发现，辽宁省盘锦市部分企业存在数额巨大的涉嫌虚开发票偷逃成品油消费税问题。

据 1 月 19 日公布的税案通报，经查，盘锦北方沥青燃料有限公司、辽宁宝来生物能源有限公司、盘锦浩业化工有限公司以篡改生产设备名称等方式为掩护，以虚开增值税专用发票为手段，通过将应税成品油变名为非应税化工品销售等方式，偷逃成品油消费税。

辽宁省税务局稽查局依法对涉案企业进行查处，其在规定期限内未能缴清税款、滞纳金和罚款，相关人员涉嫌构成虚开增值税专用发票罪和逃避缴纳税款罪，已依法移送司法机关。公安机关已对涉案企业实际控制人及相关犯罪嫌疑人抓捕归案并采取强制措施，检察机关正依法审查起诉。有关部门依纪依规依法对涉嫌违纪违法、失职失责的政府部门公职人员进行了严肃处理，对涉嫌犯罪的移送司法机关。

在案件查处过程中，有关部门和地方政府始终坚持把严厉打击违法犯罪分子与维持企业正常生产经营区分开来，采取系列有效措施，确保企业生产经营稳定。目前，涉案企业职工队伍稳定，生产运行平稳。

国家税务总局有关部门负责人表示，**税务部门将积极配合和推动完善多部门协同治理的成品油行业监管格局，坚决维护税法权威，进一步优化税收营商环境，促进行业在发展中规范，在规范中发展。**

【资料来源：节选自中新社，《中国税务机关打击偷逃成品油消费税违法犯罪行为》，2021 年 01 月 9 日】

纳税人兼营不同税率的应税消费品，应当分别核算其销售额或销售数量。未分别核算销售额和销售数量的，或者将不同税率的应税消费品组成成套消费品销售的，从高适用税率；纳税人将应税消费品与非应税消费品组成套装销售的，应根据套装产品的销售额（不含增值税）按应税消费品中最高税率的消费品税率征税。

纳税人兼营卷烟批发和零售业务的，应当分别核算批发和零售环节的销售额、销售数量，未分别核算的批发和零售环节销售额、销售数量的，按照全部销售额、销售数量计征批发环节消费税。

任务二 消费税应纳税额的计算

导入引例

A厂委托B厂加工一批应税消费品，A厂提供的原材料成本为54 000元，B厂收取加工费9 000元，该应税消费品适用税率为30%，受托的B厂没有同类消费品的销售价格。A厂将委托加工的已税消费品一半用于直接销售，一半用于继续生产最终应税消费品后销售，取得销售收入额89 000元，适用税率为40%。

要求：（1）计算B厂代收代缴的消费税。

（2）计算A厂应纳消费税额。

知识准备和业务操作

一、直接对外销售应税消费品应纳税额的计算

（一）从价定率办法应纳税额的计算

自产自用应税消费品的计算

实行从价定率办法征税的应税消费品，计税依据为应税消费品的销售额。由于消费税和增值税实行交叉征收，消费税实行价内税，增值税实行价外税。这种情况决定了实行从价定率征收的消费品，其消费税税基和增值税税基是一致的，即都是以含消费税而不含增值税的销售额作为计税基数，即与项目二中有关增值税销售额的确定是相同的，在此不再重复。应纳税额计算公式为：

应纳税额 = 应税消费品的销售额 × 比例税率

【思考题3－4】（单选题）一位客户向某汽车制造厂（增值税一般纳税人）订购自用汽车一辆，支付货款（含税）241 200元，另付设计、改装费30 000元。该辆汽车计征消费税的销售额为（　　）。

A. 214 359元　　B. 240 000元

C. 250 800元　　D. 280 800元

需要说明以下几点：

（1）应税消费品连同包装物销售的，无论包装物是否单独计价，也不论在会计上如何核算，均应并入应税消费品的销售额中征收消费税。如果包装物不作价随同产品销售，而是收取押金，此项押金则不应并入应税消费品销售额中征税。但对逾期未收回的包装物不再退还的和已收取一年以上的押金，应并入应税消费品的销售额，按照应税消费品的适用税率征收消费税。对既作价随同应税消费品销售，又另外收取的包装物的押

金，凡纳税人在规定的期限内不予退还的，均应并入应税消费品的销售额，按照应税消费品的适用税率征收消费税。

对酒类产品生产企业销售粮食白酒、薯类白酒和其他酒（实行从价定率办法征收）而收取的包装物押金，无论押金是否返还及会计上如何核算，均应并入酒类产品销售额中征收消费税。另外，白酒生产企业向商业销售单位收取的“品牌使用费”是随着应税白酒的销售而向购货方收取的，属于应税白酒销售价款的组成部分，因此，不论企业采取何种方式以何种名义收取价款，均应并入白酒的销售额中缴纳消费税。实行从量定额征收的啤酒和黄酒产品不适用上述规定。

（2）纳税人用于换取生产资料和消费资料、投资入股和抵偿债务等方面的应税消费品，应当以纳税人同类应税消费品的最高销售价格为依据计算消费税；纳税人通过自设非独立核算门市部销售的自产应税消费品，应当按照门市部对外销售额或销售数量征收消费税。

【思考题3－5】某葡萄酒生产企业，销售葡萄酒100万元，本月拿200吨葡萄酒换生产资料。最高价为每吨200元，最低价每吨为180元，中间平均价为每吨190元。葡萄酒适用消费税税率为10%。

计算葡萄酒生产企业应纳增值税税额和应纳消费税税额。

【例题3－1】某摩托车生产企业为增值税一般纳税人，6月将生产的某型号摩托车30辆，以每辆出厂价12 000元（不含增值税）给自设非独立核算的门市部；门市部又以每辆16 380元（不含增值税）全部销售给消费者。

要求：计算摩托车生产企业6月应纳消费税税额（摩托车适用消费税税率10%）。

应纳消费税税额＝16 380×30×10%

＝491 400×10%＝49 140（元）

（3）白酒生产企业销售给销售单位的白酒，生产企业消费税计税价格低于销售单位对外销售价格70%以下的，税务机关应核定消费税最低计税价格。

白酒消费税最低计税价格核定标准如下：

白酒生产企业销售给销售单位的白酒，生产企业消费税计税价格高于销售单位对外销售价格70%（含70%）以上的，税务机关暂不核定消费税最低计税价格。

白酒生产企业销售给销售单位的白酒，生产企业消费税计税价格低于销售单位对外销售价格70%以下的，消费税最低计税价格由税务机关根据生产规模、白酒品牌、利润水平等情况在销售单位对外销售价格50%至70%范围内自行核定。其中生产规模较大，利润水平较高的企业生产的需要核定消费税最低计税价格的白酒，税务机关核价幅度原则上应选择在销售单位对外销售价格60%至70%范围内。

已核定最低计税价格的白酒，生产企业实际销售价格高于消费税最低计税价格的，按实际销售价格申报纳税；实际销售价格低于消费税最低计税价格的，按最低计税价格申报纳税。

已核定最低计税价格的白酒，销售单位对外销售价格持续上涨或下降时间达到3个月以上、累计上涨或下降幅度在20%（含）以上的白酒，税务机关重新核定最低计税价格。

（二）从量定额办法应纳税额的计算

从量定额办法的计税依据是纳税人应税消费品的销售数量，计算公式为：

应纳税额 = 应税消费品的销售数量 × 单位税额

应税消费品数量的确定方法：

（1）销售应税消费品的，为应税消费品的销售数量；

（2）自产自用应税消费品的，为应税消费品的移送使用数量；

（3）委托加工应税消费品的，为纳税人收回的应税消费品数量；

（4）进口应税消费品的，为海关核定的应税消费品进口征税数量。

在实际销售过程中，一些纳税人往往将计量单位混用。为了规范不同产品的计量单位，《消费税暂行条例实施细则》具体规定了吨与升两个计量单位的换算标准，见表3－2。

表3－2　换算标准

1	黄酒	1吨＝962升
2	啤酒	1吨＝988升
3	汽油	1吨＝1 388升
4	柴油	1吨＝1 176升
5	石脑油	1吨＝1 385升
6	溶剂油	1吨＝1 282升
7	润滑油	1吨＝1 126升
8	燃料油	1吨＝1 015升
9	航空煤油	1吨＝1 246升

【例题3－2】 某酒厂生产黄酒28 860升，销售19 240升。要求计算销售黄酒的应纳消费税额。

黄酒的销售数量＝19 240÷962＝20（吨）

黄酒应纳消费税额＝20×240＝4 800（元）

【思考题3－6】（单选题）某啤酒厂销售A型啤酒20吨给副食品公司，开具税控专用发票收取价款58 000元，收取包装物押金3 000元；销售B型啤酒10吨给宾馆，开具普通发票收取价款32 760元，收取包装物押金150元。该啤酒厂应缴纳的消费税是（　　）元。

A. 5 000　　B. 6 600

C. 7 200　　D. 7 500

（三）复合计税办法应纳税额的计算

卷烟和白酒计税办法实行从量定额和从价定率相结合的复合计税办法。应纳税额计算公式为：

应纳税额 = 应税消费品销售额 × 比例税率 + 应税消费品销售数量 × 定额税率

【例题3－3】 某酒业制造公司生产各种白酒，2021年9月销售给某外贸企业

5 000 斤白酒，开具的增值税专用发票上注明的销售额为 500 万元。计算 9 月销售白酒的应纳消费税税额。

应纳消费税税额 $=500\times20\%+5\ 000\times0.5\div10\ 000=100.25$（万元）

（四）已纳消费税款扣除的计算

为了避免重复征税，税法规定，纳税人用外购的已缴纳消费税的应税消费品连续生产应税消费品销售的，在对连续生产应税消费品计征消费税时准予从应纳消费税税额中按当期生产领用数量计算扣除外购应税消费品已纳的消费税税款。扣除范围包括：

（1）外购已税烟丝生产的卷烟；

（2）外购已税化妆品生产的化妆品；

（3）外购已税珠宝玉石生产的贵重首饰及珠宝玉石；

（4）外购已税鞭炮、焰火生产的鞭炮、焰火；

（5）外购已税汽油、柴油为原料生产的汽油、柴油；

（6）以外购石脑油、燃料油、润滑油为原料生产的应税成品油；

（7）以外购已税杆头、杆身和握把为原料生产的高尔夫球杆；

（8）以外购已税木制一次性筷子为原料生产的木制一次性筷子；

（9）以外购已税实木地板为原料生产的实木地板。

上述当期准予扣除外购应税消费品已纳消费税税款的计算公式为：

$$\text{当期准予扣除的外购应税消费品已纳税款}=\text{当期准予扣除的外购应税消费品买价或数量}\times\text{外购应税消费品的适用税率或税额}$$

$$\text{当期准予扣除的外购应税消费品买价或数量}=\text{期初库存的外购应税消费品的买价或数量}+\text{当期购进的应税消费品的买价或数量}-\text{期末库存的外购应税消费品的买价或数量}$$

外购已税消费品的买价是指外购应税消费品增值税专用发票上注明的销售额（不包括增值税税额）。

需要注意的是，外购电池、涂料大包装改成小包装或者外购电池、外购电池、涂料大包装改成小包装或者外购电池、涂料不经加工只贴商标的行为，视同应税消费税品的生产行为。发生上述生产行为的单位和个人应按规定申报缴纳消费税。

【思考题 3－7】（单选题）下列各项中，符合消费税法有关应按当期生产领用数量计算准予扣除外购的应税消费品已纳消费税税款规定的是（　　）。

A. 外购已税白酒生产的药酒

B. 外购已税化妆品生产的化妆品

C. 外购已税白酒生产的巧克力

D. 外购已税珠宝玉石生产的金银镶嵌首饰

【思考题 3－8】（多选题）依据消费税的规定，下列应税消费品中，准予扣除外购已纳消费税的有（　　）。

A. 以已税烟丝为原料生产的卷烟

B. 以已税珠宝玉石为原料生产的钻石首饰

C. 以已税汽车轮胎连续生产的小汽车

D. 以已税润滑油为原料生产的润滑油

E. 以已税杆头、杆身和握把为原料生产的高尔夫球杆

【例题3-4】 某化妆品厂期初库存化妆品30 000元，本期外购化妆品80 000元（不含税价），本期月末库存20 000元，生产出化妆品对外销售，取得不含税销售额250 000元，化妆品消费税税率为30%。计算应纳消费税税额。

准予扣除消费税税款=(30 000+80 000-20 000)×30%=27 000（元）

应纳消费税税额=250 000×30%-27 000=48 000（元）

二、自产自用应税消费品应纳税额的计算

纳税人生产销售应税消费品，用于连续生产应税消费品的，即作为生产最终应税消费品的直接材料，并构成最终产品实体的应税消费品不纳税；用于其他方面的，即用于生产非应税消费品和在建工程、管理部门、非生产机构、提供劳务以及用于馈赠、赞助、集资、广告、样品、职工福利、奖励等方面的应税消费品，应缴纳消费税。

【思考题3-9】（单选题）根据消费税的有关规定，下列纳税人自产自用应税消费品不缴纳消费税的是（　　）。

A. 炼油厂用于本企业基建部门车辆的自产汽油

B. 汽车厂用于管理部门的自产汽车

C. 日化厂用于赠送客户样品的自产化妆品

D. 卷烟厂用于生产卷烟的自制烟丝

（一）从价定率办法应纳税额的计算

纳税人自产自用的应税消费品，按照纳税人生产的同类消费品的销售价格计算纳税；没有同类消费品销售价格的，按照组成计税价格计算纳税。

应纳税额=同类消费品销售额（组成计税价格）×比例税率

具体分以下两种情况：

1. 按同类消费品销售额计算

所指“同类消费品销售价格”，是指纳税人当月销售的同类消费品的销售价格，如果当月同类消费品各期销售价格高低不同，应按销售数量加权平均计算。但销售的应税消费品有下列情况之一的，不得列入加权平均计算：销售价格明显偏低又无正当理由的；无销售价格的。如果当月无销售或者当月未完结，应按照同类消费品上月或最近月份的销售价格计算纳税。其计算公式为：

应纳税额=同类消费品销售单价×自产自用数量×适用税率

2. 按组成计税价格计算

按照规定，如果纳税人自产自用的应税消费品在计算征收时没有同类消费品销售价格的，应按组成计税价格计算纳税。其计算公式为：

应纳税额=组成计税价格×比例税率

组成计税价格=(成本+利润)÷(1-消费税税率)

=成本×(1+成本利润率)÷(1-消费税税率)

应纳税额=组成计税价格×比例税率

公式中的“成本”，是指应税消费品的产品生产成本；公式中的“利润”是指根据应税消费品的全国平均成本利润率计算的利润。应税消费品的全国平均成本利润率由国家税务总局确定。具体规定如下：

甲类卷烟为10%；乙类卷烟为5%；雪茄烟为5%；烟丝为5%；粮食白酒为10%；薯类白酒为5%；其他酒为5%；化妆品为5%；鞭炮、焰火为5%；贵重首饰及珠宝玉石为6%；摩托车为6%；高尔夫球及球具为10%；高档手表为20%；游艇为10%；木制一次性筷子为5%；实木地板为5%；乘用车为8%；中轻型商用客车为5%；电池为4%；涂料为7%。

【例题3-5】某公司将一批自产的化妆品用作职工福利，化妆品的成本为4 000元，该化妆品无市场同类产品销售价格。计算该批化妆品应纳消费税税额。

组成计税价格 = 4 000 × (1 + 5%) ÷ (1 − 30%) = 6 000（元）

应纳消费税税额 = 6 000 × 30% = 1 800（元）

（二）从量定额办法应纳税额的计算

应纳税额 = 应税消费品移送使用的数量 × 比例税率

【思考题3-10】某啤酒厂自产啤酒10吨，无偿提供给某啤酒节，已知每吨成本1 000元，无同类产品售价（税务机关核定的消费税单位税额为220元/吨）。

计算该笔业务应缴纳的税额是多少？

（三）复合计税办法应纳税额的计算

应纳税额 = 应税消费品的销售额（组成计税价格）× 比例税率 + 自产自用数量 × 定额税率

自产自用的应税消费品如果没有同类消费品销售价格，在复合计税办法下的组成计税价格的计算公式是：

组成计税价格 = (成本 + 利润 + 自产自用数量 × 定额税率) ÷ (1 − 比例税率)

【例题3-6】某酒厂将自产的一种新型粮食白酒5吨用作职工福利，粮食白酒的成本共计8 000元，该粮食白酒无同类产品市场销售价格，但已知其成本利润率为10%，计算该批粮食白酒应缴纳的消费税税额。

粮食白酒的组成计税价格 = [8 000 × (1 + 10%) + 5 × 2 000 × 0.5 ÷ (1 − 20%)]

= 15 050（元）

应纳消费税税额 = 15 050 × 20% + 5 000 = 8 010（元）

三、委托加工应税消费品应纳税额的计算

委托加工的应税消费品，是指由委托方提供原料和主要材料，受托方只收取加工费和代垫部分辅助材料加工的应税消费品。从上述具体规定中可以看出，作为委托加工的应税消费品，必须具备两个条件：其一是由委托方提供原料和主要材料；其二是受托方只收取加工费和代垫部分辅助材料。无论是委托方还是受托方，凡不符合规定条件的，都不能按委托加工应税消费品进行税务处理，只能按照销售自制应税消费品缴纳消费税。这种处理办法体现了税收管理的源泉控制原则，避免了应缴税款的流失。

【思考题3-11】（单选题）委托加工的特点是（　　）。

A. 委托方提供原料和主要材料，受托方只收取加工费和代垫部分辅助材料

B. 受托方提供原材料生产的应税消费品

C. 受托方先将原材料卖给委托方，然后再接受加工的应税消费品

D. 受托方以委托方名义购进原材料生产的应税消费品

（一）从价定率办法应纳税额的计算

根据《消费税暂行条例》的规定，委托加工的应税消费品，按照受托方的同类消费品的销售价格计算纳税；没有同类消费品销售价格的，按照组成计税价格计算纳税。其计算公式为：

应纳税额＝委托加工同类消费品销售额或组成计税价格×比例税率

组成计税价格＝(材料成本＋加工费)÷(1－比例税率)

"材料成本"是指委托方所提供的加工材料实际成本。委托加工应税消费品的纳税人必须在委托加工合同上如实注明（或者以其他方式提供）材料成本，凡未提供材料成本的，受托方主管税务机关有权核定其材料成本。"加工费"是指受托方加工应税消费品向委托方所收取的全部费用（包括代垫辅助材料的实际成本），不包括增值税税款。

【例题3-7】 某公司为增值税一般纳税人，本月将成本为20 000元的原材料委托外协单位加工成药酒，药酒加工完毕收回时，取得外协单位开具的增值税专用发票，注明加工费为2 500元，增值税税额425元，该外协单位无同类药酒的销售价格。本月将收回的药酒全部对外销售，药酒的消费税税率为10%。计算该外协单位应代收代缴的消费税税额。

组成计税价格＝(20 000＋2 500)÷(1－10%)＝25 000（元）

该外协单位应代收代缴的消费税税额＝25 000×10%＝2 500（元）

（二）从量定额办法应纳税额的计算

应纳税额＝纳税人收回的应税消费品销售数量×定额税率

（三）复合计税办法应纳税额的计算

应纳税额＝委托加工同类消费品销售额或组成计税价格×适用税率＋纳税人收回应税消费品数量×定额税率

组成计税价格＝(材料成本＋加工费＋纳税人收回应税消费品的数量×定额税率)÷(1－比例税率)

【例题3-8】 2021年7月1日甲酒厂从农业生产者手中收购粮食，共计支付收购价款60 000元。甲酒厂将收购的粮食从收购地直接运往异地的乙酒厂生产加工白酒，白酒加工完毕，企业收回白酒8吨，取得乙酒厂开具防伪税控的增值税专用发票，注明加工费25 000元，代垫辅料价值15 000元，加工的白酒当地无同类产品市场价格。

计算：乙酒厂应代收代缴的消费税。

组成计税价格＝[60 000×(1－10%)＋(25 000＋15 000)＋8×2 000×0.5]÷(1－20%)＝127 500（元）

乙酒厂应代收代缴的消费税＝8×2 000×0.5＋127 500×20%＝33 500（元）

（四）委托加工收回的应税消费品已纳税款扣除的计算

委托加工收回的应税消费品因为已由受托方代收代缴消费税，因此，委托方收回用于连续生产应税消费品的，其已纳税款准予按照规定从连续生产的应税消费品应纳消费税税款中抵扣。纳税人用委托加工收回的下列应税消费品连续生产应税消费品，在计征消费税时可以扣除委托加工收回应税消费品的已纳消费税税款：

（1）以委托加工收回的已税烟丝为原料生产的卷烟；

（2）以委托加工收回的已税高档化妆品为原料生产的高档化妆品；

（3）以委托加工收回的已税珠宝玉石为原料生产的贵重首饰及珠宝玉石；

（4）以委托加工收回的已税鞭炮、焰火为原料生产的鞭炮、焰火；

（5）以委托加工收回的已税汽油、柴油为原料生产的汽油、柴油；

（6）以委托加工收回的已税石脑油、燃料油、润滑油为原料生产的应税成品油；

（7）以委托加工收回的已税杆头、杆身和握把为原料生产的高尔夫球杆；

（8）以委托加工收回的已税木制一次性筷子为原料生产的木制一次性筷子；

（9）以委托加工收回的已税实木地板为原料生产的实木地板。

上述以委托加工收回的应税消费品连续生产的应税消费品准予从应纳消费税税额中按当期生产领用数量计算扣除其已纳消费税税款。计算公式为：

当期准予扣除的委托加工应税消费品已纳税款 = 期初库存的委托加工应税消费品已纳税款 + 当期收回的委托加工应税消费品已纳税款 − 期末库存的委托加工应税消费品已纳税款

引例解析

B 厂代收代缴的消费税额 =（54 000 +9 000）÷（1 −30%）×30%
=27 000（元）

A 厂应纳消费税额 =89 000 ×40% −27 000 ÷2 =35 600 −13 500
=22 100（元）

四、进口应税消费品应纳税额的计算

（一）从价定率办法应纳税额的计算

应纳税额 = 组成计税价格 × 消费税比例税率

组成计税价格 = 关税完税价格 + 关税 + 消费税
=（关税完税价格 + 关税）÷（1 − 消费税比例税率）

公式中的"关税完税价格"，是指海关核定的关税计税价格。

【例题 3 −9】 某企业进口烟丝，消费税税率是 30%，关税完税价格 100 万元，关税税率 40%，增值税税率 13%，计算进口烟丝应缴纳的消费税税额。

关税 =100 ×40% =40（万元）

组成计税价格 =（100 +40）÷（1 −30%）=200（万元）

应纳消费税税额 =200 ×30% =60（万元）

【思考题3-12】（多选题）某公司进口一批应税消费品，海关应征进口关税20万元（关税税率假定为20%，消费税税率为10%），则进口环节还需缴纳（　　）。

A. 消费税12万元　　B. 消费税13.33万元

C. 增值税22.44万元　　D. 增值税22.67万元

（二）从量定额办法应纳税额的计算

应纳税额=海关核定的应税消费品进口征税数量×消费税单位税额

（三）复合计税办法应纳税额的计算

应纳税额=组成计税价格×比例税率+进口数量×消费税单位税额

组成计税价格=(关税完税价格+关税+进口数量×消费税定额税率)÷(1-消费税比例税率)

自2009年5月1日起，进口卷烟的消费税适用的比例税率进行了调整，其应纳税额的计算方法如下：

1. 计算每标准条进口卷烟（200支）的价格

每标准条进口卷烟(200支)价格=(关税完税价格+关税+消费税定额税)÷(1-消费税卷烟固定税率)

需要注意的是，这里的消费税税率固定为36%，由于卷烟的从量定额税为每标准箱（50 000支）为150元，所以每标准条进口卷烟的定额税为0.6元。

2. 确定进口卷烟从价消费税的适用比例税率

每标准条进口卷烟（200支）价格≥70元人民币，则适用比例税率为56%，否则为36%。

3. 计算进口卷烟消费税组成计税价格

进口卷烟消费税组成计税价格=(关税完税价格+关税+消费税定额税)÷(1-进口卷烟消费税适用比例税率)

4. 计算进口卷烟消费税税额

应纳消费税税额=进口卷烟消费税组成计税价格×进口卷烟消费税适用的比例税率+消费税定额税

【例题3-10】有进出口经营权的某外贸公司2021年9月从国外进口卷烟320箱（每箱250条，每条200支），支付买价2 000 000元，支付到达我国海关前的运输费用120 000元、保险费用80 000元。已知进口卷烟的关税税率为20%，请计算卷烟在进口环节应缴纳的消费税。

（1）进口卷烟的数量：320×250=80 000（条）

每条进口卷烟消费税适用比例税率的价格=[(2 000 000+120 000+80 000)×(1+20%)÷(320×250)+0.6]÷(1-36%)=52.5（元）

（2）单条卷烟价格低于70元，适用消费税的比例税率为36%。

（3）进口卷烟应缴纳的消费税=80 000×52.5×36%+80 000×0.6

=1 560 000（元）

工作实例

消费税的计算

刚固木业制造有限公司为增值税一般纳税人，从事木地板的生产、进口以及销售，同时从事筷子生产经营。2021 年 9 月发生下列经济业务：

（1）购进油漆、修理零备件原材料一批，取得防伪税控系统开具的增值税专用发票上注明价款 50 万元；发生不含税运费 1.4 万元，已经取得货运增值税专用发票；材料已验收入库；

（2）本期购入原木取得防伪税控系统开具的增值税专用发票上注明的买价 118 万元，税金 10.62 万元，专用发票已经税务机关认证；

（3）本月销售自产豪华木地板 45 000 平方米，单价每平方米 280 元，开具增值税专用发票，另外收取包装费 11.3 万元（开具普通发票）；本月另收取过期不退的木地板包装箱押金为 5.65 万元；

（4）将自产 A 型木地板 1 000 平方米用于自己的办公室装修，3 000 平方米用于奖励给优秀员工，账面成本合计 170 000 元。该 A 型地板没有同类销售价格；

（5）受托加工特制木地板一批（无同类售价），委托方提供橡木，合同列明材料成本 21 万元，收取加工费（不含税）11 万元，并开具增值税专用发票。本月完成生产，共交付委托方 1 400 平方米橡木地板；该委托方收回后全部销售，取得价税合计 42 万元；

（6）将上月外购木地板 12 000 平方米（取得专用发票，注明价款 732 000 元）全部用于生产 C 型漆饰木地板，销售给某商业贸易公司，本月收到对方开具的商业汇票，注明含税销售额 1 080 000 元；

（7）将自产 B 型号木地板 2 000 平方米无偿提供给某房地产公司，用来装修该房地产公司的样板间供客户参观，B 型地板的账面成本为 180 000 元；出厂不含税售价为每平方米 160 元；

（8）进口西班牙橡木原木一批，关税完税价格 120 万元，关税税率 20%，取得海关开具的海关进口增值税专用缴款书；同期进口西班牙橡木地板一批，关税完税价格 300 万元，关税税率为 30%；

（9）将进口的橡木加工成 E 型木地板，本月销售取得价税合计 824 000 元；部分橡木做成工艺品，销售取得价税合计 521 000 元；

（10）用部分原木的尾料加工成一次性木筷 10 000 箱对外销售，单箱不含税售价 50 元；用进口橡木加工成高档筷子 800 箱，单箱不含税售价 180 元，本月两种型号的筷子全部销售给某贸易公司，因为是长期客户，销售时一次给予 5% 的折扣；

（11）期初增值税留抵 54 000 元。

（木地板和木制一次性筷子消费税税率和成本利润率均为 5%；取得增值税专用发票已经通过税务机关认证）

要求：请根据上述资料，按照下列顺序计算分析问题：

（1）本期进口业务需要缴纳的消费税；

（2）本期代收代缴消费税；

（3）本期应向税务机关缴纳的消费税。

解析：

（1）应缴进口环节的消费税 = 3 000 000 ×（1 + 30%）÷（1 − 5%）× 5%
= 205 263.16（元）

（2）代收代缴消费税 =（210 000 + 110 000）÷（1 − 5%）× 5%
= 16 842.11（元）

（3）应纳消费税 = [45 000 × 280 + 113 000 ÷（1 + 13%）+ 56 500 ÷（1 + 13%）+ 170 000 ×（1 + 5%）÷（1 − 5%）+ 1 080 000 ÷（1 + 13%）+ 2 000 × 160 + 824 000 ÷（1 + 13%）+ 10 000 × 50 ×（1 − 5%）] × 5% − 732 000 × 5% = 734 292.53（元）

任务三 消费税的纳税申报

导入引例

幸福轿车有限公司是以生产轿车为主的增值税一般纳税人，2021 年 5 月的生产经营情况如下：

（1）1 月 1 日将 A 型气缸容量为 3.0 升的小轿车 130 辆赊销给境内某代理商，约定 1 月 15 日付款，15 日企业开具增值税专用发票，注明金额 2 340 万元、增值税税额 304.2 万元，代理商 30 日将货款和延期付款的违约金 8 万元支付给企业；

（2）1 月销售 A 型小轿车 10 辆给本企业有突出贡献的业务人员，以成本价核算取得销售金额 80 万元；

（3）1 月企业新设计生产气缸容量 2.4 升 B 型小轿车 2 辆，每辆成本价 12 万元，为了检测其性能，将其移送企业下设的汽车维修厂进行碰撞实验，企业和维修厂位于同一市区，市场上无 B 型小轿车销售价格。

其他相关资料：B 型小轿车成本利润率 8%。

幸福轿车有限公司 2021 年 5 月消费税纳税申报如何办理？

知识准备和业务操作

一、纳税义务发生的时间

消费税的征收管理

消费税纳税义务发生时间分为以下几种情况：

（1）纳税人销售应税消费品的纳税义务发生时间：

①采用预收货款结算方式销售应税消费品的，纳税义务发生时间为发出应税消费品的当天。

②采取赊销和分期收款结算方式销售应税消费品的，纳税义务发生时间为销售合同约定的收款日期的当天。

③采取托收承付和委托收款结算方式销售应税消费品的，纳税义务发生时间为发出应税消费品并办妥托收手续的当天，无书面合同的或者书面合同没有约定收款日期的，为货物发出的当天。

④采取其他结算方式销售应税消费品的，纳税义务发生时间为收讫销售款或取得索取销售款凭据的当天。

（2）纳税人自产自用的应税消费品，纳税义务发生时间为消费品移送使用的当天。

（3）纳税人委托加工的应税消费品，纳税义务发生时间为纳税人提货的当天。

（4）纳税人进口应税消费品的，纳税义务发生时间为报关进口的当天。

二、纳税地点

消费税纳税地点分以下四种情况：

（1）纳税人销售应税消费品，以及自产自用应税消费品的，除国家另有规定外，应当向纳税人核算地主管税务机关申报纳税。纳税人的总机构与分支机构不在同一县（市）的，应在生产应税消费品的分支机构所在地缴纳消费税。但经国家税务总局及所属税务分局批准，纳税人分支机构应纳消费税款也可由总机构汇总向总机构所在地主管税务机关缴纳。

（2）委托加工的应税消费品，由受托方向所在地主管税务机关申报、缴纳消费税。受托方为个人的，由委托方向机构所在地主管税务机关申报纳税。

（3）进口的应税消费品，由进口人或者代理人向报关地海关申报纳税。

（4）纳税人到外县（市）销售或委托外县（市）代销自产应税消费品的，应事先向其所在地主管税务机关提出申请，并于应税消费品销售后，向机构所在地或居住地主管税务机关申报纳税。

三、纳税期限

消费税的纳税期限分别为1日、3日、5日、10日、15日、1个月或者1个季度，纳税人的具体纳税期限，由主管税务机关根据纳税人应纳税额的大小分别核定，不能按照固定期限纳税的，可以按次纳税。

纳税人以1个月或者1个季度为一期纳税的，自期满之日起15日内申报纳税。以1日、3日、5日、10日或15日为一期纳税的，自期满之日起5日内预缴税款，于次月1日起15日内申报纳税并结清上月应纳税款。

纳税人进口应税消费品的，自海关填发海关进口消费税专用缴款书之日起15日内缴纳税款。

四、纳税申报的办理

缴纳消费税的纳税人无论当期有无销售或盈利，均应于次月1日至15日内向主管税务机关办理消费税的纳税申报，并填制《消费税纳税申报表》。

纳税人应根据经营范围不同分别填写《烟应税消费品消费税纳税申报表》《小汽车消费税纳税申报表》《电池消费税纳税申报表》《涂料消费税纳税申报表》《成品油消费税纳税申报表》《其他应税消费品消费税纳税申报表》，向主管税务机关进行纳税申报。

引例解析

根据任务案例办理幸福轿车有限公司2021年5月消费税纳税申报：

一、根据生产经营情况填制表3－3。

表3－3　　生产经营情况表

税款所属期：　　年　月　日至　　年　月　日

纳税人名称（公章）：　　纳税人识别号：□□□□□□□□□□□□□□□□□□□□

填表日期：　年　月　日　　金额单位：元（列至角分）

应税消费品名称 项目	乘用车：气缸容量≤1升	乘用车：1升＜气缸容量≤1.5升	乘用车：1.5升＜气缸容量≤2.0升	乘用车：2.0升＜气缸容量≤2.5升	乘用车：2.5升＜气缸容量≤3.0升	乘用车：3.0升＜气缸容量≤4.0升	乘用车：气缸容量＞4.0升	中轻型商用客车
生产数量				2		150		
销售数量				2		140		
委托加工收回应税消费品直接销售数量								
委托加工收回应税消费品直接销售额								
出口免税销售数量								
出口免税销售额								

二、如本期有代收代缴税额，填表3－4。

表3－4 **本期代收代缴税额计算表**

税款所属期： 年 月 日至 年 月 日

纳税人名称（公章）： 纳税人识别号：□□□□□□□□□□□□□□□□□□□□□□□□□

填表日期： 年 月 日 金额单位：元（列至角分）

应税消费品 名称项目	乘用车：气缸容量≤1升	乘用车：1升＜气缸容量≤1.5升	乘用车：1.5升＜气缸容量≤2.0升	乘用车：2.0升＜气缸容量≤2.5升	乘用车：2.5升＜气缸容量≤3.0升	乘用车：3.0升＜气缸容量≤4.0升	乘用车：气缸容量＞4.0升	中轻型商用客车	合计
适用税率	1%	3%	5%	9%	12%	25%	40%	5%	
受托加工数量									—
同类产品销售价格									—
材料成本									—
加工费									—
组成计税价格									—
本期代收代缴税款									

三、填制小汽车消费税纳税申报表，见表3－5。

表3－5 **小汽车消费税纳税申报表**

税款所属期： 年 月 日至 年 月 日

纳税人名称（公章）： 纳税人识别号：□□□□□□□□□□□□□□□□□□□□□□□□□

填表日期： 年 月 日 金额单位：元（列至角分）

应税消费品名称 \ 项目		适用税率	销售数量	销售额	应纳税额
乘用车	气缸容量≤1升	1%			
	1升＜气缸容量≤1.5升	3%			
	1.5升＜气缸容量≤2.0升	5%			
	2.0升＜气缸容量≤2.5升	9%	2	284 800	25 600
	2.5升＜气缸容量≤3.0升	12%	140	24 452 614.6	2 934 313.75
	3.0升＜气缸容量≤4.0升	25%			
	气缸容量＞4.0升	40%			
中轻型商用客车		5%			
合计		—	—	—	3 057 800

本期准予扣除税额：	声明 此纳税申报表是根据国家税收法律的规定填报的，我确定它是真实的、可靠的、完整的。 经办人（签章）： 财务负责人（签章）： 联系电话：
本期减（免）税额：	
期初未缴税额：	

续表

<table>
<tr><th>项目
应税消费品名称</th><th>适用税率</th><th>销售数量</th><th>销售额</th><th>应纳税额</th></tr>
<tr><td colspan="3">本期缴纳前期应纳税额：</td><td colspan="2" rowspan="4">（如果你已委托代理人申报，请填写）
授权声明
为代理一切税务事宜，现授权＿＿＿＿＿＿（地址）为本纳税人的代理申报人，任何与本申报表有关的往来文件，都可寄予此人。
授权人签章：</td></tr>
<tr><td colspan="3">本期预缴税额：</td></tr>
<tr><td colspan="3">本期应补（退）税额：3 057 800</td></tr>
<tr><td colspan="3">期末未缴税额：</td></tr>
</table>

以下由税务机关填写

受理人（签章）： 受理日期： 年 月 日

受理税务机关（章）：

任务四 出口应税消费品退（免）税的计算

导入引例

某外贸企业从国内一生产厂家（增值税一般纳税人）2021年6月购进化妆品5 000套全部出口，每套工厂销售价113元（含增值税），出口离岸价格为168元。

计算外贸企业当月应退（免）的消费税。

知识准备和业务操作

适用出口货物退（免）增值税的出口货物，如果属于消费税应税消费品，实行下列消费税政策：

一、出口应税消费品退（免）税的适用范围

（1）出口企业出口或视同出口适用增值税退（免）税的货物，免征消费税，如果属于购进出口的货物，退还前一环节对其已征的消费税。

（2）出口企业出口或视同出口适用增值税免税政策的货物，免征消费税，但不退还其以前环节已征的消费税，且不允许在内销应税消费品应纳消费税款中抵扣。

（3）出口企业出口或视同出口适用增值税征税政策的货物，应按规定缴纳消费税，不退还其以前环节已征的消费税，且不允许在内销应税消费品应纳消费税款中抵扣。

二、消费税退税的计税依据

出口货物的消费税应退税额的计税依据，按购进出口货物的消费税专用缴款书和海关进口消费税专用缴款书确定。

属于从价定率计征消费税的，为已征且未在内销应税消费品应纳税额中抵扣的购进出口货物金额；属于从量定额计征消费税的，为已征且未在内销应税消费品应纳税额中抵扣的购进出口货物数量；属于复合计征消费税的，按从价定率和从量定额的计税依据分别确定。

三、消费税退税的计算

消费税应退税额 = 从价定率计征消费税的退税计税依据 × 比例税率 + 从量定额计征消费税的退税计税依据 × 定额税率

引例解析

根据任务案例计算应退税额：

应退消费税税额 = 113 ÷ （1 + 13%） × 5 000 × 30% = 150 000（元）

知识归纳

消费税计算与申报归纳总结如图 3 – 1 所示。

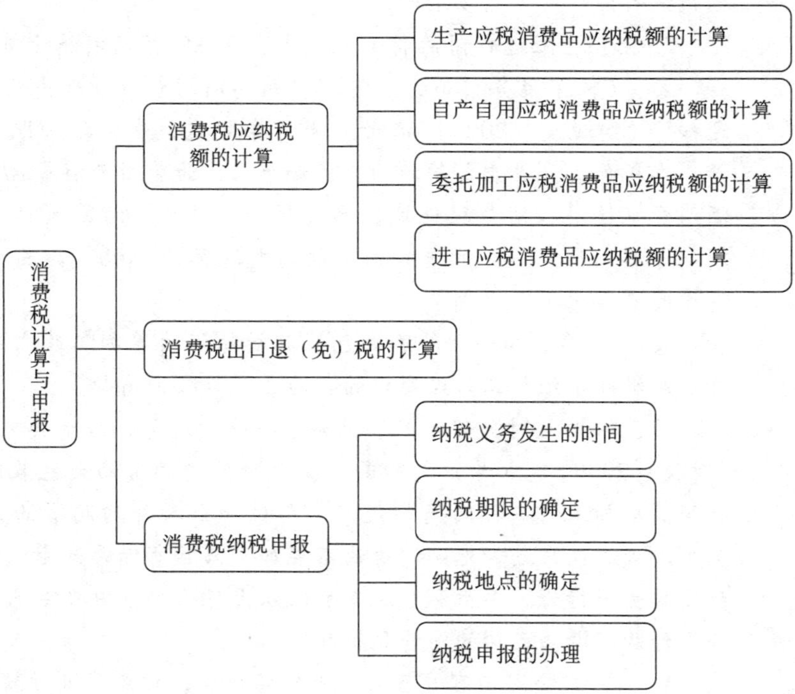

图 3 – 1 消费税计算与申报总结

思考题

1. 消费税纳税环节有哪些？

2. 消费税税率形式有哪些？

3. 酒类产品包装物押金如何进行税务处理？

4. 纳税人用外购的已缴纳消费税的应税消费品连续生产应税消费品销售的已纳消费税税额扣除时如何计算？

5. 委托加工消费品如果受托方无同类消费品价格，组成计税价格如何计算？

6. 进口卷烟的应纳消费税税额如何计算？

办税指南

1. 问：我公司是一家生产料酒的企业，产品主要用于日常餐饮的调制，是否要缴纳消费税？

答：《国家税务总局关于调味料酒征收消费税问题的通知》（国税函〔2008〕742号）规定，鉴于国家已经出台了调味品分类国家标准，按照国家标准调味料酒属于调味品，不属于配置酒和泡制酒，对调味料酒不再征收消费税。调味料酒指以白酒、黄酒或食用酒精为主要原料，添加食盐、植物香料等配制加工而成的产品名称标注（在食品标签上标注）为调味料酒的液体调味品。所以，上述企业如果生产的料酒是符合国家标准的调味料酒，就不需要缴纳消费税。

2. 问：企业进口葡萄酒是否缴纳消费税？葡萄酒属于哪个税目？

答：《国家税务总局关于印发〈葡萄酒消费税管理办法（试行）〉的通知》（国税发〔2006〕66号）第二条规定，在中华人民共和国境内生产、委托加工、进口葡萄酒的单位和个人，为葡萄酒消费税纳税人。葡萄酒消费税适用《消费税税目税率（税额）表》“酒”税目下设的“其他酒”子目。因此，企业进口葡萄酒需要缴纳消费税，其属于“酒”税目下设的“其他酒”子目。

3. 问：单位和个人外购大包装润滑油经简单加工改成小包装，或者外购润滑油不经加工只贴商标的行为，是否缴纳消费税？

答：根据《财政部　国家税务总局关于消费税若干具体政策的通知》（财税〔2006〕125号）第四条“关于对外购润滑油大包装改小包装、贴标等简单加工的征税问题”规定，单位和个人外购润滑油大包装经简单加工改成小包装或者外购润滑油不经加工只贴商标的行为，视同应税消费税品的生产行为。单位和个人发生的以上行为应当申报缴纳消费税，准予扣除外购润滑油已纳的消费税税款。

4. 问：我公司与客户签订生产销售合同，按照预收货款的方式制造5台高档摩托车并于10月交付产品。4月，我公司收到预收款10万元，对已收到的该笔货款是否需要缴纳消费税?

答:《中华人民共和国消费税暂行条例实施细则》第八条第一项对"消费税纳税义务发生时间"规定,采取预收货款结算方式的,纳税义务发生时间为发出应税消费品的当天。因此,上述公司应于完成摩托车的建造、发出应税消费品时确认消费税纳税义务发生。

5. 问:2021 年 7 月,某公司与客户签订合同,按客户要求制造一艘机动游艇,工期 18 个月,次月收到预收款 500 万元。请问,收到的该笔预收款是否需要缴纳消费税?

答:根据《消费税暂行条例实施细则》第八条第一项对消费税纳税义务发生时间的规定,采取预收货款结算方式的,为发出应税消费品的当天。因此,上述公司采取的是预收货款方式,应于完成机动游艇的建造、发出应税消费品时确认消费税纳税义务。

6. 问:我厂将自产的白酒与外购的礼品搭配成套对外销售,这部分收入如何计算消费税?

答:根据《财政部、国家税务总局关于调整和完善消费税政策的通知》(财税〔2006〕33 号)第五条有关"组成套装销售的计税依据"规定,纳税人将自产的应税消费品与外购或自产的非应税消费品组成套装销售的,以套装产品的销售额(不含增值税)为计税依据,应按照不含增值税的全部收入额计算缴纳消费税。

4 项目四 关税计算与申报

学习目标

根据进出货物、物品实际情况，正确计算应纳关税税额；能按税法规定的纳税期限缴纳关税；会查询关税最新税率；培养团队合作意识和良好的职业道德素养。

工作任务

关税纳税义务人和征税范围的确定；关税最新税率的查询；进口货物应纳关税税额的计算；关税的缴纳。

任务一 关税应纳税额的计算

导入引例

远洋公司是一家进出口公司，从美国进口货物一批，成交价格折合人民币9 000万元（包括单独计价并经海关审查属实的与货物一体的容器费用20万元，向采购代理人支付的购货佣金50万元）。另支付运费180万元，保险费90万元。假设该货物适用关税税率为20%，增值税税率为17%，消费税税率为5%。

根据资料计算该进出口公司应缴纳的关税。

知识准备与业务操作

一、关税的概念

关税是海关依法对进出国境或关境的货物、物品征收的一种税。关境又称“海关境域”或“关税领域”，是指一国海关法规可以全面实施的领域。国境是一个主权国家的领土范围。

通常情况下，一国的关境与其国境的范围是一致的，关境即是国境。但由于自由港、自由区和关税同盟的存在，关境与国境有时并不完全一致。在设有自由港、自由区的国家，自由港、自由区虽在国境之内，但从征收关税的角度来说，它是在该国关境之外，对进口自由港（区）的货物可以不征关税，此时关境小于国境。如根据《中华人民共和国香港特别行政区基本法》和《中华人民共和国澳门特别行政区基本法》的规定，香港地区和澳门地区保持自由港地位，为我国单独的关税地区，即单独关境区。单独关境区是不完全适用该国海关法律、法规的实施单独海关管理制度的区域。相反，在缔结关税同盟的国家之间，它们相互组成一个共同关境，实施统一的关税法令和税则，彼此间进出境的货物不征收关税，关境包括了几个缔约国的领土，这时关境便大于国境，如欧洲联盟。

二、关税的征税范围和纳税人

（一）关税的征税范围

关税的征税范围包括国家准许进出口的货物、进境物品，但法律、行政法规另有规定的除外。货物，是指贸易性商品；物品，是指入境旅客随身携带的行李物品、个人邮递物品、各种运输工具上的服务人员携带进口的自用物品、馈赠物品以及其他方式进境的个人物品。对从境外采购进口的原产自中国境内的货物，海关也要依照《海关进出口税则》征收进口关税。具体地说，除国家规定享受减免税的货物可以免征或减征关税外，所有进口货物和少数出口货物均属于关税的征税范围。

（二）关税的纳税人

关税纳税人包括进口货物的收货人、出口货物的发货人、进出境物品的所有人。进出口货物的收、发货人是依法取得对外贸易经营权，并进口或者出口货物的法人或者其他社会团体。进出境物品的所有人包括该物品的所有人和推定为所有人的人。一般情况下，对于携带进境的物品，推定其携带人为所有人；对分离运输的行李，推定相应的进出境旅客为所有人；对以邮递方式进境的物品，推定其收件人为所有人；以邮递或其他运输方式出境的物品，推定其寄件人或托运人为所有人。

三、关税的分类

（一）按征收对象分类

按征收对象分类，可以分成正税和特别税。

1. 正税

关税的正税包括进口税、出口税和过境税三种。

（1）进口税是海关对进口货物和物品所征收的关税。进口税有正税与附加税之分。正税即按税则法定税率征收的关税；此外征收的即为附加税。进口税是关税中最重要的一种，在许多废除了出口税和过境税的国家，进口税是唯一的关税。

（2）出口税是海关对出口货物和物品所征收的关税。目前，世界上大多数国家都不征收出口税。

（3）过境税是对外国经过本国国境运往另一国的货物所征收的关税。目前，世界上大多数国家都不征收过境税，我国也不征收过境税。

2. 特别关税

特别关税是因某种特定的目的而对进口的货物和物品征收的关税。常见的特别关税有反倾销税和反补贴税等。

（二）按计征标准分类

按计征标准分类，可以分成从价税、从量税、复合税、滑准税。

1. 从价税

从价税是一种最常用的关税计税标准。它是以货物的价格或者价值为征税标准，以应征税额占货物价格或者价值的百分比为税率，价格越高，税额越高。货物进口时，以此税率和海关审定的实际进口货物完税价格相乘计算应征税额。目前，我国海关计征关税标准主要是从价税。

2. 从量税

从量税是以货物的数量、重量、体积、容量等计量单位为计税标准，以每计量单位货物的应征税额为税率。从量税的特点是，每一种货物的单位应税额固定，不受该货物价格的影响。计税时以货物的计量单位乘以每单位应纳税金额即可得出该货物的关税税额。

3. 复合税

复合税又称混合税，即订立从价、从量两种税率，随着完税价格和进口数量而变化，征收时两种税率合并计征。它是对某种进口货物混合使用从价税和从量税的一种关税计征标准。我国目前仅对录像机、放像机、摄像机、数字照相机和摄录一体机等进口商品征收复合税。

4. 滑准税

滑准税是根据货物的不同价格适用不同税率的一类特殊的从价关税。它是一种关税税率随进口货物价格由高至低而由低至高设置计征关税的方法。通俗地讲，就是进口货物的价格越高，其进口关税税率越低，进口商品的价格越低，其进口关税税率越高。滑准税的特点是可保持实行滑准税商品的国内市场价格的相对稳定，而不受国际市场价格波动的影响。我国目前仅对进口新闻纸实行滑准税。

四、关税的税率

（一）税率的种类

关税的税率分为进口货物税率和出口货物税率两种。

1. 进口货物税率

进口货物税率分为最惠国税率、协定税率、特惠税率、普通税率、关税配额税率和暂定税率等。

（1）最惠国税率。对原产于与我国共同适用最惠国待遇条款的WTO成员国或地区的进口货物，或原产于与我国签订有相互给予最惠国待遇条款的双边贸易协定的国家或地区进口的货物，以及原产于我国境内的进口货物，按照最惠国税率征税。

（2）协定税率。对原产于与我国参加的含有关税优惠条款的区域性贸易协定有关缔约方的进口货物，按照协定税率征税。

（3）特惠税率。对原产于与我国签订有特殊优惠关税协定的国家或地区的进口货物，按照特惠税率征税。

（4）普通税率。对原产于上述国家或地区以外的其他国家或地区的进口货物，按照普通税率征税。

（5）关税配额税率。按照国家规定实行关税配额管理的进口货物，关税配额内的，适用较低的关税配额税率；关税配额外的，适用较高的配额外税率。

（6）暂定税率。是在最惠国税率的基础上，对于一些国内需要降低进口关税的货物，以及出于国际双边关系的考虑需要个别安排的进口货物，可以实行暂定税率。

2. 出口货物税率

出口货物税率是对出口货物征收关税而规定的税率。目前我国仅对少数资源性产品及易于竞相杀价，需要规范出口秩序的半制成品征收出口关税。

与进口关税税率一样，出口关税税率也规定有暂定税率。与进口暂定税率一样，出口暂定税率优先适用于出口税则中规定的出口关税税率。

未订有出口关税税率的货物，不征出口关税。

（二）税率的确定

进出口货物应当依照税则规定的归类原则归入合适的税号，并按照适用的税率征税。其中：

（1）进出口货物，应当按照纳税义务人申报进口或者出口之日实施的税率征税。

（2）进口货物到达前，经海关核准先行申报的，应当按照装载此货物的运输工具申报进境之日实施的税率征税。

（3）进出口货物的补税和退税，适用该进出口货物原申报进口或者出口之日所实施的税率，但下列情况除外：

①按照特定减免税办法批准予以减免税的进口货物，后因情况改变经海关批准转让或出售或移作他用需予补税的，适用海关接受纳税人再次填写报关单申报办理纳税及有关手续之日实施的税率征税。

②加工贸易进口料、件等属于保税性质的进口货物，如经批准转为内销，应按向海关申报转为内销之日实施的税率征税；如未经批准擅自转为内销的，则按海关查获日期所施行的税率征税。

③暂时进口货物转为正式进口需予补税时，应按其申报正式进口之日实施的税率征税。

④分期支付租金的租赁进口货物，分期付税时，适用海关接受纳税人再次填写报关单申报办理纳税及有关手续之日实施的税率征税。

⑤溢卸、误卸货物事后确定需征税时，应按其原运输工具申报进口日期所实施的税率征税。如原进口日期无法查明的，可按确定补税当天实施的税率征税。

⑥对由于税则归类的改变、完税价格的审定或其他工作差错而需补税的，应按原征

税日期实施的税率征税。

⑦对经批准缓税进口的货物以后交税时，不论是分期或一次交清税款，都应按货物原进口之日实施的税率征税。

⑧查获的走私进口货物需补税时，应按查获日期实施的税率征税。

五、税收优惠

关税减免是对某些纳税人和征税对象给予鼓励和照顾的一种特殊调节手段。关税减免分为法定减免税、特定减免税和临时减免税。根据《海关法》规定，除法定减免税外的其他减免税均由国务院决定。减征关税在我国加入世界贸易组织之前以税则规定税率为基准，在我国加入世界贸易组织之后以最惠国税率或者普通税率为基准。

我国《海关法》和《进出口条例》中规定的减免税，称为法定性减免税。主要有下列情形：

（1）关税税额在人民币50元以下的一票货物，可免征关税。

（2）无商业价值的广告品和货样，可免征关税。

（3）外国政府、国际组织无偿赠送的物资。

（4）进出境运输工具装载的途中必需的燃料、物料和饮食用品。

（5）经海关核准暂时进境或者暂时出境，并在6个月内复运出境或者复运进境的货物、展览品、施工机械、工程车辆等，在货物收发货人向海关缴纳相当于税款的保证金或者提供担保后，可予暂时免税。

（6）为境外厂商加工、装配成品和为制造外销产品而进口的原材料、辅料、零件和包装物材料，海关按照实际加工出口的成品数量免征进口关税，或者对进口料、件先征进口关税，再按照实际加工出口的成品数量予以退税。

（7）因故退还的中国出口货物，经海关审查属实，可予免征进口关税，但已征收的出口关税不予退还。

（8）因故退还的境外进口货物，经海关审查属实，可予免征出口关税，但已征收的进口关税不予退还。

（9）进口货物如有以下情形，经海关查明属实，可酌情减免进口关税：

①在境外运输途中或者在起卸时，遭受损坏或者损失的；

②起卸后海关放行前，因不可抗力遭受损失或者损坏的；

③海关查验时已经破漏、损坏或者腐烂，经证明不是保管不慎造成的。

（10）无代价抵偿货物，即进口货物在征税放行后，发现货物残损、短少或品质不良，而由国外承运人、发货人或保险公司免费补偿或更换的同类货物，可以免税。如未退运，其进口的无代价抵偿货物应照章征税。

（11）我国缔结或者参加的国际条约规定减征、免征关税的货物、物品，按照规定予以减免关税。

（12）法律规定减征、免征的其他货物。

媒体视点

中国税务机关助力在华举办大型国际活动

刚刚过去的2021年，北京服贸会、广交会、上海进博会，多项大型国际活动相继在华成功举办，吸引世界更多目光。为支持和保障在华举办的各类大型国际活动，中国相继出台了一系列税收优惠政策。

2019年11月，中国财政部、国家税务总局、海关总署联合公布了《关于北京2022年冬奥会和冬残奥会税收优惠政策的公告》，在企业所得税、增值税、消费税等方面对参与冬奥会的各类纳税人予以减免支持。

2020年4月，财政部、国家税务总局、海关总署发布《关于杭州2022年亚运会和亚残运会税收政策的公告》，在企业所得税、增值税、消费税、印花税等方面对相关纳税人予以减免支持。

2020年10月，财政部、国家税务总局和海关总署联合发出通知，明确对进博会展期内销售的合理数量的进口展品免征进口关税、进口环节增值税和消费税。

2021年3月，财政部、国家税务总局和海关总署联合发出通知，明确对"十四五"期间中西部地区国际性展会展期内销售的免税额度内的进口展品免征进口关税和进口环节增值税、消费税。

国家税务总局国际税务司有关负责人表示，举办大型国际活动，能够进一步提升中国国际影响力，扩大"朋友圈"。**这中间涉及很多与税收相关的工作，比如冬奥会增值税退税，涉奥运涉亚运企业减税降费，进博会、广交会中外贸企业出口退税，东博会、中阿博览会离境退税，国际税收政策宣讲服务外资企业等。这些税收工作对吸引外资"走进来"、鼓励中国企业"走出去"、推动国际交流合作都发挥了重要作用。**

【资料来源：节选自中新社，《中国税务机关助力在华举办大型国际活动》，2021年01月17日】

六、关税计税依据的确定

我国对进出口货物征收关税，主要采取从价计征的办法。因此，关税主要以进出口货物的完税价格为计税依据。

（一）进口货物的完税价格

1. 一般贸易进口的货物

一般贸易进口货物的完税价格由海关以进口应税货物的成交价格以及该货物运抵我国境内输入地点起卸前的运输及相关费用、保险费为基础审查确定。货物成交价格，是指卖方向中国境内销售该货物时，买方为进口货物向卖方实付、应付的价款总额。

下列费用应包括在进口货物的完税价格中：

（1）由买方负担的除购货佣金以外的佣金和经纪费。购货佣金指买方为购买进口货物向自己的采购代理人支付的劳务费用；经纪费指买方为购买进口货物向代表买卖双方利益的经纪人支付的劳务费用。

（2）由买方负担的与该货物视为一体的容器的费用。

（3）由买方负担的包装材料和包装劳务费用。

（4）与该货物的生产和向我国境内销售有关的，由买方以免费或者以低于成本的方式提供并可以按适当比例分摊的料件、工具、模具、消耗材料及类似货物的价款，以及在境外开发、设计等相关服务的费用。

（5）作为卖方向我国境内销售该货物的一项条件，应当由买方直接或间接支付的、与该货物有关的特许权使用费。特许权使用费，是指买方为获得与进口货物相关的、受著作权保护的作品、专利、商标、专有技术和其他权利的使用许可而支付的费用。但是，在估定完税价格时，进口货物在境内的复制权费不得计入该货物的实付或应付价格之中。

（6）卖方直接或间接从买方获得的该货物进口后转售、处置或者使用的收益。

下列费用、税收，如进口时在货物的价款中列明，不计入该货物的完税价格：

（1）厂房、机械、设备等货物进口后进行建设、安装、装配、维修和技术服务的费用。

（2）进口货物运抵境内输入地点起卸后的运输及其相关费用、保险费。

（3）进口关税及其他国内税收。

（4）为在境内复制进口货物而支付的费用。

（5）境内外技术培训及境外考察费用。

【例题4-1】 某公司2021年7月从国外进口宝石一批，到岸价格共计20万元，另外在宝石成交过程中，公司向卖方支付佣金3万元。该批宝石成交价格中包括宝石进口后发生的技术指导费4万元（能够单独分列）。

要求：计算该公司这批货物的完税价格。

到岸价格20万元应计入完税价格；公司向买方支付的佣金3万元应计入完税价格；进口后发生的技术指导费4万元由于能够单独分列，应从完税价格中扣除。

该批货物的完税价格 $=20+3-4=19$（万元）

2. 特殊贸易进口的货物

对于某些特殊、灵活的贸易方式（如寄售等）下进口的货物，在进口时没有成交价格可作依据，为此，《进出口关税条例》对这些进口货物制定了确定其完税价格的方法，主要有：

（1）运往境外加工的货物的完税价格。出境时已向海关报明，并在海关规定的期限内复运进境的，应当以境外加工费和料件费以及复运进境的运输费、保险费及其相关费用审查确定完税价格。

（2）运往境外修理的机械器具、运输工具或者其他货物的完税价格。出境时已向海关报明，并在海关规定的期限内复运进境的，应以境外修理费和料件费审查确定完税价格。

（3）租赁方式进口货物的完税价格。租赁方式进境的货物，以海关审查确定的该货物租金作为完税价格；留购的租赁物，以海关审定的留购价格作为完税价格。

（4）对于国内单位留购的进口货样、展览品和广告陈列品，以海关审定的留购价格作为完税价格。但对于留购货样、展览品和广告陈列品的买方，除按留购价格付款外，又直接或间接给卖方一定利益的，海关可以另行确定上述货物的完税价格。

（5）加工贸易进口料件及其制成品需征税或内销补税的，海关按照一般进口货物完税价格规定，审定完税价格。

（6）内销的进料加工进口料件或其制成品（包括残次品、副产品），以料件进口时的价格估定完税价格。

（7）内销的来料加工进口料件或其制成品（包括残次品、副产品），以料件申报内销时的价格估定完税价格。

（8）出口加工区内加工企业内销的制成品（包括残次品、副产品），以制成品申报内销时的价格估定完税价格。

（9）转让出售进口减免税货物的完税价格。按照特定减免税办法批准予以减免税进口的货物，在转让或出售而需补税时，可按这些货物原进口时的价格扣除折旧部分价值来确定其完税价格。其计算公式为：

完税价格＝海关审定的该货物原进口时的价格×[1－申请补税时实际已使用的时间(月)÷(监管年限×12)]

上述公式中的监管年限，是指海关对减免税进口的货物监督管理的年限。

（10）以易货贸易、寄售、捐赠、赠送等其他方式进口的货物，应当按照一般进口货物估价办法的规定，估定完税价格。

（二）出口货物的完税价格

1. 以成交价格为基础的完税价格

出口货物的完税价格，由海关以该货物向境外销售的成交价格为基础审查确定，并应包括货物运至我国境内输出地点装载前的运输及其相关费用、保险费，但其中包含的出口关税税额应当扣除。

出口货物的成交价格，是指该货物出口销售到我国境外时买方向卖方实付或应付的价格。出口货物的成交价格中含有支付给境外的佣金的，如果单独列明，应当扣除。

2. 出口货物海关估价方法

出口货物的成交价格不能确定时，完税价格由海关依次使用下列方法估定：

（1）同时或大约同时向同一国家或地区出口的相同货物的成交价格；

（2）同时或大约同时向同一国家或地区出口的类似货物的成交价格；

（3）根据境内生产相同或类似货物的成本、利润和一般费用、境内发生的运输及其相关费用、保险费计算所得的价格；

（4）按照合理方法估定的价格。

七、关税应纳税额的计算

关税应纳税额计算

1. 从价税计算方法

从价税是以进（出）口货物的完税价格为计税依据的一种关税计征方法。我国对进口商品基本上都实行从价税。应纳关税税额的计算公式为：

应纳关税税额＝应税进（出）口货物数量×单位完税价格×适用税率

引例解析

单独计价并经海关审查属实的与货物一体的容器费用20万元、运费180万元、保险费90万元可以计入完税价格，向采购代理人支付的购货佣金50万元不能计入完税价格。

远洋公司进口货物的关税完税价格＝9 000－50＋180＋90＝9 220（万元）

远洋公司进口货物应纳关税税额＝9 220×20%＝1 844（万元）

【例题4－2】 某进出口公司2021年5月从与我国有关税互惠协定的国家进口某批货物，采购地正常批发价格为356 200元，国外已付出口税额为35 620元，运抵我国输入点的包装费5 000元，运费25 180元，保险费4 400元，手续费2 100元。该进口货物的关税税率为50%，要求：计算该公司5月份关税应纳税额。

该货物的关税完税价格＝356 200＋5 000＋25 180＋4 400＋2 100＝392 880（元）

应纳关税税额＝392 880×50%＝196 440（元）

2. 从量税计算方法

从量税是指以进（出）口货物的数量为计税依据的一种关税计征方法。应纳关税税额的计算公式为：

应纳税额＝应税进（出）口货物数量×关税单位税额

3. 复合税计算方法

复合税是对某种进（出）口货物同时使用从价和从量计征的一种关税计征方法。应纳关税税额的计算公式为：

应纳税额＝应税进（出）口货物数量×税额＋应税进（出）口货物数量×单位完税价格×适用税率

4. 滑准税计算方法

滑准税指关税的税率随着进口货物价格的变动而反方向变动的一种税率形式，即价格越高，税率越低，税率为比例税率。因此，实行滑准税率的进口货物应纳关税税额的计算方法与从价税的计算方法相同。

工作实例

进口关税的计算

某机械进出口公司2021年8月进口小轿车300辆，每辆货价75 000元，该批小轿车运抵我国上海港起卸前的包装运输、保险和其他费用共计为150 000元；另外卖方付给该公司每辆轿车3%的正常价格回扣（单独分列），小轿车关税税率为100%。计算该公司8月份进口小轿车应纳的关税税额。

第一步：计算关税完税价格

关税完税价格＝75 000×300＋150 000－75 000×300×3%＝21 975 000（元）

第二步：计算关税应纳税额

应纳税额＝21 975 000×100%＝21 975 000（元）

任务二

关税的纳税申报

导入引例

2021 年 8 月 1 日，从美国自营进口商品一批，商品以离岸价格成交，成交价为 192 万美元，其中包括单独计价并以海关审查属实的向境外采购代理人支付的买方佣金 2 万美元，但不包括使用商品而向境外支付的软件费 5 万美元及向卖方支付的佣金 1 万美元，另还支付商品运抵我国港口的运费、保险费等 4 万美元，假定当日外汇汇率为 1:6.4，该商品进口关税税率为 8%，增值税率为 13%，海关于当天填发了税款缴款书。

公司如何办理关税缴纳业务?

知识准备和业务操作

一、关税的缴纳

进口货物自运输工具申报进境之日起 14 日内、出口货物在货物运抵海关监管区后装货的 24 小时以前，应由进出口货物的纳税义务人向货物进（出）境地海关申报，海关根据税则归类和完税价格计算应缴纳的关税和进口环节代征税，并填发税款缴款书。纳税义务人应当自海关填发税款缴款书之日起 15 日内，向指定银行缴纳税款。如关税缴纳期限的最后 1 日是周末或法定节假日，则关税缴纳期限顺延至周末或法定节假日过后的第 1 个工作日。

关税逾期缴纳的，除依法追缴关税外，由海关自滞纳税款之日起至缴清税款之日止，按日加收滞纳税款万分之五的滞纳金。其计算公式为：

关税滞纳金金额 = 滞纳关税税额 × 滞纳金征收比率 × 滞纳天数

超过 3 个月仍未缴纳的，海关可以责令担保人缴纳税款或者将货物变价抵缴；必要时，可以通知银行在纳税义务人或者担保人存款内扣缴税款。

关税纳税义务人因不可抗力，或者在国家税收政策调整的情形下不能按期缴纳税款的，经海关总署批准，可以延期缴纳税款，但最长不得超过 6 个月。

通常的关税纳税方式是之后海关（凭银行回执联）办理结关放行手续。征税手续在前，结关放行手续在后，有利于税款及时入库，防止拖欠税款。因此，各国海关都以这种方式作为基本纳税方式。

引例解析

1. 关税完税价格 $=(192-2+5+1+4)\times6.4=1\ 280$（万元）

应纳进口关税税额 $=1\ 280\times8\%=102.4$（万元）

2. 纳税义务人应当自海关填发税款缴款书之日起15日内，向指定银行缴纳税款。

二、关税的补征和追征

补征和追征是海关在关税纳税义务人按海关核定的税额缴纳关税后，发现实际征收税额少于应当征收的税额（称为短征关税）时，责令纳税义务人补缴所差税款的一种行政行为。海关法根据短征关税的原因，将海关征收原短征关税的行为分为补征和追征两种。由于纳税人违反海关规定造成短征关税的，称为追征；非因纳税人违反海关规定造成短征关税的，称为补征。区分关税追征和补征的目的是为了区别不同情况适用不同的征收时效，超过时效规定的期限，海关就丧失了追补关税的权力。根据《海关法》规定，进出境货物和物品放行后，海关发现少征或者漏征税款，应当自缴纳税款或者货物、物品放行之日起1年内，向纳税义务人补征；因纳税义务人违反规定而造成的少征或者漏征的税款，自纳税义务人应缴纳税款之日起3年以内可以追征，并从缴纳税款之日起按日加收少征或者漏征税款万分之五的滞纳金。

三、关税的退还

关税退还是关税纳税义务人按海关核定的税额缴纳关税后，因某种原因的出现，海关将实际征收多于应当征收的税额（称为溢征关税）退还给原纳税义务人的一种行政行为。根据《海关法》规定，海关多征的税款发现后应当立即退还。

按规定，有下列情形之一的，进出口货物的纳税义务人可以自缴纳税款之日起1年内，书面声明理由，连同原纳税收据向海关申请退税，并加算银行同期活期存款利息，逾期不予受理：

（1）因海关误征，多纳税款的。

（2）海关核准免验进口的货物，在完税后，发现有短卸情形，经海关审查认可的。

（3）已征出口关税的货物，因故未将其运出口，申报退关，经海关查验属实的。

对已征出口关税的出口货物和已征进口关税的进口货物，因货物品种或规格原因（非其他原因）原状复运进境或出境的，经海关查验属实，也应退还已征关税。海关应当自受理退税申请之日起30日内作出书面答复，并通知退税申请人。本规定强调的是，“因货物品种或规格原因，原状复运进境或出境的”。如果属于其他原因且不能以原状复运进境或出境，不能退税。

四、关税的纳税争议

为保护纳税人合法权益，我国《海关法》和《关税条例》都规定了纳税义务人对海关确定的进出口货物的征税、减税、补税或者退税等有异议时，有提出申诉的权利。在纳税义务人同海关发生纳税争议时，可以向海关申请复议，但同时应当在规定期限内按海关核定的税额缴纳关税，逾期则构成滞纳，海关有权按规定采取强制执行措施。

纳税争议的内容一般为进出境货物和物品的纳税义务人对海关在原产地认定、税则归类、税率或汇率适用、完税价格确定、关税减征、免征、追征、补征和退还等征税行为是否合法或适当，是否侵害了纳税义务人的合法权益，而对海关征收关税的行为表示异议。

纳税争议的申诉程序：纳税义务人自海关填发税款缴款书之日起30日内，向原征税海关的上一级海关书面申请复议。逾期申请复议的，海关不予受理。海关应当在收到复议申请之日起60日内做出复议决定，并以复议决定书的形式正式答复纳税义务人；纳税义务人对海关复议决定仍然不服的，可以自收到复议决定书之日起15日内，向人民法院提起诉讼。

知识归纳

关税计算与申报归纳总结如图4－1所示。

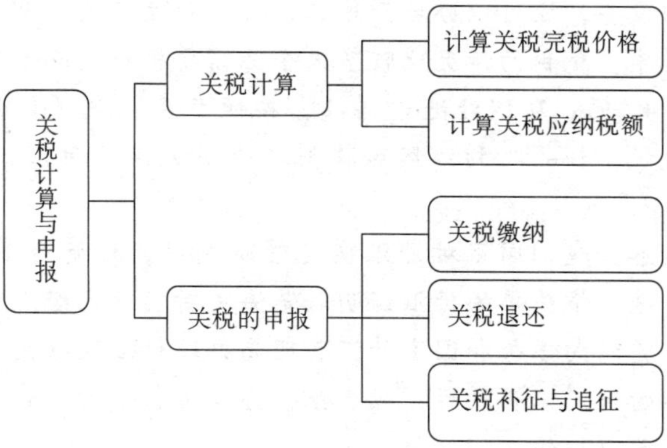

图4－1　关税计算与申报总结

思考题

1. 关税的征税范围有哪些？
2. 关税按计征标准分类有哪几种？
3. 进口货物税率如何确定？
4. 一般贸易进口的货物的完税价格如何确定？
5. 进口货物从价税方法下，完税价格如何计算？

办税指南

1. 问：花岗岩适用多少进口税率？

答：花岗岩一般归入：25161200（用锯或其他方法切割成矩形）或者25161100原状或粗加修整；其进口的普通税率为50%，最惠国税率为

4%，增值税税率为13%，暂定税率为0。

2. 问：我们是外贸企业，有家工厂委托我们进口一票货物，双方签订了代理协议，报关单上经营单位是我们，收货单位是委托我们的这家工厂，海关签发了双抬头进口税单。为避免资金打来打去的麻烦，工厂提出由他们缴纳进口税费，而不通过我们缴纳，这样做可以吗？

答：海关签发双抬头的进口税单，则代理公司和收货人都可以交税，同时二者之一都可以将税单拿到税务局抵扣。

3. 问：我们是一家经营进口的贸易公司，与日本一家模具生产商签订经销协议。一直以来模具进口都是由海关征收8%的关税。刚刚听说有一些协议可以申请免交或少交关税，是否有这种规定？如果有的话我们要怎么申请呢？

答：货物进口时，关税的减免情况比较多，需要根据货物的实际情况确定。您这个模具进口的贸易方式，如果是无代价抵偿的或者是暂时进出口等贸易方式的，是可以免关税的。另外，如果外商投资的是国家鼓励项目的设备，还可以办理产地证，日本是最惠国，有产地证就可以享受最惠国税率。免税的情况比较多，企业需要根据实际情况提出申请。

4. 问：从国外进口样品，按照程序，先是做进口报关，交了关税、增值税，样品收到，然后收到进口报关单的付汇证明联，接下来还要做什么？

答：我们国家对外汇实行管制制度，外贸企业做完业务后，需要核销，进口报关单的付汇证明联是海关对实际已经进出境货物签发的证明文件，凭以向银行和国家外汇管理局办理付汇及核销手续。企业收到进口报关单的付汇证明联后，应去银行办理付款手续，如果是货到付款的，银行直接予以核销。

5 项目五
企业所得税计算与申报

学习目标

掌握企业所得税基本法律知识；会判断纳税人的身份；能正确计算企业所得税月（季）度预缴税款；能正确计算年终汇算清缴应纳税额；会填制企业所得税月（季）度预缴纳税申报表；会填制年度纳税申报表及相关附表；能根据完成工作任务的需要查阅有关资料；能根据企业的经营情况与税务部门沟通，积极争取税务部门的支持，获得税收优惠；培养敬业精神、团队合作能力和良好的职业道德修养。

工作任务

纳税人身份的确定；企业所得税月（季）度预缴税款的计算；年终汇算清缴应纳税额的计算；企业所得税月（季）度预缴纳税申报表的填制；年度纳税申报表及相关附表填制。

任务一
企业所得税纳税人的确定

导入引例

1. 在日本取得租赁收入的美国企业
2. 在香港注册的企业在厦门开设分公司
3. 在北京注册的企业在上海设立分公司
4. 在中国北京取得专利使用费的美国企业

判定以上四家企业是否为企业所得说的纳税人？为何种纳税人？确定四家企业应承担的纳税义务。

知识准备和业务操作

一、企业所得税的概念

企业所得税是对我国境内的企业和其他取得收入的组织的生产经营所得和其他所得依法征收的一种税。它是国家参与企业利润分配并调节收入的重要手段，是纳税人企业的一项重要税收支出，也是国家筹集财政收入的重要渠道。企业所得税具有与流转税不同的性质，其特点有如下四个方面：

（1）征税对象往往是特定的所得额。企业所得税的课税对象，是纳税人的收入总额扣除各项成本、费用开支之后的余额，它既不完全等于企业实现的利润额，更不是企业的增值额。

（2）应纳税所得额的计算通常要经过一系列复杂的程序，同成本、费用关系密切。企业所得税以纯所得为征税对象，因此，应纳税所得额的计算，首先涉及一定时期成本、费用的归集与分摊。而且，由于政府往往将所得税作为调节国民收入分配、执行经济政策和社会政策的重要工具，因此，为了对纳税人的不同所得项目实行区别对待，需要通过不予计列项目，将某些所得排除在应税所得之外。而由于以上两方面的原因也使得计算程序变得较为复杂。

（3）征税以量能负担为原则。企业所得税以纳税人的生产、经营所得和其他所得为征税对象，所得税负担轻重和纳税人所得的多少有着内在关联，所得多、负担能力大的多征，所得少、负担能力小的少征，无所得、没有负担能力的不征，便于体现税收的公平原则。

（4）一般实行按年计征、分期预缴的征收办法。通过利润来综合反映企业的经营业绩，一般是按年度计算和衡量的。所以企业所得税一般以纳税人全年的应纳税所得额为计税依据，分月或分季预缴，年终汇算清缴。

二、企业所得税纳税人的确定

企业所得税的纳税义务人是指在中华人民共和国境内的企业和其他取得收入的组织。个人独资企业、合伙企业不征收企业所得税，而征收个人所得税。

企业所得税的纳税人根据国际惯例分为居民企业和非居民企业。把企业分为居民企业和非居民企业，是为了更好地保障我国税收管辖权的有效行使。我国选择了地域管辖权和居民管辖权的双重管辖权标准，最大限度地维护我国的税收利益。

（一）居民企业

居民企业是指依法在中国境内成立，或者依照外国（地区）法律成立但实际管理机构在中国境内的企业。这里的企业包括国有企业、集体企业、私营企业、联营企业、股份制企业，外商投资企业、外国企业以及有生产、经营所得和其他所得的其他组织。其中，有生产、经营所得和其他所得的其他组织，是指经国家有关部门批准，依法注册、登记的事业单位、社会团体等组织。其中，实际管理机构，是指对企业的生产经营、人员、账务、财产等实施实质性全面管理和控制的机构。

（二）非居民企业

非居民企业是指依照外国（地区）法律成立且实际管理机构不在中国境内，但在中国境内设立机构、场所的，或者在中国境内未设立机构、场所，但有来源于中国境内所得的企业。

机构、场所，是指在中国境内从事生产经营活动的机构、场所，包括：

（1）管理机构、营业机构、办事机构。

（2）工厂、农场、开采自然资源的场所。

（3）提供劳务的场所。

（4）从事建筑、安装、装配、修理、勘探等工程作业的场所。

（5）其他从事生产经营活动的机构、场所。

【思考题5-1】（多选题）依据企业所得税法的规定，判定居民企业的标准有（　　）。

A. 登记注册地标准

B. 所得来源地标准

C. 经营行为实际发生地标准

D. 实际管理机构所在地标准

【思考题5-2】（单选题）下列各项中，不属于企业所得税纳税人的企业是（　　）。

A. 在外国成立但实际管理机构在中国境内的企业

B. 在中国境内成立的外商独资企业

C. 在中国境内成立的个人独资企业

D. 在中国境内未设立机构、场所，但有来源于中国境内所得的企业

三、企业所得税征税对象的确定

企业所得税的征税对象是指企业的生产经营所得、其他所得和清算所得。

（一）居民企业的征税对象

居民企业应就来源于中国境内、境外的所得作为征税对象。所得，包括销售货物所得、提供劳务所得、转让财产所得、股息红利等权益性投资所得、利息所得、租金所得、特许权使用费所得、接受捐赠所得和其他所得。

（二）非居民企业的征税对象

非居民企业在中国境内设立机构、场所的，应当就其所设机构、场所取得的来源于中国境内的所得，以及发生在中国境外但与其所设机构、场所有实际联系的所得，缴纳企业所得税。非居民企业在中国境内未设立机构、场所的，或者虽设立机构、场所但取得的所得与其所设机构、场所没有实际联系的，应当就其来源于中国境内的所得缴纳企业所得税。

（三）所得来源地的确定

（1）销售货物所得按照交易活动发生地确定。

（2）提供劳务所得按照劳务发生地确定。

（3）转让财产所得。①不动产转让所得按照不动产所在地确定；②动产转让所得按照转让动产的企业或者机构、场所所在地确定；③权益性投资资产转让所得按照被投资企业所在地确定。

（4）股息、红利等权益性投资所得按照分配所得的企业所在地确定。

（5）利息所得、租金所得、特许权使用费所得，按照负担、支付所得的企业或者机构、场所所在地确定，或者按照负担、支付所得的个人的住所地确定。

（6）其他所得，由国务院财政、税务主管部门确定。

引例解析

1. 在日本取得租赁收入的美国企业，属非居民企业，没有来源于我国的收入，不纳税。

2. 在香港注册的企业在厦门开设分公司，属非居民企业，仅就来源于中国境内的所得，以及发生在中国境外但与其所设机构、场所有实际联系的所得缴纳企业所得税。

3. 在北京注册的企业在上海市设立了分公司，居民企业，来源于中国境内、境外的所得均应作为征税对象。

4. 在中国北京取得专利使用费的美国某企业，属非居民企业，仅就来源于中国境内的专利使用费收入缴纳企业所得税。

【思考题5-3】（单选题）依据企业所得税法的规定，下列各项中按负担所得的所在地确定所得来源地的是（　　）。

A. 销售货物所得　　B. 权益性投资所得

C. 动产转让所得　　D. 特许权使用费所得

【思考题5-4】（多选题）依据新企业所得税法的规定，下列所得来源地规定正确的有（　　）。

A. 销售货物所得按照交易活动发生地确定

B. 提供劳务所得按照提供劳务的企业或者机构、场所所在地确定

C. 不动产转让所得按照转让不动产的企业或者机构、场所所在地确定

D. 权益性投资资产转让所得按照被投资企业所在地确定

四、企业所得税税率的适用

（一）基本税率

基本税率为25%，适用于居民企业和在中国境内设有机构、场所且所得与机构、场所有关联的非居民企业。

（二）低税率

低税率为 20%，适用于在中国境内未设立机构、场所的，或者虽设立机构、场所，但取得的所得与其所设机构、场所没有实际联系的非居民企业。实际征税时适用 10% 的税率。

（三）优惠税率

国家需要重点扶持的高新技术企业减按 15% 的税率征收企业所得税。小型微利企业减按 20% 的税率征收企业所得税。高新技术企业、小型微利企业认定在税收优惠部分介绍。

【思考题 5－5】（多选题）以下适用 25% 企业所得税税率的企业有（　　）。

A. 在中国境内的居民企业

B. 在中国境内设有机构场所，且所得与机构场所有实际联系的非居民企业

C. 在中国境内设有机构场所，但所得与机构场所没有实际联系的非居民企业

D. 在中国境内未设立机构场所的非居民企业

五、企业所得税税收优惠政策的运用

企业所得税的税收优惠方式包括免税、减税、加计扣除、加速折旧、减计收入、税额抵免等。

企业所得税优惠办理方式简化了

（一）免征与减征优惠

企业的下列所得，可以免征、减征企业所得税。企业如果从事国家限制和禁止发展的项目，不得享受企业所得税优惠。

1. 从事农、林、牧、渔业项目的所得

企业从事农、林、牧、渔业项目的所得，包括免征和减征两部分。

（1）企业从事下列项目的所得，免征企业所得税：

①蔬菜、谷物、薯类、油料、豆类、棉花、麻类、糖料、水果、坚果的种植。

②农作物新品种的选育。

③中药材的种植。

④林木的培育和种植。

⑤牲畜、家禽的饲养。

⑥林产品的采集。

⑦灌溉、农产品初加工、兽医、农技推广、农机作业和维修等农、林、牧、渔服务业项目。

⑧远洋捕捞。

（2）企业从事下列项目的所得，减半征收企业所得税：

①花卉、茶以及其他饮料作物和香料作物的种植。

②海水养殖、内陆养殖。

2. 从事国家重点扶持的公共基础设施项目投资经营的所得

企业所得税法所称国家重点扶持的公共基础设施项目，是指《公共基础设施项目企业所得税优惠目录》规定的港口码头、机场、铁路、公路、电力、水利等项目。

企业从事国家重点扶持的公共基础设施项目的投资经营的所得，自项目取得第一笔生产经营收入所属纳税年度起，第1年至第3年免征企业所得税，第4年至第6年减半征收企业所得税。

企业承包经营、承包建设和内部自建自用本条规定的项目，不得享受本条规定的企业所得税优惠。

3. 从事符合条件的环境保护、节能节水项目的所得

环境保护、节能节水项目的所得，自项目取得第一笔生产经营收入所属纳税年度起，第1年至第3年免征企业所得税，第4年至第6年减半征收企业所得税。

符合条件的环境保护、节能节水项目，包括公共污水处理、公共垃圾处理、沼气综合开发利用、节能减排技术改造、海水淡化等。项目的具体条件和范围由国务院财政、税务主管部门和商国务院有关部门制订，报国务院批准后公布施行。

但是以上规定享受减免税优惠的项目，在减免税期限内转让的，受让方自受让之日起，可以在剩余期限内享受规定的减免税优惠；减免税期限届满后转让的，受让方不得就该项目重复享受减免税优惠。

4. 符合条件的技术转让所得

（1）企业所得税法所称符合条件的技术转让所得免征、减征企业所得税，是指一个纳税年度内居民企业转让技术所有权所得不超过500万元的部分，免征企业所得税；超过500万元的部分，减半征收企业所得税。

（2）技术转让的范围，包括居民企业转让专利技术、计算机软件著作权、集成电路布图设计权、植物新品种、生物医药新品种，以及财政部和国家税务总局确定的其他技术。

（二）高新技术企业优惠

国家需要重点扶持的高新技术企业减按15%的税率征收企业所得税。国家需要重点扶持的高新技术企业，是指拥有核心自主知识产权，并同时符合下列六方面条件的企业：

（1）拥有核心自主知识产权，是指在中国境内（不含港、澳、台地区）注册的企业近3年内通过自主研发、受让、受赠、并购等方式，或通过5年以上的独占许可方式，对其主要产品（服务）的核心技术拥有自主知识产权。

（2）产品（服务）属于《国家重点支持的高新技术领域》规定的范围。

（3）研究开发费用占销售收入的比例不低于规定比例，是指企业为获得科学技术（不包括人文、社会科学）新知识，创造性运用科学技术新知识，或实质性改进技术、产品（服务）而持续进行了研究开发活动，且近3个会计年度的研究开发费用总额占销售收入总额的比例符合如下要求：

①最近1年销售收入小于5 000万元的企业，比例不低于6%；

②最近1年销售收入在5 000万元至20 000万元的企业，比例不低于4%；

③最近1年销售收入在20 000万元以上的企业，比例不低于3%。

企业在中国境内发生的研究开发费用总额占全部研究开发费用总额的比例不低于60%。企业注册成立时间不足3年的，按实际经营年限计算。

（4）高新技术产品（服务）收入占企业总收入的比例不低于规定比例，是指高新技术产品（服务）收入占企业当年总收入的60%以上。

（5）科技人员占企业职工总数的比例不低于规定比例，是指具有大学专科以上学历的科技人员占企业当年职工总数的30%以上，其中研发人员占企业当年职工总数的10%以上。

（6）高新技术企业认定管理办法规定的其他条件。《国家重点支持的高新技术领域》和《高新技术企业认定管理办法》由国务院科技、财政、税务主管部门会同国务院有关部门制定，报国务院批准后公布施行。

（三）小型微利企业优惠

小微企业所得税优惠政策

小型微利企业减按20%的税率征收企业所得税。小型微利企业的条件如下：

（1）工业企业，年度应纳税所得额不超过30万元，从业人数不超过100人，资产总额不超过3 000万元。

（2）其他企业，年度应纳税所得额不超过30万元，从业人数不超过80人，资产总额不超过1 000万元。

上述“从业人数”按企业全年平均从业人数计算，“资产总额”按企业年初和年末的资产总额平均计算。

小型微利企业是指企业的全部生产经营活动产生的所得均负有我国企业所得税纳税义务的企业。仅就来源于我国所得负有我国纳税义务的非居民企业，不适用上述规定。

自2019年1月1日至2021年12月31日，对小型微利企业年应纳税所得额不超过100万元的部分，减按25%计入应纳税所得额，按20%的税率缴纳企业所得税；对年应纳税所得额超过100万元但不超过300万元的部分，减按50%计入应纳税所得额，按20%的税率缴纳企业所得税。

对小型微利企业年应纳税所得额不超过100万元的部分，在上述规定的优惠政策基础上，再减半征收企业所得税。对小型微利企业年应纳税所得额不超过100万元的部分，减按12.5%计入应纳税所得额，按20%的税率缴纳企业所得税。自2021年1月1日起施行，2022年12月31日终止执行。

符合条件的小型微利企业在当年预缴申报企业所得税时，须向主管税务机关提供上一纳税年度符合小型微利企业条件的相关证明材料。

（四）加计扣除优惠

加计扣除优惠包括以下两项内容：

1. 研究开发费

研究开发费，是指企业为开发新技术、新产品、新工艺发生的研究开发费用，未形成无形资产计入当期损益的，在按照规定据实扣除的基础上，按照研究开发费用的50%加计扣除；形成无形资产的，按照无形资产成本的150%摊销。

在按规定据实扣除的基础上，在2018年1月1日至2020年12月31日期间，再按照实际发生额的75%在税前加计扣除；形成无形资产的，在上述期间按照无形资产成本的175%在税前摊销。

下列活动不适用税前加计扣除政策：

①企业产品（服务）的常规性升级。②对某项科研成果的直接应用，如直接采用公开的新工艺、材料、装置、产品、服务或知识等。③企业在商品化后为顾客提供的技术支持活动。④对现存产品、服务、技术、材料或工艺流程进行的重复或简单改变。⑤市场调查研究、效率调查或管理研究。⑥作为工业（服务）流程环节或常规的质量控制、测试分析、维修维护。⑦社会科学、艺术或人文学方面的研究。

下列行业不适用税前加计扣除政策：

（1）烟草制造业。

（2）住宿和餐饮业。

（3）批发和零售业。

（4）房地产业。

（5）租赁和商务服务业。

（6）娱乐业。

（7）财政部和国家税务总局规定的其他行业。

特别事项处理：

企业委托外部机构或个人进行研发活动所发生的费用，按照费用实际发生额的80%计入委托方研发费用并计算加计扣除，受托方不得再进行加计扣除。委托境外进行研发活动所发生的费用，按照费用实际发生额的80%计入委托方的委托境外研发费用。委托境外研发费用不超过境内符合条件的研发费用三分之二的部分，可以按规定在企业所得税前加计扣除。企业委托境外个人研发项目，该笔委托研发费用不可以在企业所得税税前加计扣除。委托方与受托方存在关联关系的，受托方应向委托方提供研发项目费用支出明细情况。

媒体视点

研发费用税惠政策升级，创新动力更足

国家税务总局发布最新的减税降费数据：今年前三季度，全国新增减税降费9101亿元，其中新增减税7889亿元，新增降费1212亿元。亮眼的成绩单，意味着企业负担不断减轻，市场主体活力增强。

作为今年减税降费政策的一部重头戏，研发费用加计扣除的政策效应可以用“超预期”来形容：数据显示，全国各类企业提前享受加计扣除金额1.3万亿元，减免税额3333亿元，享受加计扣除金额占去年全年汇算清缴的77.6%。

研发费用加计扣除，简单地说，就是在企业研发费用实际发生额基础上，再加成一定比例，作为计算应纳税所得额时的扣除数额。今年1月1日起，制造业企业扣除比例提高至100%，相当于制造业企业每投入100万元研发费用，可以在计算应纳税所得额

前扣除 200 万元。

近年来，研发费用加计扣除政策成为国家支持科技创新的有效政策抓手，税收优惠力度不断加大，对激励企业增加研发投入发挥了很好的促进作用。今年，研发费用加计扣除政策又有了“升级版”，企业享受政策红利的时间更早、力度也更大。

“过去，企业必须在年度汇算清缴时才能享受研发费用加计扣除政策，平时预缴时不得享受。新政策实施后，允许企业在 10 月提前享受研发费用加计扣除，企业因此可以有效盘活现金流，缓解资金压力。”北京小米移动软件有限公司税务总监王晓雪说，“我们可以将更多资金投入到研发中，提升自主研发能力。今年公司将进一步加大技术研发投入，大力推动青年工程师计划，培养高素质研发团队，研发出更多行业领先的高精尖产品。”

国家税务总局最新发布的数据显示，从研发费用加计扣除金额看，82.1% 享受优惠的企业加计扣除超过 100 万元。从户均水平看，享受优惠的企业户均研发投入 456.5 万元，按可比口径测算，同比增长 13.3%，显示出政策有效激发了企业的创新热情，研发投入力度加大。

“比例扩大、范围增加，研发费用加计扣除政策持续发力，在助力全面提高科技创新能力方面发挥了显著作用，有利于培育科技创新主体成长的‘土壤’，厚植高质量发展能力、动力，预计政策效能会在中长期持续显现。”中国社会科学院财经战略研究院副研究员蒋震说。

【资料来源：节选自《人民日报》，《研发费用税惠政策升级，创新动力更足》，2021 年 11 月 11 日】

2. 企业安置残疾人员所支付的工资

企业安置残疾人员所支付工资费用的加计扣除，是指企业安置残疾人员的，在按照支付给残疾职工工资据实扣除的基础上，按照支付给残疾职工工资的 100% 加计扣除。残疾人员的范围适用《中华人民共和国残疾人保障法》的有关规定。企业安置国家鼓励安置的其他就业人员所支付的工资的加计扣除办法，由国务院另行规定。

（五）创投企业优惠

创业投资企业从事国家需要重点扶持和鼓励的创业投资，可以按投资额的一定比例抵扣应纳税所得额。

创投企业优惠，是指创业投资企业采取股权投资方式投资于未上市的中小高新技术企业两年以上的，可以按照其投资额的 70% 在股权持有满两年的当年抵扣该创业投资企业的应纳税所得额；当年不足抵扣的，可以在以后纳税年度结转抵扣。

中小高新技术企业是指企业职工人数不超过 500 人，年销售（营业）额不超过 2 亿元，资产总额不超过 2 亿元的高新技术企业。

（六）加速折旧优惠、器具一次性税前扣除

企业由于技术进步等原因固定资产确需加速折旧的，可以缩短折旧年限或者采取加速折旧的方法。可采用以上折旧方法的固定资产是指：

（1）由于技术进步，产品更新换代较快的固定资产。

（2）常年处于强震动、高腐蚀状态的固定资产。

采取缩短折旧年限方法的，最低折旧年限不得低于规定折旧年限的60%；采取加速折旧方法的，可以采取双倍余额递减法或者年数总和法。

企业在2018年1月1日至2020年12月31日期间新购进的设备、器具，单位价值不超过500万元的，允许一次性计入当期成本费用在计算应纳税所得额时扣除，不再分年度计算折旧。

①设备、器具，是指除房屋、建筑物以外的固定资产；购进，包括以货币形式购进或自行建造，其中以货币形式购进的固定资产包括购进的使用过的固定资产；以货币形式购进的固定资产，以购买价款和支付的相关税费以及直接归属于使该资产达到预定用途发生的其他支出确定单位价值，自行建造的固定资产，以竣工结算前发生的支出确定单位价值。

深入落实固定资产加速折旧税收优惠政策

②固定资产购进时点按以下原则确认：以货币形式购进的固定资产，除采取分期付款或赊销方式购进外，按发票开具时间确认；以分期付款或赊销方式购进的固定资产，按固定资产到货时间确认；自行建造的固定资产，按竣工结算时间确认。

固定资产在投入使用月份的次月所属年度一次性税前扣除。

企业选择享受一次性税前扣除政策的，其资产的税务处理可与会计处理不一致。

企业根据自身生产经营核算需要，可自行选择享受一次性税前扣除政策。未选择享受一次性税前扣除政策的，以后年度不得再变更。

（七）减计收入优惠

企业综合利用资源，生产符合国家产业政策规定的产品所取得的收入，可以在计算应纳税所得额时减计收入。

综合利用资源，是指企业以《资源综合利用企业所得税优惠目录》规定的资源作为主要原材料，生产国家非限制和禁止并符合国家和行业相关标准的产品取得的收入，减按90%计入收入总额。原材料占生产产品材料的比例不得低于《资源综合利用企业所得税优惠目录》规定的标准。

（八）税额抵免优惠

税额抵免是指企业购置并实际使用《环境保护专用设备企业所得税优惠目录》《节能节水专用设备企业所得税优惠目录》和《安全生产专用设备企业所得税优惠目录》规定的环境保护、节能节水、安全生产等专用设备的，该专用设备投资额的10%可以从企业当年的应纳税额中抵免；当年不足抵免的，可以在以后5个纳税年度结转抵免。

享受前款规定的企业所得税优惠的企业，应当实际购置并自身实际投入使用前款规定的专用设备；企业购置上述专用设备在5年内转让、出租的，应当停止享受企业所得税优惠，并补缴已经抵免的企业所得税税款。转让的受让方可以按照该专用设备投资额的10%抵免当年企业所得税应纳税额；当年应纳税额不足抵免的，可以在以后5个纳税年度结转抵免。

企业所得税优惠目录，由国务院财政、税务主管部门商国务院有关部门制定，报国务院批准后公布施行。

企业同时从事适用不同企业所得税待遇的项目的，其优惠项目应当单独计算所得，并合理分摊企业的期间费用；没有单独计算的，不得享受企业所得税优惠。

自2009年1月1日起，增值税一般纳税人购进固定资产发生的进项税额可从其销项税额中抵扣。如增值税进项税额允许抵扣，其专用设备投资额不再包括增值税进项税额；如增值税进项税额不允许抵扣，其专用设备投资额应为增值税专用发票上注明的价税合计金额。企业购买专用设备取得普通发票的，其专用设备投资额为普通发票上注明的金额。

（九）民族自治地方的优惠

民族自治地方的自治机关对本民族自治地方的企业应缴纳的企业所得税中属于地方分享的部分，可以决定减征或者免征。自治州、自治县决定减征或者免征的，须报省、自治区、直辖市人民政府批准。对民族自治地方内国家限制和禁止行业的企业，不得减征或者免征企业所得税。

（十）非居民企业优惠

非居民企业减按10%的税率征收企业所得税。这里的非居民企业，是指在中国境内未设立机构、场所的，或者虽设立机构、场所，但取得的所得与其所设机构、场所没有实际联系的企业。

【思考题5－6】（多选题）下列所得可以减按10%的税率征收企业所得税的有（　　）。

A. 符合条件的小型微利企业取得的所得

B. 当年未享受税收优惠的国家规划布局内的重点软件生产企业取得的所得

C. 在中国境内未设立机构、场所的非居民企业取得的来源于中国境内的所得

D. 在中国境内设立机构、场所的非居民企业取得的与该机构、场所有实际联系的所得

【思考题5－7】（多选题）关于企业所得税的优惠政策说法错误的有（　　）。

A. 企业购置并使用规定的环保、节能节水、安全生产等专用设备，该设备投资额的40%可以从应纳税所得额中抵免

B. 创投企业从事国家需要扶持和鼓励的创业投资，可以按投资额的70%在当年应纳税所得额中抵免

C. 企业综合利用资源生产符合国家产业政策规定的产品取得的收入，可以在计算应纳税所得额的时候减计收入10%

D. 企业安置残疾人员，所支付的工资，按照残疾人工资的50%加计扣除

任务二 企业所得税应纳税额的计算

导入引例

某企业为居民企业，2021年发生经营业务如下：

（1）取得产品销售收入4 000万元。

（2）发生产品销售成本2 600万元。

（3）发生销售费用770万元（其中广告费650万元）；管理费用480万元（其中业务招待费25万元）；财务费用60万元。

（4）销售税金160万元（含增值税120万元）。

（5）营业外收入80万元，营业外支出50万元（含通过公益性社会团体向贫困山区捐款30万元，支付税收滞纳金6万元）。

（6）计入成本、费用中的实发工资总额200万元、拨缴职工工会经费5万元、发生职工福利费31万元、发生职工教育经费18万元。

计算该企业当年度应纳企业所得税税额。

知识准备和业务操作

应纳税所得额是企业所得税的计税依据。企业应纳税所得额的计算以权责发生制为原则，属于当期的收入和费用，不论款项是否收付，均作为当期的收入和费用；不属于当期的收入和费用，即使款项已经在当期收付，均不作为当期的收入和费用。应纳税所得额为企业每一个纳税年度的收入总额，减除不征税收入、免税收入、各项扣除以及允许弥补的以前年度亏损后的余额。计算公式为：

应纳税所得额的一般规定

应纳税所得额＝收入总额－不征税收入－免税收入－各项扣除－以前年度亏损

一、收入总额的计算

企业的收入总额包括以货币形式和非货币形式从各种来源取得的收入，包括销售货物收入、提供劳务收入、转让财产收入、股息、红利等权益性投资收益、利息收入、租金收入、特许权使用费收入、接受捐赠收入和其他收入。

企业取得收入的货币形式包括现金、存款、应收账款、应收票据、准备持有至到期的债券投资以及债务的豁免等；纳税人以非货币形式取得的收入包括固定资产、生物资产、无形资产、股权投资、存货、不准备持有至到期的债券投资、劳务以及有关权益等，这些非货币资产应当按照公允价值确定收入额。公允价值是指按照市场价格确定的价值。收入的具体构成为：

（一）一般收入的确认

（1）销售货物收入，是指企业销售商品、产品、原材料、包装物、低值易耗品以及其他存货取得的收入。

（2）劳务收入，是指企业从事建筑安装、修理修配、交通运输、仓储租赁、金融保险、邮电通信、咨询经纪、文化体育、科学研究、技术服务、教育培训、餐饮住宿、中介代理、卫生保健、社区服务、旅游、娱乐、加工以及其他劳务服务活动取得的收入。

（3）转让财产收入，是指企业转让固定资产、生物资产、无形资产、股权、债权等财产取得的收入。企业转让股权收入，应于转让协议生效，且完成股权变更手续时，确认收入的实现。转让股权收入扣除为取得该股权所发生的成本后，为股权转让所得。企业在计算股权转让所得时，不得扣除被投资企业未分配利润等股东留存收益中按该项股权所可能分配的金额。

（4）股息、红利等权益性投资收益，是指企业因权益性投资从被投资方取得的收入。股息、红利等权益性投资收益，除国务院财政、税务主管部门另有规定外，按照被投资方做出利润分配决定的日期确认收入的实现。被投资企业将股权（票）溢价所形成的资本公积转为股本的，不作为投资企业的股息、红利收入，投资方企业也不得增加该项长期投资的计税基础。

（5）利息收入，是指企业将资金提供他人使用但不构成权益性投资，或者因他人占用本企业资金取得的收入，包括存款利息、贷款利息、债券利息、欠款利息等收入。利息收入按照合同约定的债务人应付利息的日期确认收入的实现。

（6）租金收入，是指企业提供固定资产、包装物或者其他有形资产的使用权取得的收入。租金收入按照合同约定的承租人应付租金的日期确认收入的实现。

（7）特许权使用费收入，是指企业提供专利权、非专利技术、商标权、著作权以及其他特许权的使用权取得的收入。特许权使用费收入按照合同约定的特许权使用人应付特许权使用费的日期确认收入的实现。

（8）接受捐赠收入，是指企业接受的来自其他企业、组织或者个人无偿给予的货币性资产、非货币性资产。接受捐赠收入按照实际收到捐赠资产的日期确认收入的实现。

（9）其他收入，是指企业取得的除以上收入外的其他收入，包括企业资产溢余收入、逾期未退包装物押金收入、确实无法偿付的应付款项、已作坏账损失处理后又收回的应收款项、债务重组收入、补贴收入、违约金收入、汇兑收益等。

【思考题5-8】（多选题）企业所得税法规定的转让财产收入包括转让（　　）。

A. 无形资产　　B. 存货

C. 股权　　D. 债权

【思考题5-9】（多选题）下列各项中，属于企业所得税法中“其他收入”的有（　　）。

A. 债务重组收入　　B. 视同销售收入

C. 资产溢余收入　　D. 财产转让收入

（二）特殊收入的确认

（1）以分期收款方式销售货物的，按照合同约定的收款日期确认收入的实现。

（2）企业受托加工制造大型机械设备、船舶、飞机，以及从事建筑、安装、装配工程业务或者提供其他劳务等，持续时间超过12个月的，按照纳税年度内完工进度或者完成的工作量确认收入的实现。

（3）采取产品分成方式取得收入的，按照企业分得产品的日期确认收入的实现，其收入额按照产品的公允价值确定。

（4）企业发生非货币性资产交换，以及将货物、财产、劳务用于捐赠、偿债、赞助、集资、广告、样品、职工福利或者利润分配等用途的，应当视同销售货物、转让财产或者提供劳务，但国务院财政、税务主管部门另有规定的除外。

【思考题5-10】某市一家居民企业为增值税一般纳税人，主要生产销售彩色电视机，假定2018年度有关经营业务如下：

（1）销售货物取得不含税收入8 600万元，与彩电配比的销售成本5 660万元；

（2）转让技术所有权取得收入700万元，直接与技术所有权转让有关的成本和费用100万元；

（3）出租设备取得租金收入200万元，接受原材料捐赠取得增值税专用发票注明材料金额50万元、增值税进项税金8.5万元，取得国债利息收入30万元。

该企业当年的收入总额是多少？

二、不征税收入和免税收入的计算

（一）不征税收入

（1）财政拨款，是指各级人民政府对纳入预算管理的事业单位、社会团体等组织拨付的财政资金，但国务院和国务院财政、税务主管部门另有规定的除外。

（2）依法收取并纳入财政管理的行政事业性收费、政府性基金，是指依照法律、法规等有关规定，按照国务院规定程序批准，在实施社会公共管理，以及在向公民、法人或者其他组织提供特定公共服务过程中，向特定对象收取并纳入财政管理的费用。政府性基金，是指企业依照法律、行政法规等有关规定，代政府收取的具有专项用途的财政资金。

（3）国务院规定的其他不征税收入，是指企业取得的，由国务院财政、税务主管部门规定专项用途并经国务院批准的财政性资金。

值得注意的是，企业的不征税收入用于支出所形成的费用，不得在计算应纳税所得额时扣除；企业的不征税收入用于支出所形成的资产，其计算的折旧、摊销不得在计算应纳税所得额时扣除。

（二）免税收入

（1）国债利息收入。

（2）符合条件的居民企业之间的股息、红利等权益性收益，是指居民企业直接投资于其他居民企业取得的投资收益。

（3）在中国境内设立机构、场所的非居民企业从居民企业取得与该机构、场所有实际联系的股息、红利等权益性投资收益。该收益都不包括连续持有居民企业公开发行并上市流通的股票不足12个月取得的投资收益。

（4）符合条件的非营利组织的收入。符合条件的非营利组织的收入，不包括非营利组织从事营利性活动取得的收入。

【思考题5－11】（多选题）企业取得的下列收入，属于企业所得税免税收入的有（　　）。

A. 国债利息收入

B. 金融债券的利息收入

C. 居民企业直接投资于其他居民企业取得的投资收益

D. 在中国境内设立机构、场所的非居民企业连续持有居民企业公开发行并上市流通的股票一年以上取得的投资收益

【思考题5－12】（多选题）下列项目中，应计入应纳税所得额的有（　　）。

A. 在中国境内设立机构、场所的非居民企业连续持有居民企业公开发行并上市流通12个月以下的股票取得的投资收益

B. 因债权人原因确实无法支付的应付款项

C. 出口货物退还的增值税

D. 将自产货物用于职工福利

【思考题5－13】某企业2021年取得直接投资境内居民企业分配的股息收入130万元，已知境内被投资企业适用的企业所得税税率为15%；取得到期的国债利息收入90万元（假定当年国家发行的最长期限的国债年利率为6%），假定该企业当年的会计利润为500万元。

该企业的应纳税所得额是多少？

三、扣除项目的计算

（一）税前扣除项目确定的原则

企业申报的扣除项目和金额要真实、合法。所谓真实是指能提供有关支出确属已经实际发生的证明；合法是指符合国家税法的规定，若其他法规规定与税收法规规定不一致，应以税收法规的规定为标准。税前扣除一般应遵循以下原则：

（1）权责发生制原则，是指企业费用应在发生的所属期扣除，而不是在实际支付时确认扣除。

（2）配比原则，是指企业发生的费用应当与收入配比扣除。除特殊规定外，企业发生的费用不得提前或滞后申报扣除。

（3）相关性原则，企业可扣除的费用从性质和根源上必须与取得应税收入直接相关。

（4）确定性原则，即企业可扣除的费用不论何时支付，其金额必须是确定的。

（5）合理性原则，符合生产经营活动常规，应当计入当期损益或者有关资产成本

的必要和正常的支出。

（二）扣除项目的范围

企业所得税法规定，企业实际发生的与取得收入有关的、合理的支出，包括成本、费用、税金、损失和其他支出，准予在计算应纳税所得额时扣除。在实际中，计算应纳税所得额时还应注意三方面的内容：①企业发生的支出应当区分收益性支出和资本性支出。收益性支出在发生当期直接扣除；资本性支出应当分期扣除或者计入有关资产成本，不得在发生当期直接扣除。②企业的不征税收入用于支出所形成的费用或者财产，不得扣除或者计算对应的折旧、摊销扣除。③企业实际发生的成本、费用、税金、损失和其他支出，不得重复扣除。

1. 成本

成本是指企业在生产经营活动中发生的销售成本、销货成本、业务支出以及其他耗费。

2. 费用

费用是指企业每一个纳税年度为生产、经营商品和提供劳务等所发生的销售（经营）费用、管理费用和财务费用。已经计入成本的有关费用除外。

3. 税金

税金是指除企业所得税和允许抵扣的增值税以外，企业缴纳的各项税金及其附加。即企业按规定缴纳的消费税、城市维护建设税、关税、资源税、土地增值税、房产税、车船税、土地使用税、印花税、教育费附加等产品销售税金及附加。这些已纳税金准予税前扣除。准许扣除的税金有两种方式：一是在发生当期扣除；二是在发生当期计入相关资产的成本，在以后各期分摊扣除。

【思考题5－14】（单选题）根据企业所得税法律制度的规定，下列税金在计算企业应纳税所得额时，不得从收入总额中扣除的是（　　）。

A. 土地增值税　　　　B. 增值税

C. 消费税　　　　D. 印花税

4. 损失

损失是指企业在生产经营活动中发生的固定资产和存货的盘亏、毁损、报废损失，转让财产损失，呆账损失，坏账损失，自然灾害等不可抗力因素造成的损失以及其他损失。企业发生的损失，减除责任人赔偿和保险赔款后的余额，依照国务院财政、税务主管部门的规定扣除。企业已经作为损失处理的资产，在以后纳税年度又全部收回或者部分收回时，应当计入当期收入。

5. 其他支出

其他支出是指除成本、费用、税金、损失外，企业在生产经营活动中发生的与生产经营活动有关的、合理的支出。

【思考题5－15】某市一家居民企业为增值税一般纳税人，当年有关经营业务如下：

（1）销售货物取得不含税收入8 600万元；

（2）转让技术所有权取得收入700万元；

（3）出租设备取得租金收入200万元；

（4）接受原材料捐赠取得增值税专用发票注明材料金额50万元、增值税进项税金8.5万元；

（5）取得国债利息收入30万元；

（6）购进原材料共计3 000万元，取得增值税专用发票注明进项税税额510万元；支付购料运输费用共计230万元，取得运输发票；

计算企业所得税税前可以扣除的税金合计。

（三）扣除项目及其标准

在计算应纳税所得额时，下列项目可按照实际发生额或规定的标准扣除。

1. 工资、薪金支出

企业发生的合理的工资、薪金支出准予据实扣除。工资、薪金支出是企业每一纳税年度支付给在本企业任职或与其有雇佣关系的员工的所有现金或非现金形式的劳动报酬，包括基本工资、薪金、津贴、补贴、年终加薪、加班工资，以及与任职或者是受雇有关的其他支出。

"合理的工资、薪金"，是指企业按照股东大会、董事会、薪酬委员会或相关管理机构制定的工资、薪金制度规定实际发放给员工的工资、薪金。税务机关在对工资、薪金进行合理性确认时，可按以下原则掌握：

（1）企业制定了较为规范的员工工资、薪金制度。

（2）企业所制定的工资薪金制度符合行业及地区水平。

（3）企业在一定时期所发放的工资、薪金是相对固定的，工资薪金的调整是有序进行的。

（4）企业对实际发放的工资薪金，已依法履行了代扣代缴个人所得税义务。

（5）有关工资薪金的安排，不以减少或逃避税款为目的。

（6）属于国有性质的企业，其工资薪金不得超过政府有关部门限定的数额；超过部分，不得计入企业工资薪金总额，也不得在计算企业应纳税所得额时扣除。

2. 职工福利费、工会经费、职工教育经费

企业发生的职工福利费、工会经费、职工教育经费按标准扣除，未超过标准的按实际数扣除，超过标准的只能按标准扣除。

（1）企业发生的职工福利费支出，不超过工资、薪金总额14%的部分准予扣除。

（2）企业拨缴的工会经费，不超过工资薪金总额2%的部分准予扣除。企业拨缴的职工工会经费，凭工会组织开具的《工会经费收入专用收据》在企业所得税税前扣除。

（3）企业发生的职工教育经费支出，不超过工资薪金总额8%的部分，准予在计算企业所得税应纳税所得额时扣除；超过部分，准予在以后纳税年度结转扣除。

软件企业、集成电路设计企业、动漫企业、核电企业、航空企业的职工培训费用，可按其实际发生额在税前全部扣除。

上述计算职工福利费、工会经费、职工教育经费的"工资、薪金总额"，是指企业实际发放的工资、薪金总和，不包括企业的职工福利费、职工教育经费、工会经费以及养老保险费、医疗保险费、失业保险费、工伤保险费、生育保险费等社会保险费和住房

公积金。属于国有性质的企业，其工资、薪金，不得超过政府有关部门限定的数额；超过部分，不得计入企业工资、薪金总额，也不得在计算企业应纳税所得额时扣除。

【思考题5-16】（单选题）某企业为居民企业，2021年实际发生的工资、薪金支出为100万元，福利费本期发生15万元，拨缴的工会经费为2万元，已经取得工会拨缴收据，实际发生职工教育经费3万元，该企业2021年计算应纳税所得额时，应调增应纳税所得额为（　　）万元。

A. 2　　B. 1.5　　C. 0　　D. 2.5

【思考题5-17】某市一家居民企业主要生产销售彩色电视机，计入成本、费用中的合理的实发工资540万元，当年发生的工会经费15万元、职工福利费80万元、职工教育经费11万元。职工工会经费、职工福利费、职工教育经费调整的应纳税所得额是多少？

3. 社会保险费

（1）企业依照国务院有关主管部门或者省级人民政府规定的范围和标准为职工缴纳的“五险一金”，即基本养老保险费、基本医疗保险费、失业保险费、工伤保险费、生育保险费等基本社会保险费和住房公积金，准予扣除。

（2）企业为投资者或者职工支付的补充养老保险费、补充医疗保险费，在国务院财政、税务主管部门规定的范围和标准内，准予扣除。企业依照国家有关规定为特殊工种职工支付的人身安全保险费和符合国务院财政、税务主管部门规定可以扣除的商业保险费准予扣除。

（3）企业参加财产保险，按照规定缴纳的保险费，准予扣除。企业为投资者或者职工支付的商业保险费，不得扣除。

4. 利息费用

企业在生产、经营活动中发生的利息费用，按下列规定扣除。

（1）非金融企业向金融企业借款的利息支出、金融企业的各项存款利息支出和同业拆借利息支出、企业经批准发行债券的利息支出可据实扣除。

（2）非金融企业向非金融企业借款的利息支出，不超过按照金融企业同期同类贷款利率计算的数额的部分可据实扣除，超过部分不许扣除。

【思考题5-18】某居民企业当年发生财务费用40万元，其中含向非金融企业借款250万元所支付的年利息20万元（当年金融企业贷款的年利率为5.8%）。当年税前扣除的利息是多少，纳税调整额是多少？

（3）企业向自然人借款的利息支出在企业所得税税前的扣除。

①企业向股东或其他与企业有关联关系的自然人借款的利息支出，应根据规定的条件，计算企业所得税扣除额。

②企业向内部职工或其他人员借款的利息支出，借款情况同时符合税法规定条件的，其利息支出在不超过按照金融企业同期同类贷款利率计算的数额的部分，准予扣除。税法规定的条件：企业与个人之间的借贷是真实、合法、有效的，并且不具有非法集资目的或其他违反法律、法规的行为；企业之间签订了借款合同。

（4）非金融企业利息支出的扣除。非金融企业向非金融企业、股东或其他与企业有关联关系的自然人借款的利息支出，在不超过债权性投资与权益性投资2:1比例的基础上，不超过按照金融企业同期同类贷款计算的数额部分。对于采用实际利率法确认的与金融负债相关的利息费用，未超过同期银行贷款利率的部分，可在计算当期应纳税所得额时扣除，超过的部分不得扣除。

（5）关于企业由于投资者投资未到位而发生的利息支出的扣除。企业投资者在规定期限内未缴足其应缴资本额的，该企业对外借款所发生的利息，相当于投资者实缴资本额与在规定期限内应缴资本额的差额应计付的利息，其不属于企业合理的支出，应由企业投资者负担。

【思考题5-19】（单选题）某公司当年实现会计利润总额25万元。经注册会计师审核，“财务费用”账户中列支有两笔利息费用：向银行借入生产用资金200万元，借用期限6个月，支付借款利息5万元；经过批准向本企业职工借入生产用资金60万元，借用期限10个月，支付借款利息3.5万元。该公司这一会计年度的应纳税所得额为（　　）万元。

A. 21　　B. 26　　C. 30　　D. 33

5. 借款费用

（1）企业在生产经营活动中发生的合理的不需要资本化的借款费用，准予扣除。

（2）企业为购置、建造固定资产、无形资产和经过12个月以上的建造才能达到预定可销售状态的存货发生借款的，在有关资产购置、建造期间发生的合理的借款费用，应予以资本化，作为资本性支出计入有关资产的成本；有关资产交付使用后发生的借款利息，可在发生当期扣除。

【思考题5-20】某企业4月1日向银行借款500万元用于建造厂房，借款期限一年，当年向银行支付了三个季度的借款利息22.5万元，该厂房于10月31日竣工结算并投入使用，税前可扣除的利息费用为多少万元？

6. 汇兑损失

企业在货币交易中以及纳税年度终了时将人民币以外的货币性资产、负债按照期末即期人民币汇率中间价折算为人民币时产生的汇兑损失，除已经计入有关资产成本以及与向所有者进行利润分配相关的部分外，准予扣除。

7. 业务招待费

企业发生的与生产经营活动有关的业务招待费支出，按照发生额的60%扣除，但最高不得超过当年销售（营业）收入的5‰。

【思考题5-21】（单选题）下列各项中，能作为业务招待费税前扣除限额计提依据的是（　　）。

A. 转让无形资产使用权的收入

B. 因债权人原因确实无法支付的应付款项

C. 转让无形资产所有权的收入

D. 出售固定资产的收入

【思考题5-22】某摩托车生产企业为增值税一般纳税人，当年发生以下业务：

（1）全年生产两轮摩托车200 000辆，每辆生产成本0.28万元、市场不含税销售价0.46万元。全年销售两轮摩托车190 000辆，销售合同记载取得不含税销售收入87 400万元。由于部分摩托车由该生产企业直接送货，运输合同记载取得送货的运输费收入468万元，并开具普通发票。

(2) 全年生产三轮摩托车30 000辆，每辆生产成本0.22万元、市场不含税销售价0.36万元。全年销售三轮摩托车28 000辆，销售合同记载取得不含税销售收入10 080万元。

(3) 企业全年发生的业务招待费900万元。

税前允许扣除的业务招待费是多少，纳税调整额是多少？

【思考题5-23】某企业当年销售货物收入3 000万元，让渡专利使用权收入300万元，包装物出租收入100万元，视同销售货物收入600万元，转让商标所有权收入200万元，捐赠收入20万元，债务重组收益10万元，当年实际发生业务招待费30万元，该企业当年可在所得税前列支的业务招待费金额是多少？

8. 广告费和业务宣传费

企业发生的符合条件的广告费和业务宣传费支出，除国务院财政、税务主管部门另有规定外，不超过当年销售（营业）收入15%的部分，准予扣除；超过部分，准予结转以后纳税年度扣除。

企业申报扣除的广告费支出应与赞助支出严格区分。企业申报扣除的广告费支出，必须符合下列条件：广告是通过工商部门批准的专门机构制作的；已实际支付费用，并已取得相应发票；通过一定的媒体传播。

【思考题5-24】某服装厂当年销售收入3 000万元，发生现金折扣100万元；转让技术使用权收入200万元，广告费支出1 000万元，业务宣传费40万元，计算应纳税所得额时调整所得是多少？

【思考题5-25】（单选题）某企业2021年商品销售收入1 000万元，销售折让100万元，包装物租金收入100万元，接受捐赠收入50万元，转让无形资产所有权收入10万元。该企业当年实际发生业务招待费20万元，广告费和宣传费120万元，则该企业当年度可税前扣除的业务招待费、广告业务宣传费为（　　）万元。

A. 120　　B. 125　　C. 140　　D. 155

自2021年1月1日起至2025年12月31日，对化妆品制造或销售、医药制造和饮料制造（不含酒类制造）企业发生的广告费和业务宣传费支出，不超过当年销售（营业）收入30%的部分，准予扣除；超过部分，准予在以后纳税年度结转扣除。

烟草企业的烟草广告费和业务宣传费支出，一律不得在计算应纳税所得额时扣除。

9. 环境保护专项资金

企业依照法律、行政法规有关规定提取的用于环境保护、生态恢复等方面的专项资金准予扣除。上述专项资金提取后改变用途的，不得扣除。

10. 保险费

企业参加财产保险，按照规定缴纳的保险费准予扣除。

11. 租赁费

企业根据生产经营活动的需要租入固定资产而支付的租赁费，按照以下方法扣除：

(1) 以经营租赁方式租入固定资产发生的租赁费支出，按照租赁期限均匀扣除。经营性租赁是指所有权不转移的租赁。

(2) 以融资租赁方式租入固定资产发生的租赁费支出，按照规定构成融资租入固定资产价值的部分应当提取折旧费用，分期扣除。融资租赁，是指在实质上转移与一项资产所有权有关的全部风险和报酬的一种租赁。

【思考题5-26】（单选题）某贸易公司当年3月1日以经营租赁方式租入固定资产使用，租期1年，按独立纳税人交易原则支付租金1.2万元；6月1日以融资租赁方式租入机器设备一台，租期2年，当年支付租金1.5万元。计算当年企业应纳税所得额时应扣除的租赁费用为（　　）万元。

A. 1.0　　B. 1.2

C. 1.5　　D. 2.7

12. 劳动保护费

企业发生的合理的劳动保护支出准予扣除。

13. 公益性捐赠支出

公益性捐赠，是指企业通过公益性社会团体、公益性群众团体或者县级（含县级）以上人民政府及其部门用于《中华人民共和国公益事业捐赠法》规定的公益事业的捐赠。

企业通过公益性社会组织或者县级（含县级）以上人民政府及其组成部门和直属机构，用于慈善活动、公益事业的捐赠支出，在年度利润总额12%以内的部分，准予在计算应纳税所得额时扣除；超过年度利润总额12%的部分，准予结转以后三年内在计算应纳税所得额时扣除。企业在对公益性捐赠支出计算扣除时，应先扣除以前年度结转的捐赠支出，再扣除当年发生的捐赠支出。

公益事业具体包括：

（1）救助灾害、救济贫困、扶助残疾人等困难的社会群体和个人的活动；

（2）教育、科学、文化、卫生、体育事业；

（3）环境保护、社会公共设施建设；

（4）促进社会发展和进步的其他社会公共和福利事业。

自2019年1月1日至2022年12月31日，企业通过公益性社会组织或者县级（含县级）以上人民政府及其组成部门和直属机构，用于目标脱贫地区的扶贫捐赠支出，准予在计算企业所得税应纳税所得额时据实扣除。在政策执行期限内，目标脱贫地区实现脱贫的，可继续适用上述政策。企业同时发生扶贫捐赠支出和其他公益性捐赠支出时，符合条件的扶贫捐赠支出不计算在公益性捐赠支出的年度扣除限额内。

【思考题5-27】某企业按照政府统一会计政策计算出利润总额300万元，当年直接给灾民发放慰问金10万元，通过政府机关对受灾地区捐赠30万元，其当年捐赠的调整金额是多少？

【例题5-1】某居民企业2021年度取得生产经营收入总额3 000万元，发生销售成本2 200万元、财务费用150万元、管理费用400万元（其中含业务招待费用15万元），上缴增值税60万元、消费税140万元、城市维护建设税14万元、教育费附加6万元，“营业外支出”账户中列支被工商行政管理部门罚款7万元、通过公益性社会团体向贫困地区捐赠8万元。

要求：计算该企业准许扣除的公益、救济性捐赠的金额。

利润总额 $=3\,000-2\,200-150-400-140-14-6-7-8$

$=75$（万元）

公益性捐赠支出扣除限额 =75×12% =9（万元）

实际发生8万元，可以据实扣除。

【思考题5-28】（单选题）某企业2021年开具增值税专用发票取得收入3 510万元，同时企业为销售货物提供了运输服务，运费收取标准为销售货物收入的10%，并开具普通发票。收入对应的销售成本和运输成本为2 780万元，期间费用为360万元，营业外支出200万元（其中180万元为公益性捐赠支出），上年度企业自行计算亏损80万元，经税务机关核定的亏损为60万元，销售税金及附加60万元。企业在所得税前可以扣除的公益性捐赠支出为（　　）万元。

A. 180　　B. 79.32

C. 49.2　　D. 46.8

14. 有关资产的费用

企业转让各类固定资产发生的费用允许扣除。企业按规定计算的固定资产折旧费、无形资产和递延资产的摊销费准予扣除。

15. 总机构分摊的费用

非居民企业在中国境内设立的机构、场所，就其中国境外总机构发生的与该机构、场所生产经营有关的费用，能够提供总机构出具的费用汇集范围、定额、分配依据和方法等证明文件并合理分摊的，准予扣除。

16. 资产损失

企业当期发生的固定资产和流动资产盘亏、毁损净损失，由其提供清查盘存资料经主管税务机关审核后，准予扣除；企业因存货盘亏、毁损、报废等原因不得从销项税金中抵扣的进项税金，应视同企业财产损失，准予与存货损失一起在所得税前按规定扣除。

【思考题5-29】某企业2021年发生意外事故，损失库存外购原材料32.79万元（含运费2.79万元），取得保险公司赔款8万，税前扣除的损失是多少？

17. 手续费及佣金支出

（1）2019年1月1日起，保险企业发生与其经营活动有关的手续费及佣金支出，不超过当年全部保费收入扣除退保金等后余额的18%（含本数）的部分，在计算应纳税所得额时准予扣除；超过部分，允许结转以后年度扣除。

（2）其他企业：其他企业发生与生产经营有关的手续费及佣金支出，不超过与具有合法经营资格中介服务机构或个人（不含交易双方及其雇员、代理人和代表人等）所签订服务协议或合同确认的收入金额的5%以内的部分，准予扣除；超过部分，不得扣除。

（3）其他规定：限额是指企业应与具有合法经营资格中介服务企业或个人签订代办协议或合同，并按国家有关规定支付手续费及佣金。除委托个人代理外，企业以现金等非转账方式支付的手续费及佣金不得在税前扣除。企业为发行权益性证券支付给有关证券承销机构的手续费及佣金不得在税前扣除。

企业不得将手续费及佣金支出计入回扣、业务提成、返利、进场费等费用。企业已计入固定资产、无形资产等相关资产的手续费及佣金支出，应当通过折旧、摊销等方式分期扣除，不得在发生当期直接扣除。企业支付的手续费及佣金不得直接冲减服务协议或合同金额，并如实入账。企业应建立健全手续费及佣金的相关管理制度，并加强手续费及佣金结转扣除的台账管理。

18. 国有企业（包括国有独资、全资和国有资本绝对控股、相对控股企业）党组织工作经费纳入管理费用的部分，实际支出不超过职工年度工作薪金总额1%的部分，可以据实在企业所得税前扣除。年末如有结余，结转下一年度使用。累计结转超过上一年度职工工资总额2%的，当年不再从管理费用中安排。

非公有制企业党组织工作经费纳入企业管理费列支，不超过职工年度工资薪金总额1%的部分，可以据实在企业所得税前扣除。

19. 依照有关法律、行政法规和国家有关税法规定准予扣除的其他项目

这些项目包括：会员费、合理的会议费、差旅费、违约金、诉讼费用等。

四、不得扣除项目的计算

在计算应纳税所得额时，下列支出不得扣除：

（1）向投资者支付的股息、红利等权益性投资收益款项。

（2）企业所得税税款。

（3）税收滞纳金，是指纳税人违反税收法规，被税务机关处以的滞纳金。

（4）罚金、罚款和被没收财物的损失，是指纳税人违反国家有关法律、法规规定，被有关部门处以的罚款，以及被司法机关处以的罚金和被没收财物。

（5）超过规定标准的捐赠支出。

（6）赞助支出，是指企业发生的与生产经营活动无关的各种非广告性质支出。

（7）未经核定的准备金支出，是指不符合国务院财政、税务主管部门规定的各项资产减值准备、风险准备等准备金支出。

（8）企业之间支付的管理费、企业内营业机构之间支付的租金和特许权使用费，以及非银行企业内营业机构之间支付的利息，不得扣除。

（9）与取得收入无关的其他支出。

【思考题5－30】（多选题）下列各项中，在计算企业所得税应纳税所得额时不得扣除的有（　　）。

A. 企业之间支付的管理费

B. 企业内营业机构之间支付的租金

C. 企业向投资者支付的股息

D. 银行企业内营业机构之间支付的利息

【思考题5－31】 某公司受全球金融危机的影响，到12月底，企业持有的原账面价值300万元的交易性金融资产公允价值下降为210万元（企业以公允价值核算）。该公司将公允价值的变动计入当期损益90万元，该公司如何进行税务处理？

五、亏损弥补的计算

亏损，是指企业依照《中华人民共和国企业所得税法》及其暂行条例的规定，每一纳税年度的收入总额减除不征税收入、免税收入和各项扣除后小于零的数。税法规定，企业某一纳税年度发生的亏损可以用下一年度的所得弥补，下一年的所得不足以弥

补的，可以逐年延续弥补，但最长不得超过5年。自2018年1月1日起，当年具备高新技术企业或科技型中小企业资格的企业，其具备资格年度之前5个年度发生的尚未弥补完的亏损，是指当年具备资格的企业，其前5个年度无论是否具备资格，所发生的尚未弥补完的亏损。2018年具备资格的企业，无论2013年至2017年是否具备资格，其2013年至2017年发生的尚未弥补完的亏损，均准予结转以后年度弥补，最长结转年限为10年。2018年以后年度具备资格的企业，依此类推，进行亏损结转弥补税务处理。

【例题5-2】 某中国企业（居民企业，即登记注册地在中国境内或实际管理机构所得地在中国）在A、B两个国家设有分支机构，其应纳税所得额情况见表5-1。

表5-1　某企业境内、境外应纳税所得额

年度	境内应纳税所得额	A国应纳税所得额	B国应纳税所得额
2020年度	1 500万元	-300万元	500万元
2021年度	2 000万元	500万元	300万元

要求：计算2020年、2021年的应纳税所得额。

2020年的应纳税所得额 = 1 500 + 500 = 2 000（万元）

2021年的应纳税所得额 = 2 000 + (500 - 300) + 300 = 2 500（万元）

企业筹办期间不计算为亏损年度，企业自开始生产经营的年度，为开始计算企业损益的年度。企业从事生产经营之前发生的筹办费用支出，不得计算为当期的亏损，企业可以在开始经营之日的当年一次性扣除，也可以按照新税法有关长期待摊费用的处理规定处理，但一经选定，不得改变。

【例题5-3】 某小型生产企业（从业人数为80人，资产总额1 500万元）2021年度实现利润总额（应纳税所得额）68万元，该企业2020年亏损50万元，2019年盈利（应纳税所得额）10万元，2018年亏损20万元。

要求：计算该企业2021年度应纳所得税税额。

2021年应纳所得税税额 = [68 - 50 - (20 - 10)] × 20%

= 8 × 20%

= 1.6（万元）

六、资产的税务处理

（一）固定资产税务处理

固定资产是指企业为生产产品、提供劳务、出租或者经营管理而持有的使用时间超过12个月的非货币性资产，包括房屋、建筑物、机器、机械、运输工具以及其他与生产经营活动有关的设备、器具、工具等。

1. 固定资产计税基础

（1）外购的固定资产，以购买价款和支付的相关税费以及直接归属于使该资产达到预定用途发生的其他支出为计税基础；

（2）自行建造的固定资产，以竣工结算前发生的支出为计税基础；

（3）融资租入的固定资产，以租赁合同约定的付款总额和承租人在签订租赁合同过程中发生的相关费用为计税基础，租赁合同未约定付款总额的，以该资产的公允价值和承租人在签订租赁合同过程中发生的相关费用为计税基础；

（4）盘盈的固定资产，以同类固定资产的重置完全价值为计税基础；

（5）通过捐赠、投资、非货币性资产交换、债务重组等方式取得的固定资产，以该资产的公允价值和支付的相关税费为计税基础；

（6）改建的固定资产，除已足额提取折旧的固定资产和租入的固定资产以外，以改建过程中发生的改建支出增加计税基础。

2. 固定资产折旧的范围

在计算应纳税所得额时，企业按照规定计算的固定资产折旧，准予扣除。下列固定资产不得计算折旧扣除：

（1）房屋、建筑物以外未投入使用的固定资产；

（2）以经营租赁方式租入的固定资产；

（3）以融资租赁方式租出的固定资产；

（4）已足额提取折旧仍继续使用的固定资产；

（5）与经营活动无关的固定资产；

（6）单独估价作为固定资产入账的土地；

（7）其他不得计算折旧扣除的固定资产。

3. 固定资产折旧的计提方法

固定资产按照直线法计算的折旧，准予扣除。

企业应当自固定资产投入使用月份的次月起计算折旧；停止使用的固定资产，应当自停止使用月份的次月起停止计算折旧。

企业应当根据固定资产的性质和使用情况，合理确定固定资产的预计净残值。固定资产的预计净残值一经确定，不得变更。

4. 固定资产折旧的计提年限

除国务院财政、税务主管部门另有规定外，固定资产计算折旧的最低年限如下：

（1）房屋、建筑物，为 20 年；

（2）飞机、火车、轮船、机器、机械和其他生产设备，为 10 年；

（3）与生产经营活动有关的器具、工具、家具等，为 5 年；

（4）飞机、火车、轮船以外的运输工具，为 4 年；

（5）电子设备，为 3 年。

从事开采石油、天然气等矿产资源的企业，在开始商业性生产前发生的费用和有关固定资产的折耗、折旧方法，由国务院财政、税务主管部门另行规定。

5. 固定资产改扩建的税务处理

自 2011 年 7 月 1 日起，企业对房屋、建筑物固定资产在未足额提取折旧前进行改扩建的，如属于推倒重置的，该资产原值减除提取折旧后的净值，应并入重置后的固定资产计税成本，并在该固定资产投入使用后的次月起，按照税法规定的折旧年限，一并计提折旧；如属于提升功能、增加面积的，该固定资产的改扩建支出，并入该固定资产计税基础，并从改扩建完工投入使用后的次月起，重新按税法规定的该固定资产折旧年限计提折旧，该改扩建后的固定资产尚可使用的年限低于税法规定的最低年限的，可以按尚可使用的年限计提折旧。

【思考题5-32】 某企业4月20日购进一台机械设备，取得增值税专用发票上注明价款90万元（购入成本），当月投入使用。按税法规定该设备按直线法折旧，期限为10年，残值率5%，企业将设备购入成本一次性计入费用在税前作了扣除。企业当年会计利润为170万元。

企业此项业务应当如何调整应纳税所得额？

（二）生物资产的税务处理

生物资产是指有生命的动物和植物。生物资产分为消耗性生物资产、生产性生物资产和公益性生物资产三大类。消耗性生物资产，是指为出售而持有的、或在将来收获为农产品的生物资产，包括生长中的大田作物、蔬菜、用材林以及存栏待售的牲畜等。生产性生物资产，是指为产出农产品、提供劳务或出租等目的而持有的生物资产，包括经济林、薪炭林、产畜和役畜等。公益性生物资产，是指以防护、环境保护为主要目的的生物资产，包括防风固沙林、水土保持林和水源涵养林等。

1. 生物资产的计税基础

生产性生物资产按照以下方法确定计税基础：

（1）外购的生产性生物资产，以购买价款和支付的相关税费为计税基础；

（2）通过捐赠、投资、非货币性资产交换、债务重组等方式取得的生产性生物资产，以该资产的公允价值和支付的相关税费为计税基础。

2. 生物资产的折旧方法

生产性生物资产按照直线法计算的折旧，准予扣除。

企业应当自生产性生物资产投入使用月份的次月起计算折旧；停止使用的生产性生物资产，应当自停止使用月份的次月起停止计算折旧。

企业应当根据生产性生物资产的性质和使用情况，合理确定生产性生物资产的预计净残值。生产性生物资产的预计净残值一经确定，不得变更。

3. 生物资产的折旧年限

生产性生物资产计算折旧的最低年限如下：

（1）林木类生产性生物资产，为10年；

（2）畜类生产性生物资产，为3年。

【思考题5-33】（单选题）下列各项中，依据企业所得税法相关规定可计提折旧的生物资产是（　　）。

A. 经济林　　B. 防风固沙林

C. 用材林　　D. 存栏待售的牲畜

（三）无形资产的税务处理

无形资产，是指企业为生产产品、提供劳务、出租或者经营管理而持有的、没有实物形态的非货币性长期资产，包括专利权、商标权、著作权、土地使用权、非专利技术、商誉等。

1. 无形资产的计税基础

无形资产按照以下方法确定计税基础：

（1）外购的无形资产，以购买价款和支付的相关税费以及直接归属于使该资产达到预定用途发生的其他支出为计税基础；

（2）自行开发的无形资产，以开发过程中该资产符合资本化条件后至达到预定用途前发生的支出为计税基础；

（3）通过捐赠、投资、非货币性资产交换、债务重组等方式取得的无形资产，以该资产的公允价值和支付的相关税费为计税基础。

2. 无形资产摊销的范围

企业按照规定计算的无形资产的摊销费用，准予扣除。

下列无形资产不得计算摊销费用扣除：

（1）自行开发的支出已在计算应纳税所得额时扣除的无形资产。

（2）自创商誉。

（3）与经营活动无关的无形资产。

（4）其他不得计算摊销费用扣除的无形资产。

3. 无形资产的摊销方法及年限

无形资产的摊销采取直线法计算。无形资产的摊销不得低于 10 年。作为投资或者受让的无形资产，有关法律规定或者合同约定了使用年限的，可以按照规定或者约定的使用年限分期摊销。外购商誉的支出，在企业整体转让或者清算时，准予扣除。

【思考题 5－34】某市区的一个企业 2021 年转让一项两年前购买的无形资产的所有权。购买时是 60 万元，转让收入是 65 万元，摊销期限是 10 年。

转让无形资产应当如何缴纳企业所得税？

（四）存货的税务处理

存货，是指企业持有以备出售的产品或者商品、处在生产过程中的在产品、在生产或者提供劳务过程中耗用的材料和物料等。

1. 存货的计价基础

存货按照以下方法确定成本：

（1）通过支付现金方式取得的存货，以购买价款和支付的相关税费为成本；

（2）通过支付现金以外的方式取得的存货，以该存货的公允价值和支付的相关税费为成本；

（3）生产性生物资产收获的农产品，以产出或者采收过程中发生的材料费、人工费和分摊的间接费用等必要支出为成本。

2. 发出存货的成本计算方法

企业使用或者销售的存货的成本计算方法，可以在先进先出法、加权平均法、个别计价法中选用一种。计价方法一经选用，不得随意变更。

企业转让以上资产，在计算企业应纳税所得额时，资产的净值允许扣除。其中，资产的净值，是指有关资产、财产的计税基础减除已经按照规定扣除的折旧、折耗、摊销、准备金等后的余额。

除国务院财政、税务主管部门另有规定外，企业在重组过程中，应当在交易发生时确认有关资产的转让所得或者损失，相关资产应当按照交易价格重新确定计税基础。

（五）长期待摊费用的税务处理

长期待摊费用，是指企业发生的应在一个年度以上或几个年度进行摊销的费用。长期待摊费用包括已足额提取折旧的固定资产的改建支出、租入固定资产的改建支出、固定资产的大修理支出、其他应当作为长期待摊费用的支出。

企业的固定资产修理支出可在发生当期直接扣除。企业的固定资产改良支出，如果有关固定资产尚未提足折旧，可增加固定资产价值；如有关固定资产已提折旧，可作为长期待摊费用，在规定的期间内平均摊销。

固定资产的改建支出，是指为改变房屋或者建筑物结构、延长使用年限等而发生的支出。已足额提取折旧的固定资产的改建支出，按照固定资产预计尚可使用年限分期摊销；租入固定资产的改建支出，按照合同约定的剩余租赁期限分期摊销；为延长固定资产使用年限而进行改建的，除已足额提取折旧的固定资产、租入固定资产的改建支出外，其他的固定资产改建支出，应当适当延长折旧年限。

大修理支出按照固定资产尚可使用年限分期摊销。固定资产的大修理支出是指同时符合下列条件的支出：修理支出达到取得固定资产时的计税基础50%以上；修理后固定资产的使用年限延长两年以上。

其他应当作为长期待摊费用的支出，自支出发生月份的次月起，分期摊销，摊销年限不得低于3年。

【思考题5－35】（多选题）依据企业所得税的有关规定，企业发生的下列支出中，应作为长期待摊费用的有（　　）。

A. 长期借款的利息支出

B. 租入固定资产的改建支出

C. 固定资产的大修理支出

D. 已提足折旧的固定资产的改建支出

（六）投资资产的税务处理

投资资产，是指企业对外进行权益性投资和债权性投资而形成的资产。

1. 投资资产的成本

投资资产按以下方法确定投资成本：

（1）通过支付现金方式取得的投资资产，以购买价款为成本。

（2）通过支付现金以外的方式取得的投资资产，以该资产的公允价值和支付的相关税费为成本。

2. 投资资产成本的扣除方法

企业对外投资期间，投资资产的成本在计算应纳税所得额时不得扣除，企业处置投资资产时，投资资产的成本准予扣除。

3. 投资企业撤回或减少投资的税务处理

自2011年7月1日起，投资企业从被投资企业撤回或减少投资，其取得的资产中，相当于初始出资的部分，应确认为投资收回；相当于被投资企业累计未分配利润和累计盈余公积按减少实收资本比例计算的部分，应确认为股息所得；其余部分确认为投资资产转让所得。

被投资企业发生的经营亏损，由被投资企业按规定结转弥补；投资企业不得调整减低其投资成本，也不得将其确认为投资损失。

（七）税法规定与会计规定差异的处理

税法规定与会计规定差异的处理，是指企业在财务会计核算中与税法规定不一致的，应当依照税法规定予以调整。即企业在平时进行会计核算时，可以按会计制度的有关规定进行账务处理，但在申报纳税时，对税法规定和会计制度规定有差异的，要按税法规定进行纳税调整。

七、境外所得抵扣税额的计算

企业取得的下列所得已在境外缴纳的所得税税额，可以从其当期应纳税额中抵免，抵免限额为该项所得依照企业所得税法规定计算的应纳税额；超过抵免限额的部分，可以在以后5个年度内，用每年度抵免限额抵免当年应抵税额后的余额进行抵补。境外所得包括：

（1）居民企业来源于中国境外的应税所得。

（2）非居民企业在中国境内设立机构、场所，取得发生在中国境外但与该机构、场所有实际联系的应税所得。

居民企业从其直接或者间接控制的外国企业分得的来源于中国境外的股息、红利等权益性投资收益，外国企业在境外实际缴纳的所得税税额中属于该项所得负担的部分，可以作为该居民企业的可抵免境外所得税税额，在企业所得税税法规定的抵免限额内抵免。

直接控制是指居民企业直接持有外国企业20%以上股份。

间接控制是指居民企业以间接持股方式持有外国企业20%以上股份。

已在境外缴纳的所得税税额，是指企业来源于中国境外的所得依照中国境外税收法律以及相关规定应当缴纳并已经实际缴纳的企业所得税性质的税款。企业依照企业所得税法的规定抵免企业所得税税额时，应当提供中国境外税务机关出具的税款所属年度的有关纳税凭证。

抵免限额，是指企业来源于中国境外的所得，依照企业所得税法和本条例的规定计算的应纳税额，企业可以选择按国（地区）别分别计算（即“分国（地区）不分项”），或者不按国（地区）别汇总计算（即“不分国（地区）不分项”）其来源于境外的应按税所得额，并按照税法规定的税率，分别计算其可抵免境外所得税税额和抵免限额。一经选择，5年内不得改变。

前述5个年度，是指从企业取得的来源于中国境外的所得，已经在中国境外缴纳的企业所得税性质的税额超过抵免限额当年的次年起连续5个纳税年度。

【例题5-4】 某企业2021年度境内应纳税所得额为100万元，适用25%的企业所得税税率。另外，该企业分别在A、B两国设有分支机构（我国与A、B两国已经缔结避免双重征税协定），在A国分支机构的应纳税所得额为50万元，A国税率为20%；在B国的分支机构的应纳税所得额为30万元，B国税率为30%。假设该企业在A、B两国所得按我国税法计算的应纳税所得额和按A、B两国税法计算的应纳税所得额一致，两个分支机构在A、B两国分别缴纳了10万元和9万元的企业所得税。企业选择按国（地区）别分别计算（即"分国（地区）不分项"）扣除限额。

要求：计算该企业汇总时在我国应缴纳的企业所得税税额。

（1）该企业按我国税法计算的境内、境外所得的应纳税额：

应纳税额 = (100 + 50 + 30) × 25% = 45（万元）

（2）A、B两国的扣除限额：

A国扣除限额 = 45 × [50 ÷ (100 + 50 + 30)] = 12.5（万元）

B国扣除限额 = 45 × [30 ÷ (100 + 50 + 30)] = 7.5（万元）

在A国缴纳的所得税为10万元，低于扣除限额12.5万元，可全额扣除。

在B国缴纳的所得税为9万元，高于扣除限额7.5万元，其超过扣除限额的部分1.5万元当年不能扣除。

（3）汇总时在我国应缴纳的所得税 = 45 − 10 − 7.5 = 27.5（万元）

八、居民企业查账征收方式下应纳税额的计算

（一）平时预缴所得税额的计算

企业所得税实行按年计征、分月（季）预缴、年终汇算清缴，多退少补的办法。实行查账征收方式申报企业所得税的居民纳税人及在中国境内设立机构的非居民纳税人在平时月（季）度预缴企业所得税时，可采用以下方法计算缴纳：

1. 据实预缴

本月（季）应缴所得税额 = 实际利润累计额 × 税率 − 减免所得税额 − 已累计预缴的所得税额

实际利润累计额是指纳税人按会计制度核算的利润总额，包括房地产开发企业按本期取得预售收入计算出的预计利润等。平时预缴时，先按会计利润计算，暂不作纳税调整，待会计年度终了再作纳税调整。统一按照《企业所得税法》规定的25%的税率计算应纳所得税额。

减免所得税额是指纳税人当期实际享受的减免所得税额，包括享受减免税优惠过渡期的税收优惠、小型微利企业的税率优惠、高新技术企业的税率优惠及经税务机关审批或备案的其他减免税优惠。

2. 按照上一纳税年度应纳税所得额的平均额预缴

$$\text{本月（季）应缴所得税额} = \frac{\text{上一纳税年度应纳税所得额}}{12\text{（或4）}} \times \text{税率}$$

按上一纳税年度应纳税所得额实际数除以12（或4）得出每月（或季）纳税所得额，上一纳税年度所得额中不包括纳税人的境外所得。税率统一按照25%计算。

除了以上两种计算预缴所得税的方法外，还可以用税务机关确定的其他方法进行。

（二）年终汇算清缴

查账征收方式下，企业所得税纳税人在分月（季）预缴的基础上，实行年终汇算清缴，多退少补的办法。计算公式如下：

实际应纳税额 = 应纳税所得额 × 适用税率 − 减免税额 − 抵免税额 + 境外所得应纳所得税额 − 境外所得抵免所得税额

本年应补（退）的所得税额 = 实际应纳所得税额 − 本年累计实际已预缴的所得税额

应纳税所得额是在会计利润总额的基础上加或减按照税法规定调整的项目金额后计算得出，税率25%。计算公式为：

应纳税所得额 = 会计利润总额 + 纳税调整增加额 − 纳税调整减少额 + 境外应税所得弥补境内亏损 − 弥补以前年度亏损

引例解析

根据任务案例计算应纳税额：

会计利润总额 = 4 000 + 80 − 2 600 − 770 − 480 − 60 − 40 − 50 = 80（万元）

广告费和业务宣传费纳税调增额 = 650 − 4 000 × 15% = 650 − 600 = 50（万元）

业务招待费纳税调增额 = 25 − 25 × 60% = 10（万元）

4 000 × 5% = 20 万元 > 25 × 60% = 15（万元）

捐赠支出纳税调增额 = 30 − 80 × 12% = 20.4（万元）

工会经费纳税调增额 = 5 − 200 × 2% = 1（万元）

职工福利费纳税调增额 = 31 − 200 × 14% = 3（万元）

职工教育经费纳税调增额 = 18 − 200 × 8% = 2（万元）

应纳税所得额 = 80 + 50 + 10 + 20.4 + 6 + 1 + 3 + 2 = 172.4（万元）

2021 年应缴企业所得税 = 172.4 × 25% = 43.1（万元）

工作实例

企业所得税的计算

某工业企业为居民企业，2021 年发生经营业务如下：

全年取得产品销售收入为 5 600 万元，发生产品销售成本 4 000 万元；其他业务收入 800 万元，其他业务成本 694 万元；取得购买国债的利息收入 40 万元；缴纳非增值税销售税金及附加 300 万元；发生的管理费用 760 万元，其中新技术的研究开发费用为 60 万元，业务招待费用 70 万元；发生财务费用 200 万元；取得直接投资其他居民企业的权益性收益 34 万元（已在投资方所在地按 33% 的税率缴纳了所得税）；取得营业外收入 100 万元，发生营业外支出 250 万元（其中含公益捐赠 38 万元）。

要求：计算该企业 2021 年应纳的企业所得税。

第一步：计算利润总额。

利润总额 = 5 600 + 800 + 40 + 34 + 100 − 4 000 − 694 − 300 − 760 − 200 − 250
= 370（万元）

第二步：计算纳税调整增加额和纳税调整减少额。

（1）国债利息收入免征企业所得税，应调减所得额40万元。

（2）技术开发费调减所得额 = 60 × 50% = 30（万元）

（3）按实际发生业务招待费的60%计算 = 70 × 60% = 42（万元）

按销售（营业）收入的5‰计算 =（5 600 + 800）× 5‰ = 32（万元）

按照规定税前扣除限额应为32万元，实际应调增应纳税所得额 = 70 − 32 = 38（万元）

（4）取得直接投资其他居民企业的权益性收益属于免税收入，应调减应纳税所得额34万元。

（5）捐赠扣除标准 = 370 × 12% = 44.4（万元）

实际捐赠额38万元小于扣除标准44.4万元，可按实捐数扣除，不做纳税调整。

第三步：计算应纳税所得额。

应纳税所得额 = 370 − 40 − 30 + 38 − 34 = 304（万元）

第四步：计算应纳企业所得税税额。

该企业2021年应缴纳企业所得税 = 304 × 25% = 76（万元）

九、居民企业核定征收应纳税额的计算

税务机关应根据纳税人具体情况，对核定征收企业所得税的纳税人，核定应税所得率或者定额核收。

（一）定额核收

定额征收是税务机关按照一定的标准、程序和方法，直接核定纳税人年度应纳所得税额，由纳税人按规定申报缴纳的办法。主管税务机关应对纳税人的有关情况进行调查研究、分类排队、认真测算，按年从高直接核定纳税人的应纳所得税额。税务机关采用下列方法核定征收企业所得税：参照当地同类行业或者类似行业中经营规模和收入水平相近的纳税人的税负水平核定；按照应税收入额或成本费用支出额定率核定；按照耗用的原材料、燃料、动力等推算或测算核定；按照其他合理方法核定。

（二）核定应税所得率

核定应税所得率征收是税务机关按照一定的标准、程序和方法，预先核定纳税人的应税所得率，由纳税人根据纳税年度内的收入总额或成本费用等项目的实际发生额，按预先核定的应税所得率计算缴纳企业所得税的办法。

（1）具有下列情形之一的，核定其应税所得率：①能正确核算（查实）收入总额，但不能正确核算（查实）成本费用总额的。②能正确核算（查实）成本费用总额，但

不能正确核算（查实）收入总额的。③通过合理方法，能计算和推定纳税人收入总额或成本费用总额的。

纳税人不属于以上情形的，核定其应纳所得税额。

（2）税务机关采用下列方法核定征收企业所得税：①参照当地同类行业或者类似行业中经营规模和收入水平相近的纳税人的税负水平核定。②按照应税收入额或成本费用支出额定率核定。③按照耗用的原材料、燃料、动力等推算或测算核定。④按照其他合理方法核定。

采用前款所列一种方法不足以正确核定应纳税所得额或应纳税额的，可以同时采用两种以上的方法核定。采用两种以上方法测算的应纳税额不一致时，可按测算的应纳税额从高核定。

（3）采用应税所得率方式核定征收企业所得税的，应纳所得税额计算公式如下：

应纳所得税额 = 应纳税所得额 × 适用税率

应纳税所得额 = 应税收入额 × 应税所得率

或：应纳税所得额 = 成本（费用）支出额 ÷(1 − 应税所得率) × 应税所得率

实行应税所得率方式核定征收企业所得税的纳税人，经营多业的，无论其经营项目是否单独核算，均由税务机关根据其主营项目确定适用的应税所得率。

主营项目应为纳税人所有经营项目中，收入总额或者成本（费用）支出额或者耗用原材料、燃料、动力数量所占比重最大的项目。

应税所得率按表 5 - 2 规定的幅度标准确定。

表 5 - 2　应税所得率的幅度标准

行　业	应税所得率（%）
农、林、牧、渔业	3 ~ 10
制造业	5 ~ 15
批发和零售贸易业	4 ~ 15
交通运输业	7 ~ 15
建筑业	8 ~ 20
饮食业	8 ~ 25
娱乐业	15 ~ 30
其他行业	10 ~ 30

纳税人的生产经营范围、主营业务发生重大变化，或者应纳税所得额或应纳税额增减变化达到 20% 的，应及时向税务机关申报调整已确定的应纳税额或应税所得率。

【思考题 5 - 36】（单选题）某批发兼零售为居民企业，2021 年度自行申报营业收入总额 350 万元，成本费用总额 370 万元，当年亏损 20 万元，经税务机关审核，该企业申报的收入总额无法核实，成本费用核算正确。假定对该企业采取核定征收企业所得税，应税所得率为 8%，该居民企业 2021 年度应缴纳企业所得税为（　　）万元。

A. 7.00　　B. 7.40

C. 7.61　　D. 8.04

任务三 企业所得税的纳税申报

导入引例

佳华商贸有限公司为居民企业，2021年经营业务如下：

（1）取得销售产品收入2 500万元；

（2）产品销售成本1 100万元；

（3）发生销售费用670万元（其中广告费450万元，职工薪酬80万元，差旅费80万元，办公费60万元）；管理费用480万元（其中业务招待费15万元，开发的新产品研究开发费用20万元，职工薪酬60万元，办公费用45万元，差旅费40万元，保险费100万元，租赁费200万元）；财务费用60万元；

（4）销售税金160万元（含增值税120万元）；

（5）营业外收入70万元（含出售固定资产净收益50万元，罚金收入20万元），营业外支出50万元（含通过公益性社会团体向贫困山区捐款30万元，支付税收滞纳金6万元，出售固定资产净损失14万元）；

（6）计入成本、费用中的实发工资总额150万元，拨缴职工工会经费3万元，支出职工福利费25万元和职工教育经费12.25万元。

（7）购置并投入使用安全生产专用设备，投资额30万元。

（8）投资收益45万元，包括：来源于境外A国的投资收益20万元，该境外所得在境外按照20%的税率已经缴纳了税款；境内C居民企业分回税后收益5万元（实际税率15%）；国债利息收入25万元。

（9）前两年未弥补亏损分别为10万元、20万元。

（10）本年累计实际已预缴的所得税额为40万元。

计算佳华商贸有限公司2021年度实际应纳的企业所得税和应补（退）税额。并根据该案例资料办理佳华商贸有限公司所得税年度纳税申报。

知识准备和业务操作

一、企业所得税征收方式

企业所得税的征收方式根据不同的情形，分别采取查账征收或核定征收方式。核定征收方式分为定额征收和核定应税所得率征收两种方法。

（一）查账征收方式的适用范围

纳税人符合下列情形的应采取查账征收方式征收企业所得税：纳税人能根据企业所得税条例及有关税收法规、财务会计制度等规定设置账册，准确核算收入总额和成本费用，向税务机关提供真实、准确、完整的纳税资料并正确计算应纳税额，按规定报送纳税资料，履行纳税义务，保管账簿凭证及有关纳税资料的。

（二）核定征收方式的适用范围

本办法适用于居民企业纳税人，纳税人具有下列情形之一的，核定征收企业所得税：

（1）依照法律、行政法规的规定可以不设置账簿的。

（2）依照法律、行政法规的规定应当设置但未设置账簿的。

（3）擅自销毁账簿或者拒不提供纳税资料的。

（4）虽设置账簿，但账目混乱或者成本资料、收入凭证、费用凭证残缺不全，难以查账的。

（5）对发生的纳税义务未按照规定的期限办理纳税申报，经税务机关责令限期申报，逾期仍不申报的。

（6）申报的计税依据明显偏低，又无正当理由的。

特殊行业、特殊类型的纳税人和一定规模以上的纳税人不适用本办法。上述特定纳税人由国家税务总局另行明确。

企业所得税征收方式鉴定每年进行一次，时间为当年的第一季度前。当年新办企业应在领取税务登记证后 3 个月内鉴定完毕。企业所得税征收方式一经确定，如无特殊情况，在一个纳税年度内一般不得变更。

（三）企业所得税征收方式的确定

企业根据情况选择符合税法规定的企业所得税征收方式，在每年第一季度填列《企业所得税征收方式鉴定表》（表 5-3）向税务机关申请鉴定。表中五个项目均合格的，可实行纳税人自行申报、税务机关查账征收的方式征收；有一项不合格的，可实行核定征收方式征收。实行核定征收方式的，鉴定表 1、4、5 项中有一项不合格的，或者 2、3 项均不合格的，可实行定额征收的办法征收企业所得税；2、3 项中有一项合格，另一项不合格的，可实行核定应税所得率的办法征收企业所得税。

表 5-3　　企业所得税征收方式鉴定表

纳税人识别号			
纳税人名称			
纳税人地址			
经济类型		所属行业	
开户银行		账号	
邮政编码		联系电话	

续表

上年收入总额		上年成本费用额	
上年所得税额		上年征收方式	
行次	项　目	纳税人自报情况	
1		总账、日记账、明细账	
2		能准确核算	
3		不能准确核算	
4		完整保存	
5		每月按时履行	
征　收　方　式			
纳税人意见： 经办人签章： （公章）		主管税务机关意见： 经办人签章： （公章）	
税务审批机关意见： 经办人签章： （公章）			

二、纳税地点

（1）除税收法律、行政法规另有规定外，居民企业以企业登记注册地为纳税地点；登记注册地在境外的，以实际管理机构所在地为纳税地点。企业注册登记地是指企业依照国家有关规定登记注册的住所地。

（2）居民企业在中国境内设立不具有法人资格的营业机构的，应当汇总计算并缴纳企业所得税。企业汇总计算并缴纳企业所得税时，应当统一核算应纳税所得额。

（3）非居民企业在中国境内设立机构、场所的，应当就其所设机构、场所取得的来源于中国境内的所得，以及发生在中国境外但与其所设机构、场所有实际联系的所得，以机构、场所所在地为纳税地点。非居民企业在中国境内设立两个或者两个以上机构、场所的，经税务机关审核批准，可以选择由其主要机构、场所汇总缴纳企业所得税。非居民企业经批准汇总缴纳企业所得税后，需要增设、合并、迁移、关闭机构、场所或者停止机构、场所业务的，应当事先由负责汇总申报缴纳企业所得税的主要机构、场所向其所在地税务机关报告。

（4）非居民企业在中国境内未设立机构、场所的，或者虽设立机构、场所，但取得的所得与其所设机构、场所没有实际联系的所得，以扣缴义务人所在地为纳税地点。

（5）除国务院另有规定外，企业之间不得合并缴纳企业所得税。

三、纳税期限

企业所得税按年计征，分月或者分季预缴，年终汇算清缴，多退少补。

企业所得税的纳税年度，自公历 1 月 1 日起至 12 月 31 日止。企业在 1 个纳税年度的中间开业，或者由于合并、关闭等原因终止经营活动，使该纳税年度的实际经营期不足 12 个月的，应当以其实际经营期为 1 个纳税年度。企业清算时，应当以清算期间作为 1 个纳税年度。

自年度终了之日起 5 个月内，向税务机关报送年度企业所得税纳税申报表，并汇算清缴，结清应缴应退税款。

企业在年度中间终止经营活动的，应当自实际经营终止之日起 60 日内，向税务机关办理当期企业所得税汇算清缴。

四、纳税申报

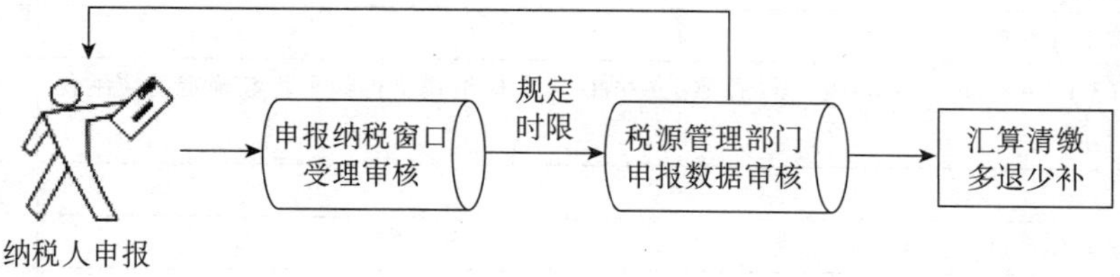

图 5－1　纳税申报流程图

新版企业所得税申报表

按月或按季预缴的，应当自月份或者季度终了之日起 15 日内，向税务机关报送预缴企业所得税纳税申报表，预缴税款，见表 5－4。

《中华人民共和国企业所得税月（季）度预缴纳税申报表（A 类）》（表 5－4）适用于实行查账征收企业所得税的居民企业月度、季度预缴申报时填报。

表 5－4　A00000 中华人民共和国企业所得税月（季）度预缴纳税申报表（A 类）

税款所属期间：　年　月　日至　年　月　日

纳税人识别号（统一社会信用代码）：□□□□□□□□□□□□□□□□□□□□

纳税人名称：　　金额单位：人民币元（列至角分）

优惠及附报事项有关信息									
项目	一季度		二季度		三季度		四季度		季度平均值
	季初	季末	季初	季末	季初	季末	季初	季末	
从业人数									
资产总额（万元）									
国家限制或禁止行业	□是□否				小型微利企业				□是□否
	附报事项名称								金额或选项
事项 1	（填写特定事项名称）								
事项 2	（填写特定事项名称）								

	预缴税款计算	本年累计
1	营业收入	
2	营业成本	
3	利润总额	
4	加：特定业务计算的应纳税所得额	

续表

<table>
<tr><td></td><td colspan="3">预缴税款计算</td><td>本年累计</td></tr>
<tr><td>5</td><td colspan="3">减：不征税收入</td><td></td></tr>
<tr><td>6</td><td colspan="3">减：资产加速折旧、摊销（扣除）调减额（填写 A201020）</td><td></td></tr>
<tr><td>7</td><td colspan="3">减：免税收入、减计收入、加计扣除（7.1＋7.2＋…）</td><td></td></tr>
<tr><td>7.1</td><td colspan="3">（填写优惠事项名称）</td><td></td></tr>
<tr><td>7.2</td><td colspan="3">（填写优惠事项名称）</td><td></td></tr>
<tr><td>8</td><td colspan="3">减：所得减免（8.1＋8.2＋…）</td><td></td></tr>
<tr><td>8.1</td><td colspan="3">（填写优惠事项名称）</td><td></td></tr>
<tr><td>8.2</td><td colspan="3">（填写优惠事项名称）</td><td></td></tr>
<tr><td>9</td><td colspan="3">减：弥补以前年度亏损</td><td></td></tr>
<tr><td>10</td><td colspan="3">实际利润额（3＋4－5－6－7－8－9）\ 按照上一纳税年度应纳税所得额平均额确定的应纳税所得额</td><td></td></tr>
<tr><td>11</td><td colspan="3">税率（25%）</td><td></td></tr>
<tr><td>12</td><td colspan="3">应纳所得税额（10×11）</td><td></td></tr>
<tr><td>13</td><td colspan="3">减：减免所得税额（13.1＋13.2＋…）</td><td></td></tr>
<tr><td>13.1</td><td colspan="3">（填写优惠事项名称）</td><td></td></tr>
<tr><td>13.2</td><td colspan="3">（填写优惠事项名称）</td><td></td></tr>
<tr><td>14</td><td colspan="3">减：本年实际已缴纳所得税额</td><td></td></tr>
<tr><td>15</td><td colspan="3">减：特定业务预缴（征）所得税额</td><td></td></tr>
<tr><td>16</td><td colspan="3">本期应补（退）所得税额（12－13－14－15）\ 税务机关确定的本期应纳所得税额</td><td></td></tr>
<tr><td colspan="5">汇总纳税企业总分机构税款计算</td></tr>
<tr><td>17</td><td rowspan="4">总机构</td><td colspan="2">总机构本期分摊应补（退）所得税额（18＋19＋20）</td><td></td></tr>
<tr><td>18</td><td colspan="2">其中：总机构分摊应补（退）所得税额（16×总机构分摊比例______%）</td><td></td></tr>
<tr><td>19</td><td colspan="2">财政集中分配应补（退）所得税额（16×财政集中分配比例______%）</td><td></td></tr>
<tr><td>20</td><td colspan="2">总机构具有主体生产经营职能的部门分摊所得税额（16×全部分支机构分摊比例______%×总机构具有主体生产经营职能部门分摊比例______%）</td><td></td></tr>
<tr><td>21</td><td rowspan="2">分支机构</td><td colspan="2">分支机构本期分摊比例</td><td></td></tr>
<tr><td>22</td><td colspan="2">分支机构本期分摊应补（退）所得税额</td><td></td></tr>
<tr><td colspan="5">实际缴纳企业所得税计算</td></tr>
<tr><td>23</td><td colspan="2">减：民族自治地区企业所得税地方分享部分：□ 免征 □ 减征：减征幅度____%）</td><td>本年累计应减免金额［（12－13－15）×40%×减征幅度］</td><td></td></tr>
<tr><td>24</td><td colspan="3">实际应补（退）所得税额</td><td></td></tr>
<tr><td colspan="5">谨声明：本纳税申报表是根据国家税收法律法规及相关规定填报的，是真实的、可靠的、完整的。
纳税人（签章）：　年　月　日</td></tr>
<tr><td colspan="3">经办人：
经办人身份证号：
代理机构签章：
代理机构统一社会信用代码：</td><td colspan="2">受理人：
受理税务机关（章）：
受理日期：　年　月　日</td></tr>
</table>

国家税务总局监制

企业在报送企业所得税纳税申报表时，应当按照规定附送财务会计报告和其他有关资料。

企业应当在办理注销登记前，就其清算所得向税务机关申报并依法缴纳企业所得税。

依照企业所得税法缴纳的企业所得税，以人民币计算。所得以人民币以外的货币计算的，应当折合成人民币计算并缴纳税款。

企业在纳税年度内无论盈利或者亏损，都应按照规定的期限，向税务机关报送预缴企业所得税纳税申报表、年度企业所得税纳税申报表、财务会计报告和税务机关规定应当报送的其他有关资料。企业所得税年度纳税申报表，见表5-5。

引例解析

（一）根据任务案例计算该企业当年实际应纳的企业所得税和应补（退）税额

会计利润总额 = 2 500 + 70 + 45 - 1 100 - 670 - 480 - 60 - 40 - 50
= 215（万元）

（1）纳税调整增加额：

广告费和业务宣传费调增所得额 = 450 - 2 500 × 15% = 450 - 375
= 75（万元）

业务招待费调增所得额 = 15 - 15 × 60% = 15 - 9 = 6（万元）

捐赠支出应调增所得额 = 30 - 215 × 12% = 4.2（万元）

工资、工会经费及福利应调增所得额 = 40.25 - 150 × 24%
= 4.25（万元）

税收滞纳金调增所得额 = 6（万元）

纳税调整增加额 = 75 + 6 + 4.2 + 4.25 + 6 = 95.45（万元）

（2）纳税调整减少额：

研究开发费用可以加计扣除20 × 50% = 10万元，可以调减所得额。

来源于境外A国的投资收益20万元，境内C居民企业分回税后收益5万元，国债利息收入25万元，应调减额为50万元。

纳税调整减少额 = 10 + 50 = 60（万元）

前两年亏损可以用2021年应纳税所得额弥补。

2021年度应纳税所得额 = 215 + 95.45 - 60 - 30 = 220.45（万元）

安全生产专用设备投资额30万元的10%可以从企业当年的应纳税额中抵免；当年不足抵免的，可以在以后5个纳税年度结转抵免。

来源于境外A国的投资收益应补税额 = 20 ÷ (1 - 20%) × (25% - 20%)
= 1.25（万元）

2021年实际应纳所得税额 = 220.45 × 25% - 3 + 1.25
= 53.3625（万元）

2021年应补（退）的所得税额 = 53.3625 - 40 = 13.3625（万元）

根据前述内容，办理佳华商贸有限公司所得税年度纳税申报。

（二）根据任务案例填制企业所得税纳税申报表

填写相关表格，见表5-5。

表5-5 A100000 中华人民共和国企业所得税年度纳税申报表（A类）

行次	类别	项目	金额
1	利润总额计算	一、营业收入（填写 A101010 \ 101020 \ 103000）	25 000 000
2		减：营业成本（填写 A102010 \ 102020 \ 103000）	11 000 000
3		减：税金及附加	400 000
4		减：销售费用（填写 A104000）	6 700 000
5		减：管理费用（填写 A104000）	4 800 000
6		减：财务费用（填写 A104000）	600 000
7		减：资产减值损失	
8		加：公允价值变动收益	
9		加：投资收益	450 000
10		二、营业利润（1-2-3-4-5-6-7+8+9）	1 950 000
11		加：营业外收入（填写 A101010 \ 101020 \ 103000）	700 000
12		减：营业外支出（填写 A102010 \ 102020 \ 103000）	500 000
13		三、利润总额（10+11-12）	2 150 000
14	应纳税所得额计算	减：境外所得（填写 A108010）	
15		加：纳税调整增加额（填写 A105000）	954 500
16		减：纳税调整减少额（填写 A105000）	600 000
17		减：免税、减计收入及加计扣除（填写 A107010）	400 000
18		加：境外应税所得抵减境内亏损（填写 A108000）	
19		四、纳税调整后所得（13-14+15-16-17+18）	2 504 500
20		减：所得减免（填写 A107020）	
21		减：弥补以前年度亏损（填写 A106000）	
22		减：抵扣应纳税所得额（填写 A107030）	300 000
23		五、应纳税所得额（19-20-21-22）	2 204 500
24	应纳税额计算	税率（25%）	25%
25		六、应纳所得税额（23×24）	541 125
26		减：减免所得税额（填写 A107040）	
27		减：抵免所得税额（填写 A107050）	30 000
28		七、应纳税额（25-26-27）	521 125
29		加：境外所得应纳所得税额（填写 A108000）	62 500
30		减：境外所得抵免所得税额（填写 A108000）	50 000
31		八、实际应纳所得税额（28+29-30）	533 625
32		减：本年累计实际已缴纳的所得税额	40 000
33		九、本年应补（退）所得税额（31-32）	133 625
34		其中：总机构分摊本年应补（退）所得税额（填写 A109000）	
35		财政集中分配本年应补（退）所得税额（填写 A109000）	
36		总机构主体生产经营部门分摊本年应补（退）所得税额（填写 A109000）	

知识归纳

企业所得税计算与申报归纳总结如图 5－2 所示。

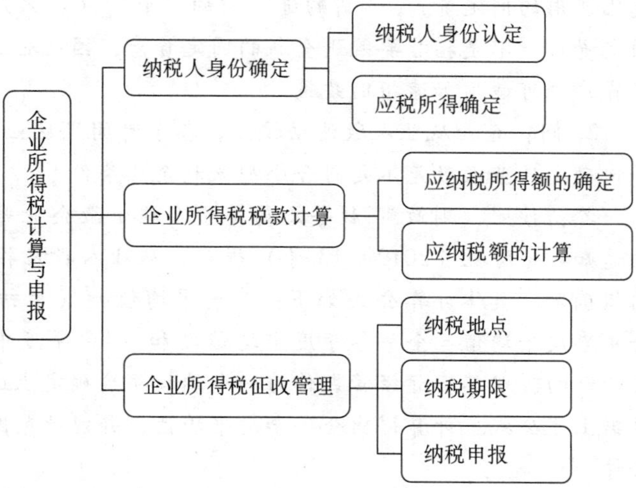

图 5－2　企业所得税计算与申报总结

思考题

1. 企业所得税纳税人分类的标准是什么？
2. 居民企业和非居民企业纳税义务分别包括哪些？
3. 如何确定企业所得税的征税对象？
4. 企业所得税税率如何适用？
5. 应纳税所得额如何计算？
6. 企业以前年度亏损如何弥补？
7. 企业所得税不得扣除的项目包括哪些？
8. 境外所得抵扣税额如何计算？
9. 居民企业查账征收方式下应纳企业所得税税额如何计算？

办税指南

1. 问：制造业适用加速折旧政策的固定资产的范围是什么？

答：制造业适用加速折旧政策的固定资产应是制造业企业新购进的固定资产。对于“新购进”可以从以下三个方面掌握：一是取得方式。购进包括以货币形式购进或自行建造两种形式。将自行建造也纳入享受优惠的范围，主要是考虑到自行建造固定资产所使用的材料实际也是购进的，因此把自行建造的固定资产也看作是“购进”的。二是购进时点。除六大行业和四个领域重点行业中的制造业企业外，其余制造业企业适用加速折旧政策的固定资产应是2019年1月1日以后新购进的。购进时点按以下原则掌握：以货币形式购进的固定资产，除采取分期付款或赊销方式购进外，按发票开具时间确认。以分期付款或赊销方式购进的固定资产，按固定资产到货时间确认。自行建造的固定资产，按竣工结算时间确认。三是已使用的固定资产。“新购进”中的“新”字，只是区别于原已购进的固定资产，不是指非要购进全新的固定资产，因此企业购进的使用过的固定资产也可适用加速折旧政策。

2. 问：企业从业人数波动较大，各个时间点从业人数可能都不一致，如何确定从业人数是不是符合小型微利企业条件？

答：按照《财政部 税务总局关于实施小微企业普惠性税收减免政策的通知》（财税〔2019〕13号）规定，从业人数应按企业全年的季度平均值确定。具体计算公式如下：季度平均值＝（季初值＋季末值）÷2，全年季度平均值＝全年各季度平均值之和÷4。年度中间开业或者终止经营活动的，以其实际经营期作为一个纳税年度确定上述相关指标。企业可根据上述公式，计算得出全年季度平均值，并以此判断从业人数是否符合条件。

6 项目六 个人所得税计算与申报

学习目标

了解个人所得税的概念和特征；能够确定个人所得税纳税人和纳税义务；能够确定不同项目适用的税率；掌握个人所得税应纳税额的计算；培养履行代扣代缴个人所得税义务的职业素养。

工作任务

个人所得税纳税人的确定；个人所得税应税项目的确定；个人所得税适用税率的确定；个人所得税应纳税所得额的计算；个人所得税应纳税额的计算；个人所得税的纳税申报。

任务一 个人所得税纳税人和应税所得项目的确定

导入引例

某外籍个人受某外国公司委派于 2021 年 9 月开始赴中国担任其驻华代表处首席代表，截至 2021 年 12 月 31 日未离开中国。该外籍个人 2021 年取得下列所得：

（1）9 月出席境内某经济论坛作主题发言取得的收入。

（2）因在中国境内任职而取得的由境外总公司发放的工资收入。

（3）10 月将其拥有的境外房产出租给中国境内一公司驻该国常设机构取得的租金收入。

（4）11 月将其拥有的专利技术许可的境外公司在中国境内的分支机构使用取得的收入。

以上哪些所得属于来源于中国境内的所得？

知识准备和业务操作

个人所得税是以个人（即自然人）取得的各项应税所得为征税对象所征收的一种税。1980 年 9 月 10 日，第五届全国人民代表大会第三次会议通过《中华人民共和国个人所得税法》，此后全国人民代表大会常务委员会多次作出修正。2018 年 8 月 31 日，第十三届全国人民代表大会常务委员会第五次会议《关于修改〈中华人民共和国个人所得税法〉的决定》为第七次修正。在此基础上，国家财政、税务主管部门又制定了一系列规章和规范性文件。

一、个人所得税的纳税人

个人所得税的纳税人是指在中国境内有住所，或者无住所而一个纳税年度内在中国境内居住累计满 183 天的个人，以及在中国境内无住所又不居住，或者无住所而一个纳税年度内在中国境内居住累计不满 183 天的个人。包括中国公民、个体工商户、外籍个人以及香港、澳门、台湾同胞等。

个人所得税以所得人为纳税人，以支付所得的单位或者个人为扣缴义务人。纳税人有中国公民身份号码的，以中国公民身份号码为纳税人识别号；纳税人没有中国公民身份号码的，由税务机关赋予其纳税人识别号。扣缴义务人扣缴税款时，纳税人应当向扣缴义务人提供纳税人识别号。

二、居民个人和非居民个人的确定标准

由于我国对个人所得课税同时行使居民管辖权和所得来源地管辖权，因此在纳税人的界定问题上，关键是要合理确定居民纳税人和非居民纳税人以及所得来源地。

（一）住所标准

住所通常指公民长期生活和活动的主要场所。住所分为永久性住所和习惯性住所。在中国境内有住所的个人，为“因户籍、家庭、经济利益关系而在中国境内习惯性居住的个人”。可见，我国目前采用的住所标准实际是习惯性住所标准。所谓习惯性居住或住所，是法律意义上的标准，不是指实际居住或在某一特定时期内的居住地。一个纳税人因学习、工作、探亲、旅游等原因到中国境外居住，但在这些原因消除后，必须回到中国境内居住的，应将其判定为习惯性居住地在中国。

（二）居住时间标准

居住时间是个人在一国境内实际居住的日数。我国《个人所得税法》规定的时间是一个纳税年度内在中国境内居住累计满 183 天的个人，达到这标准的个人即为中国居民。纳税年度，自公历 1 月 1 日起至 12 月 31 日止。

上述两个判定标准是并列性标准，个人只要具备或达到其中任何一个标准，就可以认定为居民个人。

三、个人所得税纳税义务的确定

（一）居民个人纳税义务的确定

在中国境内有住所，或者无住所而一个纳税年度内在中国境内居住累计满 183 天的个人，为居民个人。居民个人从中国境内和境外取得的所得，向我国政府履行全面纳税义务，依法缴纳个人所得税。

个人独资企业、合伙企业不缴纳企业所得税，只对投资人、合伙人来源于境内注册的个人独资企业、合伙企业生产、经营的所得征收个人所得税。

（二）非居民个人纳税义务的确定

在中国境内无住所又不居住，或者无住所而一个纳税年度内在中国境内居住累计不满 183 天的个人，为非居民个人。非居民个人只就其来源于中国境内的所得向我国政府履行有限纳税义务，依法缴纳个人所得税。

在中国境内无住所的个人，一个纳税年度在中国境内累计居住满 183 天的，如果此前六年在中国境内每年累计居住天数都满 183 天而且没有任何一年单次离境超过 30 天，该纳税年度来源于中国境内、境外所得应当缴纳个人所得税；如果此前六年的任一年在中国境内累计居住天数不满 183 天或者单次离境超过 30 天，该纳税年度来源于中国境外且由境外单位或者个人支付的所得，免予缴纳个人所得税。

此前六年，是指该纳税年度的前一年至前六年的连续六个年度，此前六年的起始年度自 2019 年（含）以后年度开始计算。

在中国境内无住所的个人，在中国境内居住累计满 183 天的年度连续不满六年的，经向主管税务机关备案，其来源于中国境外且由境外单位或者个人支付的所得，免予缴纳个人所得税；在中国境内居住累计满 183 天的任一年度中有一次离境超过 30 天的，其在中国境内居住累计满 183 天的年度的连续年限重新起算。

在中国境内无住所的个人，在一个纳税年度内在中国境内居住累计不超过 90 天的，其来源于中国境内的所得，由境外雇主支付并且不由该雇主在中国境内的机构、场所负担的部分，免予缴纳个人所得税。

居民个人、非居民个人判定标准见表 6－1。

表 6－1　　居民个人、非居民个人判定标准

纳税人类别	承担的纳税义务	判定标准
居民个人	无限纳税义务	（1）住所标准：是指因户籍、家庭、经济利益关系而在中国境内习惯性居住； （2）居住时间标准：一个纳税年度内在中国境内居住满 183 天。
非居民个人	有限纳税义务	同时具备以下两个条件为非居民纳税义务人： （1）在我国无住所且不居住的个人； （2）在我国无住所或居住不满 183 天。

（三）扣缴义务人纳税义务的确定

凡支付应纳税所得的单位或个人，都是个人所得税的扣缴义务人。扣缴义务人在向纳税人支付各项应纳税所得时，必须履行代扣代缴税款的义务。

媒体视点

2021年9月，国家税务总局办公厅发出通知，要求进一步加强网络直播从业人员的税收管理，明确提出对存在涉税风险的网络主播进行一对一风险提示和督促整改。换言之，不问名气大小、不看流量多少，是否遵纪守法是唯一的判断标准。

据杭州市税务局稽查局有关负责人透露，税务部门分析发现部分网络主播存在一定涉税风险，及时开展了风险核查，提示辅导相关网络主播依法纳税。经税收大数据分析评估发现，黄薇存在涉嫌重大偷逃税问题，且经过税务机关多次提醒督促仍整改不彻底，遂依法依规对其立案并开展了全面深入的税务检查。

加强网络直播税收监管有何影响？

网络直播行业不是"税收盲区"，对其涉税违法行为保持零容忍将成为常态，加强监管对整体平台经济和普通老百姓而言都将释放利好。

从平台经济角度来说，无形之中，偷逃税者等于变相增加了那些诚信纳税人的税收负担，使得诚信纳税人相较于偷逃税者而言在市场竞争中处于不利地位。更为可怕的事情是，由于偷逃税行为造成的实际税负不公，可能会驱使社会上其他纳税人争相效仿，导致诚信纳税人越来越少，劣币驱逐良币下整个市场都将变得乌烟瘴气。

监管部门对平台经济向来坚持规范和发展并重，对于网络主播的涉税问题整治和查处将有利于营造公平竞争的税收环境。

税收取之于民，用之于民。公共基础设施、民生福利改善等都需要大量的资金投入，偷逃税直接减少国家财政收入，减少国家在公共事业上的投资来源，最终会"偷走"我们本应该享受到的社会公共服务。

税收的重要功能之一就是调节收入分配，不同收入群体对应的个人所得税纳税比例不同，高收入者纳税多，低收入者纳税少，这有助于在二次分配环节缩小收入分配差距，促进社会公平。

［资料来源：节选自中新社，《薇娅偷逃税被查，网络直播税收秩序规范迎来新拐点》，2021年12月20日］

四、应税所得来源地的确定

（一）所得来源地确定依据

（1）工资、薪金所得，以纳税人任职的、受雇的公司、企业、事业单位、机关、团体、部队、学校等单位的所在地为所得来源地；

（2）生产、经营所得，以生产经营活动实现地为所得来源地；

（3）劳务报酬所得，以纳税人实际提供劳务报酬的地点为所得来源地；

（4）不动产转让所得，以不动产坐落地为所得来源地；动产转让所得，以实现转让的地点为所得来源地；

（5）财产租赁所得，以被租赁财产的使用地为所得来源地；

（6）利息、股息、红利所得，以支付利息、股息、红利的企业、机构、组织的所在地为所得来源地；

（7）特许权使用费所得，以特许权的使用地为所得来源地。

（二）中国境内所得确定

下列所得，不论支付地点是否在中国境内，均为来源于中国境内的所得：

（1）因任职、受雇、履约等在中国境内提供劳务取得的所得；

（2）将财产出租给承租人在中国境内使用而取得的所得；

（3）许可各种特许权在中国境内使用而取得的所得；

（4）转让中国境内的不动产等财产或者在中国境内转让其他财产取得的所得；

（5）从中国境内企业、事业单位、其他组织以及居民个人取得的利息、股息、红利所得。

（三）工资薪金所得来源地的确定

个人取得归属于中国境内工作期间的工资薪金所得为来源于境内的工资薪金所得。境内工作期间按照个人在境内工作天数计算，包括其在境内的实际工作日以及境内工作期间在境内、境外享受的公休假、个人休假、接受培训的天数。在境内、境外单位同时担任职务或者仅在境外单位任职的个人，在境内停留的当天不足24小时的，按照半天计算境内工作天数。

无住所个人在境内、境外单位同时担任职务或者仅在境外单位任职，且当期同时在境内、境外工作的，按照工资薪金所属境内、境外工作天数占当期公历天数的比例计算确定来源于境内、境外工资薪金所得的收入额。境外工作天数按照当期公历天数减去当期境内工作天数计算。

引例解析

9月出席境内某经济论坛做主题发言取得的收入、因在中国境内任职而取得的由境外总公司发放的工资收入、11月将其拥有的专利技术许可一境外公司在中国境内的分支机构使用取得的收入三项属于来源于中国境内的所得；10月将其拥有的境外房产出租给中国境内一公司驻该国常设机构取得的租金收入，租赁的财产在境外使用，不属于来源于中国境内的所得。

五、个人所得税应税所得的确定

个人所得税的征税对象是个人取得的各种应税所得。个人所得的形式，包括现金、实物、有价证券和其他形式的经济利益；所得为实物的，应当按照取得的凭证上所注明的价格计算应纳税所得额，无凭证的实物或者凭证上所注明的价格明显偏低的，参照市场价格核定应纳税所得额；所得为有价证券的，根据票面价格和市场价格核定应纳税所得额；所得为其他形式的经济利益的，参照市场价格核定应纳税所得额。

（一）工资、薪金所得

工资、薪金所得，是指个人因任职或者受雇而取得的工资、薪金、奖金、年终加薪、劳动分红、津贴、补贴以及与任职或受雇有关的其他所得。

下列不属于工资、薪金性质的补贴、津贴或者不属于纳税人本人工资、薪金所得项目的收入，不征税：①独生子女补贴；②执行公务员工资制度未纳入基本工资总额的补贴、津贴差额和家庭成员的副食补贴；③托儿补助费；④差旅费津贴、误餐补助。误餐补助是个人因公在城区、郊区工作，不能在工作单位或返回就餐的，根据实际误餐顿数，按规定标准领取的误餐费。

【思考题6－1】（多选题）下列各项中，应当按照工资、薪金所得项目征收个人所得税的有（　　）。

A. 劳动分红　　B. 独生子女补贴

C. 差旅费津贴　　D. 超过规定标准的误餐费

关于工资、薪金所得的部分特殊规定如下：

（1）个人与用人单位解除劳动关系取得一次性补偿收入（包括用人单位发放的经济补偿金、生活补助费和其他补助费），在当地上年职工平均工资3倍数额以内的部分，免征个人所得税；超过3倍数额的部分，可视为一次取得数月的工资薪金收入，允许在一定期限内平均计算。

（2）个人因为退职，退养或者是解除劳动关系，而取得收入，应按“工资、薪金所得”项目计征个人所得税。

（3）企事业单位和个人超过规定的比例和标准缴付的基本养老保险费、基本医疗保险费和失业保险费，应将超过部分并入个人当期的工资、薪金收入，计征个人所得税。

（4）企业年金、职业年金征税问题：

企业和事业单位根据国家有关政策规定的办法和标准，为在本单位任职或者受雇的全体职工缴付的企业年金或职业年金单位缴费部分，在计入个人账户时，个人暂不缴纳个人所得税。

个人根据国家有关政策规定缴付的年金个人缴费部分，在不超过本人缴费工资计税基数的4%标准内的部分，暂从个人当期的应纳税所得额中扣除。

超过规定的标准缴付的年金单位缴费和个人缴费部分，应并入个人当期的工资、薪金所得，依法计征个人所得税。税款由建立年金的单位代扣代缴，并向主管税务机关申报解缴。

个人达到国家规定的退休年龄，按月领取的年金，全额按照“工资、薪金所得”项目适用的税率，计征个人所得税；按年或按季领取的年金，平均分摊计入各月，每月领取额全额按照“工资、薪金所得”项目适用的税率，计征个人所得税。

个人按照规定，领取的税收递延型商业养老保险的养老金收入，其中25%部分予以免税，其余75%部分按照10%的比例税率计算缴纳个人所得税，税款计入“工资、薪金所得”项目，由保险机构代扣代缴后，在个人购买税延养老保险的机构所在地办理全员全额扣缴申报。

（二）劳务报酬所得

劳务报酬所得，是指个人从事劳务取得的所得，包括从事设计、装潢、安装、制图、化验、测试、医疗、法律、会计、咨询、讲学、翻译、审稿、书画、雕刻、影视、录音、录像、演出、表演、广告、展览、技术服务、介绍服务、经纪服务、代办服务以及其他劳务取得的所得。

工资、薪金所得和劳务报酬所得两者的主要区别在于是否有雇佣与被雇佣关系。工资、薪金所得是属于非独立个人劳务活动，即在机关、团体、学校、部队、事业单位及其他组织中任职、受雇而得到的报酬；劳务报酬所得则是个人独立从事各种技艺，提供各项劳务取得的报酬。

劳务报酬所得项目确定时，应注意以下几点：

（1）个人兼职取得的收入应按照“劳务报酬所得”项目计算缴纳个人所得税。

（2）律师以个人名义再聘请其他人员为其工作而支付的报酬，由该律师按“劳务报酬所得”应税项目负责代扣代缴个人所得税。

（3）证券经纪人从证券公司取得的佣金收入，按照“劳务报酬所得”项目缴纳个人所得税 。

（4）个人保险代理人取得的佣金、奖励和劳务费等相关收入 ，按照“劳务报酬所得”项目缴纳个人所得税。

【思考题6－2】（单选题）下列各项中，应按照“劳务报酬所得”税目计缴个人所得税的是（　　）。

A. 个人因与用人单位解除劳动关系而取得的一次性补偿收入

B. 退休人员从原任职单位取得的补贴

C. 兼职律师从律师事务所取得的工资性质的所得

D. 证券经纪人从证券公司取得的佣金收入

（三）稿酬所得

稿酬所得，是指个人因其作品以图书、报刊形式出版、发表而取得的所得。

对报纸、杂志、出版等所得征税的问题如下：

（1）任职、受雇于报纸、杂志等单位的记者、编辑等专业人员，因在本单位的报纸、杂志上发表作品取得的所得，属于因任职、受雇而取得的所得，应与其当月工资收入合并，按工资、薪金所得项目征收个人所得税。

除上述专业人员，其他人员在本单位的报纸、杂志上发表作品取得的所得，应按稿酬所得项目征收个人所得税。

（2）出版社的专业作者撰写、编写或翻译的作品，由本社以图书形式出版而取得的稿费收入，应按稿酬所得项目计算缴纳个人所得税。

【思考题6－3】（单选题）某摄影师将其精选的摄影作品交由某杂志社出版，该杂志社付给其报酬8万元。该报酬适用的个人所得税税目是（　　）。

A. 劳务报酬所得　　　　B. 稿酬所得
C. 财产转让所得　　　　D. 特许权使用费所得

（四）特许权使用费所得

特许权使用费所得，是指个人提供专利权、商标权、著作权、非专利技术以及其他特许权的使用权取得的所得；提供著作权的使用权取得的所得，不包括稿酬所得。对于作者将自己的文字作品手稿原件或复印件公开拍卖（竞价）取得的所得，属于提供著作权的使用所得，应按“特许权使用费所得”项目征收个人所得税。个人取得专利赔偿所得，应按“特许权使用费所得”项目缴纳个人所得税，税款由支付赔款的单位或个人代扣代缴。对于剧本作者从电影、电视剧的制作单位取得的剧本使用费，不再区分剧本的使用方是否为其任职单位，统一按“特许权使用费所得”项目计征个人所得税。

（五）经营所得

经营所得，是指：

（1）个体工商户从事生产、经营活动取得的所得，个人独资企业投资人、合伙企业的个人合伙人来源于境内注册的个人独资企业、合伙企业生产、经营的所得；

（2）个人依法从事办学、医疗、咨询以及其他有偿服务活动取得的所得；

（3）个人对企业、事业单位承包经营、承租经营以及转包、转租取得的所得；

（4）个人从事其他生产、经营活动取得的所得。

【思考题6-4】（多选题）下列各项所得中，应按对企事业单位的承包经营、承租经营所得项目征收个人所得税的有（　　）。

A. 个人承包经营、承租经营所得
B. 承包者本人从被承包企业按月取得的工资性质的所得
C. 企业从业人员（不含承包者本人）按月取得的工薪性质的所得
D. 个人取得的国债利息所得

（六）利息、股息、红利所得

利息、股息、红利所得，是指个人拥有债权、股权而取得的利息、股息、红利所得。利息，指个人拥有债权而取得的利息，包括存款利息、贷款利息和各种债券的利息。个人取得的利息所得，除国债和国家发行的金融债券利息外，均应当依法缴纳个人所得税。股息、红利，指个人拥有股权取得的股息、红利。

（七）财产租赁所得

财产租赁所得，是指个人出租不动产、机器设备、车船以及其他财产取得的所得。

个人取得的财产转租收入，属于“财产租赁所得项目”的征税范围。在确定纳税人时，应以产权凭证为依据，对无产权凭证的，由主管税务机关根据实际情况确定；产权所有人死亡，在未办理产权继承手续期间，该财产出租而有租金收入的，以领取租金的个人为纳税人。

（八）财产转让所得

财产转让所得，是指个人转让有价证券、股权、合伙企业中的财产份额、不动产、机器设备、车船以及其他财产取得的所得。

个人将投资于中国境内成立的企业或组织（不包括个人独资企业和合伙企业）的股权或股份，转让给其他个人或法人的行为，按照“财产转让所得”项目，依法计算缴纳个人所得税，具体包括以下情形：①出售股权；②公司回购股权；③发行人首次公开发行新股时，被投资企业股东将其持有的股份以公开发行方式一并向投资者发售；④股权被司法或行政机关强制过户；⑤以股权对外投资或进行其他非货币性交易；⑥以股权抵偿债务；⑦其他股权转移行为。

【思考题 6－5】（多选题）下列各项中，应按财产转让所得项目征收个人所得税的有（　　）。

A. 个人转让公司债券取得的所得

B. 个人在杂志上发表散文取得的所得

C. 个人将收藏多年的古董拍卖取得的所得

D. 个人将自己的文字作品手稿原件拍卖取得的所得

【思考题 6－6】（单选题）依据个人所得税法规定，对个人转让有价证券取得的所得，应属（　　）征税项目。

A. 偶然所得　　B. 财产转让所得

C. 股息、红利所得　　D. 特许权使用费所得

（九）偶然所得

偶然所得，是指个人得奖、中奖、中彩以及其他偶然性质的所得。

个人为单位或他人提供担保获得收入，按照“偶然所得”项目计算缴纳个人所得税。

房屋产权所有人将房屋产权无偿赠与他人的，受赠人因无偿受赠房屋取得的受赠收入，按照“偶然所得”项目计算缴纳个人所得税。符合以下情形的，对当事双方不征收个人所得税：①房屋产权所有人将房屋产权无偿赠与配偶、父母、子女、祖父母、外祖父母、孙子女、外孙子女、兄弟姐妹；②房屋产权所有人将房屋产权无偿赠与对其承担直接抚养或者赡养义务的抚养人或者赡养人；③房屋产权所有人死亡，依法取得房屋产权的法定继承人、遗嘱继承人或者受遗赠人。

企业在业务宣传、广告等活动中，随机向本单位以外的个人赠送礼品（包括网络红包），以及企业在年会、座谈会、庆典以及其他活动中向本单位以外的个人赠送礼品，个人取得的礼品收入，按照“偶然所得”项目计算缴纳个人所得税，但企业赠送的具有价格折扣或折让性质的消费券、代金券、抵用券、优惠券等礼品除外。

（1）对个人购买社会福利有奖募捐奖券一次中奖收入不超过 1 万元的，暂免征收个人所得税；超过 1 万元的，按全额征税。

（2）个人取得单张有奖发票奖金所得不超过 800 元（含 800 元）的，暂免征收个人所得税；个人取得单张有奖发票奖金所得超过 800 元的，应全额按照个人所得税法规

定的“偶然所得”目征收个人所得税。

个人取得的所得，难以界定应纳税所得项目的，由国务院税务主管部门确定。

任务二
个人所得税税率的确定

导入引例

小芸本月取得了两项所得，一项是工资所得，另一项是中奖所得，均为1万元，但是每项所得计算缴纳个人所得税方法不同。

请问以上两项所得如何适用税率？

知识准备和业务操作

一、个人所得税的计算方法

工资、薪金所得，劳务报酬所得，稿酬所得，特许权使用费所得等四项所得为综合所得。居民个人取得综合所得按纳税年度合并计算个人所得税；非居民个人取得综合所得，按月或者按次分项计算个人所得税。

经营所得，利息、股息、红利所得，财产租赁所得，财产转让所得，偶然所得等所得，应分别计算个人所得税。

个人所得税的计算方法，具体见表6-2。

表6-2 个人所得税的计算方法

收入类别	项目	纳税人	计算方法
综合收入	工资、薪金所得 劳务报酬所得 稿酬所得 特许权使用费所得	居民个人	按纳税年度合并计算个人所得税
		非居民个人	按月或者按次分项计算个人所得税
分项收入	经营所得 利息、股息、红利所得 财产租赁所得 财产转让所得 偶然所得	居民个人	按法律规定计算
		非居民个人	按法律规定计算

二、个人所得税税率的确定

（一）综合所得

居民个人取得综合所得按纳税年度计算全年应纳税所得额后，适用3%～45%的超额累进税率，计算缴纳个人所得税，具体税率见表6－3；非居民个人取得的综合所得，按月换算后，按表6－4计算应纳税额。

表6－3　　个人所得税税率表

（综合所得适用）

级　数	全年应纳税所得额	税率（%）
1	不超过36 000元的	3
2	超过36 000元至144 000元的部分	10
3	超过144 000元至300 000元的部分	20
4	超过300 000元至420 000元的部分	25
5	超过420 000元至660 000元的部分	30
6	超过660 000元至960 000元的部分	35
7	超过960 000元的部分	45

表6－4　　个人所得税税率表

（非居民个人工资、薪金所得，劳务报酬所得，稿酬所得，特许权使用费所得适用）

级数	应纳税所得额	税率（%）	速算扣除数
1	不超过3 000元	3	0
2	超过3 000元至12 000元的部分	10	210
3	超过12 000元至25 000元的部分	20	1 410
4	超过25 000元至35 000元的部分	25	2 660
5	超过35 000元至55 000元的部分	30	4 410
6	超过55 000元至80 000元的部分	35	7 160
7	超过80 000元的部分	45	15 160

（二）经营所得

经营所得按税法规定计算全年应纳税所得额后适用5%～35%的超额累进税率，计算缴纳个人所得税。具体税率见表6－5。

表6－5　　个人所得税税率表

（经营所得适用）

级　数	全年应纳税所得额	税率（%）
1	不超过30 000元的	5
2	超过30 000元至90 000元的部分	10
3	超过90 000元至300 000元的部分	20
4	超过300 000元至500 000元的部分	30
5	超过500 000元的部分	35

（三）利息、股息、红利所得，财产租赁所得，财产转让所得和偶然所得

利息、股息、红利所得，财产租赁所得，财产转让所得和偶然所得适用比例税率，税率为20%。

自2001年1月1日起，对个人出租房屋取得的所得暂减按10%的税率征收个人所得税。

三、税收优惠的确定

（一）免税项目的确定

下列各项个人所得，免征个人所得税：

（1）省级人民政府、国务院部委和中国人民解放军军以上单位，以及外国组织、国际组织颁发的科学、教育、技术、文化、卫生、体育、环境保护等方面的奖金；

（2）国债和国家发行的金融债券利息；

（3）按照国家统一规定发给的补贴、津贴；

（4）福利费、抚恤金、救济金；

（5）保险赔款；

（6）军人的转业费、复员费、退役金；

（7）按照国家统一规定发给干部、职工的安家费、退职费、基本养老金或者退休费、离休费、离休生活补助费；

（8）依照有关法律规定应予免税的各国驻华使馆、领事馆的外交代表、领事官员和其他人员的所得；

（9）中国政府参加的国际公约、签订的协议中规定免税的所得；

（10）国务院规定的其他免税所得。其他免税所得，由国务院报全国人民代表大会常务委员会备案。

（二）减税项目的确定

有下列情形之一的，可以减征个人所得税，具体幅度和期限，由省、自治区、直辖市人民政府规定，并报同级人民代表大会常务委员会备案：

（1）残疾、孤老人员和烈属的所得；

（2）因自然灾害遭受重大损失的。

国务院可以规定其他减税情形，报全国人民代表大会常务委员会备案。

（三）暂免征个人所得税项目的确定

（1）个人举报、协查各种违法、犯罪行为而获得的奖金。

（2）个人办理代扣代缴税款手续费，按规定取得的扣缴手续费。

（3）个人转让自用达5年以上、并且是唯一的家庭生活用房取得的所得。

（4）达到离、退休年龄，但因工作需要，适当延长离休、退休年龄的高级专家，其在延长离休、退休期间的工资、薪金所得，视同离休、退休工资免征个人所得税。

（5）自2015年9月8日起，上市公司派发股息红利时，对个人持股1年以内（含

1年）的，上市公司暂不扣缴个人所得税；待个人转让股票时，证券登记结算公司根据其持股期限计算应纳税额，由证券公司等股份托管机构从个人资金账户中扣收并划付证券登记结算公司，证券登记结算公司应于次月5个工作日内划付上市公司，上市公司在收到税款当月的法定申报期内向主管税务机关申报缴纳。

（6）对乡镇以上政府或县以上政府主管部门批准成立的见义勇为基金会或者类似组织，奖励见义勇为者的奖金或奖品，经主管税务机关批准，免征个人所得税。

（7）股份制企业用资本公积金转增个人股本，不属于股息、红利所得，不征收个人所得税。

（8）对个人转让上市公司股票的所得，暂免征个人所得税。

（9）对个人投资者从证券投资基金分配中获得的国债利息、买卖股票价差收入，暂不征收个人所得税。

（10）对个人投资者从买卖证券投资基金单位获得的差价收入，暂不征收个人所得税。

（11）科研机构和高等学校转化科技成果以股份或出资比例等股权形式，给予科技人员个人的奖励，经主管税务机关审核后，暂不征收个人所得税。

（12）企业和个人按规定比例提取并缴付的住房公积金、医疗保险金、基本养老保险金和失业保险基金，免征个人所得税和利息所得税。

（13）对职工个人以股份制形式取得的拥有所有权的企业量化资产，暂缓征个人所得税。

（14）国有企业职工因企业破产，从破产企业取得的一次性安置收入，免征个人所得税。

（15）具备《失业保险条例》规定条件的失业人员，领取的失业保险金，免征个人所得税。

（16）对于个人自己缴纳有关商业保险费而取得的无赔款优待收入（保险费全部返还个人的保险除外），不作为个人应税所得，不征收个人所得税。

（17）储蓄机构内从事代扣代缴工作的办税人员取得的扣缴利息税手续费所得，免征个人所得税。

（18）自2008年10月9日起，暂免征收储蓄存款利息所得个人所得税。

（19）外籍个人的下列所得项目，免征个人所得税：①外籍个人以非现金形式或实报实销形式取得的住房补贴、伙食补贴、搬迁费、洗衣费；②外籍个人按合理标准取得的境内、外出差补贴；③外籍个人取得的探亲费、语言培训费、子女教育费等，经审核批准为合理的部分；④外籍个人从外商投资企业取得的股息、红利所得。

（20）外籍专家工资、薪金所得免税项目：①根据世界银行专项贷款协议由世界银行直接派往中国工作的外国专家；②联合国组织直接派往中国工作的专家；③为联合国援助项目来华工作的专家；④援助国派往中国专为该国无偿援助项目工作的专家；⑤根据两国政府签订的文化交流项目来华2年以内的文教专家，其工资、薪金所得由该国负担的；⑥根据中国大专院校国际交流项目来华工作的专家，其工资、薪金所得由该国负担的；⑦通过民间科研协定来华工作的专家，其工资、薪金所得由该国机构负担的。

（21）对外籍个人取得的探亲费，每年探亲不超过2次和支付的标准合理的部分，免征个人所得税。

引例解析

小芸本月取得的工资所得属于综合所得按纳税年度计算全年应纳税所得额后，适用3%～45%的超额累进税率，计算缴纳个人所得税；偶然所得适用比例税率，税率为20%。

任务三 个人所得税应纳税所得额的计算

导入引例

小牛是一名铁路职工，主要工作地在上海和杭州，上海公司为其提供住宿，小牛在杭州由自己租房住，并且没有自己的住房。

小牛在杭州的房租是否可以享受“住房租金”专项附加扣除呢？

知识准备和业务操作

一、每次收入的确定

按次计算个人所得税应纳税额的。每次，分别按照下列方法确定：

（1）劳务报酬所得、稿酬所得、特许权使用费所得，属于一次性收入的，以取得该项收入为一次；属于同一项目连续性收入的，以一个月内取得的收入为一次。

稿酬所得，以每次出版、发表取得的收入为一次。同一作品再版取得的所得，应视作另一次稿酬所得计征个人所得税；同一作品先在报刊上连载，然后再出版，或先出版，再在报刊上连载的，应视为两次稿酬所得征税；同一作品在报刊上连载取得收入的，以连载完成后取得的所有收入合并为一次，计征个人所得税；同一作品在出版和发表时，以预付稿酬或分次支付稿酬等形式取得的稿酬收入，应合并计算为一次；同一作品出版、发表后，因添加印数而追加稿酬的，与以前出版、发表时取得的稿酬合并计算为一次，计征个人所得税。

（2）财产租赁所得，以一个月内取得的收入为一次。

（3）利息、股息、红利所得，以支付利息、股息、红利时取得的收入为一次。

（4）偶然所得，以每次取得该项收入为一次。

【例题6－1】 刘可作为杂志社的特约撰稿人，应约在连载《投融财税处理》讲解10次，共获得稿费35 000元，连载后又将连载整理出版，获得稿酬40 000元。稿酬所得如何计算次数?

答：讲解10次，获得稿费35 000元应合并作为一次；连载之后又出版取得稿酬40 000元应作为一次。

二、应纳税所得额的计算

（一）居民个人综合所得

居民个人的综合所得，包括工资、薪金所得，劳务报酬所得，稿酬所得和特许权使用费所得四项。工资、薪金所得全额计入收入额；劳务报酬所得，稿酬所得和特许权使用费所得以收入减除20%的费用后为收入额；稿酬所得减除20%的费用后，再减按70%计算。

【例题6-2】 中国公民刘艺在国内光华科技有限公司任职，2021年为国彩设计有限公司提供一项设计服务，取得一次性收入4 500元，则在计算当年综合所得的应纳税所得额时，该项劳务报酬的收入额是多少?

收入额 = 4 500 × (1 − 20%) = 3 600（元）

【例题6-3】 中国公民马超在国内某公司任职，2021年发表了一篇短篇小说，取得稿酬4 500元，则在计算当年综合所得的应纳税所得额时，该项稿酬的收入额是多少?

收入额 = 4 500 × (1 − 20%) × 70% = 2 520（元）

居民个人的综合所得，以每一纳税年度的收入额减除费用60 000元以及专项扣除、专项附加扣除和依法确定的其他扣除后的余额，为应纳税所得额。

综合所得年应纳税所得额 = 收入总额 − 费用60 000 − 专项扣除 − 专项附加 − 其他扣除

1. 专项扣除

包括居民个人按照国家规定的范围和标准缴纳的基本养老保险、基本医疗保险、失业保险等社会保险费和住房公积金等。

2. 专项附加扣除

包括子女教育、继续教育、大病医疗、住房贷款利息或者住房租金、赡养老人等支出，具体范围、标准和实施步骤由国务院确定，并报全国人民代表大会常务委员会备案。

（1）子女教育专项附加扣除。纳税人的子女接受学前教育和学历教育的相关支出，按照每个子女每月1 000元的标准定额扣除。

学前教育包括年满3岁至小学入学前教育。学历教育包括义务教育（小学、初中教育）、高中阶段教育（普通高中、中等职业、技工教育）、高等教育（大学专科、大学本科、硕士研究生、博士研究生教育）。

父母可以选择由其中一方按扣除标准的100%扣除，也可以选择由双方分别按扣除标准的50%扣除，具体扣除方式在一个纳税年度内不能变更。

纳税人子女在中国境外接受教育的，纳税人应当留存境外学校录取通知书、留学签证等相关教育的证明资料备查。

（2）继续教育专项附加扣除。纳税人在中国境内接受学历（学位）继续教育的支出，在学历（学位）教育期间按照每月400元定额扣除。同一学历（学位）继续教育的扣除期限不能超过48个月。纳税人接受技能人员职业资格继续教育、专业技术人员职业资格继续教育的支出，在取得相关证书的当年，按照3 600元定额扣除。

个税减税红包

个人接受本科及以下学历（学位）继续教育，符合规定扣除条件的，可以选择由其父母扣除，也可以选择由本人扣除。

纳税人接受技能人员职业资格继续教育、专业技术人员职业资格继续教育的，应当留存相关证书等资料备查。

（3）大病医疗专项附加扣除。在一个纳税年度内，纳税人发生的与基本医保相关的医药费用支出，扣除医保报销后个人负担（指医保目录范围内的自付部分）累计超过15 000元的部分，由纳税人在办理年度汇算清缴时，在80 000元限额内据实扣除。

纳税人发生的医药费用支出可以选择由本人或者其配偶扣除；未成年子女发生的医药费用支出可以选择由其父母一方扣除。

纳税人及其配偶、未成年子女发生的医药费用支出，前述规定分别计算扣除额。

纳税人应当留存医药服务收费及医保报销相关票据原件（或者复印件）等资料备查。医疗保障部门应当向患者提供在医疗保障信息系统记录的本人年度医药费用信息查询服务。

（4）住房贷款利息专项附加扣除。纳税人本人或者配偶单独或者共同使用商业银行或者住房公积金个人住房贷款为本人或者其配偶购买中国境内住房，发生的首套住房贷款利息支出，在实际发生贷款利息的年度，按照每月1 000元的标准定额扣除，扣除期限最长不超过240个月。纳税人只能享受一次首套住房贷款的利息扣除。

首套住房贷款是指购买住房享受首套住房贷款利率的住房贷款。

经夫妻双方约定，可以选择由其中一方扣除，具体扣除方式在一个纳税年度内不能变更。

夫妻双方婚前分别购买住房发生的首套住房贷款，其贷款利息支出，婚后可以选择其中一套购买的住房，由购买方按扣除标准的100%扣除，也可以由夫妻双方对各自购买的住房分别按扣除标准的50%扣除，具体扣除方式在一个纳税年度内不能变更。

纳税人应当留存住房贷款合同、贷款还款支出凭证备查。

（5）住房租金专项附加扣除。纳税人在主要工作城市没有自有住房而发生的住房租金支出，可以按照以下标准定额扣除：①直辖市、省会（首府）城市、计划单列市以及国务院确定的其他城市，扣除标准为每月1 500元；②除第一项所列城市以外，市辖区户籍人口超过100万的城市，扣除标准为每月1 100元；市辖区户籍人口不超过100万的城市，扣除标准为每月800元。

纳税人的配偶在纳税人的主要工作城市有自有住房的，视同纳税人在主要工作城市有自有住房。

市辖区户籍人口，以国家统计局公布的数据为准。

主要工作城市是指纳税人任职受雇的直辖市、计划单列市、副省级城市、地级市（地区、州、盟）全部行政区域范围；纳税人无任职受雇单位的，为受理其综合所得汇算清缴的税务机关所在城市。

夫妻双方主要工作城市相同的，只能由一方扣除住房租金支出。

住房租金支出由签订租赁住房合同的承租人扣除。

纳税人及其配偶在一个纳税年度内不能同时分别享受住房贷款利息和住房租金专项附加扣除。

纳税人应当留存住房租赁合同、协议等有关资料备查。

（6）赡养老人专项附加扣除。纳税人赡养一位及以上被赡养人的赡养支出，统一按照以下标准定额扣除：①纳税人为独生子女的，按照每月 2 000 元的标准定额扣除；②纳税人为非独生子女的，由其与兄弟姐妹分摊每月 2 000 元的扣除额度，每人分摊的额度不能超过每月 1 000 元。可以由赡养人均摊或者约定分摊，也可以由被赡养人指定分摊。约定或者指定分摊的须签订书面分摊协议，指定分摊优先于约定分摊。具体分摊方式和额度在一个纳税年度内不能变更。

被赡养人是指年满 60 岁的父母，以及子女均已去世的年满 60 岁的祖父母、外祖父母。

3. 其他扣除

其他扣除，包括个人缴付符合国家规定的企业年金、职业年金，个人购买符合国家规定的商业健康保险、税收递延型商业养老保险的支出，以及国务院规定可以扣除的其他项目。

专项扣除、专项附加扣除和依法确定的其他扣除，以居民个人一个纳税年度的应纳税所得额为限额；一个纳税年度扣除不完的，不结转以后年度扣除。

（二）非居民个人综合所得

非居民个人的工资、薪金所得，以每月收入额减除费用 5 000 元后的余额为应纳税所得额；劳务报酬所得、稿酬所得、特许权使用费所得，以每次收入额为应纳税所得额。

（三）经营所得

经营所得，以每一纳税年度的收入总额减除成本、费用以及损失后的余额，为应纳税所得额。

年应纳税所得额 = 年收入总额 − 成本 − 费用 − 损失

成本、费用，是指生产、经营活动中发生的各项直接支出和分配计入成本的间接费用以及销售费用、管理费用、财务费用；损失，是指生产、经营活动中发生的固定资产和存货的盘亏、毁损、报废损失，转让财产损失，坏账损失，自然灾害等不可抗力因素造成的损失以及其他损失。

取得经营所得的个人，没有综合所得的，计算其每一纳税年度的应纳税所得额时，应当减除费用 60 000 元、专项扣除、专项附加扣除以及依法确定的其他扣除。专项附加扣除在办理汇算清缴时减除。

从事生产、经营活动，未提供完整、准确的纳税资料，不能正确计算应纳税所得额的，由主管税务机关核定应纳税所得额或者应纳税额。

（四）财产租赁所得

每次收入不超过4 000元的，减除费用800元；4 000元以上的，减除20%的费用，其余额为应纳税所得额。

（五）财产转让所得

财产转让所得应纳税所得额的计算，以转让财产的收入额减除财产原值和合理费用后的余额，为应纳税所得额。

财产原值，按照下列方法确定：

（1）有价证券，为买入价以及买入时按照规定交纳的有关费用；

（2）建筑物，为建造费或者购进价格以及其他有关费用；

（3）土地使用权，为取得土地使用权所支付的金额、开发土地的费用以及其他有关费用；

（4）机器设备、车船，为购进价格、运输费、安装费以及其他有关费用。

其他财产，参照上述方法确定财产原值。

纳税人未提供完整、准确的财产原值凭证，不能按照上述方法确定财产原值的，由主管税务机关核定财产原值。

合理费用，是指卖出财产时按照规定支付的有关税费。

（六）利息、股息、红利所得和偶然所得

利息、股息、红利所得和偶然所得，以每次收入额为应纳税所得额。

（七）其他费用扣除规定

（1）个人将其所得对教育、扶贫、济困等公益慈善事业进行捐赠，捐赠额未超过纳税人申报的应纳税所得额30%的部分，可以从其应纳税所得额中扣除；国务院规定对公益慈善事业捐赠实行全额税前扣除的，从其规定。

（2）个人通过非营利性的社会团体和国家机关向红十字事业的捐赠，在计算缴纳个人所得税时，准予在税前的所得额中全额扣除。

（3）个人通过非营利的社会团体和国家机关向农村义务教育的捐赠，在计算缴纳个人所得税时，准予在税前的所得额中全额扣除。

（4）个人通过非营利性社会团体和国家机关对公益性青少年活动场所（其中包括新建）的捐赠，在计算缴纳个人所得税时，准予在税前的所得额中全额扣除。

（5）个人的所得（不含偶然所得，经国务院财政部门确定征税的其他所得）用于对非关联的科研机构和高等学校研究开发新产品、新技术、新工艺所发生的研究开发经费的资助，可以全额在下月（工资、薪金所得）或下次（按次计征的所得）或当年（按年计征的所得）计征个人所得税时，从应纳税所得额中扣除，不足抵扣的，不得结转抵扣。

（6）根据财政部、国家税务总局有关规定，个人通过非营利性的社会团体和政府部门向福利性、非营利性老年服务机构捐赠、通过宋庆龄基金会等6家单位、中国医药

卫生事业发展基金会、中国教育发展基金会、中国老龄事业发展基金会等8家单位、中华健康快车基金会等5家单位用于公益救济性的捐赠，符合相关条件的，准予在缴纳个人所得税税前全额扣除。

（7）自2017年7月1日起，对个人购买符合规定的商业健康保险产品的支出，允许在当年（月）计算应纳税所得额时予以税前扣除，扣除限额为2 400元/年（200元/月）。单位统一为员工购买符合规定的商业健康保险产品的支出，应分别计入员工个人工资薪金，视同个人购买，按上述限额予以扣除。

引例解析

小牛及其配偶在主要工作城市杭州没有自有住房的，纳税人发生的住房租金支出可以扣除。如果小牛和其配偶均在杭州没有自有住房，而杭州又是小牛主要的工作城市，那杭州的房租是可以扣除的。

任务四
个人所得税应纳税额的计算

导入引例

某人建房一幢，造价36 000元，支付费用2 000元。该人转让房屋，售价60 000元，在卖房过程中按规定支付交易费等有关费用2 500元。

要求：计算其应纳个人所得税税额。

知识准备和业务操作

一、综合所得的计算

（一）综合所得的预扣预缴

1. 居民个人工资、薪金所得预扣预缴

扣缴义务人向居民个人支付工资、薪金所得时，应当按照累计预扣法计算预扣税款，并按月办理扣缴申报。

累计预扣法，是指扣缴义务人在一个纳税年度内预扣预缴税款时，以纳税人在本单位截至当前月份工资、薪金所得累计收入减除累计免税收入、累计减除费用、累计专项扣除、累计专项附加扣除和累计依法确定的其他扣除后的余额为累计预扣预缴应纳税所得额，适用个人所得税预扣率，计算累计应预扣预缴税额，再减除累计减免税额和累计已预扣预缴税额，其余额为本期应预扣预缴税额。余额为负值时，暂不退税。纳税年度终了后余额仍为负值时，由纳税人通过办理综合所得年度汇算清缴，税款多退少补。个人所得税预扣率见表6－6。

表6－6 **个人所得税预扣率表**

（居民个人工资、薪金所得预扣预缴适用）

级数	累计预扣预缴应纳税所得额	预扣率（%）	速算扣除数
1	不超过36 000元	3	0
2	超过36 000元至144 000元的部分	10	2 520
3	超过144 000元至300 000元的部分	20	16 920
4	超过300 000元至420 000元的部分	25	31 920
5	超过420 000元至660 000元的部分	30	52 920
6	超过660 000元至960 000元的部分	35	85 920
7	超过960 000元的部分	45	181 920

具体计算公式如下：

本期应预扣预缴税额＝（累计预扣预缴应纳税所得额×预扣率－速算扣除数）－累计减免税额－累计已预扣预缴税额

累计预扣预缴应纳税所得额＝累计收入－累计免税收入－累计减除费用－累计专项扣除－累计专项附加扣除－累计依法确定的其他扣除

应纳税所得额的计算

其中：累计减除费用，按照每月5 000元乘以纳税人当年截至本月在本单位的任职受雇月份数计算。

【例题6－4】 小张2016年入职，2021年每月应发工资均为11 000元，每月减除费用5 000元，“三险一金”等专项扣除为1 500元，从1月起享受子女教育专项附加扣除1 000元，没有减免收入及减免税额等情况，请计算2021年前3个月预扣预缴税额。

1月份预扣预缴税额＝（11 000－5 000－1 500－1 000）×3%＝105（元）

2月份预扣预缴税额＝（11 000×2－5 000×2－1 500×2－1 000×2）×3%－105＝105（元）

3月份预扣预缴税额＝（11 000×3－5 000×3－1 500×3－1 000×3）×3%－105－105＝105（元）

【例题6－5】 小王在上海市在职攻读研究生，未婚并为独生子，父母已过60岁，2021年1月工资减除保险金等扣除后为9 000元，租房月租金3 500元，没有减免收入及减免税额等情况。请计算2021年1月预扣预缴税额。

2021年1月专项扣除＝1 500＋2 000＋400＝3 900（元）

2021年1月预扣预缴税额＝（9 000－5 000－3 900）×3%＝100×3%＝3（元）

【例题6－6】 大刚、晓娟为夫妻，大刚为独生子，晓娟为独生女，育有一女，上小学，双方父母均超过60岁。2021年1月大刚月薪17 000元，晓娟月薪11 000元，双方商定房贷、子女教育都由丈夫扣除，请计算2021年1月双方预扣预缴税额。

大刚专项扣除＝1 000＋2 000＋1 000＝4 000（元）

大刚预扣预缴税额 =（17 000 - 5 000 - 4 000）×3% =8 000×3% =240（元）

晓娟专项扣除 =2 000（元）

晓娟预扣预缴税额 =（11 000 - 5 000 - 2 000）×3% =4 000×3% =120（元）

2. 居民个人劳务报酬所得、稿酬所得、特许权使用费所得的预扣预缴

（1）应纳税所得额的计算。扣缴义务人向居民个人支付劳务报酬所得、稿酬所得、特许权使用费所得时，按次或者按月预扣预缴税款。

劳务报酬所得、稿酬所得、特许权使用费所得以收入减除费用后的余额为收入额；其中，稿酬所得的收入额减按70%计算。

预扣预缴税款时，劳务报酬所得、稿酬所得、特许权使用费所得每次收入不超过4 000元的，减除费用按800元计算；每次收入4 000元以上的，减除费用按收入的20%计算。

（2）应预扣预缴税额的计算。劳务报酬所得、稿酬所得、特许权使用费所得，以每次收入额为预扣预缴应纳税所得额，计算应预扣预缴税额。劳务报酬所得适用个人所得税预扣率见表6 - 7，稿酬所得、特许权使用费所得适用20%的比例预扣率。

表6 - 7　个人所得税预扣率表

（居民个人劳务报酬所得预扣预缴适用）

级数	预扣预缴应纳税所得额	预扣率（%）	速算扣除数
1	不超过20 000元	20	0
2	超过20 000元至50 000元的部分	30	2 000
3	超过50 000元的部分	40	7 000

劳务报酬所得应预扣预缴税额的计算：

应预扣预缴税额 =（收入 - 费用）×预扣率 - 速算扣除数

【例题6 - 7】 小马、小常2021年2月分别取得劳务报酬所得2 000元、30 000元，请计算两笔所得应预扣预缴税额。

第一笔所得：

收入额 =2 000 - 800 =1 200（元）

应预扣预缴税额 =1 200×20% =240（元）

第二笔所得：

收入额 =30 000×（1 - 20%）=24 000（元）

应预扣预缴税额 =24 000×30% - 2 000 =5 200（元）

特许权使用费所得应预扣预缴税额的计算：

应预扣预缴税额 =（收入 - 费用）×20%

【例题6 - 8】 小琴、小强2021年2月分别取得特许权使用费所得3 000元、21 000元，请计算应预扣预缴小琴、小强税额。

应预扣预缴小琴税额：

收入额 =3 000 - 800 =2 200（元）

应预扣预缴税额 =2 200 ×20% =440（元）

应预扣预缴小强税额：

收入额 =21 000 ×（1 –20%） =16 800（元）

应预扣预缴税额 =16 800 ×20% =3 360（元）

稿酬所得应预扣预缴税额的计算：

应预扣预缴税额 =（收入 – 费用）×70% ×20%

【例题6 –9】 小李、小王2021年2月分别取得稿酬所得4 000元、40 000元，则这两笔所得预扣预缴税额应如何计算？

第一笔所得：

收入额 =（4 000 –800）×70% =2 240（元）

应预扣预缴税额：2 240 ×20% =448（元）

第二笔所得：

收入额 =（40 000 –40 000 ×20%）×70% =22 400（元）

应预扣预缴税额：22 400 ×20% =4 480（元）

3. 非居民个人综合所得预扣预缴

扣缴义务人向非居民个人支付工资、薪金所得，劳务报酬所得，稿酬所得和特许权使用费所得时，应当按照以下方法按月或者按次代扣代缴税款：

非居民个人的工资、薪金所得，以每月收入额减除费用5 000元后的余额为应纳税所得额；劳务报酬所得、稿酬所得、特许权使用费所得，以每次收入额为应纳税所得额，适用个人所得税税率表计算应纳税额。劳务报酬所得、稿酬所得、特许权使用费所得以收入减除20%的费用后的余额为收入额；其中，稿酬所得的收入额减按70%计算。

非居民个人在一个纳税年度内税款扣缴方法保持不变，达到居民个人条件时，应当告知扣缴义务人基础信息变化情况，年度终了后按照居民个人有关规定办理汇算清缴。

（二）居民个人综合所得的汇算清缴

居民个人办理年度综合所得汇算清缴时，应当依法计算劳务报酬所得、稿酬所得、特许权使用费所得的收入额，并入年度综合所得计算应纳税款，税款多退少补。

综合所得年应纳税额 = 应纳税所得额 × 适用税率 – 速算扣除数

应纳税所得额 = 每一纳税年度收入总额 – 费用60 000 – 专项扣除 – 专项附加 – 其他扣除

【例题6 –10】 公司财务总监陆达2021年共取得工资144 000元，取得劳务报酬20 000元，取得稿酬5 000元，转让专利取得收入20 000元，符合条件的专项扣除和专项附加扣除共计62 400元。累计已预缴的所得税额为7 608元，则2022年汇算清缴时，请计算陆某应如何缴纳的个人所得税。

年收入总额 =144 000 +20 000 ×（1 –20%）+5 000 ×（1 –20%）×70% +20 000 ×（1 –20%）=178 800（元）

年应纳税所得额 =178 800 –60 000 –62 400 =56 400（元）

全年应纳个人所得税额 =56 400 ×10% –2 520 = 3 120（元）

（全年应纳税所得额超过36 000元至144 000元的部分，适用10%的税率，速算扣除数为 2 520。)

已预缴的所得税额 = 54 × 12 + 3 200 + 560 + 3 200 = 7 608（元）

汇算清缴应纳税额 = 全年应纳所得税额 − 累计预缴所得税额 = 3 120 − 7 608 = −4 488（元），陆达 2020 年可申请退税 4 488 元。

二、无住所个人工资薪金所得的计算

（一）无住所个人为非居民个人的情形

非居民个人取得工资薪金所得，当月工资薪金收入额分别按照以下两种情形计算：

（1）非居民个人境内居住时间累计不超过 90 天的情形。在一个纳税年度内，在境内累计居住不超过 90 天的非居民个人，仅就归属于境内工作期间并由境内雇主支付或者负担的工资薪金所得计算缴纳个人所得税。当月工资薪金收入额的计算公式如下：

$$\text{当月工资薪金收入额}=\text{当月境内外工资薪金总额}\times\frac{\text{当月境内支付工资薪金数额}}{\text{当月境内外工资薪金总额}}\times\frac{\text{当月工资薪金所属工作期间境内工作天数}}{\text{当月工资薪金所属工作期间公历天数}}$$

境内雇主包括雇用员工的境内单位和个人以及境外单位或者个人在境内的机构、场所。凡境内雇主采取核定征收所得税或者无营业收入未征收所得税的，无住所个人为其工作取得工资薪金所得，不论是否在该境内雇主会计账簿中记载，均视为由该境内雇主支付或者负担。工资薪金所属工作期间的公历天数，是指无住所个人取得工资薪金所属工作期间按公历计算的天数。

当月境内外工资薪金包含归属于不同期间的多笔工资薪金的，应当先分别按照规定计算不同归属期间工资薪金收入额，然后再加总计算当月工资薪金收入额。

（2）非居民个人境内居住时间累计超过 90 天不满 183 天的情形。在一个纳税年度内，在境内累计居住超过 90 天但不满 183 天的非居民个人，取得归属于境内工作期间的工资薪金所得，均应当计算缴纳个人所得税；其取得归属于境外工作期间的工资薪金所得，不征收个人所得税。当月工资薪金收入额的计算公式如下：

$$\text{当月工资薪金收入额}=\text{当月境内外工资薪金总额}\times\frac{\text{当月工资薪金所属工作期间境内工作天数}}{\text{当月工资薪金所属工作期间公历天数}}$$

（二）无住所个人为居民个人的情形

在一个纳税年度内，在境内累计居住满 183 天的无住所居民个人取得工资薪金所得，当月工资薪金收入额按照以下规定计算：

（1）无住所居民个人在境内居住累计满 183 天的年度连续不满六年的情形。在境内居住累计满 183 天的年度连续不满六年的无住所居民个人，其取得的全部工资薪金所得，除归属于境外工作期间且由境外单位或者个人支付的工资薪金所得部分外，均应计算缴纳个人所得税。工资薪金所得收入额的计算公式如下：

$$\text{当月工资薪金收入额}=\text{当月境内外工资薪金总额}\times\left[1-\frac{\text{当月境外支付工资薪金数额}}{\text{当月境内外工资薪金总额}}\times\frac{\text{当月工资薪金所属工作期间境外工作天数}}{\text{当月工资薪金所属工作期间公历天数}}\right]$$

（2）无住所居民个人在境内居住累计满183天的年度连续满六年的情形。在境内居住累计满183天的年度连续满六年后，其从境内、境外取得的全部工资薪金所得均应计算缴纳个人所得税。

（三）无住所个人为高管人员的情形

非居民个人为高管人员的，按照以下规定处理：

（1）高管人员在境内居住时间累计不超过90天的情形。在一个纳税年度内，在境内累计居住不超过90天的高管人员，其取得由境内雇主支付或者负担的工资薪金所得应当计算缴纳个人所得税；不是由境内雇主支付或者负担的工资薪金所得，不缴纳个人所得税。当月工资薪金收入额为当月境内支付或者负担的工资薪金收入额。

（2）高管人员在境内居住时间累计超过90天不满183天的情形。在一个纳税年度内，在境内居住累计超过90天但不满183天的高管人员，其取得的工资薪金所得，除归属于境外工作期间且不是由境内雇主支付或者负担的部分外，应当计算缴纳个人所得税。

三、关于无住所个人税款计算

（一）关于无住所居民个人税款的计算

无住所居民个人取得综合所得，年度终了后，应按年计算个人所得税；有扣缴义务人的，由扣缴义务人按月或者按次预扣预缴税款；需要办理汇算清缴的，按照规定办理汇算清缴，年度综合所得应纳税额计算公式如下：

年度综合所得应纳税额＝（年度工资薪金收入额＋年度劳务报酬收入额＋年度稿酬收入额＋年度特许权使用费收入额－减除费用－专项扣除－专项附加扣除－依法确定的其他扣除）×适用税率－速算扣除数

无住所居民个人为外籍个人的，2022年1月1日前计算工资薪金收入额时，已经按规定减除住房补贴、子女教育费、语言训练费等八项津补贴的，不能同时享受专项附加扣除。

年度工资薪金、劳务报酬、稿酬、特许权使用费收入额分别按年度内每月工资薪金以及每次劳务报酬、稿酬、特许权使用费收入额合计数额计算。

（二）关于非居民个人税款的计算

（1）非居民个人当月取得工资薪金所得，以当月收入额，减去税法规定的减除费用后的余额，为应纳税所得额，适用按月换算后的综合所得税率计算应纳税额。

（2）非居民个人一个月内取得数月奖金，单独计算当月收入额，不与当月其他工资薪金合并，按6个月分摊计税，不减除费用，适用月度税率表计算应纳税额，在一个公历年度内，对每一个非居民个人，该计税办法只允许适用一次。计算公式如下：

当月数月奖金应纳税额＝[（数月奖金收入额÷6）×适用税率－速算扣除数]×6

（3）非居民个人一个月内取得股权激励所得，单独计算当月收入额，不与当月其他工资薪金合并，按6个月分摊计税（一个公历年度内的股权激励所得应合并计算），不减除费用，适用月度税率表计算应纳税额，计算公式如下：

当月股权激励所得应纳税额 = [(本公历年度内股权激励所得合计额 ÷6) × 适用税率 - 速算扣除数] ×6 - 本公历年度内股权激励所得已纳税额

(4) 非居民个人取得来源于境内的劳务报酬所得、稿酬所得、特许权使用费所得，以税法规定的每次收入额为应纳税所得额，适用月度税率表计算应纳税额。

四、经营所得应纳税额的计算

个体工商户的生产、经营所得应纳税额的计算公式为：

应纳税额 = 应纳税所得额 × 适用税率 - 速算扣除数

= (全年收入总额 - 成本、费用、税金、损失、其他支出及以前年度亏损) × 适用税率 - 速算扣除数

对企事业单位的承包经营、承租经营所得应纳税额的计算公式为：

应纳税额 = 应纳税所得额 × 适用税率 - 速算扣除数

= (纳税年度收入总额 - 必要费用) × 适用税率 - 速算扣除数

这里需要说明的是：

(1) 对企事业单位的承包经营、承租经营所得，以每一纳税年度的收入总额，减除必要费用后的余额为应纳税所得额。在一个纳税年度中，承包经营或者承租经营期限不足 1 年的，以其实际经营期为纳税年度。

(2) 对企事业单位的承包经营、承租经营所得适用的速算扣除数，同个体工商户的生产、经营所得适用的速算扣除数。

五、分项所得扣缴税款的计算

扣缴义务人支付利息、股息、红利所得，财产租赁所得，财产转让所得或者偶然所得时，应当依法按次或者按月代扣代缴税款。

(一) 利息、股息、红利所得应纳税额的计算

支付利息、股息、红利所得和偶然所得的，以每次收入额为应纳税所得额，乘以 20% 的比例税率计算税款。

应纳税额 = 应纳税所得额 × 适用税率 = 每次收入额 ×20%

(二) 财产租赁所得应纳税额的计算

(1) 每次（月）收入不超过 4 000 元的：

应纳税额 = [每次(月)收入额 - 租赁过程中缴纳的税费 - 修缮费用(800 元为限) - 800 元] ×20%

(2) 每次（月）收入超过 4 000 元的：

应纳税额 = [每次(月)收入额 - 租赁过程中缴纳的税费 - 修缮费用(800 元为限)] × (1 -20%) ×20%

个人出租住房的个人所得税应税收入不含增值税，计算房屋出租所得可扣除的税费不包括本次出租缴纳的增值税。

（三）财产转让所得应纳税额的计算

应纳税额 = 应纳税所得额 × 适用税率 =（收入总额 – 财产原值 – 合理税费）×20%

引例解析

应纳税所得额 = 60 000 – （36 000 + 2 000） – 2 500

= 19 500（元）

应纳税额 = 19 500 ×20% = 3 900（元）

（四）偶然所得应纳税额的计算

偶然所得应纳税额的计算公式为：

应纳税额 = 应纳税所得额 × 适用税率 = 每次收入额 ×20%

六、应纳税额计算的其他规定

（1）居民个人取得全年一次性奖金，符合《国家税务总局关于调整个人取得全年一次性奖金等计算征收个人所得税方法问题的通知》（国税发〔2005〕9号）规定的，在2023年12月31日前，不并入当年综合所得，以全年一次性奖金收入除以12个月得到的数额，适用按月换算后的综合所得税率表，确定适用税率和速算扣除数，单独计算纳税。计算公式为：

应纳税额 = 全年一次性奖金收入 × 适用税率 – 速算扣除数

居民个人取得全年一次性奖金，也可以选择并入当年综合所得计算纳税。

媒体视点

年终奖等个税优惠政策延续　预计1年减税1100亿元

工薪族关注的年终奖优惠计税政策延续问题，今天最终明确。12月29日，国务院常务会议决定延续实施部分个人所得税优惠政策。

为减轻个人所得税负担，缓解中低收入群体压力，会议决定，一是将全年一次性奖金不并入当月工资薪金所得、实施按月单独计税的政策延至2023年年底；二是将年收入不超过12万元且需补税或年度汇算补税额不超过400元的免予补税政策延至2023年年底；三是将上市公司股权激励单独计税政策延至2022年年底。上述政策预计1年可减税1100亿元。

2018年，以新个税法的修订为标志，我国历史上第七轮个税改革拉开大幕。这也是历次个税改革中力度最大的一次。

2019年以前，我国的个税采取分类征收模式，即不同类别的收入适用的税率、扣除标准等不同。这使得不同类别收入个税负担不同，有悖于公平原则。

为改变这一现状，财税部门对税制进行了重塑，即将以前工资薪金、劳务报酬、特许权使用费、稿酬统一为综合所得，采取统一的超额累进税率，确保这4项收入适用相同的税率，体现公平性。

但是，考虑到个人负担，相关部门当时给年终奖的计税方式设置了一个3年过渡期，即纳税人在过渡期内可以在年终奖单独纳税和并入当年综合纳税之间“二选一”。根据财政部、税务总局文件规定，2022年1月1日起，年终奖只能并入当年综合所得缴纳个人所得税。

按照我国目前个人所得税实行的超额累进税率，年终奖单独计税方式下，可以享受更低的税率或增加速算扣除数。即个人把年终奖收入除以12个月，得到的数额按照月度税率表来确定适用税率和速算扣除数，单独计算纳税。如公司发放1万元年终奖，单独计税时，只适用3%最低个税税率，缴纳300元个税，个人实际到手年终奖为9700元。这项政策如不延续，以后不少人的年终奖将适用更高税率。

北京国家会计学院财税政策与应用研究所所长、教授李旭红表示，以工资薪金收入为主要来源的人所获得的是积极劳动所得。我国个税的征管体系对于工薪所得的征收管理一直较为健全，相比来讲，资本所得隐蔽性高、税负转嫁渠道多。因此，积极劳动所得与资本所得的有效征税率一直存在较大差异，此次延续相关优惠政策是很有必要的。**年终奖优惠政策可以降低以工资薪金收入为主要来源的纳税人的累进税率级次，从而降低工薪阶层税收负担。更重要的是，也有利于平衡资本所得与劳动所得的税收负担，提高老百姓的满意度，增强公平感及幸福感。**

［资料来源：节选自《中国青年报》，《年终奖等个税优惠政策延续 预计1年减税1100亿元》，2021年12月30日］

（2）中央企业负责人取得年度绩效薪金延期兑现收入和任期奖励，符合《国家税务总局关于中央企业负责人年度绩效薪金延期兑现收入和任期奖励征收个人所得税问题的通知》（国税发〔2007〕118号）规定的，在2023年12月31日前，参照全年一次性奖金执行；2024年1月1日之后的政策另行明确。

（3）个人达到国家规定的退休年龄，领取的企业年金、职业年金，符合《财政部 人力资源社会保障部 国家税务总局关于企业年金 职业年金个人所得税有关问题的通知》（财税〔2013〕103号）规定的，不并入综合所得，全额单独计算应纳税款。其中按月领取的，适用月度税率表计算纳税；按季领取的，平均分摊计入各月，按每月领取额适用月度税率表计算纳税；按年领取的，适用综合所得税率表计算纳税。

（4）个人因出境定居而一次性领取的年金个人账户资金，或个人死亡后，其指定的受益人或法定继承人一次性领取的年金个人账户余额，适用综合所得税率表计算纳税。对个人除上述特殊原因外一次性领取年金个人账户资金或余额的，适用月度税率表计算纳税。

（5）个人与用人单位解除劳动关系取得一次性补偿收入（包括用人单位发放的经济补偿金、生活补助费和其他补助费），在当地上年职工平均工资3倍数额以内的部分，免征个人所得税；超过3倍数额的部分，不并入当年综合所得，单独适用综合所得税率表，计算纳税。

（6）个人办理提前退休手续而取得的一次性补贴收入，应按照办理提前退休手续至法定离退休年龄之间实际年度数平均分摊，确定适用税率和速算扣除数，单独适用综合所得税率表，计算纳税。计算公式：

应纳税额＝[（一次性补贴收入÷办理提前退休手续至法定退休年龄的实际年度数－费用扣除标准）×适用税率－速算扣除数]×办理提前退休手续至法定退休年龄的实际年度数

（7）个人办理内部退养手续而取得的一次性补贴收入，按照《国家税务总局关于个人所得税有关政策问题的通知》（国税发〔1999〕58 号）规定计算纳税。

（8）单位按低于购置或建造成本价格出售住房给职工，职工因此而少支出的差价部分，符合规定的，不并入当年综合所得，以差价收入除以 12 个月得到的数额，按照月度税率表确定适用税率和速算扣除数，单独计算纳税。计算公式为：

应纳税额＝职工实际支付的购房价款低于该房屋的购置或建造成本价格的差额×适用税率－速算扣除数

（9）2019 年 1 月 1 日至 2021 年 12 月 31 日期间，外籍个人符合居民个人条件的，可以选择享受个人所得税专项附加扣除，也可以选择按照《财政部 国家税务总局关于个人所得税若干政策问题的通知》（财税〔1994〕20 号）、《国家税务总局关于外籍个人取得有关补贴征免个人所得税执行问题的通知》（国税发〔1997〕54 号）和《财政部 国家税务总局关于外籍个人取得港澳地区住房等补贴征免个人所得税的通知》（财税〔2004〕29 号）规定，享受住房补贴、语言训练费、子女教育费等津补贴免税优惠政策，但不得同时享受。外籍个人一经选择，在一个纳税年度内不得变更。

（10）自 2022 年 1 月 1 日起，外籍个人不再享受住房补贴、语言训练费、子女教育费津补贴免税优惠政策，应按规定享受专项附加扣除。

（11）居民个人从中国境内和境外取得的综合所得、经营所得，应当分别合并计算应纳税额；从中国境内和境外取得的其他所得，应当分别单独计算应纳税额。

已在境外缴纳的个人所得税税额，是指居民个人来源于中国境外的所得，依照该所得来源国家（地区）的法律应当缴纳并且实际已经缴纳的所得税税额。

纳税人境外所得依照本法规定计算的应纳税额，是居民个人抵免已在境外缴纳的综合所得、经营所得以及其他所得的所得税税额的限额。除国务院财政、税务主管部门另有规定外，来源于中国境外一个国家（地区）的综合所得抵免限额、经营所得抵免限额以及其他所得抵免限额之和，为来源于该国家（地区）所得的抵免限额。

居民个人在中国境外一个国家（地区）实际已经缴纳的个人所得税税额，低于依照前款规定计算出的来源于该国家（地区）所得的抵免限额的，应当在中国缴纳差额部分的税款；超过来源于该国家（地区）所得的抵免限额的，其超过部分不得在本纳税年度的应纳税额中抵免，但是可以在以后纳税年度来源于该国家（地区）所得的抵免限额的余额中补扣。补扣期限最长不得超过五年。

居民个人申请抵免已在境外缴纳的个人所得税税额，应当提供境外税务机关出具的税款所属年度的有关纳税凭证。

任务五
个人所得税的纳税申报

导入引例

小王 2021 年工资收入为 12 000 元，同年 6 月进行了一项专利权转让，转让所得 100 万元。公司财务提醒他别忘了自行申报。

请指出小王应如何办理纳税申报？

知识准备和业务操作

纳税人可以采用远程办税端、邮寄等方式申报，也可以直接到主管税务机关申报。

一、全员全额扣缴申报

扣缴义务人，是指向个人支付所得的单位或者个人。扣缴义务人应当依法办理全员全额扣缴申报。

全员全额扣缴申报，是指扣缴义务人应当在代扣税款的次月 15 日内，向主管税务机关报送其支付所得的所有个人的有关信息、支付所得数额、扣除事项和数额、扣缴税款的具体数额和总额以及其他相关涉税信息资料。扣缴义务人每月或者每次预扣、代扣的税款，应当在次月 15 日内缴入国库，并向税务机关报送《个人所得税扣缴申报表》。

实行个人所得税全员全额扣缴申报的应税所得包括：

（1）工资、薪金所得；

（2）劳务报酬所得；

（3）稿酬所得；

（4）特许权使用费所得；

（5）利息、股息、红利所得；

（6）财产租赁所得；

（7）财产转让所得；

（8）偶然所得。

扣缴义务人首次向纳税人支付所得时，应当按照纳税人提供的纳税人识别号等基础信息，填写《个人所得税基础信息表（A 表）》（见表 6－8），并于次月扣缴申报时向税务机关报送。

表 6－9

个人所得税基础信息表（A 表）

（适用于扣缴义务人填报）

扣缴义务人名称：

扣缴义务人纳税人识别号（统一社会信用代码）：□□□□□□□□□□□□□□□□□□

序号	纳税人基本信息（带＊必填）						任职受雇从业信息					联系方式					银行账户		投资信息		其他信息		华侨、港澳台、外籍个人信息（带＊必填）					备注
	纳税人识别号	＊纳税人姓名	＊身份证件类型	＊身份证件号码	＊出生日期	＊国籍/地区	类型	职务	学历	任职受雇从业日期	离职日期	手机号码	户籍所在地	经常居住地	联系地址	电子邮箱	开户银行	银行账号	投资额（元）	投资比例	是否残疾/孤老/烈属	残疾/烈属证号	＊出生地	＊性别	＊首次入境时间	＊预计离境时间	＊涉税事由	
1	2	3	4	5	6	7	8	9	10	11	12	13	14	15	16	17	18	19	20	21	22	23	24	25	26	27	28	29

谨声明：本表是根据国家税收法律法规及相关规定填报的，是真实的、可靠的、完整的。

扣缴义务人（签章）：　　年　　月　　日

经办人签字： 经办人身份证件号码： 代理机构签章： 代理机构统一社会信用代码：	受理人： 受理税务机关（章）： 受理日期：　　年　　月　　日

国家税务总局监制

扣缴义务人对纳税人向其报告的相关基础信息变化情况，应当于次月扣缴申报时向税务机关报送。

居民个人向扣缴义务人提供有关信息并依法要求办理专项附加扣除的，扣缴义务人应当按照规定在工资、薪金所得按月预扣预缴税款时予以扣除，不得拒绝。

扣缴义务人支付利息、股息、红利所得，财产租赁所得，财产转让所得或者偶然所得时，应当依法按次或者按月代扣代缴税款。

扣缴义务人向非居民个人支付工资、薪金所得，劳务报酬所得，稿酬所得和特许权使用费所得时，应当按月或者按次代扣代缴税款。非居民个人在一个纳税年度内税款扣缴方法保持不变，达到居民个人条件时，应当告知扣缴义务人基础信息变化情况，年度终了后按照居民个人有关规定办理汇算清缴。

二、取得综合所得需要办理汇算清缴的纳税申报

取得综合所得且符合下列情形之一的纳税人，应当依法办理汇算清缴：

（1）从两处以上取得综合所得，且综合所得年收入额减除专项扣除后的余额超过6万元；

（2）取得劳务报酬所得、稿酬所得、特许权使用费所得中一项或者多项所得，且综合所得年收入额减除专项扣除的余额超过6万元；

（3）纳税年度内预缴税额低于应纳税额；

（4）纳税人申请退税。

税务总局进一步加强文娱领域从业人员税收管理

居民个人纳税年度内仅从中国境内取得工资、薪金所得，劳务报酬所得，稿酬所得，特许权使用费所得四项综合所得，应当在取得所得的次年3月1日至6月30日内，向主管税务机关办理纳税申报，并报送《个人所得税年度自行纳税申报表（A表）》（见表6－9）。纳税人有两处以上任职、受雇单位的，选择向其中一处任职、受雇单位所在地主管税务机关办理纳税申报；纳税人没有任职、受雇单位的，向户籍所在地或经常居住地主管税务机关办理纳税申报。

表6－9　　个人所得税年度自行纳税申报表（A表）

（仅取得境内综合所得年度汇算适用）

税款所属期：　　年　　月　　日至　　年　　月　　日

纳税人姓名：

纳税人识别号：□□□□□□□□□□□□□□□□□□□□－□□　　　　金额单位：人民币元（列至角分）

基本情况					
手机号码		电子邮箱		邮政编码	□□□□□□
联系地址	＿＿省（区、市）＿＿市＿＿区（县）＿＿街道（乡、镇）＿＿＿＿				
纳税地点（单选）					
1. 有任职受雇单位的，需选本项并填写“任职受雇单位信息”：			□任职受雇单位所在地		

续表

<table>
<tr><td rowspan="2">任职受雇单位信息</td><td>名称</td><td colspan="3"></td></tr>
<tr><td>纳税人识别号</td><td colspan="3">□□□□□□□□□□□□□□□□□□</td></tr>
<tr><td colspan="2">2. 没有任职受雇单位的，可以从本栏次选择一地：</td><td colspan="3">□ 户籍所在地　　□经常居住地</td></tr>
<tr><td colspan="2">户籍所在地/经常居住地</td><td colspan="3">____省（区、市）______市______区（县）________街道（乡、镇）____________</td></tr>
<tr><td colspan="5">申报类型（单选）</td></tr>
<tr><td colspan="5">□ 首次申报　　□更正申报</td></tr>
<tr><td colspan="5">综合所得个人所得税计算</td></tr>
<tr><td colspan="3">项目</td><td>行次</td><td>金额</td></tr>
<tr><td colspan="3">一、收入合计（第1行=第2行+第3行+第4行+第5行）</td><td>1</td><td></td></tr>
<tr><td colspan="3">（一）工资、薪金</td><td>2</td><td></td></tr>
<tr><td colspan="3">（二）劳务报酬</td><td>3</td><td></td></tr>
<tr><td colspan="3">（三）稿酬</td><td>4</td><td></td></tr>
<tr><td colspan="3">（四）特许权使用费</td><td>5</td><td></td></tr>
<tr><td colspan="3">二、费用合计［第6行=（第3行+第4行+第5行）×20%］</td><td>6</td><td></td></tr>
<tr><td colspan="3">三、免税收入合计（第7行=第8行+第9行）</td><td>7</td><td></td></tr>
<tr><td colspan="3">（一）稿酬所得免税部分［第8行=第4行×（1－20%）×30%］</td><td>8</td><td></td></tr>
<tr><td colspan="3">（二）其他免税收入（附报《个人所得税减免税事项报告表》）</td><td>9</td><td></td></tr>
<tr><td colspan="3">四、减除费用</td><td>10</td><td></td></tr>
<tr><td colspan="3">五、专项扣除合计（第11行=第12行+第13行+第14行+第15行）</td><td>11</td><td></td></tr>
<tr><td colspan="3">（一）基本养老保险费</td><td>12</td><td></td></tr>
<tr><td colspan="3">（二）基本医疗保险费</td><td>13</td><td></td></tr>
<tr><td colspan="3">（三）失业保险费</td><td>14</td><td></td></tr>
<tr><td colspan="3">（四）住房公积金</td><td>15</td><td></td></tr>
<tr><td colspan="3">六、专项附加扣除合计（附报《个人所得税专项附加扣除信息表》）
（第16行=第17行+第18行+第19行+第20行+第21行+第22行）</td><td>16</td><td></td></tr>
<tr><td colspan="3">（一）子女教育</td><td>17</td><td></td></tr>
<tr><td colspan="3">（二）继续教育</td><td>18</td><td></td></tr>
<tr><td colspan="3">（三）大病医疗</td><td>19</td><td></td></tr>
<tr><td colspan="3">（四）住房贷款利息</td><td>20</td><td></td></tr>
<tr><td colspan="3">（五）住房租金</td><td>21</td><td></td></tr>
<tr><td colspan="3">（六）赡养老人</td><td>22</td><td></td></tr>
<tr><td colspan="3">七、其他扣除合计（第23行=第24行+第25行+第26行+第27行+第28行）</td><td>23</td><td></td></tr>
</table>

续表

项目	行次	金额
（一）年金	24	
（二）商业健康保险（附报《商业健康保险税前扣除情况明细表》）	25	
（三）税延养老保险（附报《个人税收递延型商业养老保险税前扣除情况明细表》）	26	
（四）允许扣除的税费	27	
（五）其他	28	
八、准予扣除的捐赠额（附报《个人所得税公益慈善事业捐赠扣除明细表》）	29	
九、应纳税所得额 （第 30 行 = 第 1 行 - 第 6 行 - 第 7 行 - 第 10 行 - 第 11 行 - 第 16 行 - 第 23 行 - 第 29 行）	30	
十、税率（%）	31	
十一、速算扣除数	32	
十二、应纳税额（第 33 行 = 第 30 行 × 第 31 行 - 第 32 行）	33	
全年一次性奖金个人所得税计算 （无住所居民个人预判为非居民个人取得的数月奖金，选择按全年一次性奖金计税的填写本部分）		
一、全年一次性奖金收入	34	
二、准予扣除的捐赠额（附报《个人所得税公益慈善事业捐赠扣除明细表》）	35	
三、税率（%）	36	
四、速算扣除数	37	
五、应纳税额［第 38 行 =（第 34 行 - 第 35 行）× 第 36 行 - 第 37 行］	38	
税额调整		
一、综合所得收入调整额（需在“备注”栏说明调整具体原因、计算方式等）	39	
二、应纳税额调整额	40	
应补/退个人所得税计算		
一、应纳税额合计（第 41 行 = 第 33 行 + 第 38 行 + 第 40 行）	41	
二、减免税额（附报《个人所得税减免税事项报告表》）	42	
三、已缴税额	43	
四、应补/退税额（第 44 行 = 第 41 行 - 第 42 行 - 第 43 行）	44	
无住所个人附报信息		

纳税年度内在中国境内居住天数		已在中国境内居住年数	

续表

退税申请 （应补/退税额小于0的填写本部分）			
□ 申请退税（需填写“开户银行名称”“开户银行省份”“银行账号”）　　□ 放弃退税			
开户银行名称		开户银行省份	
银行账号			
备注			
谨声明：本表是根据国家税收法律法规及相关规定填报的，本人对填报内容（附带资料）的真实性、可靠性、完整性负责。 纳税人签字：　　　　年　月　日			
经办人签字： 经办人身份证件类型： 经办人身份证件号码： 代理机构签章： 代理机构统一社会信用代码：		受理人： 受理税务机关（章）： 受理日期：　　年　月　日	

国家税务总局监制

纳税人办理综合所得汇算清缴，应当准备与收入、专项扣除、专项附加扣除、依法确定的其他扣除、捐赠、享受税收优惠等相关的资料，并按规定留存备查或报送。

引例解析

小王取得特许权使用费所得，且综合所得年收入额减除专项扣除的余额超过6万元应办理纳税申报。

媒体视点

薇娅偷逃税被查，网络直播税收秩序规范迎来新拐点

今天，浙江省杭州市税务部门公布了对网络主播黄薇（网名：薇娅）偷逃税案件的处理情况。国家税务总局表示，坚决支持杭州市税务部门依法严肃处理黄薇偷逃税案件，并要求各级税务机关对各种偷逃税行为，坚持依法严查严处，坚决维护国家税法权威，促进社会公平正义。

经查，薇娅在2019年至2020年期间，通过隐匿个人收入、虚构业务转换收入性质虚假申报等方式偷逃税款6.43亿元，其他少缴税款0.6亿元。杭州市税务局稽查局依据相关法律法规，对薇娅追缴税款、加收滞纳金并处罚款，共计13.41亿元。

这是一次响亮的警钟声，敲打着每一位网络主播，让他们意识到过往有着偷逃税行为的应第一时间积极整改，切莫尝试在税收体系中玩“躲猫猫”。

这是一堂严肃的法治课，教育着每一位网络主播，他们的税法遵从度必须要能跟得上迅速增长的财富，在税务部门有关负责人的答记者问中，违法的事实依据、处罚的法律依据都一目了然，一位好的带货达人应先是一位合格合规的纳税人。

这是一瓶潜在的催化剂，推动着网络直播行业强化行业自律，逐步形成行业惩戒措施和机制，为直播行业未来的健康稳定发展奠定关键基石。

在规范网络直播行业税收秩序过程中，税务部门始终秉持着宽严相济的态度，为网络主播们的“自我救赎”打开了一扇窗，在税务总局发布的上述通知中明确指出，对2021年底前能够主动报告并及时纠正涉税问题的，可以依法从轻、减轻或者免予处罚。据悉，已有上千人主动自查补缴税款。

［资料来源：节选自中新社，《薇娅偷逃税被查，网络直播税收秩序规范迎来新拐点》，2021年12月20日］

三、取得经营所得的纳税申报

纳税人取得经营所得，按年计算个人所得税，由纳税人在月度或季度终了后15日内，向经营管理所在地主管税务机关办理预缴纳税申报，并报送《个人所得税经营所得纳税申报表（A表）》（见表6－10）。在取得所得的次年3月31日前，向经营管理所在地主管税务机关办理汇算清缴，并报送《个人所得税经营所得纳税申报表（B表）》（见表6－11）；从两处以上取得经营所得的，选择向其中一处经营管理所在地主管税务机关办理年度汇总申报，并报送《个人所得税经营所得纳税申报表（C表）》（见表6－12）。

表6－10　　个人所得税经营所得纳税申报表（A表）

税款所属期：　　年　月　日至　　年　月　日

纳税人姓名：

纳税人识别号：□□□□□□□□□□□□□□□□□□□□□□□□□　　金额单位：人民币元（列至角分）

被投资单位信息		
名称		
纳税人识别号（统一社会信用代码）	□□□□□□□□□□□□□□□□□□□□□□□□□	
征收方式（单选）		
□查账征收（据实预缴）　□查账征收（按上年应纳税所得额预缴）　□核定应税所得率征收 □核定应纳税所得额征收　□税务机关认可的其他方式＿＿＿＿＿＿＿＿		
个人所得税计算		
项目	行次	金额/比例
一、收入总额	1	
二、成本费用	2	

续表

项目	行次	金额/比例
三、利润总额（第3行=第1行-第2行）	3	
四、弥补以前年度亏损	4	
五、应税所得率（%）	5	
六、合伙企业个人合伙人分配比例（%）	6	
七、允许扣除的个人费用及其他扣除（第7行=第8行+第9行+第14行）	7	
（一）投资者减除费用	8	
（二）专项扣除（第9行=第10行+第11行+第12行+第13行）	9	
1. 基本养老保险费	10	
2. 基本医疗保险费	11	
3. 失业保险费	12	
4. 住房公积金	13	
（三）依法确定的其他扣除（第14行=第15行+第16行+第17行）	14	
1.	15	
2.	16	
3.	17	
八、准予扣除的捐赠额（附报《个人所得税公益慈善事业捐赠扣除明细表》）	18	
九、应纳税所得额	19	
十、税率（%）	20	
十一、速算扣除数	21	
十二、应纳税额（第22行=第19行×第20行-第21行）	22	
十三、减免税额（附报《个人所得税减免税事项报告表》）	23	
十四、已缴税额	24	
十五、应补/退税额（第25行=第22行-第23行-第24行）	25	
备注		

谨声明：本表是根据国家税收法律法规及相关规定填报的，本人对填报内容（附带资料）的真实性、可靠性、完整性负责。

纳税人签字：　　　　　年　　月　　日

经办人签字： 经办人身份证件类型： 经办人身份证件号码： 代理机构签章： 代理机构统一社会信用代码：	受理人： 受理税务机关（章）： 受理日期：　　　年　　月　　日

国家税务总局监制

表 6－11　　　　　　**个人所得税经营所得纳税申报表（B 表）**

税款所属期：　　　年　月　日至　　年　月　日

纳税人姓名：

纳税人识别号：□□□□□□□□□□□□□□□□□□□□□□□□□　　　　金额单位：人民币元（列至角分）

被投资单位信息	名称		纳税人识别号（统一社会信用代码）	

项目	行次	金额/比例
一、收入总额	1	
其中：国债利息收入	2	
二、成本费用（3＝4＋5＋6＋7＋8＋9＋10）	3	
（一）营业成本	4	
（二）营业费用	5	
（三）管理费用	6	
（四）财务费用	7	
（五）税金	8	
（六）损失	9	
（七）其他支出	10	
三、利润总额（11＝1－2－3）	11	
四、纳税调整增加额（12＝13＋27）	12	
（一）超过规定标准的扣除项目金额（13＝14＋15＋16＋17＋18＋19＋20＋21＋22＋23＋24＋25＋26）	13	
1. 职工福利费	14	
2. 职工教育经费	15	
3. 工会经费	16	
4. 利息支出	17	
5. 业务招待费	18	
6. 广告费和业务宣传费	19	
7. 教育和公益事业捐赠	20	
8. 住房公积金	21	
9. 社会保险费	22	
10. 折旧费用	23	
11. 无形资产摊销	24	
12. 资产损失	25	
13. 其他	26	
（二）不允许扣除的项目金额（27＝28＋29＋30＋31＋32＋33＋34＋35＋36）	27	
1. 个人所得税税款	28	
2. 税收滞纳金	29	
3. 罚金、罚款和被没收财物的损失	30	

续表

项目	行次	金额/比例
4. 不符合扣除规定的捐赠支出	31	
5. 赞助支出	32	
6. 用于个人和家庭的支出	33	
7. 与取得生产经营收入无关的其他支出	34	
8. 投资者工资薪金支出	35	
9. 其他不允许扣除的支出	36	
五、纳税调整减少额	37	
六、纳税调整后所得（38 = 11 + 12 − 37）	38	
七、弥补以前年度亏损	39	
八、合伙企业个人合伙人分配比例（%）	40	
九、允许扣除的个人费用及其他扣除（41 = 42 + 43 + 48 + 55）	41	
（一）投资者减除费用	42	
（二）专项扣除（43 = 44 + 45 + 46 + 47）	43	
1. 基本养老保险费	44	
2. 基本医疗保险费	45	
3. 失业保险费	46	
4. 住房公积金	47	
（三）专项附加扣除（48 = 49 + 50 + 51 + 52 + 53 + 54）	48	
1. 子女教育	49	
2. 继续教育	50	
3. 大病医疗	51	
4. 住房贷款利息	52	
5. 住房租金	53	
6. 赡养老人	54	
（四）依法确定的其他扣除（55 = 56 + 57 + 58 + 59）	55	
1. 商业健康保险	56	
2. 税延养老保险	57	
3.	58	
4.	59	
十、投资抵扣	60	
十一、准予扣除的个人捐赠支出	61	
十二、应纳税所得额（62 = 38 − 39 − 41 − 60 − 61）或［62 =（38 − 39）× 40 − 41 − 60 − 61］	62	
十三、税率（%）	63	
十四、速算扣除数	64	
十五、应纳税额（65 = 62 × 63 − 64）	65	
十六、减免税额（附报《个人所得税减免税事项报告表》）	66	

续表

项目	行次	金额/比例
十七、已缴税额	67	
十八、应补/退税额（68 = 65 − 66 − 67）	68	
谨声明：本表是根据国家税收法律法规及相关规定填报的，是真实的、可靠的、完整的。 纳税人签字：　　年　月　日		
经办人： 经办人身份证件号码： 代理机构签章： 代理机构统一社会信用代码：	受理人： 受理税务机关（章）： 受理日期：　　年　月　日	

国家税务总局监制

表 6-12　　个人所得税经营所得纳税申报表（C表）

税款所属期：　　年　月　日至　　年　月　日

纳税人姓名：

纳税人识别号：□□□□□□□□□□□□□□□□□□□□□□□　　金额单位：人民币元（列至角分）

			单位名称	纳税人识别号（统一社会信用代码）	投资者应纳税所得额
被投资单位信息	汇总地				
	非汇总地	1			
		2			
		3			
		4			
		5			

项目	行次	金额/比例
一、投资者应纳税所得额合计	1	
二、应调整的个人费用及其他扣除（2 = 3 + 4 + 5 + 6）	2	
（一）投资者减除费用	3	
（二）专项扣除	4	
（三）专项附加扣除	5	
（四）依法确定的其他扣除	6	
三、应调整的其他项目	7	
四、调整后应纳税所得额（8 = 1 + 2 + 7）	8	
五、税率（%）	9	
六、速算扣除数	10	
七、应纳税额（11 = 8 × 9 − 10）	11	
八、减免税额（附报《个人所得税减免税事项报告表》）	12	
九、已缴税额	13	
十、应补/退税额（14 = 11 − 12 − 13）	14	
谨声明：本表是根据国家税收法律法规及相关规定填报的，是真实的、可靠的、完整的。 纳税人签字：　　年　月　日		
经办人： 经办人身份证件号码： 代理机构签章： 代理机构统一社会信用代码：	受理人： 受理税务机关（章）： 受理日期：　　年　月　日	

四、取得境外所得的纳税申报

居民个人取得境外所得需要办理自行申报的，应当在取得所得的次年3月1日至6月30日内，向主管税务机关办理纳税申报，并报送《个人所得税年度自行纳税申报表（B表）》（见表6－13）。同时，办理境外所得纳税申报时，需一并附报《境外所得个人所得税抵免明细表》，以便计算其取得境外所得的抵免限额。

表6－13　　个人所得税年度自行纳税申报表（B表）

（居民个人取得境外所得适用）

税款所属期：　　年　　月　　日至　　年　　月　　日

纳税人姓名：

纳税人识别号：□□□□□□□□□□□□□□□□□□□□□－□□　　金额单位：人民币元（列至角分）

基本情况					
手机号码		电子邮箱		邮政编码	□□□□□□
联系地址	___省（区、市）___市___区（县）_____街道（乡、镇）_________				
纳税地点（单选）					
1. 有任职受雇单位的，需选本项并填写“任职受雇单位信息”：			□任职受雇单位所在地		
任职受雇单位信息	名称				
	纳税人识别号				
2. 没有任职受雇单位的，可以从本栏次选择一地：			□户籍所在地 □ 经常居住地		
户籍所在地/经常居住地		___省（区、市）_____市_____区（县）_______街道（乡、镇）________			
申报类型（单选）					
□首次申报			□ 更正申报		
综合所得个人所得税计算					

项目	行次	金额
一、境内收入合计（第1行＝第2行＋第3行＋第4行＋第5行）	1	
（一）工资、薪金	2	
（二）劳务报酬	3	
（三）稿酬	4	
（四）特许权使用费	5	
二、境外收入合计（附报《境外所得个人所得税抵免明细表》）（第6行＝第7行＋第8行＋第9行＋第10行）	6	
（一）工资、薪金	7	
（二）劳务报酬	8	
（三）稿酬	9	
（四）特许权使用费	10	

续表

项目	行次	金额
三、费用合计［第11行＝（第3行＋第4行＋第5行＋第8行＋第9行＋第10行）×20%］	11	
四、免税收入合计（第12行＝第13行＋第14行）	12	
（一）稿酬所得免税部分［第13行＝（第4行＋第9行）×（1－20%）×30%］	13	
（二）其他免税收入（附报《个人所得税减免税事项报告表》）	14	
五、减除费用	15	
六、专项扣除合计（第16行＝第17行＋第18行＋第19行＋第20行）	16	
（一）基本养老保险费	17	
（二）基本医疗保险费	18	
（三）失业保险费	19	
（四）住房公积金	20	
七、专项附加扣除合计（附报《个人所得税专项附加扣除信息表》）（第21行＝第22行＋第23行＋第24行＋第25行＋第26行＋第27行）	21	
（一）子女教育	22	
（二）继续教育	23	
（三）大病医疗	24	
（四）住房贷款利息	25	
（五）住房租金	26	
（六）赡养老人	27	
八、其他扣除合计（第28行＝第29行＋第30行＋第31行＋第32行＋第33行）	28	
（一）年金	29	
（二）商业健康保险（附报《商业健康保险税前扣除情况明细表》）	30	
（三）税延养老保险（附报《个人税收递延型商业养老保险税前扣除情况明细表》）	31	
（四）允许扣除的税费	32	
（五）其他	33	
九、准予扣除的捐赠额（附报《个人所得税公益慈善事业捐赠扣除明细表》）	34	
十、应纳税所得额（第35行＝第1行＋第6行－第11行－第12行－第15行－第16行－第21行－第28行－第34行）	35	
十一、税率（%）	36	
十二、速算扣除数	37	
十三、应纳税额（第38行＝第35行×第36行－第37行）	38	
除综合所得外其他境外所得个人所得税计算（无相应所得不填本部分，有相应所得另需附报《境外所得个人所得税抵免明细表》）		

续表

<table>
<tr><th colspan="2">项目</th><th>行次</th><th>金额</th></tr>
<tr><td rowspan="6">一、经营所得</td><td>（一）经营所得应纳税所得额（第39行=第40行+第41行）</td><td>39</td><td></td></tr>
<tr><td>其中：境内经营所得应纳税所得额</td><td>40</td><td></td></tr>
<tr><td>境外经营所得应纳税所得额</td><td>41</td><td></td></tr>
<tr><td>（二）税率（%）</td><td>42</td><td></td></tr>
<tr><td>（三）速算扣除数</td><td>43</td><td></td></tr>
<tr><td>（四）应纳税额（第44行=第39行×第42行-第43行）</td><td>44</td><td></td></tr>
<tr><td rowspan="3">二、利息、股息、红利所得</td><td>（一）境外利息、股息、红利所得应纳税所得额</td><td>45</td><td></td></tr>
<tr><td>（二）税率（%）</td><td>46</td><td></td></tr>
<tr><td>（三）应纳税额（第47行=第45行×第46行）</td><td>47</td><td></td></tr>
<tr><td rowspan="3">三、财产租赁所得</td><td>（一）境外财产租赁所得应纳税所得额</td><td>48</td><td></td></tr>
<tr><td>（二）税率（%）</td><td>49</td><td></td></tr>
<tr><td>（三）应纳税额（第50行=第48行×第49行）</td><td>50</td><td></td></tr>
<tr><td rowspan="3">四、财产转让所得</td><td>（一）境外财产转让所得应纳税所得额</td><td>51</td><td></td></tr>
<tr><td>（二）税率（%）</td><td>52</td><td></td></tr>
<tr><td>（三）应纳税额（第53行=第51行×第52行）</td><td>53</td><td></td></tr>
<tr><td rowspan="3">五、偶然所得</td><td>（一）境外偶然所得应纳税所得额</td><td>54</td><td></td></tr>
<tr><td>（二）税率（%）</td><td>55</td><td></td></tr>
<tr><td>（三）应纳税额（第56行=第54行×第55行）</td><td>56</td><td></td></tr>
<tr><td rowspan="2">六、其他所得</td><td>（一）其他境内、境外所得应纳税所得额合计（需在“备注”栏说明具体项目）</td><td>57</td><td></td></tr>
<tr><td>（二）应纳税额</td><td>58</td><td></td></tr>
<tr><td colspan="4">股权激励个人所得税计算
（无境外股权激励所得不填本部分，有相应所得另需附报《境外所得个人所得税抵免明细表》）</td></tr>
<tr><td colspan="2">一、境内、境外单独计税的股权激励收入合计</td><td>59</td><td></td></tr>
<tr><td colspan="2">二、税率（%）</td><td>60</td><td></td></tr>
<tr><td colspan="2">三、速算扣除数</td><td>61</td><td></td></tr>
<tr><td colspan="2">四、应纳税额（第62行=第59行×第60行-第61行）</td><td>62</td><td></td></tr>
<tr><td colspan="4">全年一次性奖金个人所得税计算
（无住所个人预判为非居民个人取得的数月奖金，选择按全年一次性奖金计税的填写本部分）</td></tr>
<tr><td colspan="2">一、全年一次性奖金收入</td><td>63</td><td></td></tr>
<tr><td colspan="2">二、准予扣除的捐赠额（附报《个人所得税公益慈善事业捐赠扣除明细表》）</td><td>64</td><td></td></tr>
<tr><td colspan="2">三、税率（%）</td><td>65</td><td></td></tr>
<tr><td colspan="2">四、速算扣除数</td><td>66</td><td></td></tr>
<tr><td colspan="2">五、应纳税额［第67行=（第63行-第64行）×第65行-第66行］</td><td>67</td><td></td></tr>
<tr><td colspan="4">税额调整</td></tr>
<tr><td colspan="2">一、综合所得收入调整额（需在“备注”栏说明调整具体原因、计算方法等）</td><td>68</td><td></td></tr>
<tr><td colspan="2">二、应纳税额调整额</td><td>69</td><td></td></tr>
</table>

续表

<table>
<tr><td colspan="4">项目</td><td>行次</td><td>金额</td></tr>
<tr><td colspan="6">应补/退个人所得税计算</td></tr>
<tr><td colspan="4">一、应纳税额合计
（第 70 行 = 第 38 行 + 第 44 行 + 第 47 行 + 第 50 行 + 第 53 行 + 第 56 行 + 第 58 行 + 第 62 行 + 第 67 行 + 第 69 行）</td><td>70</td><td></td></tr>
<tr><td colspan="4">二、减免税额（附报《个人所得税减免税事项报告表》）</td><td>71</td><td></td></tr>
<tr><td colspan="4">三、已缴税额（境内）</td><td>72</td><td></td></tr>
<tr><td colspan="4">其中：境外所得境内支付部分已缴税额</td><td>73</td><td></td></tr>
<tr><td colspan="4">境外所得境外支付部分预缴税额</td><td>74</td><td></td></tr>
<tr><td colspan="4">四、境外所得已纳所得税抵免额（附报《境外所得个人所得税抵免明细表》）</td><td>75</td><td></td></tr>
<tr><td colspan="4">五、应补/退税额（第 76 行 = 第 70 行 - 第 71 行 - 第 72 行 - 第 75 行）</td><td>76</td><td></td></tr>
<tr><td colspan="6">无住所个人附报信息</td></tr>
<tr><td>纳税年度内在中国境内居住天数</td><td colspan="2"></td><td colspan="2">已在中国境内居住年数</td><td></td></tr>
<tr><td colspan="6">退税申请
（应补/退税额小于 0 的填写本部分）</td></tr>
<tr><td colspan="6">□ 申请退税（需填写“开户银行名称”“开户银行省份”“银行账号”）□放弃退税</td></tr>
<tr><td>开户银行名称</td><td colspan="2"></td><td colspan="2">开户银行省份</td><td></td></tr>
<tr><td>银行账号</td><td colspan="5"></td></tr>
<tr><td colspan="6">备注</td></tr>
<tr><td colspan="6"></td></tr>
<tr><td colspan="6">谨声明：本表是根据国家税收法律法规及相关规定填报的，本人对填报内容（附带资料）的真实性、可靠性、完整性负责。
纳税人签字：　　　　年　　月　　日</td></tr>
<tr><td colspan="3">经办人签字：
经办人身份证件类型：
经办人身份证件号码：
代理机构签章：
代理机构统一社会信用代码：</td><td colspan="3">受理人：

受理税务机关（章）：

受理日期：　　　年　　月　　日</td></tr>
</table>

国家税务总局监制

五、因移居境外注销中国户籍的纳税申报

纳税人因移居境外注销中国户籍的，应当在申请注销中国户籍前，向户籍所在地主管税务机关办理纳税申报，进行税款清算。

（1）纳税人在注销户籍年度取得综合所得的，应当在注销户籍前，办理当年综合所得的汇算清缴，并报送《个人所得税年度自行纳税申报表》。尚未办理上一年度综合所得汇算清缴的，应当在办理注销户籍纳税申报时一并办理。

（2）纳税人在注销户籍年度取得经营所得的，应当在注销户籍前，办理当年经营所得的汇算清缴，并报送《个人所得税经营所得纳税申报表（B表）》。从两处以上取得经营所得的，还应当一并报送《个人所得税经营所得纳税申报表（C表）》。尚未办理上一年度经营所得汇算清缴的，应当在办理注销户籍纳税申报时一并办理。

（3）纳税人在注销户籍当年取得利息、股息、红利所得，财产租赁所得，财产转让所得和偶然所得的，应当在注销户籍前，申报当年上述所得的完税情况，并报送《个人所得税自行纳税申报表（A表）》。

（4）纳税人有未缴或者少缴税款的，应当在注销户籍前，结清欠缴或未缴的税款。纳税人存在分期缴税且未缴纳完毕的，应当在注销户籍前，结清尚未缴纳的税款。

（5）纳税人办理注销户籍纳税申报时，需要办理专项附加扣除、依法确定的其他扣除的，应当向税务机关报送《个人所得税专项附加扣除信息表》《商业健康保险税前扣除情况明细表》《个人税收递延型商业养老保险税前扣除情况明细表》等。

六、非居民个人在中国境内从两处以上取得工资、薪金所得的纳税申报

非居民个人在中国境内从两处以上取得工资、薪金所得的，应当在取得所得的次月15日内，向其中一处任职、受雇单位所在地主管税务机关办理纳税申报。

知识归纳

个人所得税计算与申报归纳总结如图6－1所示。

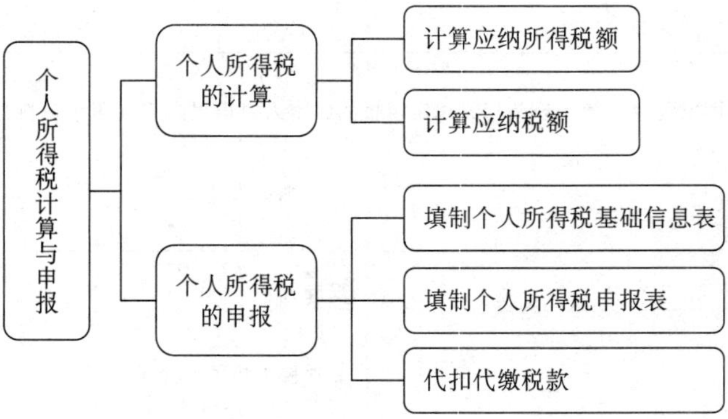

图6－1 个人所得税计算与申报总结

思考题

1. 居民纳税义务人和非居民纳税义务人划分的标准是什么？
2. 居民纳税人的纳税义务有哪些？
3. 非居民纳税人的纳税义务有哪些？
4. 个人所得税的征税对象具体内容包括哪些项目？
5. 个人所得税不同项目应纳税所得额如何计算？
6. 个人所得税不同项目如何适用税率？
7. 个人所得税不同项目应纳税额如何计算？

办税指南

1. 问：2019 年 1 月 1 日起就可以享受专项附加扣除信息，可是还有一些填报事项不明确或其他原因，来不及报送专项附加扣除信息怎么办？

答：对部分专项附加扣除事项不确定，或是其他原因，未能在 2019 年 1 月，或符合专项附加扣除条件的当月报送专项附加扣除信息的，可以在相关事项确定后，再填报相关扣除信息；对之前符合条件应当享受而未享受的，可以在该纳税年度剩余月份补充享受。也可以在次年 3 月 1 日至 6 月 30 日内，通过向税务机关办理综合所得汇算清缴申报时办理扣除。

2. 问：个人为单位或他人提供担保获得收入按照什么税目缴纳个税？

答：《财政部 税务总局关于个人取得有关收入适用个人所得税应税所得项目的公告》（财政部 税务总局公告 2019 年第 74 号）规定：“一、个人为单位或他人提供担保获得收入，按照‘偶然所得’项目计算缴纳个人所得税……五、本公告自 2019 年 1 月 1 日起执行。”

3. 问：2019 年以后发放的全年一次性奖金，如何计算缴纳个人所得税？

答：为确保新税法顺利平稳实施，稳定社会预期，让纳税人享受税改红利，财政部、税务总局制发了《关于个人所得税法修改后有关优惠政策衔接问题的通知》（财税〔2018〕164 号，以下简称《通知》），对纳税人在 2019 年 1 月 1 日至 2023 年 12 月 31 日期间取得的全年一次性奖金，可以不并入当年综合所得，以奖金全额除以 12 个月的数额，按照综合所得月度税率表，确定适用税率和速算扣除数，单独计算纳税，以避免部分纳税人因全年一次性奖金并入综合所得后提高适用税率。

对部分中低收入者而言，如将全年一次性奖金并入当年工资薪金所得，扣除基本减除费用、专项扣除、专项附加扣除等后，可能根本无需缴税或者缴纳很少税款。而如果将全年一次性奖金采取单独计税方式，反而会产生应纳税款或者增加税负。同时，如单独适用全年一次性奖金政策，可能在税率换档时出现税负突然增加的“临界点”现象。因此，《通知》专门规定，居民个人取得全年一次性奖金的，可以自行选择计税方式，请纳税人自行判断是否将全年一次性奖金并入综合所得计税。也请扣缴单位在发放奖金时注意把握，以便于纳税人享受减税红利。

4. 问：享受专项附加扣除政策怎么提交资料？

答：纳税人享受专项附加扣除政策，根据其选择享受的时点不同，只需要向扣缴单位（发工资预扣税款时享受情况下）或者税务机关（次年综合所得汇算清缴时享受情况下）填报相关信息即可，其他资料由纳税人自行留存备查。无论哪个时点享受，信息提交方式有多种，纳税人既可以选择通过手机或者电子税务局网页等远程办税端提交，也可以选择用电子或者纸质报表等方式提交。

5. 问：未按规定办理年度汇算，会有什么后果？

如果纳税人属于需要退税的情形，是否办理年度汇算申请退税是纳税人的权利，无需承担任何责任。

如纳税人需要补税（符合规定的免予汇算情形除外），未依法办理综合所得年度汇算的，可能面临税务行政处罚，并记入个人纳税信用档案。根据税收征管法第六十二条，纳税人未按照规定期限办理纳税申报和报送纳税资料的，由税务机关责令限期改正，可以处2 000元以下的罚款；情节严重的，可以处2 000元以上1万元以下的罚款，并追缴税款、加征滞纳金。根据税收征管法第六十三条规定，如纳税人偷税的，由税务机关追缴其不缴或者少缴的税款、滞纳金，并处不缴或者少缴的税款百分之五十以上五倍以下的罚款；构成犯罪的，依法追究刑事责任。根据《税收征管法》第六十四条，纳税人编造虚假计税依据的，由税务机关责令限期改正，并处五万元以下的罚款；纳税人不进行纳税申报，不缴或者少缴应纳税款的，由税务机关追缴其不缴或者少缴的税款、滞纳金，并处不缴或者少缴的税款百分之五十以上五倍以下的罚款。

6. 问：如果纳税人在接受学历继续教育的同时取得技能人员职业资格证书或者专业技术人员职业资格证书的，如何享受继续教育扣除？

答：根据《个人所得税专项附加扣除暂行办法》，纳税人接受学历继续教育，可以按照每月400元的标准扣除，全年共计4 800元；在同年又取得技能人员职业资格证书或者专业技术人员职业资格证书的，且符合扣除条件的，可按照3 600元的标准定额扣除，因此对同时符合此类情形的纳税人，该年度可叠加享受两类扣除，当年其继续教育共计可扣除8 400元（4 800 +3 600）。

7. 问：独生子女家庭，父母离异后再婚的，如何享受赡养老人专项附加扣除？

答：对于独生子女家庭，父母离异后重新组建家庭，在新组建的两个家庭中，如果纳税人对其亲生父母的一方或者双方是唯一法定赡养人，则纳税人可以按照独生子女标准享受每月2 000元赡养老人专项附加扣除。在填写专项附加扣除信息表时，纳税人需注明与被赡养人的关系。

7 项目七 其他税费计算与申报

学习目标

掌握其他税费的相关规定；能正确计算房产税、契税、城镇土地使用税、车船税、印花税、资源税、土地增值税、城市维护建设税、环境保护税；会根据企业经营地实际情况，正确计算与缴纳财政规费；能够通过查阅有关资料完成相应的纳税任务；能根据企业的经营情况与税务部门沟通，获得税务部门的支持，有效开展工作。

工作任务

房产税、契税、城镇土地使用税、车船税、印花税、资源税、土地增值税、城市维护建设税、环境保护税的计算；其他税种纳税地点的确定；其他税种的纳税申报。

任务一 房产税计算与申报

导入引例

某公司2021年自有房产原值200万元，将其中价值40万元的房屋出租年租金4万元，其余房屋用于生产。房产原值一次扣除率为10%，房产税每年4月、10月分两次缴纳。

根据资料计算每次需缴纳的房产税。

知识准备和业务操作

一、房产税的概念

房产税是以房屋为征税对象，按照房屋的计税余值或出租房屋的租金收入向产权所有人征收的一种财产税。

二、房产税的纳税人

房产税以房屋产权的所有人为纳税人。具体规定如下：产权属于国家所有的，由经营管理单位缴纳；产权属于集体和个人所有的，由集体单位和个人缴纳；产权出典的，由承典人缴纳；产权所有人、承典人不在房产所在地的，或者产权未确定及租典纠纷未解决的，由房产代管人或者使用人缴纳。自2009年1月1日起，外商投资企业、外国企业和组织以及外籍个人，依照《中华人民共和国房产税暂行条例》缴纳房产税。

三、房产税的征税范围

房产税的征税对象是房产。房产是以房屋形态表现的财产，是指有屋面和围护结构（有墙或两边有柱），能遮风避雨，可供人们在其中生产、工作、学习、娱乐、居住或储藏物资的场所。

房产税的征税范围是位于城市、县城、建制镇和工矿区的房屋。其中：城市是指经国务院批准建立的市，包括市区和郊区；县城是指未设立建制镇的县人民政府所在地；建制镇是指省人民政府批准设立的建制镇，征税范围为镇人民政府所在地，不包括所辖的行政村；工矿区是指工商业比较发达，人口比较集中，符合国务院的建制镇标准，但尚未设立镇建制的大中型工矿企业所在地。在工矿区开征房产税须经省、自治区、直辖市人民政府批准。

四、房产税的计税依据

房产税的计税依据是房产的计税价值或房产的租金收入。按照房产计税价值征税的，称为从价计征；按照房产租金收入计征的，称为从租计征。

（一）从价计征

《房产税暂行条例》规定，房产税依照房产原值一次减除10%～30%后的余值计算缴纳。各地扣除比例由当地省、自治区、直辖市人民政府确定。

（1）房产原值是指纳税人按照会计制度规定，在账簿“固定资产”科目中记载的房屋原价。因此，凡按会计制度规定在账簿中记载有房屋原价的，应以房屋原价按规定减除一定比例后作为房产余值计征房产税；没有记载房屋原价的，按照上述原则，并参照同类房屋确定房产原值，按规定计征房产税。

自2009年1月1日起，对依照房产原值计税的房产，不论是否记载在会计账簿固定资产科目中，均应按照房屋原价计算缴纳房产税。房屋原价应根据国家有关会计制度规定进行核算。对纳税人未按国家会计制度规定核算并记载的，应按规定予以调整或重新评估。

（2）房产原值应包括与房屋不可分割的各种附属设备或一般不单独计算价值的配套设施。主要有：暖气、卫生、通风、照明、煤气等设备；各种管线，如蒸汽、压缩空气、石油、给水排水等管道及电力、电讯、电缆导线；电梯、升降机、过道、晒台等。属于房屋附属设备的水管、下水道、暖气管、煤气管等应从最近的探视井或三通管起计算原值；电灯网、照明线从进线盒连接管起计算原值。

（3）纳税人对原有房屋进行改建、扩建的，要相应增加房屋的原值。

（4）房产余值是房产的原值减除规定比例后的剩余价值。

（5）对投资联营的房产，在计征房产税时应予以区别对待。对于以房产投资联营，投资者参与投资利润分红，共担风险的，按房产余值作为计税依据计征房产税；对以房产投资，收取固定收入，不承担联营风险的，实际是以联营名义取得房产租金，应由出租方按租金收入计缴房产税。

对融资租赁房屋的情况，由于租赁费包括购进房屋的价款、手续费、借款利息等，与一般房屋出租的“租金”内涵不同，且租赁期满后，当承租方偿还最后一笔租赁费时，房屋产权要转移到承租方。这实际是一种变相的分期付款购买固定资产的形式，所以在计征房产税时应以房产余值计算征收，至于租赁期内房产税的纳税人，由当地税务机关根据实际情况确定。

（6）居民住宅区内业主共有的经营性房产缴纳房产税。自2007年1月1日起，对居民住宅区内业主共有的经营性房产，由实际经营（包括自营和出租）的代管人或使用人缴纳房产税。其中自营的，依照房产原值减除10%至30%后的余值计征，没有房产原值或不能将业主共有房产与其他房产的原值准确划分开的，由房产所在地地方税务机关参照同类房产核定房产原值；出租的，依照租金收入计征。

【思考题7-1】（多选题）根据房产税的规定，下列项目中，属于房产项目的有（ ）。

A. 室内游泳池　　B. 烟囱　　C. 电梯　　D. 下水道

（二）从租计征

房产出租的，以房产租金收入为房产税的计税依据。

房产的租金收入，是房屋产权所有人出租房产使用权所得的报酬，包括货币收入和实物收入。如果是以劳务或者其他形式为报酬抵付房租收入的，应根据当地同类房产的租金水平，确定一个标准租金额从租计征。

纳税人对个人出租房屋的租金收入申报不实或申报数与同一地段同类房屋的租金收入相比明显不合理的，税务部门可以按照《中华人民共和国税收征收管理法》的有关规定，采取科学合理的方法核定其应纳税款。具体办法由各省、自治区、直辖市地方税务机关结合当地实际情况制定。

对出租房产，租赁双方签订的租赁合同约定有免收租金期限的，免收租金期间由产权所有人按照房产原值缴纳房产税。

五、房产税的税率

房产税采用比例税率，分别按从价计征和从租计征设置了两种税率：

从价计征的，税率为1.2%；从租计征的，税率为12%。自2001年1月1日起，对个人按市场价格出租居民住房用于居住的，可暂减按4%的税率征收房产税。

六、房产税的税收优惠

目前，房产税的税收优惠政策主要有：

1. 国家机关、人民团体、军队自用的房产免征房产税。但上述免税单位的出租房产以及非自身业务使用的生产、营业用房，不属于免税范围。

2. 由国家财政部门拨付事业经费的单位，如学校、医疗卫生单位、托儿所、幼儿园、敬老院、文化、体育、艺术等实行全额或差额预算管理的事业单位所有的其本身业务范围内使用的房产免征房产税。

3. 宗教寺店、公园、名胜古迹自用的房产免征房产税。

4. 个人所有非营业用的房产免征房产税。

5. 对行使国家行政管理职能的中国人民银行总行（含国家外汇管理局）所属分支机构自用的房产，免征房产税。

6. 经财政部批准免税的其他房产：

（1）对廉租住房经营管理单位按照政府规定价格、向规定保障对象出租廉租住房的租金收入，免征房产税。

（2）对高校学生公寓免征房产税。

（3）按照公有住房管理或纳入县级以上政府廉租住房管理的自有住房暂免征收房产税。

（4）自2018年10月1日至2020年12月31日，对按照去产能和调结构政策要求停产停业、关闭的企业，自停产停业次月起，免征房产税、城镇土地使用税。企业享受免税政策的期限累计不得超过两年。通知发布前，企业按照去产能和调结构政策要求停产停业、关闭但涉及的房产税、城镇土地使用税尚未处理的，可按通知执行。

（5）自2019年1月1日至2021年12月31日，对国家级、省级科技企业孵化器、大学科技园和国家备案众创空间自用以及无偿或通过出租等方式提供给在孵对象使用的房产、土地，免征房产税和城镇土地使用税；对其向在孵对象提供孵化服务取得的收入，免征增值税。孵化服务是指为在孵对象提供的经纪代理、经营租赁、研发和技术、信息技术、鉴证咨询服务。

七、房产税应纳税额的计算

从价计征房产税应纳税额的计算公式为：

应纳税额 = 房产余值 ×1.2%

房产余值 = 房产原值 ×（1 - 扣除比例）

从租计征房产税应纳税额的计算公式为：

应纳税额 = 房产租金收入 ×12%

引例解析

根据任务案例计算应纳房产税：

自用房屋应纳税额 =(200 - 40) ×(1 - 10%) ×1.2% ÷2
=0.864（万元）

出租房屋应纳税额 =4 ×12% ÷2 =0.24（万元）

【例题7 -1】 某公司出租房屋3间，年租金收入为30 000元，适用税率为12%。计算其应纳房产税税额。

应纳税额 = 30 000 ×12% =3 600（元）

【例题7 -2】 某服装生产企业年初自有房产原值700万元，2021年发生以下业务：

(1) 1月1日将临街原值200万元的房产出租，月租金8万元，1月1日起计租，租期1年；

(2) 4月1日以原值500万元的房产投资A企业，每年按协议固定取得40万元利润，不承担风险。

要求计算其应纳房产税税额。

临街出租房应纳房产税 =8 ×12 ×12% =11.52（万元）

投资的房产从租计征的房产税 =40 ÷12 ×9 ×12% =3.6（万元）

投资的房产从价计征的房产税 =500 ×(1 -20%) ÷12 ×3 ×1.2% =1.2（万元）

八、房产税的纳税申报

(一) 纳税义务发生时间

(1) 将原有房产用于生产经营的，从生产经营之月起，计征房产税。

(2) 自建的房屋用于生产经营的，自建成之日的次月起，计征房产税。

(3) 委托施工企业建设的房屋，从办理验收手续之日的次月起纳税。对纳税人在办理验收手续前已使用或出租、出借的新建房屋，应从使用或出租、出借的当月起按规定计征房产税。

(4) 购置新建商品房，自房屋交付使用次月起计征房产税。

(5) 购置存量房，自办理房屋权属转移、变更登记手续，房地产权属登记机关签发房屋权属证书之次月起计征房产税。

(6) 出租、出借房产，自交付出租、出借房产之次月起计征房产税。

(7) 房地产开发企业自用、出租、出借本企业建造的商品房，自房屋使用或交付之次月起计征房产税。

(8) 自2009年1月1日起，纳税人因房产的实物或权利状态发生变化而依法终止房产税纳税义务的，其应纳税款的计算应截止到房产的实物或权利状态发生变化的当月末。

(二) 纳税期限

房产税按年征收、分期缴纳，具体纳税期限由各省、自治区、直辖市人民政府确定。

（三）纳税地点

房产税在房产所在地缴纳。房产不在同一地方的纳税人，应按房产的坐落地点分别向房产所在地的税务机关缴纳。

任务二 契税计算与申报

导入引例

某公司获得上级单位奖励房屋一套，得到该房屋后又将其与李先生拥有的一套房屋进行交换。房地产评估机构评估奖励给该公司的房屋价值30万元，李某房屋价值35万元，协商后，公司向李某支付房屋交换价格差额款5万元。税务机关核定奖励的房屋价值28万元。已知当地规定的契税税率为4%。

计算该公司应纳契税税额。

知识准备和业务操作

一、契税的概念

契税，是指国家在土地、房屋权属转移时，按照当事人双方签订的合同（契约）以及所确定价格的一定比例，向权属承受人征收的一种税。

契税是一个古老的税种。新中国成立以后颁布的第一个《契税暂行条例》规定："凡土地、房屋之买卖、典当、赠与和交换，均应凭土地、房屋的产权证明，在当事人双方订立契约时，由产权承受人缴纳契税。"之后，契税法律制度不断修订和调整。1997年7月7日，国务院颁布并于同年10月1日起施行《中华人民共和国契税暂行条例》，同年10月28日，财政部印发《契税暂行条例实施细则》。2020年8月11日第十三届全国人民代表大会常务委员会第二十一次会议通过《中华人民共和国契税法》，于2021年9月1日起施行。

一张图带你了解《契税法》

二、契税的纳税人

契税的纳税人，是在我国境内承受土地、房屋权属转移的单位和个人。

契税由权属的承受人缴纳。这里所说的"承受"，是指以受让、购买、受赠、交换等方式取得土地、房屋权属的行为。土地、房屋权属，是指土地使用权和房屋所有权；

“单位”，是指企业单位、事业单位、国家机关、军事单位和社会团体以及其他组织；“个人”，是指个体经营者及其他个人。

三、契税的征税范围

契税以在我国境内转移土地、房屋权属的行为作为征税对象。土地、房屋权属未发生转移的，不征收契税。

契税的征税范围主要包括：

（1）土地使用权出让。土地使用权出让是指土地使用者向国家交付土地使用权出让费用，国家将国有土地使用权在一定年限内让与土地使用者的行为。出让费用包括出让金、土地收益等项。

（2）土地使用权转让。土地使用权转让是指土地使用者以出售、赠与、交换或者其他方式将土地使用权转移给其他单位和个人的行为。土地使用权的转让不包括土地承包经营权和土地经营权的转移。

（3）房屋买卖。房屋买卖是指房屋所有者将其房屋出售，由承受者支付货币、实物、无形资产或其他经济利益的行为。

（4）房屋赠与。房屋赠与是指房屋所有者将其房屋无偿转让给受赠者的行为。

（5）房屋交换。房屋交换是指房屋所有者之间相互交换房屋的行为。

（6）承受国有土地使用权支付的土地出让金。对承受国有土地使用权所应支付的土地出让金，要计征契税。不得因减免土地出让金而减免契税。

需要注意的是：以作价投资（入股）、偿还债务、划转、奖励等方式转移土地、房屋权属的，应当征收契税。

四、契税的计税依据

按照土地、房屋权属转移的形式、定价方法的不同，契税的计税依据确定如下：

（1）土地使用权出让、土地使用权出售、房屋买卖，以成交价格作为计税依据。成交价格是指土地、房屋权属转移合同确定的价格，包括承受者应交付的货币、实物、无形资产或其他经济利益。计征契税的成交价格不含增值税。

（2）土地使用权赠与、房屋赠与，由征收机关参照土地使用权出售、房屋买卖的市场价格核定。

（3）土地使用权交换、房屋交换，以所交换的土地使用权、房屋的价格差额为计税依据。计税依据只考虑其价格的差额，交换价格不相等的，由多交付货币、实物、无形资产或其他经济利益的一方缴纳契税；交换价格相等的，免征契税。土地使用权与房屋所有权之间相互交换，也应按照上述办法确定计税依据。

（4）以划拨方式取得土地使用权，经批准转让房地产时应补交的契税，以补交的土地使用权出让费用或土地收益作为计税依据。

为了防止纳税人隐瞒、虚报成交价格以偷、逃税款，对成交价格明显低于市场价格而无正当理由的，或所交换的土地使用权、房屋价格的差额明显不合理并且无正当理由的，征收机关参照市场价格核定计税依据。

【思考题7-2】（单选题）下列关于契税的表述不正确的是（　　）。

A. 契税实行幅度比例税率

B. 契税由财产承受人缴纳

C. 契税属于行为税

D. 契税是以所有权发生转移的不动产为征税对象

五、契税的税率

契税采用比例税率，并实行3% ~5%的幅度税率。具体税率由省、自治区、直辖市人民政府在幅度税率规定范围内，按照本地区的实际情况提出，报同级人民代表大会常务委员会决定，并报全国人民代表大会常务委员会和国务院备案。省、自治区、直辖市可以依照税法规定的程序对不同主体、不同地区、不同类型的住房的权属转移确定差别税率。

六、契税应纳税额的计算

契税的计算

契税应纳税额依照省、自治区、直辖市人民政府确定的适用税率和税法规定的计税依据计算征收。其计算公式为：

应纳税额 = 计税依据 × 税率

引例解析

根据契税法律制度的规定，以获奖方式取得房屋权属的应视同房屋赠与而征收契税，计税依据为税务机关参照市场价格核定的价格，即28万元。房屋交换且交换价格不相等的，应由多支付货币的一方缴纳契税，计税依据为所交换的房屋价格的差额，即5万元。因此，该公司应就其获奖承受该房屋权属行为和房屋交换行为分别缴纳契税：

获奖承受房屋权属行为应纳的税额 = 280 000 × 4% = 11 200（元）

房屋交换行为应纳的税额 = 50 000 × 4% = 2 000（元）

实际应纳税额 = 11 200 + 2 000 = 13 200（元）

【例题7 -3】 居民刘先生有两套住房，将一套出售给居民李先生，成交价格为200 000元；将另一套两室住房与居民翟先生交换成两处一室住房，并支付给翟先生换房差价款60 000元。计算刘先生、李先生、翟先生的行为应纳契税税额（假定税率为4%）。

刘先生应纳税额 = 60 000 × 4% = 2 400（元）

李先生应纳税额 = 200 000 × 4% = 8 000（元）

翟先生不缴纳契税。

七、契税的税收优惠

（一）有下列情形之一的，免征契税

1. 国家机关、事业单位、社会团体、军事单位承受土地、房屋权属用于办公、教学、医疗、科研、军事设施；

2. 非营利性的学校、医疗机构、社会福利机构承受土地、房屋权属用于办公、教学、医疗、科研、养老、救助；

3. 承受荒山、荒地、荒滩土地使用权用于农、林、牧、渔业生产；

4. 婚姻关系存续期间夫妻之间变更土地、房屋权属；

5. 法定继承人通过继承承受土地、房屋权属；

6. 依照法律规定应当予以免税的外国驻华使馆、领事馆和国际组织驻华代表机构承受土地、房屋权属。

根据国民经济和社会发展的需要，国务院对居民住房需求保障、企业改制重组、灾后重建等情形可以规定免征或者减征契税，报全国人民代表大会常务委员会备案。

（二）省、自治区、直辖市可以决定对下列情形免征或者减征契税

1. 因土地、房屋被县级以上人民政府征收、征用，重新承受土地、房屋权属；

2. 因不可抗力灭失住房，重新承受住房权属。

上述规定的免征或者减征契税的具体办法，由省、自治区、直辖市人民政府提出，报同级人民代表大会常务委员会决定，并报全国人民代表大会常务委员会和国务院备案。

纳税人改变有关土地、房屋的用途，或者有其他不再属于免征、减征契税情形的，应当缴纳已经免征、减征的税款。

八、契税的纳税申报

（一）纳税义务发生时间

契税的纳税义务发生时间，为纳税人签订土地、房屋权属转移合同的当日，或者纳税人取得其他具有土地、房屋权属转移合同性质凭证的当日。纳税人应当在依法办理土地、房屋权属登记手续前申报缴纳契税。

纳税人办理纳税事宜后，税务机关应当开具契税完税凭证。纳税人办理土地、房屋权属登记，不动产登记机构应当查验契税完税、减免税凭证或者有关信息。未按照规定缴纳契税的，不动产登记机构不予办理土地、房屋权属登记。

在依法办理土地、房屋权属登记前，权属转移合同、权属转移合同性质凭证不生效、无效、被撤销或者被解除的，纳税人可以向税务机关申请退还已缴纳的税款，税务机关应当依法办理。

税务机关应当与相关部门建立契税涉税信息共享和工作配合机制。自然资源、住房和城乡建设、民政、公安等相关部门应当及时向税务机关提供与转移土地、房屋权属有关的信息，协助税务机关加强契税征收管理。

税务机关及其工作人员对税收征收管理过程中知悉的纳税人的个人信息，应当依法予以保密，不得泄露或者非法向他人提供。

（二）纳税地点

契税实行属地征收管理。纳税人发生契税纳税义务时，应向土地、房屋所在地的税

收征收机关申报纳税。

（三）纳税期限

纳税人应当自纳税义务发生之日起10日内，向土地、房屋所在地的税收征收机关办理纳税申报，并在税收征收机关核定的期限内缴纳税款。

任务三
城镇土地使用税计算与申报

导入引例

某公司2021年实际占用市区二级土地2 000平方米，该公司所在市政府规定市区二级土地的城镇土地使用税的税额标准为每平方米每年8元。

计算该公司全年应纳城镇土地使用税税额。

知识准备和业务操作

一、城镇土地使用税的概念

城镇土地使用税是以城镇土地为征税对象，对拥有土地使用权的单位和个人征收的一种税。

二、城镇土地使用税的纳税人

城镇土地使用税的纳税人是征税地域范围内使用土地的单位和个人。具体包括：

（1）拥有土地使用权的单位和个人；

（2）拥有土地使用权的单位和个人不在土地所在地的，以土地的实际使用人或代管人为纳税人；

（3）土地使用权未确定或权属纠纷未解决的，以实际使用人为纳税人；

（4）土地使用权共有的，由共有各方分别纳税。

【思考题7-3】（单选题）东城区的章某将一栋房产租给李先生一家居住，该房产应由（　　）缴纳城镇土地使用税。

A. 章某　　B. 李先生

C. 不需纳税　　D. 由东城区税务机关决定

三、城镇使用税的征税范围

城镇土地使用税的征税范围包括城市、县城、建制镇和工矿区内的国家所有和集体所有的土地。

城市是指国务院批准设立的市。县城是指县级人民政府所在地。建制镇是指经省、自治区、直辖市人民政府批准设立的建制镇。工矿区是指工商业比较发达，人口比较集中，符合国务院规定的建制镇标准，但尚未设立建制镇的大中型工矿企业所在地。工矿区须经省、自治区、直辖市人民政府批准。

四、城镇土地使用税的税率

城镇土地使用税采用定额税率，即采用有幅度的差别税额。大、中、小城市以公安部门登记在册的非农业正式户口人数为依据，按照国务院颁布的《城市规划条例》中规定的标准划分。人口在 50 万以上者为大城市；人口在 20 万至 50 万之间者为中等城市；人口在 20 万以下者为小城市。具体规定见表 7 – 1。

表 7 – 1　　城镇土地使用税的税率

级　别	人口（人）	每平方米税额（元）
大城市	50 万以上	1.5 ~ 30
中等城市	20 万 ~ 50 万	1.2 ~ 24
小城市	20 万以下	0.9 ~ 18
县城、建制镇、工矿区		0.6 ~ 12

各省、自治区、直辖市人民政府可根据市政建设情况和经济繁荣程度在规定税额幅度内确定所辖地区的适用税额幅度。经济落后地区土地使用税的适用税额标准可适当降低，但降低额不得超过上述规定最低税额的 30%。经济发达地区的适用税额标准可以适当提高，但须报财政部批准。

五、城镇土地使用税应纳税额的计算

（一）计税依据的确定

城镇土地使用税以纳税人实际占用的土地面积为计税依据，土地面积以平方米为计量标准。具体按以下办法确定：

（1）凡有由省、自治区、直辖市人民政府确定的部门组织测定的土地面积，以测定的面积为准；

（2）尚未组织测量但纳税人持有政府土管部门核发的土地使用证书的，以证书确认的土地面积为准；

（3）尚未核发土地使用证书的，应由纳税人申报土地面积据以纳税，待核发土地使用证后再做调整。

（二）应纳税额的计算

城镇土地使用税按纳税人实际占用的土地面积和规定的税额计算。其应纳税额计算公式为：

年度应纳税额 = 应税土地实际占用面积 × 适用单位税额

引例解析

该公司全年应纳税额 =2 000 ×8 =16 000（元）

【例题7-4】设在某城市的一家企业使用土地面积为10 000平方米，经税务机关核定，该土地为应税土地，每平方米年税额为4元。请计算其全年应纳土地使用税税额。

年应纳土地使用税税额 =10 000 ×4 =40 000（元）

六、城镇土地使用税的税收优惠

（一）下列土地免缴土地使用税

（1）国家机关、人民团体、军队自用的土地，免征城镇土地使用税。

（2）由国家财政部门拨付事业经费的单位自用的土地，免征城镇土地使用税。

（3）宗教寺庙、公园、名胜古迹自用的土地，免征城镇土地使用税。

（4）市政街道、广场、绿化地带等公共用地，免征城镇土地使用税。

（5）直接用于农、林、牧、渔业的生产用地，免征城镇土地使用税。

（6）经批准开山填海整治的土地和改造的废弃土地，从使用的月份起免缴土地使用税5年至10年。

（7）由财政部另行规定免税的能源、交通、水利设施用地和其他用地。

除上述第（6）条规定外，纳税人缴纳土地使用税确有困难需要定期减免的，由省、自治区、直辖市税务机关审核后，报国家税务总局批准。

（二）城镇土地使用税减免税的审批

决定把城镇土地使用税困难减免税（以下简称困难减免税）审批权限下放至县以上税务机关。现将有关事项公告如下：

（1）各省、自治区、直辖市和计划单列市税务机关（以下简称省税务机关）要根据纳税困难类型、减免税金额大小及本地区管理实际，按照减负提效、放管结合的原则，合理确定省、市、县税务机关的审批权限，做到审批严格规范、纳税人办理方便。

（2）困难减免税按年审批，纳税人申请困难减免税应在规定时限内向主管税务机关或有权审批的税务机关提交书面申请并报送相关资料。纳税人报送的资料应真实、准确、齐全。

（3）申请困难减免税的情形、办理流程、时限及其他事项由省税务机关确定。省税务机关在确定申请困难减免税情形时要符合国家关于调整产业结构和促进土地节约集约利用的要求。对因风、火、水、地震等造成的严重自然灾害或其他不可抗力因素遭受重大损失、从事国家鼓励和扶持产业或社会公益事业发生严重亏损，缴纳城镇土地使用税确有困难的，可给予定期减免税。对从事国家限制或不鼓励发展的产业不予减免税。

七、城镇土地使用税的纳税申报

（一）纳税期限

城镇土地使用税实行按年计算、分期缴纳的征收方法，具体纳税期限由省、自治区、直辖市人民政府确定。

（二）纳税义务发生时间

（1）纳税人购置新建商品房，自房屋交付使用的次月起，缴纳城镇土地使用税。

（2）纳税人购置存量房，自办理房屋权属转移、变更登记手续，房地产权属登记机关签发房屋权属证书之次月起，缴纳城镇土地使用税。

（3）纳税人出租、出借房产，自交付出租、出借房产之次月起，缴纳城镇土地使用税。

（4）以出让或转让方式有偿取得土地使用权的，应由受让方从合同约定交付土地时间的次月起缴纳城镇土地使用税；合同未约定交付时间的，由受让方从合同签订的次月起缴纳城镇土地使用税。

（5）纳税人新征用的耕地，自批准征用之日起满1年时开始缴纳土地使用税。

（6）纳税人新征用的非耕地，自批准征用次月起缴纳土地使用税。

（三）纳税地点

城镇土地使用税在土地所在地缴纳。

纳税人使用的土地不属于同一省、自治区、直辖市管辖的，由纳税人分别向土地所在地的税务机关缴纳土地使用税；在同一省、自治区、直辖市管辖范围内，纳税人跨地区使用的土地，其纳税地点由各省、自治区、直辖市地方税务局确定。

任务四
车船税计算与申报

导入引例

某公司2021年有载货汽车10辆（每辆整备质量为20吨），核定载客人数9人以下的小型客车6辆。该省规定车船税年税额为：载货汽车每吨96元，核定载客人数9人以下的载客汽车年税额420元。

计算公司应纳车船税税额。

知识准备和业务操作

一、车船税的概念

车船税是对在我国境内车船管理部门登记的车辆、船舶，按照车船的种类和规定的税额计算征收的一种税。

我国对车船课税历史悠久。1951年开征车船使用牌照税。1973年把对国营企业和集体企业征收的车船使用牌照税并入工商税。1984年恢复征收并改为车船使用税。

1986年9月15日国务院颁布了《中华人民共和国车船使用税暂行条例》。并于同年10月1日起在内资企业和个人中施行。2006年12月29日国务院颁布了《中华人民共和国车船税暂行条例》，自2007年1月1日起施行。《车船使用牌照税暂行条例》和《车船使用税暂行条例》同时废止。《中华人民共和国车船税法》，自2012年1月1日起施行。2011年12月5日国务院公布了《中华人民共和国车船税法实施条例》，自2012年1月1日起施行，并于2019年3月2日修订。

二、车船税的纳税人和扣缴义务人

车船税，是指在中华人民共和国境内的车辆、船舶的所有人或者管理人依法应缴纳的一种税。

车船税的纳税义务人，是指在中华人民共和国境内的，应当依照法律规定缴纳车船税的车辆、船舶所有人或者管理人。

从事机动车交通事故责任强制险保险业务的保险机构为机动车车船税的扣缴义务人，应当依法代收代缴车船税。纳税人对扣缴义务人代收代缴税款有异议的，可以向纳税所在地的主管地方税务机关提出。纳税人在购买机动车交通事故责任强制保险时缴纳车船税的，不再向地方税务机关申报纳税。

三、车船税的征税对象

车船税的征税对象是在我国境内属于车船税法所规定的应税车辆和船舶。具体包括：

（1）依法应当在车船管理部门登记的车船。

（2）依法不需要在车船管理部门登记、在单位内部场所行驶或者作业的机动车辆和船舶。

“车船管理部门”是指公安、交通运输、农业、渔业、军队、武装警察部队等依法具有车船登记管理职能的部门；“单位”是指依照中国法律、行政法规规定，在中国境内成立的行政机关、企业、事业单位、社会团体以及其他组织。

四、车船税的税目和税率

车船税实行从量定额计税办法。车船税税率表见表7－2。

表7－2 车船税税目税额表

税目		计税单位	年基准税额	备注
乘用车［按发动机汽缸容量（排气量）分档］	1.0升（含）以下的	每辆	60元至360元	核定载客人数9人（含）以下
	1.0升以上至1.6升（含）的		300元至540元	
	1.6升以上至2.0升（含）的		360元至660元	
	2.0升以上至2.5升（含）的		660元至1 200元	
	2.5升以上至3.0升（含）的		1 200元至2 400元	
	3.0升以上至4.0升（含）的		2 400元至3 600元	
	4.0升以上的		3 600元至5 400元	

续表

税目		计税单位	年基准税额	备注
商用车	客车	每辆	480 元至 1 440 元	核定载客人数 9 人以上，包括电车
	货车	整备质量每吨	16 元至 120 元	包括半挂牵引车、三轮汽车和低速载货汽车等
挂车		整备质量每吨	按货车税额的 50% 计算	
其他车辆	专用作业车	整备质量每吨	16 元至 120 元	不包括拖拉机
	轮式专用机械车		16 元至 120 元	
摩托车			36 元至 180 元	
船舶	机动船舶	净吨位每吨	3 元至 6 元	拖船、非机动驳船分别按照机动船舶税额的 50% 计算
	游艇	艇身长度每米	600 元至 2 000 元	

（1）机动船舶具体适用税额为：净吨位小于或者等于 200 吨的，每吨 3 元；净吨位 201 ~ 2 000 吨的，每吨 4 元；净吨位 2 001 ~ 10 000 吨的，每吨 5 元；净吨位 10 001 吨及以上的，每吨 6 元。

拖船按照发动机功率每 2 马力折合净吨位 1 吨计算征收车船税。

（2）游艇具体适用税额为：游艇艇身长度，是指游艇的总长。艇身长度不超过 10 米的游艇，每米 600 元；艇身长度超过 10 米但不超过 18 米的游艇，每米 900 元；艇身长度超过 18 米但不超过 30 米的游艇，每米 1 300 元；艇身长度超过 30 米的游艇，每米 1 800 元；辅助动力帆艇，每米 600 元。

（3）车辆整备质量尾数不超过 0.5 吨的，按照 0.5 吨计算；超过 0.5 吨的，按照 1 吨计算。整备质量不超过 1 吨的车辆，按照 1 吨计算。

（4）船舶净吨位尾数不超过 0.5 吨的不予计算，超过 0.5 吨的，按照 1 吨计算。净吨位不超过 1 吨的船舶，按照 1 吨计算。

（5）车船税法和实施条例所涉及的排气量、整备质量、核定载客人数、净吨位、马力、艇身长度，以车船管理部门核发的车船登记证书或者行驶证相应项目所载数据为准。

依法不需要办理登记、依法应当登记而未办理登记或者不能提供车船登记证书、行驶证的，以车船出厂合格证明或者进口凭证相应项目标注的技术参数、所载数据为准；不能提供车船出厂合格证明或者进口凭证的，由主管税务机关参照国家相关标准核定，没有国家相关标准的参照同类车船核定。

【思考题 7-4】（多选题）车船税征税过程中，以“辆”为计税依据的有（　　）。

A. 客车　　　　B. 摩托车

C. 专用作业车　　　　D. 乘用车

五、车船税的税收优惠

（一）法定减免

以下车船免征车船税：

（1）捕捞、养殖渔船，是指在渔业船舶管理部门登记为捕捞船或者养殖船的船舶。

（2）军队、武装警察部队专用的车船，是指按照规定在军队、武装警察部队车船管理部门登记，并领取军队、武警牌照的车船。

（3）警用车船，是指公安机关、国家安全机关、监狱、劳动教养管理机关和人民法院、人民检察院领取警用牌照的车辆和执行警务的专用船舶。

（4）依照法律规定应当予以免税的外国驻华使领馆、国际组织驻华代表机构及其有关人员的车船。

（5）对节约能源、使用新能源的车船可以减征或者免征车船税；对受严重自然灾害影响纳税困难以及有其他特殊原因确需减税、免税的，可以减征或者免征车船税。节约能源、使用新能源的车辆包括纯电动汽车、燃料电池汽车和混合动力汽车。纯电动汽车、燃料电池汽车和插电式混合动力汽车免征车船税，其他混合动力汽车按照同类车辆适用税额减半征税。

（6）省、自治区、直辖市人民政府根据当地实际情况，可以对公共交通车船，农村居民拥有并主要在农村地区使用的摩托车、三轮汽车和低速载货汽车定期减征或者免征车船税。

（二）特定减免

（1）经批准临时入境的外国车船和中国香港特别行政区、澳门特别行政区、台湾地区的车船，不征收车船税。

（2）按照规定缴纳船舶吨税的机动船舶，自车船税法实施之日起5年内免征车船税。

（3）机场、港口内部行驶或作业的车船，自车船税法实施之日起5年内免征车船税。

六、车船税应纳税额的计算

（一）自缴税额的计算

1. 不同税目应纳税额的计算

乘用车、客车和摩托车的应纳税额＝应税车辆数量×适用年基准税额

货车、专用作业车和轮式专用机械车的应纳税额＝整备质量吨位数×适用年基准税额

机动船舶的应纳税额＝净吨位数×适用年基准税额

拖船和非机动驳船的应纳税额＝净吨位数×适用年基准税额×50%

游艇的应纳税额＝艇身长度×适用年基准税额

引例解析

载货汽车全年应纳税额＝10×20×96＝19 200（元）

乘人小客车应纳税额 $=6\times420=2\ 520$（元）

该企业全年应纳车船税21 720元。

2. 具体情况下应纳税额的计算

（1）购置的新车船，购置当年的应纳税额自纳税义务发生的当月起按月计算。计算公式为：

应纳税额 =（年应纳税额 ÷12）× 应纳税月份数

（2）在一个纳税年度内，已完税的车船被盗抢、报废、灭失的，纳税人可以凭有关管理机关出具的证明和完税证明，向纳税所在地的主管税务机关申请退还自被盗抢、报废、灭失月份起至该纳税年度终了期间的税款。

（3）已办理退税的被盗抢车船失而复得的，纳税人应当从公安机关出具相关证明的当月起计算缴纳车船税。

（4）在一个纳税年度内，纳税人在非车辆登记地由保险机构代收代缴机动车车船税，且能够提供合法有效完税证明的，纳税人不再向车辆登记地的地方税务机关缴纳车辆车船税。

（5）已缴纳车船税的车船在同一纳税年度内办理转让过户的，不另纳税，也不退税。

【例题7－5】某运输公司拥有载货汽车20辆（货车载重净吨位全部为10吨），乘人大客车30辆，小客车10辆，计算该公司应纳车船税。（注：载货汽车每吨年税额80元，乘人大客车每辆年税额500元，小客车每辆年税额400元）

（1）载货汽车应纳税额 $=20\times10\times80=16\ 000$（元）

（2）乘人汽车应纳税额 $=30\times500+10\times400=19\ 000$（元）

全年应纳车船税额 $=16\ 000+19\ 000=35\ 000$（元）

（二）保险机构代收代缴车船税和滞纳金的计算

（1）购买短期“交强险”的车辆。对于境外机动车临时入境、机动车临时上道路行驶、机动车距规定的报废期限不足1年而购买短期“交强险”的车辆，保单中“当年应缴”项目的计算公式为：

当年应缴 = 计税单位 × 年单位税额 × 应纳税月份数 ÷12

其中，应纳税月份数为“交强险”有效期起始日期的当月至截止日期当月的月份数。

（2）已向税务机关缴税的车辆或税务机关已批准减免税的车辆。对于已向税务机关缴税或税务机关已经批准免税的车辆，保单中“当年应缴”项目应为0；对于税务机关已批准减税的机动车，保单中“当年应缴”项目应根据减税前的应纳税额扣除依据减税证明中注明的减税幅度计算的减税额确定，计算公式为：

减税车辆应纳税额 = 减税前应纳税额 ×（1－减税幅度）

（3）对于2007年1月1日前购置的车辆或者曾经缴纳过车船税的车辆，保单中“往年补缴”项目的计算公式为：

往年补缴 = 计税单位 × 年单位税额 ×（本次缴税年度－前次缴税年度－1）

其中，对于2007年1月1日前购置的车辆，纳税人从未缴纳车船税的，前次缴税年度设定为2006年。

（4）对于2007年1月1日以后购置的车辆，纳税人从购置时起一直未缴纳车船税的，保单中“往年补缴”项目的计算公式为：

往年补缴＝购置当年欠缴的税款＋购置年度以后欠缴税款

其中，购置当年欠缴的税款＝计税单位×年单位税额×应纳税月份数÷12

应纳税月份数为车辆登记日期的当月起至该年度终了的月份数。若车辆尚未到车船管理部门登记，则应纳税月份数为购置日期的当月起至该年度终了的月份数。

购置年度以后欠缴税款＝计税单位×年单位税额×(本次缴税年度－车辆登记年度－1)

（5）滞纳金计算。对于纳税人在应购买“交强险”截止日期以后购“交强险”的，或以前年度没有缴纳车船税的，保险机构在代收代缴税款的同时，还应代收代缴欠缴税款的滞纳金。

保单中“滞纳金”项目为各年度欠税与应加收滞纳金之和。

每一年度欠税应加收的滞纳金＝欠税金额×滞纳天数×0.5‰

滞纳天数的计算自应购买“交强险”截止日期的次日起到纳税人购买“交强险”当日止。纳税人连续两年以上欠缴车船税的，应分别计算每一年度欠税应加收的滞纳金。

七、车船税的纳税申报

（一）纳税义务发生时间

车船税纳税义务发生时间为取得车船所有权或者管理权的当月。以购买车船的发票或其他证明文件所载日期的当月为准。

车船税的纳税义务发生时间，为车船管理部门核发的车船登记证书或者行驶证书所记载日期的当月。纳税人未按照规定到车船管理部门办理应税车船登记手续的，以车船购置发票所载开具时间的当月作为车船税的纳税义务发生时间。对未办理车船登记手续且无法提供车船购置发票的，由主管地方税务机关核定纳税义务发生时间。

（二）纳税期限

车船税实行按年申报，分月计算，一次性缴纳，具体申报纳税期限由各省、自治区、直辖市人民政府确定。

（三）纳税地点

车船税的纳税地点为车船的登记地或者车船税扣缴义务人所在地。依法不需要办理登记的车船，车船税的纳税地点为车船的所有人或者管理人所在地。

扣缴义务人代收代缴车船税的，纳税地点为扣缴义务人所在地。

纳税人自行申报缴纳车船税的，纳税地点为车船登记地的主管税务机关所在地。

依法不需要办理登记的车船，纳税地点为车船所有人或者管理人主管税务机关所在地。

任务五

印花税计算与申报

导入引例

某企业2021年年初营业账簿记载的实收资本和资本公积余额为500万元，2021年12月该企业增加实收资本120万元，新建其他账簿12本。根据资料计算该企业应纳印花税税额。

知识准备和业务操作

一、印花税的纳税人

（一）印花税的概念

印花税是对经济活动和经济交往中书立、使用免税凭证、进行证券交易行为征收的一种税。对其行为征收的一种税。由于纳税人主要是通过在应税凭证上粘贴印花税票来完成纳税义务的，故称印花税。现行《印花税法》于2022年7月1日起施行。

（二）印花税的纳税人

印花税的纳税人，是在我国境内书立应税凭证、进行证券交易的单位和个人。按照书立、使用应税凭证的不同，可以分别确定为立合同人、立据人、立账簿人、使用人和各类电子应税凭证的签订人。

1. 立合同人

指合同的当事人。所谓当事人，是指对凭证有直接权利义务关系的单位和个人，但不包括合同的担保人、证人、鉴定人。各类合同的纳税人是立合同人。各类合同，包括买卖、承揽、建设工程、融资租赁、运输、仓储、保管、借款、财产保险、技术合同或者具有合同性质的凭证。

2. 立据人

产权转移书据的纳税人是立据人。是指土地、房屋权属转移过程中买卖双方的当事人。

3. 立账簿人

营业账簿的纳税人是立账簿人。所谓立账簿人，指设立并使用营业账簿的单位和个人。

4. 使用人

在国外书立、领受，但在国内使用的应税凭证，其纳税人是使用人。

5. 各类电子应税凭证的签订人

即以电子形式签订的各类应税凭证的当事人。

值得注意的是，对应税凭证，凡由两方或两方以上当事人共同书立的，其当事人各方都是印花税的纳税人，应各就其所持凭证的计税金额履行纳税义务。

【思考题7-5】（多选题）根据我国印花税的规定，下列各项中不属于印花税的纳税人的有（　　）。

A. 合同的证人　　B. 合同的担保人

C. 合同的鉴定人　　D. 合同的当事人

【思考题7-6】（多选题）印花税应纳税凭证应于（　　）贴花。

A. 合同签订时　　B. 合同生效时

C. 账簿更换的年末　　D. 证照领受时

二、印花税的税率

印花税采用比例税率，印花税税目税率见表7-3。

表7-3　印花税税目税率

<table>
<tr><th colspan="2">税目</th><th>税率</th><th>备注</th></tr>
<tr><td rowspan="11">合同（指书面合同）</td><td>借款合同</td><td>借款金额的万分之零点五</td><td>指银行业金融机构、经国务院银行业监督管理机构批准设立的其他金融机构与借款人（不包括同业拆借）的借款合同</td></tr>
<tr><td>融资租赁合同</td><td>租金的万分之零点五</td><td></td></tr>
<tr><td>买卖合同</td><td>价款的万分之三</td><td>指动产买卖合同（不包括个人书立的动产买卖合同）</td></tr>
<tr><td>承揽合同</td><td>报酬的万分之三</td><td></td></tr>
<tr><td>建设工程合同</td><td>价款的万分之三</td><td></td></tr>
<tr><td>运输合同</td><td>运输费用的万分之三</td><td>指货运合同和多式联运合同（不包括管道运输合同）</td></tr>
<tr><td>技术合同</td><td>价款、报酬或者使用费的万分之三</td><td>不包括专利权、专有技术使用权转让书据</td></tr>
<tr><td>租赁合同</td><td>租金的千分之一</td><td></td></tr>
<tr><td>保管合同</td><td>保管费的千分之一</td><td></td></tr>
<tr><td>仓储合同</td><td>仓储费的千分之一</td><td></td></tr>
<tr><td>财产保险合同</td><td>保险费的千分之一</td><td>不包括再保险合同</td></tr>
<tr><td rowspan="4">产权转移书据</td><td>土地使用权出让书据</td><td>价款的万分之五</td><td rowspan="4">转让包括买卖（出售）、继承、赠与、互换、分割</td></tr>
<tr><td>土地使用权、房屋等建筑物和构筑物所有权转让书据（不包括土地承包经营权和土地经营权转移）</td><td>价款的万分之五</td></tr>
<tr><td>股权转让书据（不包括应缴纳证券交易印花税的）</td><td>价款的万分之五</td></tr>
<tr><td>商标专用权、著作权、专利权、专有技术使用权转让书据</td><td>价款的万分之三</td></tr>
</table>

续表

税目	税率	备注
营业账簿	实收资本（股本）、资本公积合计金额的万分之二点五	
证券交易	成交金额的千分之一	仅对出让方征收

三、印花税的税收优惠

下列凭证免征印花税：

（1）应税凭证的副本或者抄本；

（2）依照法律规定应当予以免税的外国驻华使馆、领事馆和国际组织驻华代表机构为获得馆舍书立的应税凭证；

（3）中国人民解放军、中国人民武装警察部队书立的应税凭证；

（4）农民、家庭农场、农民专业合作社、农村集体经济组织、村民委员会购买农业生产资料或者销售农产品书立的买卖合同和农业保险合同；

（5）无息或者贴息借款合同、国际金融组织向中国提供优惠贷款书立的借款合同；

（6）财产所有权人将财产赠与政府、学校、社会福利机构、慈善组织书立的产权转移书据；

（7）非营利性医疗卫生机构采购药品或者卫生材料书立的买卖合同；

（8）个人与电子商务经营者订立的电子订单。

根据国民经济和社会发展的需要，国务院对居民住房需求保障、企业改制重组、破产、支持小型微型企业发展等情形可以规定减征或者免征印花税，报全国人民代表大会常务委员会备案。

四、印花税应纳税额的计算

（一）印花税的计税依据如下

（1）应税合同的计税依据，为合同所列的金额，不包括列明的增值税税款；

（2）应税产权转移书据的计税依据，为产权转移书据所列的金额，不包括列明的增值税税款；

（3）应税营业账簿的计税依据，为账簿记载的实收资本（股本）、资本公积合计金额；

（4）证券交易的计税依据，为成交金额。

（二）具体情况的确定方法如下

（1）应税合同、产权转移书据未列明金额的，印花税的计税依据按照实际结算的金额确定。计税依据按照前款规定仍不能确定的，按照书立合同、产权转移书据时的市场价格确定；依法应当执行政府定价或者政府指导价的，按照国家有关规定确定。

（2）证券交易无转让价格的，按照办理过户登记手续时该证券前一个交易日收盘价计算确定计税依据；无收盘价的，按照证券面值计算确定计税依据。

（3）同一应税凭证载有两个以上税目事项并分别列明金额的，按照各自适用的税目税率分别计算应纳税额；未分别列明金额的，从高适用税率。

（4）同一应税凭证由两方以上当事人书立的，按照各自涉及的金额分别计算应纳税额。

（5）已缴纳印花税的营业账簿，以后年度记载的实收资本（股本）、资本公积合计金额比已缴纳印花税的实收资本（股本）、资本公积合计金额增加的，按照增加部分计算应纳税额。

（三）应纳税额的计算公式

应纳税额＝计税金额×比例税率

【例题7－6】 某企业2022年10月开业，当年发生以下有关业务事项：与其他企业订立转移专用技术使用权书据1份，所载金额100万元；订立产品购销合同1份，所载金额为200万元；订立借款合同1份，所载金额为400万元；企业记载资金的账簿，“实收资本”“资本公积”为800万元；其他营业账簿10本。试计算该企业当年应缴纳的印花税税额。

（1）企业订立产权转移书据应纳税额＝1 000 000×0.3‰＝300（元）

（2）企业订立购销合同应纳税额＝2 000 000×0.3‰＝600（元）

（3）企业订立借款合同应纳税额＝4 000 000×0.05‰＝200（元）

（4）企业记载资金的账簿应纳税额＝8 000 000×0.25‰＝2 000（元）

（5）当年企业应纳印花税税额＝300＋600＋200＋2 000＝3 100（元）

引例解析

应纳印花税＝1 200 000×0.25‰＝300（元）

六、印花税的纳税申报

（一）纳税义务发生的时间

印花税的纳税义务发生时间为纳税人书立应税凭证或者完成证券交易的当日。

证券交易印花税扣缴义务发生时间为证券交易完成的当日。

印花税按季、按年或者按次计征。实行按季、按年计征的，纳税人应当自季度、年度终了之日起15日内申报缴纳税款；实行按次计征的，纳税人应当自纳税义务发生之日起15日内申报缴纳税款。

证券交易印花税按周解缴。证券交易印花税扣缴义务人应当自每周终了之日起5日内申报解缴税款以及银行结算的利息。

印花税可以采用粘贴印花税票或者由税务机关依法开具其他完税凭证的方式缴纳。印花税票粘贴在应税凭证上的，由纳税人在每枚税票的骑缝处盖戳注销或者画销。

（二）纳税地点

纳税人为单位的，应当向其机构所在地的主管税务机关申报缴纳印花税；纳税人为个人的，应当向应税凭证书立地或者纳税人居住地的主管税务机关申报缴纳印花税。

不动产产权发生转移的，纳税人应当向不动产所在地的主管税务机关申报缴纳印花税。

纳税人为境外单位或者个人，在境内有代理人的，以其境内代理人为扣缴义务人；在境内没有代理人的，由纳税人自行申报缴纳印花税，具体办法由国务院税务主管部门规定。

证券登记结算机构为证券交易印花税的扣缴义务人，应当向其机构所在地的主管税务机关申报解缴税款以及银行结算的利息。

任务六
资源税计算与申报

导入引例

某油田 2021 年 6 月生产原油 6 500 吨，当月销售 6 100 吨，对外赠送 5 吨，另有 3 吨在运输原油过程中用于加热，每吨原油的不含增值税销售价格为 5 000 元，增值税 650 元。当地规定原油的资源税税率为 6%。

根据资料计算该油田当月应缴纳的资源税税额。

知识准备和业务操作

一、资源税的概念

资源税是对在中华人民共和国领域和中华人民共和国管辖的其他海域开发应税资源的单位和个人征收的一种税。2019 年 8 月 26 日第十三届全国人民代表大会常务委员会第十二次会议通过《中华人民共和国资源税法》，自 2020 年 9 月 1 日起施行。

二、资源税的纳税人

在中华人民共和国领域和中华人民共和国管辖的其他海域开发应税资源的单位和个人，为资源税的纳税人。

媒体视点

效应释放，持续“加绿”的动力更足

国家税务总局发布的两组数据显示，目前我国环保税纳税人户数达 46.2 万，与 2018 年 1 月 1 日环境保护税法实施之初的 26.7 万户相比，增长了 73%；环保税税额，

2018年、2019年、2020年分别实现收入205.6亿元、213.2亿元、199.9亿元。

采访中，记者发现，除了眼前显而易见的减税效应，绿色税制的精准实施，还形成了更大的税收杠杆撬动力量。

广东省大宝山矿业有限公司是一家大型资源开采企业，**资源税法施行后，在减税效应激励下，企业放弃了长久以来的“采富弃贫”经营模式，不断提高资源利用率，通过享受税收优惠，降低生产成本，走上良性循环。**

《2020中国生态环境状况公报》显示，2020年，我国生态环境质量总体改善，主要污染物排放总量大幅减少。从国家生态环境质量监测网监测结果来看，“十三五”期间，我国生态环境明显改善，是生态环境质量改善成效最大、生态环境保护事业发展最好的五年。

【资料来源：节选自《工人日报》，《“税力量”助力低碳发展》，2021年09月30日】

绿色税制助力打赢污染防治攻坚战

三、资源税的税目和税率

应税资源的具体范围，由《资源税税目税率表》确定。资源税采用比例税率或者定额税率两种形式，税目税率见表7－4。

表7－4　资源税税目税率表

税目			征税对象	税率
能源矿产		原油	原矿	6%
		天然气、页岩气、天然气水合物	原矿	6%
		煤	原矿或者选矿	2%～10%
		煤成（层）气	原矿	1%～2%
		铀、钍	原矿	4%
		油页岩、油砂、天然沥青、石煤	原矿或者选矿	1%～4%
		地热	原矿	1%～20%或者每立方米1～30元
金属矿产	黑色金属	铁、锰、铬、钒、钛	原矿或者选矿	1%～9%
	有色金属	铜、铅、锌、锡、镍、锑、镁、钴、铋、汞	原矿或者选矿	2%～10%
		铝土矿	原矿或者选矿	2%～9%
		钨	选矿	6.5%
		钼	选矿	8%
		金、银	原矿或者选矿	2%～6%
		铂、钯、钌、锇、铱、铑	原矿或者选矿	5%～10%
		轻稀土	选矿	7%～12%
		中重稀土	选矿	20%
		铍、锂、锆、锶、铷、铯、铌、钽、锗、镓、铟、铊、铪、铼、镉、硒、碲	原矿或者选矿	2%～10%

续表

税目			征税对象	税率
非金属矿产	矿物类	高岭土	原矿或者选矿	1% ~6%
		石灰岩	原矿或者选矿	1% ~6% 或者每吨（或者每立方米）1 ~10 元
		磷	原矿或者选矿	3% ~8%
		石墨	原矿或者选矿	3% ~12%
		萤石、硫铁矿、自然硫	原矿或者选矿	1% ~8%
		天然石英砂、脉石英、粉石英、水晶、工业用金刚石、冰洲石、蓝晶石、硅线石（矽线石）、长石、滑石、刚玉、菱镁矿、颜料矿物、天然碱、芒硝、钠硝石、明矾石、砷、硼、碘、溴、膨润土、硅藻土、陶瓷土、耐火粘土、铁钒土、凹凸棒石粘土、海泡石粘土、伊利石粘土、累托石粘土	原矿或者选矿	1% ~12%
		叶腊石、硅灰石、透辉石、珍珠岩、云母、沸石、重晶石、毒重石、方解石、蛭石、透闪石、工业用电气石、白垩、石棉、蓝石棉、红柱石、石榴子石、石膏	原矿或者选矿	2% ~12%
非金属矿产	矿物类	其他粘土（铸型用粘土、砖瓦用粘土、陶粒用粘土、水泥配料用粘土、水泥配料用红土、水泥配料用黄土、水泥配料用泥岩、保温材料用粘土）	原矿或者选矿	1% ~5% 或者每吨（或者每立方米）0.1 ~5 元
	岩石类	大理岩、花岗岩、白云岩、石英岩、砂岩、辉绿岩、安山岩、闪长岩、板岩、玄武岩、片麻岩、角闪岩、页岩、浮石、凝灰岩、黑曜岩、霞石正长岩、蛇纹岩、麦饭石、泥灰岩、含钾岩石、含钾砂页岩、天然油石、橄榄岩、松脂岩、粗面岩、辉长岩、辉石岩、正长岩、火山灰、火山渣、泥炭	原矿或者选矿	1% ~10%
		砂石	原矿或者选矿	1% ~5% 或者每吨（或者每立方米）0.1 ~5 元
	宝玉石类	宝石、玉石、宝石级金刚石、玛瑙、黄玉、碧玺	原矿或者选矿	4% ~20%
水气矿产	二氧化碳气、硫化氢气、氦气、氡气		原矿	2% ~5%
	矿泉水		原矿	1% ~20% 或者每立方米 1 ~30 元
盐	钠盐、钾盐、镁盐、锂盐		选矿	3% ~15%
	天然卤水		原矿	3% ~15% 或者每吨（或者每立方米）1 ~10 元
	海盐			2% ~5%

资源税实行幅度税率的，其具体适用税率由省、自治区、直辖市人民政府统筹考虑该应税资源的品位、开采条件以及对生态环境的影响等情况，在《税目税率表》规定的税率幅度内提出，报同级人民代表大会常务委员会决定，并报全国人民代表大会常务委员会和国务院备案。《税目税率表》中规定征税对象为原矿或者选矿的，应当分别确定具体适用税率。

四、资源税的计算

资源税按照《税目税率表》实行从价计征或者从量计征。《税目税率表》中规定可以选择实行从价计征或者从量计征的，具体计征方式由省、自治区、直辖市人民政府提出，报同级人民代表大会常务委员会决定，并报全国人民代表大会常务委员会和国务院备案。

实行从价计征的，应纳税额按照应税资源产品的销售额乘以具体适用税率计算。实行从量计征的，应纳税额按照应税产品的销售数量乘以具体适用税率计算。

（一）销售额的确定

资源税应税产品的销售额，按照纳税人销售应税产品向购买方收取的全部价款确定，不包括增值税税款。

计入销售额中的相关运杂费用，凡取得增值税发票或者其他合法有效凭据的，准予从销售额中扣除。相关运杂费用是指应税产品从坑口或者洗选（加工）地到车站、码头或者购买方指定地点的运输费用、建设基金以及随运销产生的装卸、仓储、港杂费用。

纳税人自用应税产品应当缴纳资源税的情形，包括纳税人以应税产品用于非货币性资产交换、捐赠、偿债、赞助、集资、投资、广告、样品、职工福利、利润分配或者连续生产非应税产品等。

纳税人申报的应税产品销售额明显偏低且无正当理由的，或者有自用应税产品行为而无销售额的，主管税务机关可以按下列方法和顺序确定其应税产品销售额：

（1）按纳税人最近时期同类产品的平均销售价格确定。

（2）按其他纳税人最近时期同类产品的平均销售价格确定。

（3）按后续加工非应税产品销售价格，减去后续加工环节的成本利润后确定。

（4）按应税产品组成计税价格确定。

组成计税价格＝成本×(1＋成本利润率)÷(1－资源税税率)

上述公式中的成本利润率由省、自治区、直辖市税务机关确定。

（5）按其他合理方法确定。

（二）销售数量的确定

应税产品的销售数量，包括纳税人开采或者生产应税产品的实际销售数量和自用于应当缴纳资源税情形的应税产品数量。

（三）计税依据的特殊规定

纳税人开采或者生产不同税目应税产品的，应当分别核算不同税目应税产品的销售额或者销售数量；未分别核算或者不能准确提供不同税目应税产品的销售额或者销售数量的，从高适用税率。

纳税人开采或者生产应税产品自用的，应当依照规定缴纳资源税。但是，自用于连续生产应税产品的，不缴纳资源税。

纳税人开采或者生产同一税目下适用不同税率应税产品的，应当分别核算不同税率应税产品的销售额或者销售数量；未分别核算或者不能准确提供不同税率应税产品的销售额或者销售数量的，从高适用税率。

纳税人以自采原矿（经过采矿过程采出后未进行选矿或者加工的矿石）直接销售，或者自用于应当缴纳资源税情形的，按照原矿计征资源税。

纳税人以自采原矿洗选加工为选矿产品（通过破碎、切割、洗选、筛分、磨矿、分级、提纯、脱水、干燥等过程形成的产品，包括富集的精矿和研磨成粉、粒级成型、切割成型的原矿加工品）销售，或者将选矿产品自用于应当缴纳资源税情形的，按照选矿产品计征资源税，在原矿移送环节不缴纳资源税。对于无法区分原生岩石矿种的粒级成型砂石颗粒，按照砂石税目征收资源税。

纳税人开采或者生产同一应税产品，其中既有享受减免税政策的，又有不享受减免税政策的，按照免税、减税项目的产量占比等方法分别核算确定免税、减税项目的销售额或者销售数量。

纳税人开采或者生产同一应税产品同时符合两项或者两项以上减征资源税优惠政策的，除另有规定外，只能选择其中一项执行。

纳税人外购应税产品与自采应税产品混合销售或者混合加工为应税产品销售的，在计算应税产品销售额或者销售数量时，准予扣减外购应税产品的购进金额或者购进数量；当期不足扣减的，可结转下期扣减。纳税人应当准确核算外购应税产品的购进金额或者购进数量，未准确核算的，一并计算缴纳资源税。纳税人核算并扣减当期外购应税产品购进金额、购进数量，应当依据外购应税产品的增值税发票、海关进口增值税专用缴款书或者其他合法有效凭据。

（四）资源税的计算

1. 实行从价定率计征办法的应税产品，计算公式为：

应纳税额 = 销售额 × 税率

2. 实行从量定额计征办法的应税产品，计算公式为：

应纳税额 = 课税数量 × 单位税额

引例解析

应纳资源税税额 =（6 100 + 5）× 5 000 × 6% = 1 831 500（元）

【例题7－7】某油田开采企业2021年1月销售天然气90万立方米，取得不含增值税收入1 350 000元，另向购买方收取手续费1 650元，延期付款利息2 200元。

请计算该企业2021年1月销售天然气应缴纳的资源税税额（天然气的资源税税率为6%）。

手续费和延期付款利息应该作为价外费用计算纳税，并且是含税收入，要换算成不含税收入。

应纳资源税＝［1 350 000＋(1 650＋2200)÷(1＋9%)］×6%＝81 211.93（元）

【例题7－8】某石化生产企业为增值税一般纳税人，该企业原油生产成本为1 400元/吨，最近时期同类原油的平均不含税销售单价1 650元/吨，2021年2月生产经营业务如下（题中涉及原油均为同类同质原油）：

（1）开采原油8万吨，采用直接收款方式销售原油5万吨，取得不含税销售额8 250万元，另外收取含税优质费9.36万元。

（2）1月份采用分期收款方式销售原油5万吨，合同约定分3个月等额收回价款，每月应收不含税销售额2 800万元，2月按照合同约定收到本月应收款项并收到上月应收未收含税价款116万元及违约金4.64万元。

（3）将开采的原油1.2万吨对外投资，取得12%的股份，开采原油过程中修井用原油0.2万吨；用开采的同类原油2万吨移送非独立炼油部门加工生产成品油。

要求：根据上述资料，分别计算上述3项业务应纳资源税。

业务（1）应纳资源税＝(8 250＋9.36÷1.13)×6%＝495.50（万元）

业务（2）应纳资源税＝(2 800＋4.64÷1.13)×6%＝168.25（万元）

业务（3）应纳资源税＝(1.2＋2)×1 650×6%＝316.8（万元）

五、资源税的税收优惠

（一）有下列情形之一的，免征资源税

1. 开采原油以及在油田范围内运输原油过程中用于加热的原油、天然气；

2. 煤炭开采企业因安全生产需要抽采的煤成（层）气。

（二）有下列情形之一的，减征资源税

1. 从低丰度油气田开采的原油、天然气，减征20%资源税；

2. 高含硫天然气、三次采油和从深水油气田开采的原油、天然气，减征30%资源税；

3. 稠油、高凝油减征40%资源税；

4. 从衰竭期矿山开采的矿产品，减征30%资源税。

根据国民经济和社会发展需要，国务院对有利于促进资源节约集约利用、保护环境等情形可以规定免征或者减征资源税，报全国人民代表大会常务委员会备案。

（三）有下列情形之一的，省、自治区、直辖市可以决定免征或者减征资源税

1. 纳税人开采或者生产应税产品过程中，因意外事故或者自然灾害等原因遭受重大损失；

2. 纳税人开采共伴生矿、低品位矿、尾矿。

上述规定的免征或者减征资源税的具体办法，由省、自治区、直辖市人民政府提出，报同级人民代表大会常务委员会决定，并报全国人民代表大会常务委员会和国务院备案。

纳税人的免税、减税项目，应当单独核算销售额或者销售数量；未单独核算或者不能准确提供销售额或者销售数量的，不予免税或者减税。

六、资源税征收管理

（一）纳税义务发生的时间

纳税人销售应税产品，纳税义务发生时间为收讫销售款或者取得索取销售款凭据的当日；自用应税产品的，纳税义务发生时间为移送应税产品的当日。

（二）纳税地点

纳税人应当向应税产品开采地或者生产地的税务机关申报缴纳资源税。

（三）纳税期限

资源税按月或者按季申报缴纳；不能按固定期限计算缴纳的，可以按次申报缴纳。

纳税人按月或者按季申报缴纳的，应当自月度或者季度终了之日起 15 日内，向税务机关办理纳税申报并缴纳税款；按次申报缴纳的，应当自纳税义务发生之日起 15 日内，向税务机关办理纳税申报并缴纳税款。

纳税人应当在矿产品的开采地或者海盐的生产地缴纳资源税。海上开采的原油和天然气资源税由海洋石油税务管理机构征收管理。

纳税人享受资源税优惠政策，实行“自行判别、申报享受、有关资料留存备查”的办理方式，另有规定的除外。纳税人对资源税优惠事项留存材料的真实性和合法性承担法律责任。

【思考题 7－7】（多选题）下列关于资源税征收管理的表述中，不正确的有（　　）。

A. 资源税纳税人不能按固定期限计算缴纳的，可以按次申报缴纳

B. 进口矿产品的单位纳税地点为报关地

C. 纳税人自产自用资源税应税产品的纳税义务发生时间，为移送使用应税产品的当天

D. 纳税人缴纳资源税的地点为机构所在地

媒体视点

服务护航，企业“造绿”的水平更高

浙江省永嘉县百盛阀门有限公司财务会计吴小燕以前每个季度申报环保税，要填报 158 条数据，花费两个小时。税务部门优化服务，上线申报批量导出导入功能后，她只要两分钟就能完成申报。

这是税务征管机制不断创新的结果。以环保税为例，针对污染物排放具有瞬时性、

隐蔽性和流动性的特点，征收环保税对污染物排放监测专业技术要求较高，环保税法科学设定各方责任，最大程度凝聚税收共治合力，形成了“税务征管、企业申报、环保监测、信息共享、协作共治”的全新征管机制。

此外，办税服务更贴心。**资源税法施行后，税务部门增加了按季申报纳税，最大限度减轻纳税人的办税负担。自今年6月1日起，资源税、环保税等10个财产和行为税税种合并申报在全国范围内推行，实现纳税人一次登录、一填到底，办税效率大幅提高。**

今年3月，《关于进一步深化税收征管改革的意见》印发，为全面推进税收征管数字化升级和智能化改造指明了路径。

【资料来源：节选自《工人日报》，《“税力量”助力低碳发展》，2021年09月30日】

任务七 土地增值税计算与申报

导入引例

某房地产开发公司建造一幢普通标准住宅出售，取得销售收入1 000万元（假设城市维护建设税税率为7%，教育费附加征收率为3%）。该公司为建造普通标准住宅而支付的地价款为100万元，建造此楼投入了300万元的房地产开发成本（其中：土地征用及拆迁补偿费40万元，前期工程费40万元，建筑安装工程费100万元，基础设施费80万元，开发间接费用40万元），由于该房地产开发公司同时建造别墅等住宅，对该普通标准住宅所用的银行贷款利息支出无法分摊，该地规定房地产开发费用的计提比例为10%。

根据资料计算应纳土地增值税税额。

知识准备和业务操作

一、土地增值税的纳税人

土地增值税是对转让国有土地使用权、地上建筑物及其附着物并取得收入的单位和个人就其转让房地产所取得的增值额征收的一种税。

土地增值税的纳税人是指转让国有土地使用权、地上建筑物及其附着物（可简称“转让房地产”）并取得收入的单位和个人。单位包括各类企业、事业单位、国家机关和社会团体及其他组织。个人包括个体经营者。外商投资企业、外国驻华机构、港澳台同胞、海外华侨和外国公民都是土地增值税的纳税人。

【思考题7-8】（多选题）以下属于土地增值税纳税义务人的有（　　）。

A. 外商投资企业　　　　B. 国家机关

C. 个人　　　　　　　　　　　　　D. 国有企业

二、土地增值税的征税范围

土地增值税针对转让国有土地使用权及其地上建筑物和附着物的行为而征收。

（一）基本征税范围

土地增值税是对转让国有土地使用权及其地上建筑物和附着物的行为征税，不包括国有土地使用权出让所取得的收入。

国有土地使用权出让，是指国家以土地所有者的身份将土地使用权在一定年限内让与土地使用者，并由土地使用者向国家支付土地使用权出让金的行为，属于土地买卖的一级市场。土地使用权的出让方是国家，国家凭借土地的所有权向土地使用者收取土地的租金。出让的目的是实行国有土地的有偿使用，合理开发、利用、经营土地，因此，土地使用权的出让不属于土地增值税的征税范围。

而国有土地使用权的转让是指土地使用者通过出让等形式取得土地使用权后，将土地使用权再转让的行为，包括出售、交换和赠与，它属于土地买卖的二级市场。土地使用权一经转让，其地上的建筑物、其他附着物的所有权也随之转让。土地使用权的转让属于土地增值税的征税范围。

土地增值税的征税范围不包括未转让土地使用权、房产产权的行为，是否发生转让行为主要以房地产权属（指土地使用权和房产产权）的变更为标准。凡土地使用权、房产产权未转让的（如房地产的出租），不征收土地增值税。

土地增值税主要针对以下行为征收：

（1）转让国有土地使用权。“国有土地”，是指按国家法律规定属于国家所有的土地。出售国有土地使用权是指土地使用者通过出让方式，向政府缴纳了土地出让金，有偿受让土地使用权后，仅对土地进行通水、通电、通路和平整地面等土地开发，不进行房产开发，即所谓“将生地变熟地”，然后直接将空地出售出去。

（2）地上的建筑物及其附着物连同国有土地使用权一并转让。“地上的建筑物”，是指建于土地上的一切建筑物，包括地上地下的各种附属设施。“附着物”，是指附着于土地上的不能移动或一经移动即遭损坏的物品。纳税人取得国有土地使用权后进行房屋开发建造然后出售，这种情况即是一般所说的房地产开发。虽然这种行为通常被称作卖房，但按照国家有关房地产法律和法规的规定，卖房的同时，土地使用权也随之发生转让。由于这种情况既发生了产权的转让，又取得了收入，所以应纳入土地增值税的征税范围。

（3）存量房地产的买卖。存量房地产是指已经建成并已投入使用的房地产，其房屋所有人将房屋产权和土地使用权一并转让给其他单位和个人。这种行为按照国家有关的房地产法律和法规，应当到有关部门办理房产产权和土地使用权的转移变更手续；原土地使用权属于无偿划拨的，还应到土地管理部门补交土地出让金。

（二）具体情况判定

1. 房地产继承、赠与

（1）房地产的继承。房地产的继承是指房产的原产权所有人或依照法律规定取得土地使用权的土地使用人死亡以后，由其继承人依法承受死者房产产权和土地使用权的民事法律行为。这种行为虽然发生了房地产的权属变更，但作为房产产权，土地使用权的原所有人并没有因为权属变更而取得任何收入。因此，这种房地产的继承不属于土地增值税的征税范围。

（2）房地产的赠与。房地产的赠与是指房产所有人、土地使用权所有人将自己所拥有的房地产无偿地交给其他人的民事法律行为。

房地产的赠与虽发生了房地产的权属变更，但作为房产所有人、土地使用权的所有人并没有因为权属的转让而取得任何收入。因此，房地产的赠与不属于土地增值税的征税范围。

2. 房地产的出租

房地产的出租是指房产的产权所有人或依照法律规定取得土地使用权的土地使用人，将房地产、土地使用权租赁给承租人使用，由承租人向出租人支付租金的行为。房地产的出租，出租人虽取得收入，但没有发生房产产权、土地使用权的转让。因此，不属于土地增值税征税范围。

3. 房地产的抵押

房地产的抵押是指房地产的产权所有人或依法取得土地使用权的土地使用人作为债务人或第三人，向债权人提供不动产作为清偿债务的担保而不转移权属的法律行为。对房地产的抵押在抵押期间不征收土地增值税。待抵押期满后，视该房地产是否转移占有而确定是否征收土地增值税。对于以房地产抵债而发生房地产权属转让的，应列入土地增值税的征税范围。

4. 房地产的交换

这种情况是指一方以房地产与另一方的房地产进行交换的行为。由于这种行为既发生了房产产权、土地使用权的转移，交换双方又取得了实物形态的收入，按《土地增值税暂行条例》规定，它属于土地增值税的征税范围。但对个人之间互换自有居住用房地产的，经当地税务机关核实，可以免征土地增值税。

5. 以房地产进行投资、联营

对于以房地产进行投资、联营的，投资、联营的一方以土地（房地产）作价入股进行投资，或作为联营条件，将房地产转让到所投资、联营的企业中时，暂免征收土地增值税。对投资、联营企业将上述房地产再转让的，应征收土地增值税。

但投资、联营的企业属于从事房地产开发的，或者房地产开发企业以其建造的商品房进行投资和联营的，应当征收土地增值税。

6. 合作建房

对于一方出地，一方出资金，双方合作建房，建成后按比例分房自用的，暂免征收土地增值税；建成后转让的，应征收土地增值税。

7. 企业兼并转让房地产

在企业兼并中，对被兼并企业将房地产转让到兼并企业中的，暂免征收土地增值税。

8. 房地产的代建房行为

这种情况是指房地产开发公司代客户进行房地产的开发，开发完成后向客户收取代建收入的行为。对于房地产开发公司而言，虽然取得了收入，但没有发生房地产权属的转移，其收入属于劳务收入性质，故不属于土地增值税的征税范围。

9. 房地产的重新评估

这主要是指国有企业在清产核资时对房地产进行重新评估而使其升值的情况。这种情况下，房地产虽然有增值，但其既没有发生房地产权属的转移，房产产权、土地使用权人也未取得收入，所以不属于土地增值税的征税范围。

三、土地增值税的税率

土地增值税实行四级超率累进税率：

（1）土地增值额未超过扣除项目金额50%的部分，税率为30%；

（2）土地增值额超过扣除项目金额50%，未超过扣除项目金额100%的部分，税率为40%；

（3）土地增值额超过扣除项目金额100%，未超过扣除项目金额200%的部分，税率为50%；

（4）土地增值额超过扣除项目金额200%的部分，税率为60%。

上述四级超率累进税率，每级增值额未超过扣除项目金额的比例，均包括该比例数本身。超率累进税率见表7-5。

表7-5　土地增值税四级超率累进税率表　单位：%

级数	增值税与扣除项目金额的比率	税率	速算扣除系数
1	不超过50%的部分	30	0
2	超过50%～100%的部分	40	5
3	超过100%～200%的部分	50	15
4	超过200%的部分	60	35

四、土地增值税的计税依据

计算土地增值税应纳税额，并不是直接对转让房地产所取得的收入征税，而是要对纳税人在转让房地产中获取的增值额征税。转让房地产的增值额，是收入额减除国家规定的各项扣除项目金额后的余额。因此，土地增值税的计税依据取决于收入额和扣除项目金额两个因素。

（一）应税收入的确定

根据《土地增值税暂行条例》及其《实施细则》的规定，纳税人转让房地产取得的应税收入，应包括转让房地产的全部价款及有关的经济收益。从收入的形式来看，包括货币收入、实物收入和其他收入。

1. 货币收入

货币收入是指纳税人转让房地产而取得的现金、银行存款、支票、银行本票、汇票等各种信用票据和国库券、金融债券、企业债券、股票等有价证券。这些类型的收入其实质都是转让方因转让土地使用权、房屋产权而向取得方收取的价款。货币收入一般比较容易确定。

2. 实物收入

实物收入是指纳税人转让房地产而取得的各种实物形态的收入，如钢材、水泥等建材，房屋、土地等不动产等。实物收入一般要对其进行估价确定。

3. 其他收入

其他收入是指纳税人转让房地产而取得的无形资产收入或具有财产价值的权利，如专利权、商标权、著作权、专有技术使用权、土地使用权、商誉权等。这种类型的收入其价值需要进行专门的评估。

（二）扣除项目的确定

税法准予纳税人从转让收入额中减除的扣除项目包括如下几项：

1. 取得土地使用权所支付的金额

取得土地使用权所支付的金额包括两方面的内容：

（1）纳税人为取得土地使用权所支付的地价款。如果是以协议、招标、拍卖等出让方式取得土地使用权的，地价款为纳税人所支付的土地出让金；如果是以行政划拨方式取得土地使用权的，地价款为按照国家有关规定补交的土地出让金；如果是以转让方式取得土地使用权的，地价款为向原土地使用权人实际支付的地价款。

（2）纳税人在取得土地使用权时按国家统一规定缴纳的有关费用。指纳税人在取得土地使用权过程中为办理有关手续，按国家统一规定缴纳的有关登记、过户手续费和税金。

2. 房地产开发成本

房地产开发成本是指纳税人房地产开发项目实际发生的成本，包括土地的征用及拆迁补偿费、前期工程费、建筑安装工程费、基础设施费、公共配套设施费、开发间接费用等。

（1）土地征用及拆迁补偿费。包括土地征用费、耕地占用税、劳动力安置费及有关地上、地下附着物拆迁补偿的净支出、安置动迁用房支出等。

（2）前期工程费。包括规划、设计、项目可行性研究和水文、地质、勘察、测绘、“三通一平”等支出。

（3）建筑安装工程费。指以出包方式支付给承包单位的建筑安装工程费，以自营方式发生的建筑安装工程费。

（4）基础设施费。包括开发小区内道路、供水、供电、供气、排污、排洪、通信、照明、环卫、绿化等工程发生的支出。

（5）公共配套设施费。包括不能有偿转让的开发小区内公共配套设施发生的支出。

（6）开发间接费用。指直接组织、管理开发项目发生的费用，包括工资、职工福利费、折旧费、修理费、办公费、水电费、劳动保护费、周转房摊销等。

3. 房地产开发费用

房地产开发费用是指与房地产开发项目有关的销售费用、管理费用和财务费用。根据现行财务会计制度的规定，这三项费用作为期间费用，直接计入当期损益，不按成本核算对象进行分摊。故作为土地增值税扣除项目的房地产开发费用，不按纳税人房地产开发项目实际发生的费用进行扣除，而分以下两种情况进行扣除：

（1）财务费用中的利息支出凡能够按转让房地产项目计算分摊，并提供金融机构证明的，允许据实扣除，但最高不能超过按商业银行同类同期贷款利率计算的金额。其他房地产开发费用，按规定（即取得土地使用权所支付的金额和房地产开发成本）计算的金额之和的5%以内计算扣除。计算公式为：

允许扣除的房地产开发费用 = 利息 +（取得土地使用权所支付的金额 + 房地产开发成本）× 5%

（2）凡不能按转让房地产项目计算分摊利息支出或不能提供金融机构证明的，房地产开发费用按规定（即取得土地使用权所支付的金额和房地产开发成本）计算的金额之和的10%以内计算扣除。计算扣除的具体比例，由各省、自治区、直辖市人民政府规定。

允许扣除的房地产开发费用 =（取得土地使用权所支付的金额 + 房地产开发成本）× 10%

此外，财政部、国家税务总局还对扣除项目金额中利息支出的计算问题作了两点专门规定：一是利息的上浮幅度按国家的有关规定执行，超过上浮幅度的部分不允许扣除；二是对于超过贷款期限的利息部分和加罚的利息不允许扣除。

4. 与转让房地产有关的税金

与转让房地产有关的税金，是指在转让房地产时缴纳的城市维护建设税、印花税。因转让房地产缴纳的教育费附加，也可视同税金予以扣除。

需要明确的是，房地产开发企业按照《施工、房地产开发企业财务制度》有关规定，其在转让时缴纳的印花税因列入管理费用中，故在此不允许单独再扣除。其他纳税人缴纳的印花税允许在此扣除。

5. 其他扣除项目

对从事房地产开发的纳税人可按规定（即取得土地使用权所支付的金额和房地产开发成本）计算的金额之和，加计20%的扣除。需要注意的是，此条优惠只适用于从事房地产开发的纳税人，除此之外的其他纳税人不适用。

6. 旧房及建筑物的扣除金额

纳税人转让旧房的，应按房屋及建筑物的评估价格、取得土地使用权所支付的地价款或出让金、按国家统一规定缴纳的有关费用和转让环节缴纳的税金作为扣除项目金额计征土地增值税。对取得土地使用权时未支付地价款或不能提供已支付地价款凭据的，在计征土地增值税时不允许扣除。

纳税人转让旧房及建筑物，凡不能取得评估价格，但能提供购房发票的，经当地税务部门确认，根据《土地增值税暂行条例》第六条第（一）、（三）项规定的扣除项目的金额（即：取得土地使用权所支付的金额、新建房及配套设施的成本、费用，或者旧房及建筑物的评估价格），可按发票所载金额并从购买年度起至转让年度止每年加计5%计算扣除。计算扣除项目时的“每年”，指按购房发票所载日期起至售房发票开具之日止，每满12个月计1年；超过1年，未满12个月但超过6个月的，可以视同为1年。

对纳税人购房时缴纳的契税，凡能提供契税完税凭证的，准予作为“与转让房地产有关的税金”予以扣除，但不作为加计5%的基数。

对于转让旧房及建筑物，既没有评估价格，又不能提供购房发票的，地方税务机关可以根据《中华人民共和国税收征收管理法》第三十五条的规定，实行核定征收。

7. 计税依据的特殊规定

在实际房地产交易活动中，有些纳税人由于不能准确提供房地产转让价格或扣除项目金额，致使增值额不准确，直接影响应纳税额的计算和缴纳。纳税人有下列情形之一的，按照房地产评估价格计算征收。

（1）隐瞒、虚报房地产成交价格的。“隐瞒、虚报房地产成交价格”，是指纳税人不报或有意低报转让土地使用权、地上建筑物及其附着物价款的行为。隐瞒、虚报房地产成交价格，应由评估机构参照同类房地产的市场交易价格进行评估。税务机关根据评估价格确定转让房地产的收入。

（2）提供扣除项目金额不实的。“提供扣除项目金额不实”是指纳税人在纳税申报时不据实提供扣除项目金额的行为。提供扣除项目金额不实的，应由评估机构按照房屋重置成本价乘以成新度折扣率计算的房屋成本价和取得土地使用权时的基准地价进行评估。税务机关根据评估价格确定扣除项目金额。

（3）转让房地产的成交价格低于房地产评估价格，又无正当现由的。这是指纳税人申报的转让房地产的实际成交价低于房地产评估机构评定的交易价，纳税人既不能提供凭据又无正当理由的行为。转让房地产的成交价格低于房地产评估价格，又无正当理由的，由税务机关参照房地产评估价格确定转让房地产的收入。

上述所说的“房地产评估价格”，是指由政府批准设立的房地产评估机构根据相同地段、同类房地产价格进行综合评定的价格。

五、土地增值税应纳税额的计算

土地增值税按照纳税人转让房地产所取得的增值额和规定的税率计算征收。土地增值税的计算公式是：

应纳税额 = ∑（每级距的土地增值额 × 适用税率）

但在实际工作中，分步计算比较繁琐，一般可以采用速算扣除法计算。即：计算土地增值税税额，可按增值额乘以适用的税率减去扣除项目金额乘以速算扣除系数的简便方法计算，具体方法如下：

（1）增值额未超过扣除项目金额50%时，计算公式为：

土地增值税税额 = 增值额 ×30%

（2）增值额超过扣除项目金额50%，未超过100%时，计算公式为：

土地增值税税额 = 增值额 ×40% - 扣除项目金额 ×5%

（3）增值额超过扣除项目金额100%，未超过200%时，计算公式为：

土地增值税税额 = 增值额 ×50% - 扣除项目金额 ×15%

（4）增值额超过扣除项目金额200%时，计算公式为：

土地增值税税额 = 增值额 ×60% - 扣除项目金额 ×35%

上述公式中的5%、15%、35%分别为2、3、4级的速算扣除系数。见前述表7－5。

【例题7－9】鑫源房地产开发公司转让商品房一栋，取得收入总额为2 000万元。应扣除的购买土地的金额、开发成本的金额、开发费用的金额、相关税金的金额、其他扣除金额合计为800万元。请计算该房地产开发公司应缴纳的土地增值税。

先计算增值额：

增值额＝2 000－800＝1 200（万元）

再计算增值额与扣除项目金额的比率：

增值额与扣除项目金额的比率＝1 200×800×100%＝150%

根据上述计算方法，增值额超过扣除项目金额100%未超过200%时，其适用的计算公式为：

土地增值税税额＝增值额×50%－扣除项目金额×15%

最后计算该房地产开发公司应纳土地增值税税额：

应纳土地增值税税额＝1 200×50%－800×15%＝480（万元）

引例解析

根据任务案例计算应纳税额：

（1）确定转让房地产的收入为1 000万元。

（2）确定转让房地产的扣除项目金额：

①取得土地使用权所支付的地价款100万元；

②房地产开发成本为300万元；

③房地产开发费用为（100＋300）×10%＝40（万元）；

④与转让房地产有关的税金为：

城建税：50×7%＝3.5（万元）

教育费附加：50×3%＝1.5（万元）

⑤从事房地产开发的加计扣除金额为：

（100＋300）×20%＝80（万元）

⑥转让房地产的扣除项目金额为：

100＋300＋40＋3.5＋1.5＋80＝525（万元）

（3）转让房地产的增值额为：

1 000－525＝475（万元）

（4）增值额与扣除项目金额的比率为：

475÷525＝90.47%

应纳土地增值税税额＝475×40%－525×5%＝163.75（万元）

六、土地增值税的税收优惠

（1）纳税人建造普通标准住宅出售，增值额未超过扣除项目金额20%的，免缴土地增值税。

（2）因国家建设需要依法征用，收回的房地产，暂免缴土地增值税。

（3）居民个人拥有的普通住宅，在其转让时，暂免缴土地增值税。

（4）以房地产进行投资、联营的，投资、联营一方以土地（房地产）作价入股进行投资作为联营条件，将房地产转让到所投资、联营的企业时，可免缴土地增值税；一方出地，一方出资金，双方合作建房，建成后按比例分房自用的，免缴土地增值税。

七、土地增值税的纳税申报

纳税人应当自转让房地产合同签订之日起7日内，向房地产所在地税务机关办理纳税申报。房地产所在地是指房地产的坐落地。纳税人转让的房地产坐落在两个或两个以上地区的，应按房地产所在地分别申报缴纳土地增值税。

纳税人在申报纳税时，应如实填写“土地增值税纳税申报表”，并向税务机关提交房屋及建筑物产权、土地使用权证书，土地转让、房产买卖合同，房地产评估报告及其他与转让房地产有关的资料。

任务八 城市维护建设税计算与申报

导入引例

某公司2021年6月实际缴纳增值税10万元，缴纳消费税38万元，补缴上月应纳的增值税2万元。

根据资料计算应纳城市维护建设税税额。

知识准备和业务操作

一、城市维护建设税的概念和特点

一图了解《城市维护建设税法》

城市维护建设税是国家对缴纳增值税、消费税的单位和个人，以其实际缴纳的税额为计税依据而征收的一种税。

城市维护建设税的特点：

（1）具有附加税性质。城市维护建设税本身没有特定的征税对象，它是以纳税人实际缴纳的增值税、消费税税额为计税依据，随增值税、消费税一并征收的附加税。其征收管理方法也完全比照增值税、消费税的有关规定办理。

（2）税款专款专用。国家通过税收形式取得的收入，一般都直接纳入国家预算，并不规定每个税种收入的适用范围和方向，但城市维护建设税则不同，其所征收的税款要求专项用于城市的公用事业和公共设施的维护和建设。

（3）根据城镇建设规模实行地区差别比例税率。城市维护建设税是根据纳税人所在城镇的规模及其资金的需要来设计地区差别比例税率的，这样规定符合城市、县城和其他地区对城市维护和建设资金的不同程度和层次的需求。

二、城市维护建设税的纳税人

城市维护建设税的纳税人是实际缴纳增值税、消费税的单位和个人，包括国有企业、集体企业、私营企业、股份制企业、其他企业和行政单位、事业单位、军事单位、社会团体、其他单位以及个体工商户及其他个人。

城市维护建设税的扣缴义务人为负有增值税、消费税扣缴义务的单位和个人，在扣缴增值税、消费税的同时扣缴城市维护建设税。

三、城市维护建设税的征税范围

城市维护建设税在全国范围内征收，具体包括城市、县城、建制镇，以及税法规定征收增值税、消费税的其他地区。

四、城市维护建设税的税率

城市维护建设税的税率按纳税人所在地的不同，设置了三档地区差别比例税率，即：纳税人所在地在市区的，税率为7%；纳税人所在地在县城、建制镇的，税率为5%；纳税人所在地不在市区、县城或者建制镇的，税率为1%。

纳税人所在地，是指纳税人住所地或者与纳税人生产经营活动相关的其他地点，具体地点由省、自治区、直辖市确定。

五、城市维护建设税的税收优惠

城建税原则上不单独减免，但因城建税又具附加税性质，当主税发生减免时，城建税相应发生税收减免。城建税的税收减免具体有以下几种情况：

（1）城建税按减免后实际缴纳的增值税、消费税税额计征，即随增值税、消费税的减免而减免。

（2）对于因减免税而需对增值税、消费税进行退库的，城建税也可同时退库。

（3）海关对进口产品代征的增值税、消费税，不征收城建税。

（4）对增值税、消费税实行先征后返、先征后退、即征即退办法的，除另有规定外，对随增值税、消费税附征的城市维护建设税和教育费附加，一律不退（返）还。

（5）对国家重大水利工程建设基金免征城市维护建设税。

【思考题7-9】（多选题）下列各项中，符合城市维护建设税征收管理有关规定的有（　　）。

A. 海关对进口产品代征的增值税、消费税，征收城市维护建设税

B. 海关对进口产品代征的增值税、消费税，不征收城市维护建设税

C. 出口产品退还增值税、消费税的，不退还已缴纳的城市维护建设税

D. 出口产品退还增值税、消费税的，按50%退还已缴纳的城市维护建设税

六、城市维护建设税应纳税额的计算

城市维护建设税的计税依据是纳税人实际缴纳的增值税、消费税税额。对纳税人违反增值税、消费税有关税法而加收的滞纳金和罚款，是税务机关对纳税人违法行为的经

济制裁，不作为城市维护建设税的计税依据，但纳税人在被查补增值税、消费税、营业税和被处以罚款时，应同时对其偷漏的城市维护建设税进行补税和罚款。

对实行增值税期末留抵退税的纳税人，允许从城市维护建设税的计税依据中扣除退还的增值税税额。

城市维护建设税应纳税额的计算公式为：

应纳税额＝纳税人实际缴纳的增值税、消费税税额之和×适用税率

【例题7－10】 某市区一家企业2021年3月实际缴纳增值税500 000元，缴纳消费税400 000元。

要求：计算该企业应纳城建税税额。

应纳城建税税额＝（实际缴纳的增值税＋实际缴纳的消费税）×适用税率

＝（500 000＋400 000）×7%＝900 000×7%＝63 000（元）

引例解析

根据任务案例计算应纳税额：

应纳税额＝（10＋38＋2）×7%＝3.5（万元）

【例题7－11】 某市一卷烟厂委托某县城一卷烟厂加工一批烟丝，委托方提供烟叶成本为60 000元（不含增值税），支付加工费8 000元（不含增值税），烟丝消费税税率为30%，这批烟丝无同类产品市场价格。

要求：计算受托方代收代缴的城市维护建设税。

受托方代收代缴消费税＝（60 000＋8 000）÷（1－30%）×30%＝29 142.86（元）

受托方代收代缴城建税＝29 142.86×5%＝1 457.14（元）

七、城市维护建设税的纳税申报

（一）纳税义务发生的时间

城建税的纳税环节，是指《城市维护建设税暂行条例》规定的纳税人应当缴纳城建税的环节。城建税的纳税环节，实际就是纳税人缴纳增值税、消费税的环节。纳税人只要发生增值税、消费税的纳税义务，就要在同样的环节，分别计算缴纳城建税。

（二）纳税地点

城建税以纳税人实际缴纳的增值税、消费税税额为计税依据，分别与增值税、消费税同时缴纳。所以，纳税人缴纳增值税、消费税的地点，就是该纳税人缴纳城建税的地点。但是，属于下列情况的，纳税地点为：

（1）代扣代缴、代收代缴增值税、消费税的单位和个人，同时也是城市维护建设税的代扣代缴、代收代缴义务人，其城建税的纳税地点在代扣代收地。

（2）对流动经营等无固定纳税地点的单位和个人，应随同增值税、消费税在经营地按适用税率缴纳。

（三）纳税期限

由于城建税是由纳税人在缴纳增值税、消费税时同时缴纳的，所以其纳税期限分别与增值税、消费税的纳税期限一致。根据增值税法和消费税法规定，增值税、消费税的纳税期限均分别为 1 日、3 日、5 日、10 日、15 日或者 1 个月。

城市维护建设税的具体纳税期限，由主管税务机关根据纳税人应纳税额大小分别核定；不能按照固定期限纳税的，可以按次纳税。

任务九 环境保护税计算与申报

导入引例

2018 年 4 月 1 日至 18 日，是我国环境保护税的首个征期，环境保护税首张发票也已在上海浦东新区税务局开出。领取这张发票的巴斯夫新材料有限公司财务人员表示，环境保护“费改税”后，企业因污染物排放量低于国家标准，享受到了税收优惠。本应交 9 400 多元，减免近 600 元后，实际缴纳税款是 8 800 多元。环境保护税按月计算、按季申报缴纳。请确定环境保护税都由谁来交？

知识准备和业务操作

环境保护税是为了保护和改善环境、减少污染物排放，推进生态文明建设而征收的一种税。环境保护税的法律规范是于 2016 年 12 月 25 日第十二届全国人民代表大会常务委员会第二十五次会议通过的《中华人民共和国环境保护税法》。

一图了解《环境保护税法》

一、纳税人

环境保护税的纳税人为在中华人民共和国领域和中华人民共和国管辖的其他海域，直接向环境排放应税污染物的企业事业单位和其他生产经营者。依法设立的城乡污水集中处理、生活垃圾集中处理场所超过国家和地方规定的排放标准向环境排放应税污染物的，应当缴纳环境保护税。企业事业单位和其他生产经营者贮存或者处置固体废物不符合国家和地方环境保护标准的，应当缴纳环境保护税。按规定征收环境保护税，不再征收排污费。

引例解析

环境保护税的纳税人为在中华人民共和国领域和中华人民共和国管辖的其他海域，直接向环境排放应税污染物的企业事业单位和其他生产经营者。

二、征税范围

环境保护税的征税范围是《中华人民共和国环境保护税法》所附环境保护税税目税额表、应税污染物和当量值表规定的大气污染物、水污染物、固体废物和噪声等应税污染物。

有下列情形之一的，不属于直接向环境排放污染物，不缴纳相应污染物的环境保护税：

（1）企业事业单位和其他生产经营者向依法设立的污水集中处理、生活垃圾集中处理场所排放应税污染物的；

（2）企业事业单位和其他生产经营者在符合国家和地方环境保护标准的设施、场所贮存或者处置固体废物的。

《环保税》首个征期基本政策

媒体视点

税制引领，主动“求绿”的观念更强

记者近日从国家税务总局获悉，税务部门为发挥税收在推进生态文明建设方面的职能作用，积极参与构建和落实落细以资源税、环境保护税、耕地占用税“多税共治”、以系统性税收优惠政策“多策组合”的绿色税收体系，引领企业向绿而行、因绿而兴，为中国经济高质量发展绘就“绿”底色。

2018年1月1日，我国第一部专门体现“绿色税制”、推进生态文明建设的单行税法——环境保护税法正式实施。

随着一项项举措的落地执行，在助力污染防治方面，税务部门建立落实税收优惠与实施税收限制“双向用力”，开采、生产、流通、排放、消费“五环相扣”，以资源税、环境保护税、耕地占用税“多税共治”、以系统性税收优惠政策“多策组合”的绿色税收体系。

一方面，引导企业节约资源。以资源税为代表，通过实行从价计征，建立税收与资源价格挂钩的直接调节机制，促进市场主体综合开发利用资源，实现资源的节约集约利用并释放生态红利。

另一方面，促使企业减少排放。以环保税为代表，针对不同危害程度的污染因子设置差别化的污染当量值，实行“多排多缴、少排少缴、不排不缴”的正向激励机制。**这种制度设计，有利于引导企业改进工艺，减少污染物排放，特别是高危污染物的排放。**

国家税务总局数据显示，2020年，北京、河北等10个水资源税试点省份，取用地下水水量占总水量的比例为33.5%，比改革前2016年的41.5%下降了8个百分点。环保税法实施3年，每万元GDP产值对应的污染当量数从2018年的1.16下降到2020年的0.86，降幅25.8%。

【资料来源：节选自《工人日报》，《“税力量”助力低碳发展》，2021年09月30日】

三、税率

环境保护税实行定额税率。税目、税额依照环境保护税税目税额表执行，见表7－6。

表7－6　　环境保护税税目税额表

税目		计税单位	税额	备注
大气污染物		每污染当量	1.2元至12元	
水污染物		每污染当量	1.4元至14元	
固体废物	煤矸石	每吨	5元	
	尾矿	每吨	15元	
	危险废物	每吨	1 000元	
	冶炼渣、粉煤灰、炉渣、其他固体废物（含半固态、液态废物）	每吨	25元	
噪声	工业噪声	超标1～3分贝	每月350元	1. 一个单位边界上有多处噪声超标，根据最高一处超标声级计算应纳税额；当沿边界长度超过100米有两处以上噪声超标按照两个单位计算应纳税额。 2. 一个单位有不同地点作业场所的，应当分别计算应纳税额，合并计征。 3. 昼、夜均超标的环境噪声，昼、夜分别计算应纳税额，累计计征。 4. 声源一个月内超标不足15天的，减半计算应纳税额。 5. 夜间频繁突发和夜间偶然突发厂界超标噪声，按等效声级和峰值噪声两种指标中超标分贝值高的一项计算应纳税额。
		超标4～6分贝	每月700元	
		超标7～9分贝	每月1 400元	
		超标10～12分贝	每月2 800元	
		超标13～15分贝	每月5 600元	
		超标16分贝以上	每月11 200元	

四、计税依据的确定

应税污染物的计税依据，按照下列方法确定：

（1）应税大气污染物按照污染物排放量折合的污染当量数确定；

（2）应税水污染物按照污染物排放量折合的污染当量数确定；

（3）应税固体废物按照固体废物的排放量确定；

（4）应税噪声按照超过国家规定标准的分贝数确定。

《环保税》应纳税额的计算

五、应纳税额的计算

环境保护税应纳税额按照下列方法计算：

（1）应税大气污染物的应纳税额＝污染当量数×具体适用税额

（2）应税水污染物的应纳税额＝污染当量数×具体适用税额

（3）应税固体废物的应纳税额＝固体废物排放量×具体适用税额

（4）应税噪声的应纳税额＝超过国家规定标准的分贝数对应的具体适用税额

六、纳税申报

（1）纳税义务发生时间为纳税人排放应税污染物的当日。纳税人应当向应税污染物排放地的税务机关申报缴纳环境保护税。

（2）环境保护税按月计算，按季申报缴纳。不能按固定期限计算缴纳的，可以按次申报缴纳。

（3）纳税人按季申报缴纳的，应当自季度终了之日起15日内，向税务机关办理纳税申报并缴纳税款。纳税人按次申报缴纳的，应当自纳税义务发生之日起15日内，向税务机关办理纳税申报并缴纳税款。纳税人应当依法如实办理纳税申报，对申报的真实性和完整性承担责任。

任务十 其他税费计算与申报

导入引例

某公司2021年6月实际缴纳增值税10万元，缴纳消费税40万元。

根据资料计算应缴纳的教育费附加和地方教育费附加。

知识准备和业务操作

一、车辆购置税的计算与申报

（一）车辆购置税的概念

车辆购置税，是对在中华人民共和国境内购置应税车辆的单位和个人征税的一种税。现行《中华人民共和国车辆购置税法》于2018年12月29日第十三届全国人民代表大会常务委员会第七次会议通过，自2019年7月1日施行。

（二）车辆购置税的纳税人

在中华人民共和国境内购置汽车、有轨电车、汽车挂车、排气量超过150毫升的摩托车的单位和个人，为车辆购置税的纳税人。车辆购置税实行一次性征收。购置已征车辆购置税的车辆，不再征收车辆购置税。

购置，是指以购买、进口、自产、受赠、获奖或者其他方式取得并自用应税车辆的行为。

（三）车辆购置税的征税范围

车辆购置税的征税范围包括汽车、有轨电车、汽车挂车、排气量超过150毫升的摩托车。

（四）车辆购置税的税率

车辆购置税采用比例税率，税率为10%。

（五）车辆购置税应纳税额的计算

1. 应税车辆的计税价格，按照下列规定确定：

（1）纳税人购买自用应税车辆的计税价格，为纳税人实际支付给销售者的全部价款，不包括增值税税款；

（2）纳税人进口自用应税车辆的计税价格，为关税完税价格加上关税和消费税；

（3）纳税人自产自用应税车辆的计税价格，按照纳税人生产的同类应税车辆的销售价格确定，不包括增值税税款；

（4）纳税人以受赠、获奖或者其他方式取得自用应税车辆的计税价格，按照购置应税车辆时相关凭证载明的价格确定，不包括增值税税款。

纳税人申报的应税车辆计税价格明显偏低，又无正当理由的，由税务机关依照《中华人民共和国税收征收管理法》的规定核定其应纳税额。

纳税人以外汇结算应税车辆价款的，按照申报纳税之日的人民币汇率中间价折合成人民币计算缴纳税款。

2. 应纳税额的计算

车辆购置税实行从价定率的方法计算应纳税额。计算公式如下：

应纳税额 = 计算依据 × 税率

进口应税车辆应纳税额 =（关税完税价格 + 关税 + 消费税）× 税率

（六）车辆购置税的税收优惠

下列车辆免征车辆购置税：

（1）依照法律规定应当予以免税的外国驻华使馆、领事馆和国际组织驻华机构及其有关人员自用的车辆；

（2）中国人民解放军和中国人民武装警察部队列入装备订货计划的车辆；

（3）悬挂应急救援专用号牌的国家综合性消防救援车辆；

（4）设有固定装置的非运输专用作业车辆；

（5）城市公交企业购置的公共汽电车辆。

根据国民经济和社会发展的需要，国务院可以规定减征或者其他免征车辆购置税的情形，报全国人民代表大会常务委员会备案。

免税、减税车辆因转让、改变用途等原因不再属于免税、减税范围的，纳税人应当在办理车辆转移登记或者变更登记前缴纳车辆购置税。计税价格以免税、减税车辆初次办理纳税申报时确定的计税价格为基准，每满一年扣减10%。

（七）车辆购置税的征收管理

1. 纳税地点

车辆购置税由税务机关负责征收。

纳税人购置应税车辆，应当向车辆登记地的主管税务机关申报缴纳车辆购置税；购置不需要办理车辆登记的应税车辆的，应当向纳税人所在地的主管税务机关申报缴纳车辆购置税。

2. 纳税申报

车辆购置税的纳税义务发生时间为纳税人购置应税车辆的当日。纳税人应当自纳税义务发生之日起60日内申报缴纳车辆购置税。

纳税人应当在向公安机关交通管理部门办理车辆注册登记前，缴纳车辆购置税。

公安机关交通管理部门办理车辆注册登记，应当根据税务机关提供的应税车辆完税或者免税电子信息对纳税人申请登记的车辆信息进行核对，核对无误后依法办理车辆注册登记。

二、耕地占用税的计算与申报

（一）耕地占用税的概念

耕地占用税是为了合理利用土地资源，加强土地管理，保护耕地，对在中华人民共和国境内占用耕地建设建筑物、构筑物或者从事非农业建设的单位和个人征收的一种税。

（二）耕地占用税的纳税人

在中华人民共和国境内占用耕地建设建筑物、构筑物或者从事非农业建设的单位和个人，为耕地占用税的纳税人。

（三）耕地占用税的征税范围

耕地占用税的征税范围包括纳税人为建设建筑物、构筑物或者从事非农业建设占用的国家所有和集体所有的耕地。

耕地，是指用于种植农作物的土地。占用园地、林地、草地、农田水利用地、养殖水面、渔业水域滩涂以及其他农用地建设建筑物、构筑物或者从事非农业建设的，按照规定缴纳耕地占用税。

园地，包括果园、茶园、橡胶园、其他园地。其他园地包括种植桑树、可可、咖啡、油棕、胡椒、药材等其他多年生作物的园地。

林地，包括乔木林地、竹林地、红树林地、森林沼泽、灌木林地、灌丛沼泽、其他林地，不包括城镇村庄范围内的绿化林木用地，铁路、公路征地范围内的林木用地，以及河流、沟渠的护堤林用地。其他林地包括疏林地、未成林地、迹地、苗圃等林地。

草地，包括天然牧草地、沼泽草地、人工牧草地，以及用于农业生产并已由相关行政主管部门发放使用权证的草地。

农田水利用地，包括农田排灌沟渠及相应附属设施用地。

养殖水面，包括人工开挖或者天然形成的用于水产养殖的河流水面、湖泊水面、水库水面、坑塘水面及相应附属设施用地。

渔业水域滩涂，包括专门用于种植或者养殖水生动植物的海水潮浸地带和滩地，以及用于种植芦苇并定期进行人工养护管理的苇田。

建设直接为农业生产服务的生产设施占用上述耕地的，不缴纳耕地占用税。直接为农业生产服务的生产设施，是指直接为农业生产服务而建设的建筑物和构筑物。具体包括：储存农用机具和种子、苗木、木材等农业产品的仓储设施；培育、生产种子、种苗的设施；畜禽养殖设施；木材集材道、运材道；农业科研、试验、示范基地；野生动植物保护、护林、森林病虫害防治、森林防火、木材检疫的设施；专为农业生产服务的灌溉排水、供水、供电、供热、供气、通讯基础设施；农业生产者从事农业生产必需的食宿和管理设施；其他直接为农业生产服务的生产设施。

（四）耕地占用税的税率

耕地占用税实行定额税率，税额如下：

1. 人均耕地不超过 1 亩的地区（以县、自治县、不设区的市、市辖区为单位，下同），每平方米为 10 元 ~50 元；

2. 人均耕地超过 1 亩但不超过 2 亩的地区，每平方米为 8 元 ~40 元；

3. 人均耕地超过 2 亩但不超过 3 亩的地区，每平方米为 6 元 ~30 元；

4. 人均耕地超过 3 亩的地区，每平方米为 5 元 ~25 元。

各地区耕地占用税的适用税额，由省、自治区、直辖市人民政府根据人均耕地面积和经济发展等情况，上述规定的税额幅度内提出，报同级人民代表大会常务委员会决定，并报全国人民代表大会常务委员会和国务院备案。各省、自治区、直辖市耕地占用税适用税额的平均水平，不得低于本法所附《各省、自治区、直辖市耕地占用税平均税额表》规定的平均税额。

在人均耕地低于 0.5 亩的地区，省、自治区、直辖市可以根据当地经济发展情况，适当提高耕地占用税的适用税额，但提高的部分不得超过适用税额的 50%。

占用基本农田的，应当按照当地适用税额，加按 150% 征收。

（五）耕地占用税应纳税额的计算

耕地占用税以纳税人实际占用的耕地面积为计税依据，按照规定的适用税额一次性征收。

应纳税额 = 纳税人实际占用的耕地面积（平方米）× 税率

应税土地面积包括经批准占用面积和未经批准占用面积，以平方米为单位。

（六）耕地占用税的税收优惠

1. 军事设施、学校、幼儿园、社会福利机构、医疗机构占用耕地，免征耕地占用税。

2. 铁路线路、公路线路、飞机场跑道、停机坪、港口、航道、水利工程占用耕地，减按每平方米 2 元的税额征收耕地占用税。

3. 农村居民在规定用地标准以内占用耕地新建自用住宅，按照当地适用税额减半征收耕地占用税；其中农村居民经批准搬迁，新建自用住宅占用耕地不超过原宅基地面积的部分，免征耕地占用税。

4. 农村烈士遗属、因公牺牲军人遗属、残疾军人以及符合农村最低生活保障条件的农村居民，在规定用地标准以内新建自用住宅，免征耕地占用税。

根据国民经济和社会发展的需要，国务院可以规定免征或者减征耕地占用税的其他情形，报全国人民代表大会常务委员会备案。

免征或者减征耕地占用税后，纳税人改变原占地用途，不再属于免征或者减征耕地占用税情形的，应当按照当地适用税额补缴耕地占用税。

（七）耕地占用税的征收管理

耕地占用税由税务机关负责征收。

耕地占用税的纳税义务发生时间为纳税人收到自然资源主管部门办理占用耕地手续的书面通知的当日。纳税人改变原占地用途，需要补缴耕地占用税的，其纳税义务发生时间为改变用途当日，具体为：经批准改变用途的，纳税义务发生时间为纳税人收到批准文件的当日；未经批准改变用途的，纳税义务发生时间为自然资源主管部门认定纳税人改变原占地用途的当日。

纳税人应当自纳税义务发生之日起30日内申报缴纳耕地占用税。

自然资源主管部门凭耕地占用税完税凭证或者免税凭证和其他有关文件发放建设用地批准书。

纳税人因建设项目施工或者地质勘查临时占用耕地，应当按照规定缴纳耕地占用税。纳税人在批准临时占用耕地期满之日起一年内依法复垦，恢复种植条件的，全额退还已经缴纳的耕地占用税。

三、烟叶税的计算与申报

（一）烟叶税的概念

烟叶税是向收购烟叶的单位征收的一种税。2017年12月27日第十二届全国人民代表大会常务委员会第三十一次会议通过了《中华人民共和国烟叶税法》，自2018年7月1日起施行。

（二）烟叶税的纳税人

在中华人民共和国境内，依照《中华人民共和国烟草专卖法》的规定收购烟叶的单位为烟叶税的纳税人。

（三）烟叶税的征税范围

烟叶税的征税范围包括烤烟叶、晾晒烟叶。

（四）烟叶税的税率

烟叶税实行比例税率，税率20%。

（五）烟叶税应纳税额的计算

烟叶税的计税依据为收购烟叶实际支付的价款总额。

纳税人收购烟叶实际支付的价款总额包括纳税人支付给烟叶生产销售单位和个人的烟叶收购价款和价外补贴。其中，价外补贴统一按烟叶收购价款的10%计算。

应纳税额的计算公式如下：

应纳税额 = 价款总额 × 税率 = 收购价款 ×（1 + 10%）× 税率

（六）烟叶税的征收管理

纳税人应当向烟叶收购地的主管税务机关申报缴纳烟叶税。

烟叶税的纳税义务发生时间为纳税人收购烟叶的当日。

烟叶税按月计征，纳税人应当于纳税义务发生月终了之日起15日内申报并缴纳税款。

四、船舶吨税的计算与申报

（一）船舶吨税的概念

自中华人民共和国境外港口进入境内港口的船舶征收的一种税。现行《中华人民共和国船舶吨税法》于2017年12月27日第十二届全国人民代表大会常务委员会第三十一次会议通过，自2018年7月1日施行。

（二）船舶吨税的纳税人

对自中华人民共和国境外港口进入境内港口的船舶征收船舶吨税，以应税船舶负责人为纳税人。

（三）船舶吨税的税目税率

吨税的税目、税率按《吨税税目税率表》（见表7－7）执行。吨税设置优惠税率和普通税率。

表7－7　　吨税税目税率表

税目 （按船舶净吨位划分）	税率（元/净吨）						备注
	普通税率（按执照期限划分）			优惠税率（按执照期限划分）			
	1年	90日	30日	1年	90日	30日	
不超过2 000净吨	12.6	4.2	2.1	9.0	3.0	1.5	拖船和非机动驳船分别按相同净吨位船舶税率的50%计征税款
超过2 000净吨，但不超过10 000净吨	24.0	8.0	4.0	17.4	5.8	2.9	
超过10 000净吨，但不超过50 000净吨	27.6	9.2	4.6	19.8	6.6	3.3	
超过50 000净吨	31.8	10.6	5.3	22.8	7.6	3.8	

中华人民共和国籍的应税船舶，船籍国（地区）与中华人民共和国签订含有相互给予船舶税费最惠国待遇条款的条约或者协定的应税船舶，适用优惠税率。

其他应税船舶，适用普通税率。

吨税按照船舶净吨位和吨税执照期限征收。

（四）船舶吨税的应纳税额的计算

应税船舶负责人在每次申报纳税时，可以按照《吨税税目税率表》选择申领一种期限的吨税执照。应纳税额的计算公式为：

应纳税额＝应税船舶净吨位×税率

（五）船舶吨税的税收优惠

下列船舶免征吨税：

（1）应纳税额在人民币50元以下的船舶；

（2）自境外以购买、受赠、继承等方式取得船舶所有权的初次进口到港的空载船舶；

（3）吨税执照期满后24小时内不上下客货的船舶；

（4）非机动船舶（不包括非机动驳船）；

（5）捕捞、养殖渔船；

（6）避难、防疫隔离、修理、改造、终止运营或者拆解，并不上下客货的船舶；

（7）军队、武装警察部队专用或者征用的船舶；

（8）警用船舶；

（9）依照法律规定应当予以免税的外国驻华使领馆、国际组织驻华代表机构及其有关人员的船舶；

（10）国务院规定的其他船舶。

免税规定，由国务院报全国人民代表大会常务委员会备案。

（六）船舶吨税的征收管理

1. 纳税义务发生的时间

船舶吨税纳税义务发生时间为应税船舶进入港口的当日。应税船舶在吨税执照期满后尚未离开港口的，应当申领新的吨税执照，自上一次执照期满的次日起续缴吨税。

在吨税执照期限内，应税船舶发生下列情形之一的，海关按照实际发生的天数批注延长吨税执照期限：

（1）避难、防疫隔离、修理、改造，并不上下客货；

（2）军队、武装警察部队征用。

符合上述规定的船舶，应当提供海事部门、渔业船舶管理部门或者出入境检验检疫部门等部门、机构出具的具有法律效力的证明文件或者使用关系证明文件，申明免税或者延长吨税执照期限的依据和理由。

2. 纳税期限

应税船舶负责人应当自海关填发吨税缴款凭证之日起15日内缴清税款。未按期缴清税款的，自滞纳税款之日起至缴清税款之日止，按日加收滞纳税款万分之五的税款滞纳金。

应税船舶到达港口前，经海关核准先行申报并办结出入境手续的，应税船舶负责人应当向海关提供与其依法履行吨税缴纳义务相适应的担保；应税船舶到达港口后，按照规定向海关申报纳税。

下列财产、权利可以用于担保：

（1）人民币、可自由兑换货币；

（2）汇票、本票、支票、债券、存单；

（3）银行、非银行金融机构的保函；

（4）海关依法认可的其他财产、权利。

3. 其他规定

应税船舶在吨税执照期限内，因修理、改造导致净吨位变化的，吨税执照继续有效。应税船舶办理出入境手续时，应当提供船舶经过修理、改造的证明文件。

应税船舶在吨税执照期限内，因税目税率调整或者船籍改变而导致适用税率变化的，吨税执照继续有效。

因船籍改变而导致适用税率变化的，应税船舶在办理出入境手续时，应当提供船籍改变的证明文件。

吨税执照在期满前毁损或者遗失的，应当向原发照海关书面申请核发吨税执照副本，不再补税。

海关发现少征或者漏征税款的，应当自应税船舶应当缴纳税款之日起 1 年内，补征税款。但因应税船舶违反规定造成少征或者漏征税款的，海关可以自应当缴纳税款之日起 3 年内追征税款，并自应当缴纳税款之日起按日加征少征或者漏征税款万分之五的税款滞纳金。

海关发现多征税款的，应当在 24 小时内通知应税船舶办理退还手续，并加算银行同期活期存款利息。

应税船舶发现多缴税款的，可以自缴纳税款之日起 3 年内以书面形式要求海关退还多缴的税款并加算银行同期活期存款利息；海关应当自受理退税申请之日起 30 内查实并通知应税船舶办理退还手续。

五、教育费附加和地方教育费附加的计算与缴纳

教育费附加和地方教育费附加是对缴纳增值税、消费税的单位和个人，就其实际缴纳的税额为计算依据征收的附加费。

教育费附加和地方教育费附加对缴纳增值税、消费税的单位和个人征收，以其实际缴纳的增值税、消费税之和为计征依据，分别与增值税、消费税同时缴纳。

现行教育费附加征收比率为 3%，地方教育费附加征收比率为 2%。

教育费附加的减免规定为：

（1）对海关进口产品征收的增值税、消费税，不征收教育费附加。

（2）对由于减免增值税、消费税而发生退税的，可同时退还已征收的教育费附加。但对出口产品退还增值税、消费税的，不退还已征的教育费附加。

引例解析

应纳教育费附加 =（10 +40）×3% =1.5（万元）

应纳地方教育费附加 =（10 +40）×2% =1（万元）

六、残疾人就业保障金的计算与缴纳

残疾人就业保障金是指安排残疾人就业达不到省政府或当地政府规定比例的单位，按应当安排残疾人的数量与实际安排残疾人数量的差额和上年度本地区职工年平均工资计算交纳用于残疾人就业的专项资金。单位是指本省行政区域内的机关、团体、企业（国有企业、集体企业、联营企业、外商投资企业、私营企业和其他企业，不含福利企业）事业单位、城乡集体经济组织。

残疾人就业保障金的计算公式如下：

应安排残疾人数 = 上年度单位在职职工人数 × 省或当地政府规定的比例

应交纳的残疾人就业保障金数额 = 本地区上年度职工平均工资 ×（应安排残疾人数 − 实际安排残疾人数）

本单位实际安排残疾人数是指各单位安排的持有当地县级以上残疾人联合会颁发的残疾人证并履行招工、聘用手续或签订劳动合同，实行劳动考勤和支付工资连续一年以上的残疾职工人数。

残疾人就业保障金按属地原则交纳。中央部门所属单位按照所在地地方法规的有关规定办理。

残疾人就业服务机构对各单位报送的在职职工人数统计表和残疾职工名册予以复核，并根据上一年度本地区职工年平均工资标准确定交纳残疾人就业保障金的单位和金额，向交纳的单位发出《残疾人就业保障金缴款通知书》。

七、文化事业建设费计算与缴纳

在中华人民共和国境内提供广告服务的广告媒介单位和户外广告经营单位，为文化事业建设费的缴纳义务人。中华人民共和国境外的广告媒介单位和户外经营单位在境内提供广告服务，在境内未设有经营机构的，以广告服务接受方为文化事业建设费的扣缴义务人。

文化事业建设费的费率为3%。文化事业建设费费率的调整，由国务院决定。

文化事业建设费按照提供广告服务取得的计税费销售额。

应缴费额 = 计费销售额 ×3%

文化事业建设费由税务机关在征收增值税时一并征收。

文化事业建设费的缴费义务发生时间，为缴费人收讫营业收入款项或者取得索取营业收入款项凭证的当天。

缴费人应当在提供广告服务的发生地，向发生地的主管税务机关申报缴纳文化事业建设费。

八、水利建设基金计算与缴纳

水利建设基金是用于水利建设的专项资金。水利建设基金各地规定有所不同，山东省规定建立省、市（地）、县（市、区）三级水利建设基金。

水利建设基金按各级各类企业的销售收入、营业收入、业务收入的一定比例征收。具体征收比例如下：

（1）第二产业的各类生产性企业按当年销售收入（或营业收入）的1‰征收；

（2）第三产业的各级各类流通、服务性企业按当年销售额（或营业额）的1‰征收；金融、保险部门及各类投资公司按当年业务收入的2‰征收；

（3）私营企业和城乡个体工商业户按当年销售收入（或营业收入）的1‰征收。

向各级各类企业征收的水利建设基金，由各级地方税务部门代征代缴。各级地方税务部门代征代缴的水利建设基金，应按以上确定的比例分级次填写缴款书缴入国库。

九、财产和行为税合并申报

（一）财产和行为税合并申报的含义

财产和行为税是现有税种中财产类和行为类税种的统称。财产和行为税合并申报，就是“简并申报表，一表报多税”，纳税人在申报多个财产和行为税税种时，不再单独使用分税种申报表，而是在一张纳税申报表上同时申报多个税种。对纳税人而言，可简化报送资料、减少申报次数、缩短办税时间。财产和行为税合并申报的税种范围包括城镇土地使用税、房产税、车船税、印花税、耕地占用税、资源税、土地增值税、契税、环境保护税、烟叶税等10个税种。

财产和行为税合并申报

城市维护建设税是增值税、消费税的附加税种，与增值税、消费税申报表整合，不纳入财产和行为税合并申报范围。

（二）财产和行为税合并申报的意义

为了进一步优化税收营商环境，提高办税效率，提升办税体验，国家税务总局在2019年成功推行城镇土地使用税和房产税合并申报的基础上，扩大合并申报范围，实行财产行为税各税种合并申报。主要意义如下：

1. 优化办税流程

财产和行为税10个税种原有分税种纳税申报存在“入口多、表单多、数据重复采集”等问题。合并申报按照“一表申报、税源信息采集前置”的思路，对申报流程进行优化改造，将10税种申报统一到一个入口，将税源信息从申报环节分离至税源基础数据采集环节，便于数据的统筹运用，提高数据使用效率。

2. 减轻办税负担

简并税费申报对原有表单和数据项进行全面梳理整合，减少了表单数量和数据项。新申报表充分利用部门共享数据和其他征管环节数据，可实现已有数据自动预填，大幅减轻纳税人填报负担，降低纳税人申报错误几率。

3. 提高办税质效

简并税费申报利用信息化手段实现税额自动计算、数据关联比对、申报异常提示等功能，可有效避免漏报、错报，确保申报质量，还有利于优惠政策及时落实到位。通过整合各税种申报表，实现多税种“一张报表、一次申报、一次缴款、一张凭证”，提高了办税效率。

（三）财产和行为税合并申报表

自2021年6月1日起，纳税人申报缴纳城镇土地使用税、房产税、车船税、印花税、耕地占用税、资源税、土地增值税、契税、环境保护税、烟叶税中一个或多个税种时，使用《财产和行为税纳税申报表》（表7－8），该申报表由一张主表和一张减免税附表组成，主表为纳税情况，附表为申报享受的各类减免税情况。纳税申报前，需先维护税源信息。税源信息没有变化的，确认无变化后直接进行纳税申报；税源信息有变化的，通过填报《税源明细表》进行数据更新维护后再进行纳税申报。

表7－8　　财产和行为税纳税申报表

纳税人识别号（统一社会信用代码）：□□□□□□□□□□□□□□□□□□□□

纳税人名称：　　　　金额单位：人民币元（列至角分）

序号	税种	税目	税款所属期起	税款所属期止	计税依据	税率	应纳税额	减免税额	已缴税额	应补（退）税额
1										
2										
3										
4										
5										
6										
7										
8										
9										
10										
11	合计	–	–	–	–	–				

声明：此表是根据国家税收法律法规及相关规定填写的，本人（单位）对填报内容（及附带资料）的真实性、可靠性、完整性负责。

纳税人（签章）：　　年　月　日

经办人： 经办人身份证号： 代理机构签章： 代理机构统一社会信用代码：	受理人： 受理税务机关（章）： 受理日期：　　年　月　日

纳税人可以自由选择维护税源信息的时间，既可以在申报期之前，也可以在申报期内。为确保税源信息和纳税申报表逻辑一致，减轻纳税人填报负担，征管系统将根据各税种税源信息自动生成新申报表，纳税人审核确认后即可完成申报。无论选择何种填报方式，纳税人申报时，系统都会根据已经登记的税源明细表自动生成申报表。

知识归纳

其他税费计算与申报归纳总结如图7－1所示。

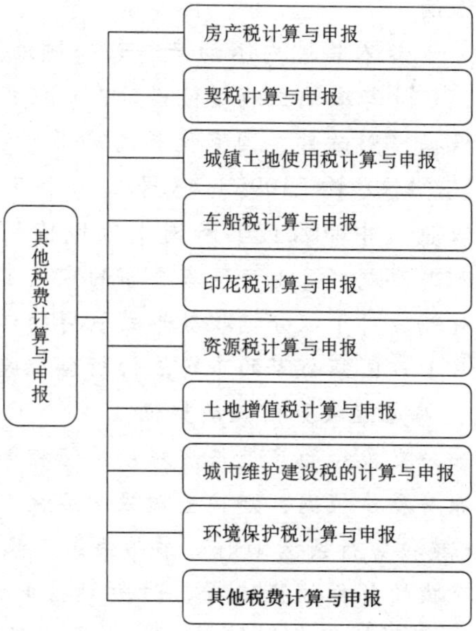

图7－1　其他税费计算与申报总结

思考题

1. 房产税的征税范围有哪些？
2. 房产税的计税依据包括哪些形式？
3. 契税的纳税人有哪些？
4. 城镇土地使用税的征税范围包括哪些？
5. 机动车车船税的扣缴义务人是如何规定的？
6. 印花税的纳税人包括哪些？
7. 印花税的税率有哪两种形式？
8. 资源税的征税范围具体包括哪些？
9. 土地增值税扣除项目如何确定？
10. 城市维护建设税的纳税人包括哪些？
11. 企业缴纳的财政规费有哪些？

办税指南

1. 问：纳税人的注册地址、生产经营地址、日常办公地址不在同一处。在确定城建税的纳税地点时，应以哪个证件上所载明的地址为准？

答：根据《城市维护建设税暂行条例》第五条规定，城市维护建设税的征收、管理、纳税环节、奖罚等事项，比照增值税、消费税的有关规定办理。因此，城市维护建设税纳税地点，应根据增值税、消费税纳税地点确定，即增值税、消费税纳税地点在哪个地方，城市维护建设税就在该地方申报缴纳。

2. 问：纳税人将境内不动产转让给境外企业，以分期收款形式取得外币收入，在计算缴纳土地增值税时，如何折算人民币？

答：根据《财政部、国家税务总局关于土地增值税一些具体问题规定的通知》（财税字〔1995〕48号）第十五条，对于取得的收入为外国货币的，依照《中华人民共和国土地增值税暂行条例实施细则》规定，以取得收入当天或当月1日国家公布的市场汇价折合人民币，据以计算土地增值税税额。对于以分期收款形式取得的外币收入，也应按实际收款日或收款当月1日国家公布的市场汇价折合人民币。

3. 问：房屋置换如何缴纳契税？

答：如果交换后的房屋与原房屋价值相等，可免征契税，如果交换后的房屋比原房屋价值高，则按差额缴纳契税。具体依据是：（1）《契税暂行条例》《契税暂行条例细则》第四条第三项规定，土地使用权交换、房屋所有权交换的契税计税依据，为所交换的土地使用权、房屋价格的差额。（2）《契税暂行条例细则》第十条规定，土地使用权交换、房屋交换，交换价格不相等的，由多交付货币、实物、无形资产或者其他经济利益的一方缴纳税款。交换价格相等的，免征契税。土地使用权与房屋所有权之间相互交换，按照前款征税。

对土地使用权交换、房屋所有权交换及土地使用权与房屋所有权之间相互交换的差额明显不合理且无正当理由，由征收机关参照市场价格核定的计税价格作为计税依据。

4. 问：我公司是一家中介机构，以前买卖双方直接签订合同，我公司不在合同中体现，现在客户提出要我公司以见证方出现在合同里。请问，买方、卖方和见证方签订三方合同，见证方是否需要缴纳印花税？

答：根据《印花税暂行条例》规定，同一凭证，由两方或者两方以上当事人签订并各执一份的，应当由各方就所执的一份各自全额贴花。当事人，是指对凭证有直接权利义务关系的单位和个人，不包括保人、证人、鉴定人。因此，如果见证方对凭证没有直接的权利义务关系就不需缴纳印花税。

5. 怎么提供财产和行为税税源信息？

税源信息是财产和行为税各税种纳税申报和后续管理的基础数据来源，是生成纳税申报表的主要依据。纳税人通过填报税源明细表提供税源信息。纳税人仅就发生纳税义务的税种填报对应的税源明细表。

每个税种的税源明细表根据该税种的税制特点设计。对于城镇土地使用税、房产税、车船税等稳定税源，可以“一次填报，长期有效”。例如，某企业按季缴纳城镇土地使用税、房产税，8月15日购入厂房，假设当季申报期为10月1日至10月20日，则企业可在8月15日至10月20日之间的任意时刻填写城镇土地使用税、房产税税源明细表，然后申报，只要厂房不发生转让、损毁等变化情况，就可以一直使用该税源明细表。

对于耕地占用税、印花税、资源税等一次性税源，纳税人可以在发生纳税义务后立即填写税源明细表，也可以在申报时填报所有税源信息。例如，某煤炭企业分别在8月5日、10日、15日销售应税煤炭并取得价款，则可当天立即填写资源税税源明细表，也可以在申报期结束前，一并填报所有税源信息。

6. 怎么更正财产和行为税税源信息？

纳税人发现错填、漏填税源信息时，可以直接修改已填写的税源明细表。例如，纳税人填写了印花税税源明细表，申报前发现遗漏了应税合同信息，则可直接修改已填写的税源明细表，补充相应合同信息，然后继续申报或更正申报。

7. 财产和行为税各税种是否必须一次性申报完毕？

合并申报不强制要求一次性申报全部税种，纳税人可以自由选择一次性或分别申报当期税种。例如，纳税人7月应申报城镇土地使用税、房产税、印花税和资源税等4个税种，7月5日申报时只申报了城镇土地使用税、房产税、印花税等3个税种，遗漏了资源税，则可在申报期结束前单独申报资源税，不用更正此前的申报。

8. 财产和行为税各税种纳税期限不一致能合并申报吗？

不同纳税期限的财产和行为税各税种可以合并申报。

按期申报但纳税期限不同的税种可以合并申报。例如，某企业按季度缴纳城镇土地使用税，按月汇总缴纳印花税，则在4月征期内，该企业可以合并申报一季度城镇土地使用税和3月份印花税。

按期申报与按次申报的税种也可以合并申报。例如，某企业按季度缴纳城镇土地使用税，3月15日收到自然资源主管部门办理占用耕地手续的书面通知，则在4月征期内，该企业可以合并申报一季度城镇土地使用税和3月15日耕地占用税。

9. 财产和行为税合并申报多个税种后只更正申报一个税种怎么办？

合并申报支持单税种更正。纳税人更正申报一个或部分税种，不影响其他已申报税种。例如，纳税人一次性申报了城镇土地使用税、房产税、印花税和资源税等4个税种，随后发现资源税申报错误，则可以仅就资源税进行更正申报。更正时，修改资源税税源明细表再单独更正申报即可，无需调整其他已申报税种。

主要参考文献

1. 盖地：《税务会计与纳税筹划》（第十四版），东北财经大学出版社，2019年版。

2. 梁伟样：《税费计算与申报》（第三版），高等教育出版社，2018年版。

3. 李志：《企业纳税实务》，中国财政经济出版社，2010年版。

4. 全国注册税务师职业资格考试教材编写组编：《税法（一）》，中国税务出版社，2021年版。

5. 全国注册税务师职业资格考试教材编写组编：《税法（二）》，中国税务出版社，2021年版。

6. 全国注册税务师职业资格考试教材编写组编：《税务代理实务》，中国税务出版社，2014年版。

7. 中国注册会计师协会：《税法》，中国财政经济出版社，2022年版。

8. 财政部会计资格评价中心：《经济法基础》，经济科学出版社，2022年版。

9. 中国财税法网 http：//www. cftl. cn.

10. 经济法网 http：//www. cel. cn.

11. 国家税务总局 http：//www. chinatax. gov. cn.

12. 财政部 http：//www. mof. gov. cn.

13. 北大法律信息网 http：//www. chinalawinfo. com.

14. 中国税网 http：//www. ctaxnews. com. cn.

15. 中国税务信息网 http：//www. chinesetax. net.